LINDSEY VONN
HOCH HINAUS
MEINE GESCHICHTE

Edel Sports
Ein Verlag der Edel Verlagsgruppe

© 2022 Edel Verlagsgruppe GmbH
Neumühlen 17, 22763 Hamburg
www.edelsports.com

RISE. Copyright © 2022 by Downhill Gold

Projektkoordination: Svetlana Romantschuk
Lektorat: Mareike Ahlborn und Matthias Michel
Autorinnenfoto Buchklappe: Lauren Ross
Coverfoto: IMAGO/Bildbyran
Fotos im Innenteil: Mit freundlicher Genehmigung der Autorin, außer:
S. 11, S. 13 unten, S. 15 und 16 mit freundlicher Genehmigung von U.S. Ski &
Snowboard.
Layout und Satz: Datagrafix GSP GmbH, Berlin | www.datagrafix.com
Gestaltung von Umschlag und Bildstrecke: Groothuis. Gesellschaft der Ideen
und Passionen mbH | www.groothuis.de
Lithografie: Frische Grafik, Hamburg
Druck und Bindung: GGP Media GmbH, Pößneck

Alle Rechte vorbehalten. All rights reserved. Das Werk darf – auch teilweise –
nur mit Genehmigung des Verlages wiedergegeben werden.

Printed in Germany

ISBN 978-3-98588-036-2

*Dieses Buch widme ich meiner Mutter. Sie ist meine
Inspiration – nicht wegen dem, was sie für meine Skikarriere
getan hat, sondern weil ihre unerschütterliche positive
Einstellung mich zu der Person gemacht hat, die ich auf und
vor allem abseits der Pisten bin. Bei allen Widrigkeiten,
die mir begegneten, gab sie mir eine Perspektive und war mir
Inspiration. Die Entbehrungen, die sie in ihrem Leben erfuhr,
haben sie nur stärker, freundlicher und bescheidener gemacht.
Diese Art von Entschlossenheit hat mich seit meiner
Kindheit geprägt. Damals mag mir das nicht bewusst
gewesen sein – jetzt weiß ich es.*

*Mom, ich hoffe, ich bin eines Tages so stark wie du. Ich hoffe, ich
werde jeden Tag mit so viel Energie und Optimismus angehen
wie du. Ich hoffe, ich werde eines Tages meine Kinder zu so
unglaublichen Menschen erziehen, wie du es bist.*

Ich liebe dich.

> Ich liebe dich auf diese Weise,
> weil ich keine andere Art der Liebe kenne.
> *Pablo Neruda*

Inhaltsverzeichnis

Teil I | Ziele	19
Teil II | Die Falllinie	117
Teil III | Hoch hinaus	211
Danksagung	366

Prolog

Ich bin nervöser, als ich es je vor einem Rennen war. Ich sitze auf dem Rad und aktiviere meine Beinmuskeln. Ich fühle mich okay. Nicht großartig, aber okay.

Ich ziehe mein Ding durch, in den Kopfhörern meinen Pre-Race-Mix, und versuche, die Bedeutung dessen, was gleich passieren wird, zu verstehen und zu würdigen, während ich gleichzeitig versuche, die Bedeutung dessen, was gleich passieren wird, zu ignorieren. Das ist mein allerletztes Rennen, für immer ... Ich befinde mich tief im Alles-oder-nichts-Modus, in einem heiklen Balanceakt zwischen Pushen und Ausflippen. Es ist doch nur ein weiteres Rennen, sage ich mir, aber gleichzeitig weiß ich, dass es das nicht ist. Es bedeutet alles für mich, wirklich alles. Es ist meine Chance, selbst in der Hand zu haben, wie alles endet.

Ich will mich so gut wie möglich pushen, damit ich alles, was ich habe, in meine letzten Momente als Profiskifahrerin geben kann. Das Schlimmste wäre, heute zu stürzen – und dass die Leute sich dann vor allem deswegen an mich erinnern. Direkt danach in meiner persönlichen No-go-Liste folgt die Vorstellung, nach einem sauber gefahrenen Rennen die Ziellinie zu überqueren und dabei das Gefühl zu haben, dass ich mich noch mehr hätte anstrengen können, mehr hätte geben können.

Am Abend vor einem Rennen gehe ich vor dem Einschlafen gedanklich die Strecke durch – jedes Tor, jede Unebenheit, jeden

Teil des Geländes. Immer und immer wieder visualisiere ich sie, bis es sich anfühlt, als wäre sie ein Teil von mir. Wenn ich aufwache, bin ich oft müde, denn ich bin kein Morgenmensch. Aber sobald ich aufs Fahrrad steige, fühle ich mich besser. Das ist der Zeitpunkt, ab dem ich mich nur noch auf mein mentales Gleichgewicht konzentriere.

Heute aber ist es ganz anders. Ich bin erst seit zehn Minuten auf dem Rad und habe schon das Gefühl, dass es reicht. Ich möchte die Zeit vorspulen. Nicht so weit, dass das Rennen und damit meine Karriere schon vorbei sein würden, aber ich möchte jetzt unbedingt auf den Schnee, die Strecke inspizieren und an den Start gehen.

Ich bin in Åre, Schweden, bei den Alpinen Skiweltmeisterschaften der FIS. Ein Ort, an dem ich gefühlt schon eine Million Mal gefahren bin. Etwas außerhalb der Stadt habe ich ein Haus gemietet, damit meine Familie bei diesem letzten Rennen dabei sein kann. Nach all den Opfern, die sie über die Jahre gebracht haben, wie sie mich jederzeit unterstützt haben, scheint es nur angebracht, dass wir diesen Lauf gemeinsam beenden.

Vom Haus zu dem Hügel für das Abfahrtsrennen sind es zehn Minuten mit dem Auto. Ich fahre zusammen mit meinem Trainer Alex Bunt, meiner Physiotherapeutin Lindsay Winninger und Claire Brown, einer meiner ältesten Freundinnen, die mir in dieser Saison eine große Hilfe war. Ich gehe los, um die Strecke zu inspizieren, während Lindsay und Claire meinen Platz in der Hütte sichern, wo das Team untergebracht ist. Lindsay begleitet mich jetzt seit fast fünf Jahren und kennt meine Gewohnheiten und Vorlieben. Sie weiß genau, wo ich an jedem Veranstaltungsort sein will: eher abseits, weg von den anderen Teilnehmerinnen, wo ich mich konzentrieren kann. Wenn ich hier in Åre bin, gibt es eine ganz bestimmte Ecke, die ich bevorzuge. Lindsay schlägt dort ihr Lager auf, während Claire sich um einige Last-Minute-Angelegenheiten kümmert und ich mich auf den Weg den Berg hinauf mache.

Draußen, hier oben, beruhigen sich meine Nerven. Es ist windig und kalt, aber ich nehme das Wetter nur am Rande wahr. Ich bin in meinem Element. Für mich beginnt hier mein Rennen. Wenn ich die Strecke inspiziere, ist in meinen Gedanken kein Platz für etwas anderes. Ich spreche mit niemandem. Ich bin konzentriert, ruhig, fast emotionslos in meiner Herangehensweise. Es gibt nur mich, diesen Start, diese Tore. Es gibt nur das, was direkt vor mir ist. Für ein paar ruhige Momente lasse ich nichts anderes an mich heran.

Der Wind tobt weiter, aber die Trainer vor Ort sagen mir, dass das Rennen wie geplant stattfinden wird. Dennoch machen Gerüchte die Runde, dass der Start nach unten verlegt werden könnte, um dem schlimmsten Wind zu entgehen, aber es wurde noch keine Entscheidung getroffen, also mache ich mich auf den Weg zu ein paar Aufwärmrunden. Ich fahre nicht die eigentliche Strecke, aber die Aufwärmläufe lassen mich den Wind im Gesicht spüren und meine Körperhaltung genau wahrnehmen. Das ist alles, was ich brauche, wenn ich mich den Berg hinauf- und hinunterbewege. Ich will Ski fahren.

Ich gehe zurück zur Hütte, zurück zu all den Kästchen, die ich abhaken muss, bevor ich bereit für das Rennen bin. Meine Routine besteht aus immer gleichen Abfolgen, die sich sicher und vertraut anfühlen. Ich fahre seit Jahren auf denselben Hügeln, also weiß ich inzwischen, was für mich funktioniert, was ich mag, was in der Vergangenheit gutgetan hat, was mir vielleicht ein bisschen Glück gebracht hat, und ich wiederhole diese Dinge, bis ich sie im Schlaf beherrsche. Im Skirennsport gibt es so viele Variablen. Es ist nicht wie beim Schwimmen, wo die Länge des Beckens immer gleich ist. Es ist auch nicht wie beim Tennis, wo der Platz immer die gleichen Maße hat. Im

Skirennsport gibt es keine Konstanten. Ich kann den Schnee, das Eis und die Windverhältnisse nicht kontrollieren. Ich kann das Licht und die Sichtverhältnisse nicht kontrollieren. Ich kann die Konkurrenz nicht kontrollieren. Ich kann das Risiko nicht kontrollieren. Das Einzige, was ich kontrollieren kann, ist meine Vorbereitung. Also habe ich sie immer genau kontrolliert. Weniger aus Aberglauben als aus einem Bedürfnis nach Sicherheit heraus.

Ich setze meine Kopfhörer wieder auf, schließe die Augen und versuche, mich zu entspannen und die Strecke zu visualisieren. Hier in Åre haben die Athleten mit dem Parterre einen eigenen Bereich, aber ich suche mir für mein Warm-up gerne mein eigenes Plätzchen, fernab von Ablenkungen. Es gibt einen großen offenen Bereich in der Nähe des Ausstiegs der Seilbahn, und dort suche ich mir eine Ecke, um mein Ding zu machen.

Dann geht es weiter mit dem Warm-up, um mein Bein zu aktivieren. Beim Aufwärmen läuft mir besser niemand über den Weg. Normalerweise bin ich ziemlich cool, zu jedem Autogramm oder Selfie mit mir bereit, aber wenn ich in der Hütte bin, sollte mich niemand auch nur anschauen. Normalerweise steigert man sich beim Aufwärmen langsam, man will sich nicht zu früh hochpushen, weil man dann zu viel Energie verbraucht und nicht mehr genug für das Rennen übrig hat. Heute jedoch freunde ich mich schnell mit dem Gedanken an, dass Zurückhaltung von diesem Moment an nichts mehr bringt. Ich verschwende keinen Gedanken mehr an das Risiko, mich zu verausgaben. Das spielt keine Rolle mehr. Es gibt keinen Grund, meine Kraft für die Zukunft aufzusparen, denn dieses Rennen *ist* die Zukunft.

Als ich mein Aufwärmprogramm beendet habe, hören wir im Radio, dass der Start den Hügel runter zum dritten Reservestart verlegt wurde, an denselben Ort, an dem am Dienstag der Super-G startete – eine dramatische Verschiebung. Der neue Startpunkt liegt ziemlich weit unten am Berg und verkürzt die Strecke um einiges. Das ist gut für mich, denn der obere Teil der Strecke war für mein Knie der schwierigste.

Der Nachteil ist, dass es länger dauert, von der Hütte zum unteren Startpunkt zu gelangen. Ich bin ziemlich genervt davon, werde langsam unruhig und gehe viel zu früh los. Normalerweise bin ich gerne fünfzehn oder zwanzig Minuten vor dem Start da, aber jetzt sind es vierzig Minuten, was eine Menge Zeit ist, um in der Kälte zu sitzen und über das Rennen nachzudenken. Die Uhr kann gar nicht schnell genug ticken.

Als noch drei Fahrerinnen vor mir sind, ziehe ich meine Skier an. Dann fange ich an zu springen und zu stampfen. Das habe ich automatisch schon immer gemacht. Wenn man die Füße auf den Boden knallt, setzt das offenbar eine neurologische Reaktion in Gang, die das Gehirn und den Körper anregt. Meine Nerven liegen blank. Ich bin nicht nur eine Stapferin, sondern auch eine Spuckerin. Ich weiß, das ist eklig, aber wenn ich in der Startaufstellung stehe, spucke ich sehr viel. Das ist ein Zeichen dafür, dass der Körper einen natürlichen Schub an Testosteron produziert; deshalb spucken viele Sportlerinnen und Sportler. Für die Zuschauerinnen und Zuschauer sehe ich dann wahrscheinlich aus, als wäre ich kurz davor zu töten. Das hat man mir während meiner gesamten Laufbahn gesagt, und jetzt stelle ich mir vor, dass das heute ganz besonders der Fall ist. Ich beschleunige meine Atmung und werde immer angriffslustiger. Aber die 5 Prozent extra hebe ich mir immer für den Moment auf, wenn ich tatsächlich am Start stehe.

Ich führe dieselben Selbstgespräche, die ich schon als Kind geführt habe. *Ich habe das hier. Ich schaffe es. Ich halte mich nicht zurück.* Heute füge ich dem Ganzen einen weiteren Gedanken hinzu: *Es gibt keine zweite Chance.*

Ich sage mir, dass ich es dieser Piste schon zeigen werde. Es ist fast so, als würde ich versuchen, mein Knieleiden überzukompensieren, meinen Geist dazu zu bringen, das beizusteuern, was meinem Körper fehlt. Die Wahrheit ist, dass ich nicht stark bin. Ich gehe sozusagen auf dem Zahnfleisch. Aber mein Kopf will das jetzt durchziehen. Die Strecke breitet sich vor mir aus.

Ich stehe früh auf meinen Skiern. Ich bin konzentriert. Ich bin entschlossen.

In meinem Kopf taucht ein Mantra auf: *Ich kann das tun, ich kann das tun, ich kann das tun.*

Kurz bevor ich an der Reihe bin, herrscht in meinem Kopf völlige Leere. Ich gleite zum Start und konzentriere mich nur auf meine Atmung. Wenn ich anfange, schwer zu atmen, ist der Moment gekommen, in dem ich mich auf das Rennen fokussiere. Zu diesem Zeitpunkt will man kein Durcheinander in seinem Kopf haben. Wenn ich mich auf meine Ergebnisse konzentriere oder auf die Ziellinie schaue, verlasse ich meinen Körper und vergesse, dass ich am Start stehe. Man will in diesem Moment an nichts denken. In wenigen Sekunden geht es von null auf 130 Kilometer pro Stunde. Wie soll man da schnell genug reagieren, wenn man nicht konzentriert ist, wenn man nicht ganz bei der Sache ist? Man muss klar im Kopf sein.

Das ist der Sinn des Ganzen. Man bereitet sich vor und vor und vor, sodass alles automatisch abläuft. Man bereitet sich so vor, dass man, wenn man am Tor steht, einfach das Richtige tut.

Im Skirennsport gibt es so gut wie keinen Spielraum für Fehler. Im Bruchteil einer Sekunde kann man das Rennen gewinnen oder sich wie ein Fisch in einem Netz verheddern. Eine kleine Unebenheit, und plötzlich geht man in den Spagat und das Knie ist kaputt. (Ich weiß, wovon ich spreche.) Es gibt eine Million verschiedene Dinge, die schiefgehen können. Einmal stürzte ein Rennläufer, aber die Absperrung reichte an der Stelle, wo er gegen sie prallte, nicht ganz bis zum Boden, und er ist einfach darunter durchgerutscht. Er rutschte weiter, landete an einem Baum und war von der Hüfte abwärts gelähmt. Es geht also immer auch darum, Glück zu haben.

Das alles spielt bei der Inspizierung und Visualisierung vorab eine Rolle. Kann man den Aufbau der Strecke, die Wetter- und Schneebedingungen sowie die Geschwindigkeit, die man erreichen wird, einschätzen? Denn davon hängt die Linie ab, die man einschlagen wird. Die Geschwindigkeit einzuschätzen ist schwierig, aber eine Strecke kann ich mir vor einem Wettkampf innerhalb weniger Sekunden vorstellen. Manche Menschen sind gut im Visualisieren, andere nicht. Es ist nicht selbstverständlich, dass jede Sportlerin und jeder Sportler das kann.

Beim Skifahren kommt man mit Schema F nicht weit. Man muss sich mit dem Berg verstehen. Es ist schwer zu erklären – man muss intuitiv wissen, wie man am schnellsten runterkommt. Diese Fähigkeit kann einem ein Trainer nicht vermitteln. Manchmal, wenn man genug trainiert, kann man es irgendwie erzwingen. Aber dann kämpft man auch gegen den eigenen Körper. Und das ist deutlich schwieriger, als instinktiv zu wissen, wie man sich bewegen muss.

Das ist nicht nur im Skisport so oder bei Athleten, die sozusagen unmittelbar ihren Körper einsetzen. Nehmen wir den Motorsport zum Beispiel, wo es ähnlich rasant zugeht: Ein Rennfahrer ist zwar nicht der Beste, nicht der Geschickteste, aber doch ziemlich gut. Um noch besser zu werden, macht er sich auf den Weg nach Daytona, Florida, und trainiert, trainiert, trainiert auf dem Speedway, wo das legendäre Daytona 500 ausgetragen wird. Mit so viel Übung wird er exzellent darin, im Kreis zu fahren. Genauer: Er wird ein Experte in Daytona sein, denn das hat sein Körper gelernt, immer und immer wieder.

Aber dann muss er plötzlich auf einer anderen Rennstrecke antreten, auf der er nicht trainiert hat.

Wenn man in ein Auto springen und überall gut sein kann, wenn man es schafft, seine Fähigkeiten so einzusetzen, dass man auf jeder Strecke – ob auf Asphalt oder auf Schnee – Leistung bringen kann, dann sprechen wir von Talent. Manche Menschen sind hervorragend darin, ihre Leistung immer und überall, an jedem Ort abzurufen. Manche Menschen erreichen diese Fähigkeit auf natürliche Weise, ohne zu üben. Aber dann wiederum kenne ich Sportlerinnen und Sportler, die viel mehr Talent besitzen, aber nie hart genug gearbeitet haben, um es zu schaffen. Die Kombination aus Talent und Training ist der Schlüssel zum Erfolg.

Besonders wenn man erst mal ein gewisses Niveau erreicht hat, ist ein Individualsport wie Skifahren vor allem eine Kopfsache. Gerade in der Abfahrt und im Super-G ist der Unterschied zwischen dem ersten und dem zehnten Platz eine Frage der Einstellung. Der Unterschied besteht darin, ob man bereit ist, an seine Grenzen zu gehen, oder nicht. Das Erfolgsgeheimnis heißt mentale Stärke. Es braucht eine bestimmte Mentalität, um eine Speedskifahrerin zu sein. Man muss in vielerlei Hinsicht furchtlos sein, denn diese Sportart ist von Natur aus gefährlich und es besteht immer ein Verletzungsrisiko. Das macht aber auch ihren Reiz aus. Wenig überraschend also, dass Speedskifahrerinnen und -fahrer ganz bestimmte persönliche Eigenschaften mitbringen, die technische Skifahrerinnen und -fahrer nicht haben; es ist einfach eine grundlegend andere Herangehensweise an den jeweiligen Sport.

Zu Beginn meiner Karriere konnte es passieren, dass einige der älteren Teilnehmerinnen versuchten, mich mental durcheinanderzubringen, indem sie Dinge sagten wie: »Auf der Strecke sieht es wirklich beängstigend aus, die Bedingungen sind so schlecht, dass ich nicht glaube, dass wir heute ein Rennen fahren werden.«

»Okay«, meinte ich, ignorierte sie – und gewann die Abfahrt.

In solchen Situationen blühe ich auf. Ich liebe es, dieses mentale Schachspiel zu spielen. *Wer kann sich am schnellsten den Berg hinunterstürzen?* Ich denke nach und hoffe, dass ich es bin. Das ist etwas, das mich definitiv von allen anderen unterscheidet: Ich habe keine Angst. Ich habe nie Angst vor irgendetwas, auch nicht vor einem Sturz. Das ist meine Stärke und kann gleichzeitig mein Untergang sein.

Sobald die Uhr zu ticken beginnt, ist Showtime.

Von dem Moment an, in dem man seine Stöcke greift, sind es zwanzig Sekunden bis zum Start. Das klingt vielleicht nicht nach viel, aber in dieser Situation sind zwanzig Sekunden eine sehr lange Zeit. Um damit klarzukommen, habe ich mir angewöhnt, mit meinen Stockschlaufen zu spielen, um mich von dem abzulenken, was gerade um mich herum passiert. Das sieht für andere wahrscheinlich eher seltsam aus, für mich hat es aber immer sehr gut funktioniert, also bin ich dabei geblieben. Auch hier ist die Routine sehr angenehm.

Der Countdown piepst bei zehn Sekunden, dann wieder bei fünf, vier, drei, zwei, eins.

Es ist schwer, genau auf eins zu kommen. Aber ich will die Nummer eins sein, also versuche ich es immer.

»Scheiß drauf«, sage ich mir. Und bin weg.

Alle schreien – mein Team, alle am Start – und ich liebe es.

Ich ermutige immer alle, zu schreien, denn das hilft mir, in Schwung zu kommen. Je lauter, desto besser. Es hilft mir, meine Energie zu steigern, ohne groß darüber nachzudenken, wie ich das mache. Denn je weniger man darüber nachdenkt, desto besser.

Wenn ich in diesem Moment auf der Strecke bin, denke ich nicht darüber nach, was dieses Rennen bedeutet. Ich mache mir keine Sorgen um mein Knie oder darum, was meine Beine aushalten können. Ich denke nicht daran, dass ich stürzen könnte, oder daran, mich zurückzuhalten.

Ich fahre einfach nur Ski.

Teil I
Ziele

Kapitel 1

Wenn ich gefragt werde (und ich werde das oft gefragt): »Woher kommt dein Antrieb?«, dann kann ich wahrheitsgemäß nur sagen, dass ich es nicht wirklich weiß. Es gibt darauf keine einfache Antwort, ähnlich wie die Motivation keine einfache Sache ist. In verschiedenen Phasen meines Lebens haben mich unterschiedliche Dinge angetrieben – es gab nicht »den« Antrieb, weder am Anfang noch in der Mitte oder am Ende meiner Karriere. Zu Beginn war es vor allem die Tatsache, dass das Skifahren das Einzige war, was ich machen wollte.

Als ich drei Jahre alt war, meldete mich mein Dad in einem Turnverein an, aber ich schaffte keine der Übungen, die dort von uns erwartet wurden. Trotzdem blieb ich ein paar Jahre dabei, bis die Trainer meinen Eltern schließlich sagten, ich sei zu groß gewachsen fürs Turnen. Mit sechs oder sieben Jahren versuchte ich es mit Fußball, musste aber feststellen, dass ich völlig unkoordiniert war. Dann nahm mich mein Vater zum Tennisspielen mit, aber ich schaffte es nicht, den Ball über das Netz zu schlagen. Nächste Station: Eiskunstlaufen. Ich glaube, ich absolvierte gerade einmal drei Übungsstunden, bevor Dad mich auch dort wieder abmeldete. Zu diesem Zeitpunkt war ich aber schon in das Skifahren verliebt, also hatte keine andere Sportart eine Chance.

In meiner Familie war es selbstverständlich, Ski fahren zu können. Ich wünschte, ich könnte mich daran erinnern, wie ich das erste Mal Ski gefahren bin, aber ich weiß nur noch, dass mir kalt war. Mein Dad, der zu der Zeit Trainer war, hatte mich in einen Backpack gesteckt, und ich kann mich vage an das Gefühl erinnern, als ich so auf seinem Rücken mit ihm eine Piste hinunterfuhr. Ich erinnere mich an den Geruch von frisch gefallenem Schnee, an die kühle Luft und daran, wie es sich anfühlte, sich auf Skiern zu bewegen. Als mein Vater mich das erste Mal auf Skier stellte, war ich zweieinhalb Jahre alt. Auch daran erinnere ich mich nicht mehr richtig, aber es muss mir so gut gefallen haben, dass ich weiterfahren wollte. Meine ersten richtigen Erinnerungen habe ich daran, dass ich ein paar Jahre später die Hand immer wegschlug, wenn er versuchte, mir zu helfen, und ihm sagte: »Ich kann das selbst!« Schon damals war ich ein Sturkopf und wollte es allein schaffen. Einmal fuhren Dad und ich gemeinsam eine Piste hinunter, als ich immer weiter von ihm wegeilte – ich war so aufgeregt, dass ich das überhaupt konnte. Ich sauste den Berg hinunter, und er ließ mich machen.

Das war meine erste Erfahrung: die Geschwindigkeit, die Kraft, das Adrenalin. Es ist so, als würde man mit Tempo 120 oder 130 auf der Autobahn fahren, denn so schnell sind wir unterwegs, und dabei den Kopf aus dem Fenster halten. Genau so fühlt es sich an, nur dass man beim Skirennen nicht in einem schützenden Auto sitzt.

Im Gegensatz zu anderen Sportarten, bei denen man schwere Polster oder sonstige Schutzkleidung trägt, sind wir nur mit minimaler Ausrüstung auf dem Berg unterwegs. Irgendwann wird man zwangsläufig stürzen, das ist einfach Teil des Jobs. Es ist im Grunde so gefährlich, wie es nur sein kann. Doch fragt man einen Adrenalinjunkie, wird er sagen, dass das Risiko den Reiz ausmacht – selbst eine Fahrt mit 140 Kilometern pro Stunde ist nicht so aufregend, wenn man weiß, dass man weich in einem Haufen Kissen landet.

Das ist die Adrenalinkomponente – man geht bis an die Grenze, an der man fast die Kontrolle verliert. Außerdem ist da noch die Geschwindigkeitskomponente – der Wind im Gesicht, die Welt, die blitzschnell an einem vorbeizieht. Die Kombination aus beidem ist der Nervenkitzel, der mich immer wieder aufs Neue reizt. Es ist ein Gefühl, das mit nichts anderem vergleichbar ist. Selbst jetzt fällt es mir schwer zu erklären, was ich am Skifahren liebe, denn es war und ist für mich immer so selbstverständlich gewesen. Ich habe nie hinterfragt, was es wert ist oder warum ich es tue – ich habe es einfach getan. Jedes Mal wenn ich den Berg hinunterfuhr, fühlte ich mich so sehr in meiner Mitte und lebendig wie nie zuvor.

Meinem Vater habe ich es zu verdanken, dass ich inmitten der Skikultur aufwuchs; durch seine Anleitung unterstützte er mich. Er selbst war Juniorenweltmeister und fuhr für die US-Juniorennationalmannschaft. Er war eine ziemlich große Nummer, bis er sich mit neunzehn Jahren das Knie verletzte. Sein Arzt legte ihm einen Gips an, was man heute nicht mehr machen würde, und danach konnte er sein Knie nicht mehr als sechzig Grad beugen. Aber auch wenn er nicht mehr professionell fahren konnte, hörte er nie auf, sich Skier unterzuschnallen.

Ich habe das Glück, dass das Skifahren eine gemeinsame Leidenschaft war. Es hat uns eine besondere Bindung verschafft, und ich weiß, dass Dad glücklich war, dass auch ich es so sehr mochte. Im Laufe der Jahre brachte uns das Skifahren immer wieder zusammen, egal wie sich die Dinge zwischen uns entwickelten. Aber wenn es darum ging, es tatsächlich auf Profi-Ebene weiterzuverfolgen, hat er mich nie gedrängt. Es war immer meine eigene Entschlossenheit, die mich dazu brachte, Skirennläuferin zu werden – er hat mich nur angeleitet und ermutigt, wo er konnte. Das Wichtigste war immer, dass ich es liebte, auf den Brettern zu stehen.

In meiner Kindheit fuhren wir in Buck Hill Ski, einem winzigen Skigebiet um den gleichnamigen Hügel in Burnsville, Minnesota, in der Nähe von Minneapolis. Wenn ich sage winzig, ist das keine Übertreibung. Es gab zwei Schlepplifte und drei Sessellifte, der Höhenunterschied betrug 80 Meter, die höchste Kuppe lag auf 369 Metern. (Kein Vergleich mit Vail in Colorado, wo der Höhenunterschied 1050 Meter betragen kann und die höchste Spitze auf 3527 Metern liegt.)

Das Buck-Hill-Rennprogramm wurde von Erich Sailer geleitet, einem legendären österreichischen Trainer, der auch schon meinen Vater in seiner Zeit als Leistungssportler trainiert hatte. In jenen frühen Tagen, als ich noch im Backpack auf dem Rücken meines Dads mitfuhr, arbeitete er als Teilzeitskitrainer für Erich, um sein Jurastudium zu finanzieren. Unglaublich, dass er immer noch Trainer war, als ich mit sieben Jahren alt genug war, um dem Skiteam beizutreten. Sowohl für meinen Vater als auch für Erich schloss sich damit ein Kreis.

Erich Sailer ist immer derselbe geblieben, so lange wie ich mich an ihn erinnere. Er wanderte 1955 aus Österreich in die USA aus und ließ sich bald in Minnesota nieder. Dort baute er in Buck Hill sein Programm auf. Der Legende nach hatte er bei seiner Ankunft fünfunddreißig Dollar in der Tasche und das einzige Wort, das er auf Englisch sagen konnte, soll »Hamburger« gewesen sein. Man sollte meinen, dass nach fast siebzig Jahren in den Vereinigten Staaten sein Akzent verschwunden wäre, aber er ist so stark wie eh und je. Wenn ich an ihn denke, ist das erste Bild, das mir in den Sinn kommt, wie er auf dem Gipfel des Hügels in seiner kleinen Rennhütte steht, in der Hand seine Stoppuhr.

Buck Hill mag zwar winzig gewesen sein, aber Erich nutzte die geringe Größe des Gebiets zu seinem Vorteil. »Man braucht keine großen Hügel, um ein guter Skifahrer zu sein«, sagte er immer. »Man braucht nur fünfzehn Tore.«

Ein normaler Slalomkurs hat sechzig bis hundert Tore und dauert etwa fünfundvierzig Sekunden. In Buck Hill hatten unsere Kurse etwa zwanzig oder dreißig Tore, die man in vielleicht fünfundzwanzig Sekunden hinter sich brachte. Erichs Idee war, dass man an einem Ort wie Buck Hill ein sehr hohes Trainingsvolumen erreichen kann. Weil die Strecke kürzer und nicht so steil war, konnte man seine Technik trainieren, ohne zu ermüden. Das ist in etwa so, als würde man einen Vierzigmeterlauf absolvieren, um an seiner Technik zu feilen, ohne dabei so müde zu werden, wie wenn man ein bis zwei Kilometer laufen würde.

Ich war nicht von Anfang an gut im Skifahren, aber wie bei jeder anderen Sportart, die ich ausprobiert habe, wurde ich immer besser, je mehr ich mich reinkniete und daran arbeitete. Es war ein süchtig machendes Gefühl, gut und schnell Ski zu fahren, und außerdem passte ich besser zu den Kids, die Ski fuhren, als zu den Kids, die ich aus anderen Sportarten kannte. Auf der Piste fühlte ich mich wohler als in einem Klassenzimmer oder sogar bei Freunden. Das war der Ort, wo ich hingehörte – das Leben machte einfach mehr Sinn, wenn ich schnell bergab fuhr, und deswegen verbrachte ich so viel Zeit wie möglich dort.

Wir fuhren fast jedes Wochenende Ski, aber die meisten meiner Trainingseinheiten in Buck Hill fanden abends nach der Schule statt, wenn es schon dämmerte (in Minnesota wird es früh dunkel). Das war eigentlich perfekt, denn ich konnte zur Schule gehen, abends in Buck Hill trainieren und eine Menge Wiederholungen machen, ohne dass mir bewusst war, wie viel es überhaupt waren. In Vail dauert allein die Fahrt mit dem Sessellift zehn oder fünfzehn Minuten, das sind dreißig oder vierzig Minuten pro Lauf. Zum Schluss meiner Karriere schaffte ich vielleicht fünf Abfahrten, wenn ich in Vail trainierte, während ich in Buck Hill fünfundzwanzig Abfahrten pro Abend machen konnte. Ich war fast jeden Abend dort – die Erste am Schlepplift und die Letzte, die nach Hause ging. Das war für mich ein Erfolgserlebnis, weil ich wusste, dass ich härter trainiert hatte als die anderen. Dieses Gefühl – die Befriedigung, die sich dabei einstellt – trieb mich lange Zeit an. Von dem Zeitpunkt an, als ich im Alter von sieben Jahren mit dem Rennsport begann, bis zu meinem sechzehnten Lebensjahr war die Jagd nach diesem Gefühl alles, woran ich dachte.

Wenn man eine Sportart neu erlernt, muss man viele, viele Stunden investieren. Es braucht diese ständige Wiederholung, denn um wirklich gut zu werden, ist die Quantität des Trainings genauso wichtig wie die Qualität. Sobald man ein bestimmtes Niveau erreicht hat, übernimmt das Muskelgedächtnis und wird zu einem Teil von einem selbst – die ständigen Wiederholungen sind einem buchstäblich in Fleisch und Blut übergegangen.

In Buck Hill haben wir uns auf die Basisarbeit konzentriert. Es gab kein freies Skifahren, wir haben nur trainiert. Wir haben uns auf unsere Technik konzentriert, wir haben geübt, wir sind Rennen gefahren. Wir liebten die Tore, denn das war alles, was wir kannten: Erichs Ding waren die »tausend Tore« – an den Wochenenden fuhren wir tausend Tore am Tag. Die Stunden in Buck Hill vermittelten mir die technischen Grundlagen, auf denen letztlich meine gesamte Karriere aufbaut.

Die Resultate sprachen für sich. Bevor Erich 1969 das Buck-Hill-Skiteam übernahm, hatte es, da bin ich mir ziemlich sicher, noch nie ein einziges Rennen gewonnen. Aber unter seiner Leitung wurde das Team zu einer Größe. Schon in seinem ersten Jahr als Trainer gewannen sie eine Reihe von Rennen und entwickelten sich zu einem Spitzenteam. Schon bald eilte Erich der Ruf voraus, Kinder und Jugendliche zu Champions zu machen. Im Laufe der Jahre brachte unser kleiner Hügel im Umland von Minnesota eine ganze Reihe von Spitzenathleten hervor, darunter eine beeindruckende Anzahl von Weltcupfahrern und sechs Olympioniken; eine davon war ich.

Erich holte auch fantastische Skifahrer zu uns, um uns bei der Arbeit an unserer Technik zu helfen, wie die Weltcupteilnehmerin Kristina Koznick. Auch sie war, was das Skifahren angeht, ein Buck-Hill-Gewächs und trainierte einige Male mit uns, um uns die Grundlagen beizubringen. Persönlichen Zugang zu diesen erfolgreichen Athleten zu haben, von denen einige sogar die gleiche skifahrerische Herkunft wie wir hatten, ihnen aus unmittelbarer Nähe zuzuschauen und nachzueifern, das brachte uns enorm weiter.

Erich hatte (und hat immer noch) sehr viel Energie und Enthusiasmus für das Skifahren, und wann immer man in seiner Gegenwart war, sprang diese Energie auf einen über, ob man es wollte oder nicht. Das mag wie ein oft gehörter Allgemeinplatz klingen, ist aber definitiv wahr – Erich inspirierte und inspiriert die Menschen. Ja, er nahm uns in die Pflicht und ließ uns Übungen machen, aber vor allem übertrug sich seine Begeisterung auf uns. Die Leute fragten sich, was er drüben in Buck Hill veranstaltet, um all diese Spitzenrennfahrer hervorzubringen. Sie haben nicht verstanden, dass es nicht darum ging, was er den Kids erklärte, sondern darum, wie er sie motivierte. Alles, was er sagte, war immer freundlich, selbst wenn er uns mitteilte, dass wir schlecht seien. (In meinen frühen Jahren machte er sich über mich lustig: »Du armer Mann«, meinte er einmal zu meinem Vater, »du hast eine Schildkröte als Tochter.«)

Ein Teil von Erichs Magie bestand sicher darin, dass er das Talent, das in einem steckte, erkannte und dabei half, es zu entwickeln. Er versuchte, aus uns das Beste zu machen, was wir sein konnten, und trieb uns an die Grenzen unserer Leistungsfähigkeit, ohne dabei unsere Persönlichkeit zu ändern. Als ich jung war, rieten mir ein paar Leute, ich solle meine Technik ändern, denn bei jeder Kurve lehnte ich mich mit der inneren Schulter nach innen, wie der schiefe Turm von Pisa. Alle glaubten, ich sei zu kippelig, und sagten mir, ich solle mich aufrichten, aber nicht Erich. »Ändere dich nicht«, bestärkte er mich. »So wie du fährst, bist du schnell.«

Selbst wenn mein Vater vorbrachte: »Wir sollten an ihrer Technik arbeiten«, schüttelte Erich nur den Kopf. »Sie ist schnell«, antwortete er ihm. »Sie ist aus einem bestimmten Grund schnell. Man kann nicht ändern, was jemand von Natur aus tun will.«

Die Schräglage hat mir Probleme bereitet, vor allem im Slalom. Aber sie ist auch der Grund, warum ich in der Abfahrt und im Super-G so erfolgreich war: Ich lehnte mich hinein, und das machte mich schnell. Beim Beobachten großer Abfahrer fiel mir auf, dass viele von ihnen das auch machen. Das kann man nicht wirklich trainieren. Manche Dinge sind von Natur aus da, und genau das wollte Erich mir immer beibringen.

So wie du fährst, bist du schnell. Das ist der beste Rat, den ich je erhalten habe.

Als ich jung war, hatte ich das Glück, das richtige Team von Menschen, die mich anleiteten, um mich zu haben. Es war die perfekte Kombination aus Erich, meinem Vater und meinem anderen Trainer Tony Olin. Während Erich der Motivator war, konzentrierten sich Tony und Dad auf die technische Seite. In seiner Zeit als Leistungssportler und später als Trainer hatte mein Dad die besten Skirennfahrer der Welt studiert und von erfahrenen Trainern gelernt. Bis heute ist er neben Tony einer der besten, die ich je gehört habe, wenn es darum geht, die technischen Aspekte des Sports zu erklären. Er brachte mir auch die Bedeutung der psychologischen Komponenten bei: Visualisierung, Vorbereitung und Konzentration. Er war ein strenger und fordernder Trainer, aber ich konnte mich immer auf ihn verlassen, wenn ich einen Ratschlag brauchte. Jeder von ihnen hat mir auf seine Weise geholfen, mich weiterzuentwickeln – als Skifahrerin, als Sportlerin und als Mensch. Die drei haben sich perfekt ergänzt.

Ich habe am Sport immer geliebt, dass man sich jeden Tag ein konkretes Ziel setzen und dieses Ziel jeden Tag erreichen kann. Dieses Gefühl, etwas erreicht zu haben, lässt sich in anderen Bereichen des Lebens nur schwer wiederholen. Ich glaube, als Sportler braucht man ein Element des Erfolgs, des messbaren Fortschritts, um wirklich engagiert zu bleiben. Denn selbst wenn man etwas liebt, kann man nur ein gewisses Maß des negativen Gefühls ertragen, ständig gegen eine Wand zu stoßen. Vor allem als Kind fand ich in diesem Kreislauf aus harter Arbeit und sichtbaren Ergebnissen Befriedigung; sich Ziele zu setzen und sie zu erreichen wurde fast zwanghaft. Von den ersten Tagen meines Trainings an und während meiner gesamten Laufbahn habe ich immer wieder versucht, mich selbst zu übertreffen.

Während ich an mir arbeitete, wurde ich immer besser. Und als ich anfing, besser zu werden, half mir die positive Bestärkung meines Vaters und meiner Trainer. Selbst wenn ich nicht gewann, sagte mein Trainer oder mein Vater oder ein Freund: »Wow, das war ein toller Lauf« – diese Anerkennung zu bekommen, macht süchtig. Das Gefühl, etwas erreicht zu haben, spornt einen an weiterzumachen. Ihre Ermutigung hat mich angetrieben, und ich war stolz darauf, sie zufriedenzustellen. Ich war stolz und wollte sie alle wiederum immer stolz machen.

Seit ich sieben Jahre alt war, nahm ich an lokalen Rennen teil. An den Wochenenden wachte ich oft vor Sonnenaufgang auf. Dad trug mich zum Auto, weil ich wieder eingeschlafen war, und legte mich dann sanft in meinen Schlafsack auf dem Rücksitz; die Heizung unseres Autos lief bereits auf Hochtouren. Denn damals war es in Minnesota, das an der Grenze zu Kanada liegt, verdammt kalt. Manchmal erreichten die Temperaturen dort oben gefühlte minus fünfzig Grad Celsius. Wir fuhren Rennen, bei denen die Kälte es nicht zuließ, dass man die dicke Jacke oder Hose ausziehen konnte. Man musste mit allen Kleidungsstücken antreten, die man hatte. Ich erinnere mich noch lebhaft daran, wie ich Frostbeulen bekam – Nadelstiche, gefolgt von Taubheitsgefühlen –, vor allem in den Zehen, was in Minnesota keine Seltenheit war.

Wenn es zu kalt wurde, gingen wir in die Hütte, um uns bei heißer Schokolade und Donuts aufzuwärmen. Wir müssen damals unzählige Liter heißer Schokolade getrunken haben. Wenn wir nach Hause kamen, zog mein Vater mir die Stiefel aus und rieb meine Füße mit seinen Händen, um sie aufzuwärmen. Schließlich besorgte er mir ein paar Stiefelwärmer, was wahrscheinlich eines der besten Weihnachtsgeschenke überhaupt war. Wenn ich kalte Hände hatte, was oft vorkam, zog mein Vater mir die Fäustlinge aus und steckte meine Hände in seine Handschuhe. Dann blies er heiße Luft in meine Fäustlinge und tauschte sie schnell wieder aus, damit meine Hände für ein paar Minuten schön warm waren.

So ironisch oder paradox es klingen mag: Ich hasse die Kälte. Es ist schön, wenn man komplett eingemummelt an einem frischen Morgen bei Sonnenschein auf dem Gipfel eines Berges steht. Aber sobald ich die Kälte tatsächlich spüre, denke ich: *Hey, wo ist die Hütte und wo meine heiße Schokolade?*

Als mein Vater zu dieser Zeit einen neuen Chevrolet Suburban gekauft hatte, war das Beste daran, dass er auf den Schlüssel drücken und das Auto aus der Ferne einschalten konnte, damit die Heizung ansprang, bevor wir ankamen. Einmal, nach einem Rennen in Giant's Ridge, raste ich zu dem Chevy und sprang ohne Verzögerung sofort rein. Am schnellsten runterzukommen, bedeutete auch, möglichst schnell warm zu werden.

Kapitel 2

Angefangen hat alles mit meinem Großvater Don. Dass unsere ganze Familie mit dem Skifahren begann, liegt an ihm, denn er brachte es meinem Vater als Kind bei. Er selbst fuhr schon seit Jahrzehnten; seit den Tagen der Schlepplifte und Schnürschuhe. Als ich noch klein war, unternahm die ganze Familie Skireisen nach Steamboat Springs oder Keystone in Colorado, das ist eine ordentliche Strecke von Minnesota aus. Weil ich damals das einzige Kind war, genoss ich die volle Aufmerksamkeit. Mein Großvater fuhr später nicht mehr viel Ski, aber ich war immer dankbar dafür, dass ich als ältestes Enkelkind diese Zeit mit ihm zusammen verbringen durfte. Ich weiß noch, wie sehr er sich darauf freute, mit mir da draußen zu sein und seine Leidenschaft mit mir zu teilen. Er war in keiner Weise eine Trainerfigur – diese Rolle wurde von meinem Vater ausgefüllt –, er war einfach unglaublich stolz auf mich. Er und meine Großmutter Shirley kamen zu meinen ersten Rennen in Minnesota und Wisconsin, und er strahlte die ganze Zeit.

Opa Don beeinflusste mich weit über das Skifahren hinaus. Wir hatten eine besondere Verbindung zueinander, und viel von dem, wie und was ich heute bin, geht letztlich auf ihn zurück. Ich wuchs mit den Geschichten davon auf, wie hart er gearbeitet hatte, um sein Leben und das seiner Familie zu meistern. Als er zwölf Jahre alt war, starb unerwartet sein Vater. Die Familie war gerade dabei, ein neues Haus zu bauen, und musste nun in der

Garage leben. Daraufhin baute mein Großvater das Haus selbst fertig: Tagsüber ging er zur Schule, dann kam er nach Hause und machte sich abends bei Scheinwerferlicht an die Arbeit. Sogar die Gräben für die Abwasserleitung hob er selbst aus.

Als junger Mann diente er während des Koreakrieges zwei Jahre lang im Army Corps of Engineers. Danach arbeitete er sein ganzes Leben lang auf dem Sitz eines Baggers. In seinem ersten Job riss er ganz allein die Bürgersteige einer ganzen Stadt auf und baute sie neu. Dieser erste Job war der Grundstock für seine Baufirma. Jeden Tag kam er verschwitzt von der Arbeit nach Hause und roch nach Öl und Schmierfett. Mit diesem Einsatz schaffte er es, besser zu sein als all seine Konkurrenten in der Branche.

Ich wuchs mit der ständigen Präsenz seiner harten Arbeit auf, und das eröffnete mir schon in jungen Jahren eine andere Sichtweise auf die Welt. Mein Großvater beklagte sich nie, warum also sollte ich das tun? Weil ich sah, wie hart er für alles, was er hatte, arbeitete, schätzte ich umso mehr all das, was unsere Familie hatte, und versuchte immer, bescheiden zu bleiben.

Später musste mein Großvater nach mehreren Schlaganfällen und einer dreifachen Bypassoperation in den Ruhestand gehen, und meine Großmutter Shirley fing an, bei Walmart zu arbeiten. Oft hatte sie die Spätschicht und kam erst gegen Mitternacht nach Hause. Dort wartete mein Großvater mit einer Schüssel Eis auf sie, die sie dann zusammen aßen, jeden Abend, ohne Ausnahme. Diese Art der Fürsorge war tief und gegenseitig. Als Großvater noch arbeitete und jeden Morgen um vier Uhr aufbrach, stand seine Lunchbox und eine riesige Thermoskanne mit Kaffee bereit, von meiner Großmutter zurechtgemacht, die mit ihm aufgestanden war.

Meine Oma Shirley war der Inbegriff einer freundlichen, übermäßig großzügigen Großmutter. Wenn wir zu Besuch kamen, hatte sie immer meinen Lieblingsschokopudding für mich parat, und sie nahm uns Kinder jedes Jahr mit in den Wasserpark von Wisconsin Dells und kaufte uns Eiscreme. Obwohl meine Großeltern selbst alles andere als vermögend waren, schickte sie uns zu unseren Geburtstagen immer Bargeld. Meine Oma könnte keiner Fliege etwas zuleide tun. Sie ist der liebste Mensch, den man sich vorstellen kann.

Später verfolgten meine Großeltern meine Skikarriere und standen auch schon einmal um drei Uhr morgens auf, um sich meine Weltcuprennen im Fernsehen anzuschauen und meine Karriere so intensiv wie möglich zu verfolgen. Meine Oma schloss die Augen und betete für mich, während mein Opa den Fernseher anbrüllte, ich solle schneller fahren. Mein Opa erinnerte sich an alle meine Rennzeiten, die eigentlich nicht so wichtig waren, weil jeden Tag neue dazukamen. Aber es war eine sehr liebenswerte Eigenschaft von ihm. Er verfolgte auch, wie gut meine Konkurrentinnen abschnitten und ob ich es zu den Olympischen Spielen schaffen würde. Er achtete auf alles, was ich tat, und war wie meine Oma sehr stolz auf meinen Erfolg. Auch wenn ich einen schlechten Tag hatte, schenkten sie mir bedingungslose Liebe und Zuneigung und eine unerschütterliche Unterstützung, auf die ich mich besonders als Kind verlassen konnte. Meine Oma war immer diejenige, die sagte: »Ach, Schatz, das ist schon okay. Du musst nicht jedes Rennen gewinnen!«, während mein Großvater rief: »Doch, das muss sie!« Sie waren ein gutes Team.

Als Erwachsene denke ich oft, dass ich eine Kombination aus meinen Großeltern bin. Meine Bonmots sind nicht so gut wie die meines Großvaters, aber ich versuche ihm nachzueifern. Ich habe seine Unerschrockenheit geerbt, wenn es darum geht, meine Meinung zu sagen, obwohl ich definitiv auch die sanfte und weiche Seite meiner Oma habe. Ich zeige sie vielleicht nicht immer – vor allem nicht, wenn es ums Skifahren geht –, aber privat bin ich eigentlich ein Softie.

Doch so sehr ich auch nach meinen Großeltern komme, bin ich doch auch eine Kombination aus meiner Mom und meinem Dad. Mein Vater, Alan Kildow, wuchs in einer Arbeiterstadt in Wisconsin auf. Er war schon immer Big Al, und dazu passt, dass er eine enorme Persönlichkeit ausstrahlt. Er ist intelligent und verfügt über ein solches Charisma, dass er sofort im Mittelpunkt steht, sobald er einen Raum betritt. Von Beruf ist er Strafverteidiger, kann also gut Geschichten erzählen. Jedem Gast und Besucher der Familie gibt er das Gefühl, willkommen und zu Hause zu sein.

Meine Mutter, Linda Krohn, stammt aus einer Kleinstadt in Minnesota und lernte meinen Vater während ihres Jurastudiums kennen. Sie gehörte zu einer Generation, in der Frauen noch nicht die Möglichkeit hatten, typische Collegesportarten wie Basketball oder American Football auszuüben. Aber sie spielte Squash, fuhr Ski und wurde vom Collegepräsidenten sogar mit einem Preis für ihre Leistungen im Schwimmen ausgezeichnet. Im Alter von 68 Jahren schwimmt sie immer noch jeden Tag. Als ich ein Kind war, war Mom als Pflichtverteidigerin tätig, und jetzt arbeitet sie mit Menschen in einer Reha. Anderen zu helfen, entspricht einfach ihrem Wesen.

Ich bin die Älteste von fünf. Neben mir und meiner Schwester Karin gibt es noch die Drillinge: meine Schwester Laura und meine Brüder Dylan und Reed. Meine Geburt verlief nicht wie geplant, und nach ihr war mein Pensum an Krankenhausdramen eigentlich schon für mein ganzes Leben aufgebraucht. Am 17. Oktober 1984 suchte Mom um 10:30 Uhr wegen starker Kopfschmerzen die Notaufnahme auf. Vier Stunden später erlitt sie einen Schlaganfall, wie die Ärzte später feststellten, und ich wurde per Notkaiserschnitt auf die Welt geholt. Meine Mutter lag im Koma, mit einer Fifty-fifty-Chance zu überleben.

»Das ist nicht genug«, sagte mein Vater zu den Ärzten.

Er hatte die Wahl zwischen zwei Ärzten. Der eine war ein erfahrener Mediziner, der sagte, er werde sein Bestes geben, aber die Chancen stünden schlecht. Der andere war ein junger Arzt, der eine Methode ausprobieren wollte, bei der die Chance bestand, dass sie gerettet wurde, gleichzeitig aber auch die Möglichkeit, dass sie innerhalb weniger Stunden sterben würde, wenn der Ansatz nicht funktionierte. Ich kann mir nur ansatzweise vorstellen, wie schwer diese Entscheidung für meinen Vater war, glaube aber, es liegt in der menschlichen Natur, sich für die kleine Hoffnung zu entscheiden. Genau das tat mein Vater. Und der zweite Arzt rettete das Leben meiner Mutter. Als sie aufwachte, sagte man ihr, dass sie ein kleines Mädchen bekommen hatte, und sie konnte sich nicht nur nicht an meinen Namen erinnern, sondern wusste auch nicht, dass ich überhaupt geboren worden war. (Meine Eltern hatten sich vor der Geburt für meinen Namen entschieden. Sie wollten mich eigentlich »Lindsay« nennen, aber Dad schrieb den Namen auf der Geburtsurkunde falsch und deswegen heiße ich »Lindsey«.)

Zwar hatte meine Mutter überlebt, sie brauchte aber eine umfangreiche Physiotherapie. Die gesamte Familie meines Vaters quartierte sich bei uns ein, um uns in dieser Zeit zu unterstützen; mein Onkel Jeff nahm sogar den ganzen Weg aus Deutschland auf sich, wo er bei der Army stationiert war. Denn während Mom jeden Tag physiotherapeutisch behandelt wurde, musste Dad weiter Vollzeit arbeiten – ich weiß bis heute nicht, wie er das geschafft hat. Allmählich erholte sie sich weit besser, als die Ärzte erwartet hatten, wahrscheinlich weil sie mit ihren zweiunddreißig Jahren noch recht jung war. Trotz aller Widrigkeiten konnte Mom schließlich wieder gehen – ich habe mir immer vorgestellt, dass sie und ich unsere ersten Schritte zusammen machten.

Trotzdem hat sie sich nie ganz von dem Schlaganfall erholt. Sie war in der Lage, wieder zu arbeiten, bekam vier weitere Kinder und war eine unglaubliche Mutter. Aber in mancher Hinsicht wurde sie nie mehr dieselbe. Es fällt ihr schwer, das Gleichgewicht zu halten, und sie konnte nie mit mir Ski oder Fahrrad fahren oder mit uns Kindern rennen und spielen. Manchmal hat sie immer noch körperliche Probleme, und es fällt mir immer noch schwer, das zu akzeptieren, weil sie ein so guter Mensch ist.

Seit ich von ihrem Schlaganfall erfahren habe, trage ich ihre Kämpfe mit mir herum. Es ist schwer zu sagen, ob der Schlaganfall durch die Schwangerschaft verursacht wurde oder ob die Blutgefäße auf der linken Seite ihres Gehirns geplatzt waren und ich ihr quasi das Leben rettete, weil sie ohne die Schwangerschaft nicht ins Krankenhaus gegangen wäre. Natürlich war es nicht meine Schuld, dass das passiert ist, und es gab nichts, was ich oder jemand anderes hätte tun können. Rational verstehe ich das alles. Aber gefühlsmäßig? Das ist eine andere Geschichte. Es ist schwer, sich nicht schuldig zu fühlen. Nicht weil jemand gesagt hätte: »Du bist schuld daran, dass deine Mutter einen Schlaganfall hatte«, sondern weil mein Name für immer ein Teil dieser Geschichte ist. Immer wenn ich mich verletzte, dachte ich an meine Mutter, mit dem Gefühl, ihr gegenüber verpflichtet zu sein, auf mich zu achten, egal wie schwer das war. Denn meine Verletzungen heilten, und mit harter Arbeit und der richtigen Einstellung konnte ich den Heilungsprozess unterstützen, sodass keine Schäden blieben. Diesen Luxus hatte sie nie, und so fühlte ich mich ihr gegenüber immer in der Verantwortung, wieder aufzustehen, besser zu werden und alles zu tun, ohne mich zu beschweren. Wie könnte ich mich denn beschweren, wenn sie es nie getan hat?

Trotz ihrer körperlichen Rückschläge ist meine Mutter einer der fröhlichsten und positivsten Menschen, die ich kenne – sie ist einfach unglaublich. Wir haben einen Familienchat, mit ihr und all meinen Geschwistern, und Mom schreibt uns jeden Tag ein kleines Gedicht. Sie schickt uns ständig positive Bestätigungen.

Manchmal denke ich, wie bei jedem Gruppenchat: Okay, das reicht jetzt. Aber es ist verdammt toll, dass sie das macht. Sie versucht immer, unsere Stimmung zu heben. Sie entscheidet sich jeden Tag neu dafür, glücklich zu sein. Ich weiß, dass sie eine schwere Zeit hat, aber sie spricht nicht darüber. Vielleicht sollte sie das manchmal tun, aber trotzdem ist diese Art von Robustheit schwer zu finden. In meiner Familie gibt es viele starke Persönlichkeiten, die mich den Wert eines zähen Charakters gelehrt haben, und meine Mutter ist genauso widerstandsfähig wie alle anderen. Ihre Stärke ist unermesslich.

Trotz aller Schwierigkeiten bekamen meine Eltern die große Familie, die sie sich beide gewünscht haben. Die Familie wuchs, zuerst mit meiner Schwester Karin vier Jahre nach meiner Geburt, und dann, als sie sich einen Jungen wünschten, bekamen sie überraschend Drillinge – zwei Jungen, Dylan und Reed, und ein Mädchen, Laura. Es hatte sich herausgestellt, dass es für meine Mutter schwierig war, ein drittes Mal schwanger zu werden, also versuchte sie es mit einer Hormonbehandlung. Eine der Nebenwirkungen ist die Möglichkeit von Mehrlingsgeburten. Damals war die Medizin in dem Bereich noch nicht so weit wie heute, und es war ein reines Ratespiel. Wir wurden von einer kleinen Familie, zu der nur ich und meine Eltern gehörten und alle anderen mit anpackten, zu einem geschäftigen Haushalt. Karin, die Drillinge und ich.

Damals war Burnsville, Minnesota, eine typische Vorstadt im Mittleren Westen. In meiner Kindheit zogen wir ein paarmal um, aber das Haus, das mir wirklich in Erinnerung geblieben ist, war dieses atemberaubende rote Backsteinhaus, das mein Vater von Grund auf entworfen hatte. Es lag in einem schönen Viertel in der Nähe der Schule und noch näher am Buck Hill. An dem Tag, an dem wir einzogen, war ich so aufgeregt, dass ich durch den Mathetest fiel; ich wurde in eine Mathesonderklasse versetzt und musste den Test wiederholen, um zu beweisen, dass ich in die normale Klasse gehörte. Es war das Traumhaus eines jeden Kindes. Im Hinterhof gab es ein Klettergerüst und Wege, die zum Alimagnet-See führten. Wir bauten überall Burgen – es gab sogar einen kleinen Raum unter der Treppe, wo wir uns verstecken konnten. Mein Vater hat den Beton für die Einfahrt selbst gegossen und wir haben alle unsere Handabdrücke darin hinterlassen. Dieses Haus war wirklich unser Zuhause.

Eine Sache, die ich mit vier kleinen Geschwistern gelernt habe, ist, wie man im Chaos die Ruhe bewahrt. Da meine Mutter nicht schnell laufen oder gar rennen oder Rad fahren konnte, hatte ich oft das Sagen. Wenn wir an den See in der Nähe unseres Hauses fuhren, war ich verantwortlich. Als ich klein war, wechselte ich die Windeln der Drillinge. Als wir älter wurden, machte ich ihnen das Mittagessen, und als ich meinen Führerschein hatte, fuhr ich alle zur Schule und wohin sie sonst noch mussten. Wir waren eine Einheit, ein Team.

Wie in vielen Familien gingen meine Geschwister und ich uns natürlich auch öfter gegenseitig auf den Senkel, als wir aufwuchsen. Und manchmal quälte ich sie richtiggehend. Wir führten diese aufwendig choreografierten Tänze zur Musik von *Cats* und *Joseph and the Amazing Technicolor Dreamcoat* und verschiedenen Mariah-Carey-Alben auf. Ich kann wirklich nicht mehr sagen, warum. Aber es ging immer um *meine* »künstlerische Vision«, und ich bestimmte alles, von der Choreografie über die Kostüme bis hin zum Lichtdesign (für die Bühnenbeleuchtung kamen Taschenlampen zum Einsatz) – ich war eine kleine Diktatorin. Dann setzte ich mich mit meinen Eltern hin, um die Aufführung anzusehen. Manchmal, wenn ich ein Interview gebe oder vor der Kamera unterhaltsam sein muss, denke ich an diese Tanzdarbietungen zurück und daran, wie alles begann. Ich schätze, ich hatte schon immer diesen Charakterzug.

Auf dem Programm standen auch Fotoshootings, inspiriert von Glamour Shots, dieser Kette von überkandidelten Fotostudios in Einkaufszentren, die damals in Mode war. Dad lieh uns seine tolle Kamera, und ich schminkte Karin und Laura, stylte ihre Haare und staffierte sie mit meinen Kleidern aus. Wir haben diese Bilder immer noch, und um ehrlich zu sein, sind sie ziemlich toll.

Zu ihrem Unglück war ich auch für die Haarschnitte meiner Geschwister zuständig. Einige von ihnen waren, sagen wir mal, nicht gerade Meisterleistungen. Einmal verpasste ich Karin einen schrecklichen Pony. Es sah aus wie einer dieser sprichwörtlichen Topfschnitte: Topf auf den Kopf und drum herumgeschnitten. Ein anderes Mal habe ich meinem Bruder Dylan eine komplette Glatze rasiert. In dem Fall war das nicht meine »(haar)künstlerische Vision« – ich machte bloß immer wieder Fehler, und als ich versuchte, sie zu korrigieren, wurden die Haare kürzer und kürzer und kürzer. Schließlich dachte ich mir: Warum machen wir es nicht wie Michael Jordan? Am nächsten Tag kam er mit einer Mütze in die Schule, und die Lehrerin statuierte ein Exempel an ihm, weil in geschlossenen Räumen keine Mützen getragen werden durften. Er musste seine Mütze mitten im Unterricht abnehmen, woraufhin die Klasse feststellte, dass er eine Glatze hatte. Ich bin mir ziemlich sicher, dass ich ihn für sein Leben traumatisiert habe ...

Aber ich selbst sah auch nicht besser aus. Bis ich vier oder fünf Jahre alt war, hatte ich einen echten Vokuhila. Vorne ein Topfschnitt, hinten hing es superlang runter (das war nicht meine Idee). Mein Look war ebenfalls besonders: passende Rollkragenpullover, Latzhosen von OshKosh B'Gosh und High-Top-Sneakers. In allen Farben des Regenbogens (auch das war nicht meine Idee). Das war damals in Mode, aber es war sicher nicht schick.

Zu Weihnachten nahm Dad gerne das Projekt Familienfotokarte in Angriff. Er liebt Dale-of-Norway-Pullover – diese dicken Wollpullover mit traditionellen norwegischen Mustern. Er und mein Großvater trugen sie immer. Ich glaube, sie hielten das für eine coole europäische Sitte, der sie nacheiferten. Jedes Jahr vor den Feiertagen warf sich die ganze Familie in solche Pullover und reihte sich für die Kamera auf. Wir sahen uns verdammt ähnlich. Einmal fuhren wir für das Foto zu einem Campingplatz an einem Fluss in Colorado, der einen wahnsinnig schönen Hintergrund bildete. Wir gingen in die Mitte des zugefrorenen Flusses, um ein besseres Motiv für die Karte zu bekommen, und fielen fast ins Wasser – das doch nicht ganz gefroren war. Aber zum Glück machten wir die Aufnahme.

Meine Geschwister und ich verbrachten jeden Sommer im Haus unserer Großeltern. Unsere Eltern brachten uns für sechs Wochen dorthin oder so lange, wie die Großeltern uns eben aufnehmen konnten. Ich liebte es so sehr, sie zu besuchen, dass ich mich darum bemühte, meine Skilager so zu legen, dass ich die Zeit mit Oma Shirley und Opa Don nicht verpassen würde.

Meine Großeltern hatten so ein kleines Golfauto, und ich nutzte jede Gelegenheit, um es auszufahren. Meinem Großvater fehlte der Zeigefinger der rechten Hand, den er bei einem Arbeitsunfall auf dem Bau verloren hatte. Ich weiß noch, wie er uns anschrie, langsamer zu fahren, und dabei mit dem nicht vorhandenen Zeigefinger winkte, als ich vorbeifuhr. Schließlich ließ er den Motor drosseln, damit der Wagen langsamer und langsamer fuhr. Wir fuhren mit dem Auto immer ein altes Bahngleis entlang, das hinter dem Haus unserer Großeltern verlief, und zur Tankstelle, wo wir Slushies für fünfzig Cent bekamen. (Meine Großmutter war immer diejenige, die uns fünf Dollar für unsere Tankstellenfahrten zusteckte.) Als wir wieder zu Hause ankamen, hatten die Betreiber der Tankstelle bereits angerufen, um meinen Großeltern mitzuteilen, dass wir dort gewesen waren. So ist das eben in einer Stadt mit tausend Einwohnern: Jeder weiß, was der andere vorhat.

Meine Geschwister und ich haben ein enges Verhältnis. Wir waren eine Bande, die kleine Kildow-Crew, und hatten ständig Spaß. Unser ganzes Leben lang verband uns die Liebe zueinander und zum Skifahren. Skifahren war eine Konstante, etwas, das wir gemeinsam tun konnten, und auch etwas, das wir mit dem Rest der Kildow-Familie tun konnten. Das ist das Tolle an einem Sport wie dem Skifahren: Wenn man in ihn hineingeboren wird, wird er ein Teil von einem. Er ist in das Leben der Familie eingebettet. Er verbindet Generationen.

Ich habe so viele schöne Erinnerungen an meine Kindheit, aber einer der großartigsten, bestätigendsten Momente war das erste Mal, als ich vor meinem Großvater Don einen Hügel hinunterbretterte. Als wir unten waren, kam er mit den Skiern zu mir rüber und sagte: »Oh, Mann! Bist du schnell!« Er strahlte.

Er sagte nicht, dass ich »für ein Mädchen« schnell gewesen sei. Er sagte nicht, ich sei schnell »für ein Kind«.

Seinen Stolz oder sein Erstaunen relativierte er in keiner Weise. Er stellte es einfach fest.

Kapitel 3

»Bist du sicher, dass du das willst?«, fragte mich mein Vater.

Es war ein Wochentag, und Dad und ich waren allein in der Küche des roten Backsteinhauses. Das Geschirr war schon abgeräumt, und die Stimmen meiner Geschwister hallten aus dem Wohnzimmer. Als wir an dem großen Holztisch saßen, der neben der Kücheninsel mit den passenden Holzhockern stand, die meine Geschwister und ich immer irgendwie umkippten, hörte ich, wie eine Reihe unvernünftiger Worte meinen Mund verließ. Ich hatte ihm gerade gesagt, dass ich 2002 bei den Olympischen Spielen Ski fahren wollte.

Falls mein Vater überrascht war, zeigte er es nicht. Er zuckte nicht einmal. Er sah mich an, sein Gesicht war ruhig und ernst, und er nahm alles gelassen hin.

»Ja«, sagte ich. »Ganz sicher.«

»Okay«, antwortete er, ohne zu zögern. »Dann musst du Folgendes tun.«

Zu meiner Verteidigung sei gesagt, dass hinter diesem Ziel die solide Logik einer Neunjährigen stand. Das Internationale Olympische Komitee hatte gerade verkündet, dass die Olympischen Spiele 2002 in Salt Lake City stattfinden würden. Als ich das hörte – Olympische Spiele, in acht Jahren, in meinem Heimatland –, dachte mein neunjähriges Ich, es bedeute irgendwie, dass ich eine bessere Chance hätte, es zu schaffen, daran teilzunehmen.

Ich habe nicht zu viel darüber nachgedacht, für mich war die Sache völlig klar. Und zum Glück schien mein Vater das auch so zu sehen. Sobald mein Geständnis ausgesprochen war, sagte er mir, wie viel Arbeit ein solches Ziel bedeuten würde und dass die großen Worte, die ich gerade gesagt hatte, mit einem ebenso großen Auftrag verbunden wären. Ein einfacher Satz am Küchentisch leitete einen komplexen Plan ein. Ich hatte volles Vertrauen in mein Ziel, das durch den Rückhalt meines Vaters nur noch stärker wurde.

Es war vielleicht nicht vernünftig, aber es war auch nicht nur kindliches Denken, das mich dazu brachte, dieses Ziel meinem Vater gegenüber auszusprechen – ich glaubte an mich selbst, ich glaubte daran, dass ich dazu fähig war. Ich kann nicht erklären, warum ich mit neun Jahren sagte: »Ich werde die beste Skifahrerin der Welt sein«, und beschloss, dieses Ziel tatsächlich zu verfolgen. Ich war nicht die begabteste Skifahrerin, vor allem nicht in diesem Alter. Ich war auch nicht die schnellste. Ich weiß nur, dass ich von dem Moment an, als ich mir das Ziel setzte, immer daran glaubte. Es gab nie einen Punkt, an dem ich an meinem Traum gezweifelt habe, nie einen Punkt, an dem ich dachte: Vielleicht ist das falsch. Ich hatte einfach das Gefühl, dass ich dafür geschaffen bin. Und jetzt wusste auch Dad Bescheid.

Seit ich mich erinnern kann, wollte ich professionelle Skifahrerin werden, aber wenn ich genau sagen sollte, wann mir dieser Gedanke zum ersten Mal in den Kopf kam, dann dürfte das mit sieben Jahren der Fall gewesen sein. Um ehrlich zu sein, ich hatte damals keine Ahnung, was eine professionelle Skifahrerin eigentlich macht. Ich wusste nur, dass ich Ski fahren wollte, so wie viele Kinder sagen, dass sie Baseballspieler, Schauspieler oder Superheld werden wollen. Dieser vage Wunsch wurde ein paar Jahre später konkreter, als ich Picabo Street traf. Die Begegnung mit ihr hat alles verändert.

Jedes Jahr kamen die besten Skifahrerinnen und Skifahrer des Landes zu Pierce Skate & Ski, unserem örtlichen Skigeschäft in Minnesota und einem der größten des ganzen Landes. Es ist ein großartiges Familienunternehmen, und mein Vater war mit den Eigentümern befreundet, John Pierce und seinem Sohn Bart. Im Sommer 1995 kündigte Pierce an, dass sie eine Veranstaltung mit Kristina Koznick und Picabo Street organisieren würden. Ich kannte Kristina bereits vom Skifahren in Buck Hill, aber ich wusste nicht viel über Picabo. Damals gab es nur sehr wenige Skirennen im Fernsehen, und ich kannte noch nicht viele Skifahrerinnen. Ich wusste nur, dass sie die beste war.

Ich erinnere mich noch genau an die ganze Sache. So viele Leute waren da, die darauf warteten, sie zu treffen, mindestens ein paar Hundert, und ich stand eine gefühlte Ewigkeit in der Schlange (tatsächlich waren es etwa zwei Stunden). Ich hatte mir gerade die Ohren stechen lassen und war besonders stolz auf meine Ohrringe, die ich zusammen mit einem weißen Esprit-Sweatshirt und Jeans trug. Das Foto von uns beiden habe ich immer noch, und es ist eines der wenigen Bilder aus dieser Zeit, auf denen ich einigermaßen süß aussehe.

Ich war nervös, als ich auf sie zuging, und wusste nicht so recht, was ich erwarten sollte. Aber das diffuse Gefühl verflog in dem Moment, als ich sie traf. Picabo war einfach so lebendig. Sie hatte dieses Charisma, das greifbar und ansteckend war. Alles an ihr zog mich in den Bann. Sie war freundlich und liebenswürdig in ihrem Auftreten und in allem, was sie tat, und das nahm mir sofort meine Nervosität. Ich wollte so sein wie sie.

Diese Begegnung ließ mich in Bezug auf meine Motivation und meinen Tatendrang durchdrehen. Davor wusste ich, dass ich Skifahrerin werden wollte – aber gut sein zu wollen, Rennen zu gewinnen, das ist eine Sache. Als ich Picabo traf, bekam das Ganze eine ganz andere Dimension. Ski fahren wirkte nicht wie ein richtiger Beruf, bis ich ihr begegnete. Sie war nicht nur eine Skifahrerin, sie war eine Persönlichkeit. Sie wurde von Rossignol und Nike gesponsert – hallo, nach ihr war ein Schuh benannt! So etwas passiert normalerweise bei Skirennfahrerinnen nicht.

Eine Frau zu sehen, die so viel aufgebaut hatte, die so gut war, die so bekannt und beliebt war, Medaillen und Trophäen gewonnen hatte – es war, als würde ich einer Superheldin begegnen, aber einer aus dem wirklichen Leben. Es war wie: Wow, das ist möglich und ich kann es auch schaffen. Als Picabo mein Poster signierte, schrieb sie darauf: »Folge deinen Träumen«. Im Nachhinein bin ich mir sicher, dass sie das auf alle Poster geschrieben hat, aber das wusste ich damals nicht. Sie sagte mir, ich solle meinen Träumen folgen, und genau das ist dann auch passiert. Das war der Tag, an dem mein noch nicht ganz greifbarer Traum konkrete Gestalt annahm: Ich wollte Olympiasiegerin werden.

Nachdem ich mir ein Autogramm von Picabo geholt hatte, war ich im Pierce auf dem Weg zur Toilette, als ich Diann Roffe-Steinrotter erspähte, eine weitere Olympiamedaillengewinnerin und ebenfalls ein großer Star. Ich bat auch sie um ein Autogramm, und sie lehnte rundheraus ab. Keine Erklärung, keine Höflichkeiten; sie hatte wohl keine Zeit. Das war eine herbe Enttäuschung. An ein und demselben Tag erlebte mein neunjähriges Ich einen inspirierenden und einen traumatischen Moment. Das habe ich nie vergessen. An dem Tag habe ich gelernt, dass man jemanden in eineinhalb Minuten sehr positiv beeinflussen kann – oder sehr negativ, indem man einfach Nein sagt. Beides ist ziemlich einfach; man muss sich nur entscheiden. Jahre später erinnerte ich mich jedes Mal, wenn mich ein Kind um ein

Autogramm bat, an diesen Tag. Selbst wenn ich keine Zeit hatte, sagte ich: »Es tut mir leid, aber ich hole das nach dem Rennen nach.« Es ist es immer wert, nett zu sein.

Von diesem Tag an wurde für mich alles klarer. Picabo hatte etwas in mir ausgelöst, hatte einen Traum bestätigt, für dessen Verwirklichung ich selbst etwas tun konnte. Das signierte Poster habe ich immer noch. Dad hat es später rahmen lassen, und es hängt bis heute in meinem Schlafzimmer in Utah.

Kurz nach der Begegnung mit Picabo setzte ich mich also an den Küchentisch und erzählte meinem Dad, dass ich bei den Olympischen Spielen 2002 antreten wollte. Wie gesagt, als er das hörte, zuckte er nicht mit der Wimper, machte sich nicht darüber lustig und tat es nicht als eine Art Kindheitsfantasie ab. Er klopfte mir nicht auf die Schulter: »Das ist schön, Schatz, geh und spiel mit deinen Brüdern und Schwestern«, war nicht herablassend. Er nahm meine Worte so ernst, wie ich sie meinte, was nicht immer einfach ist, wenn man mit einer Neunjährigen spricht. Stattdessen bekam ich seine ehrliche Meinung.

»Du wirst dann siebzehn sein«, sagte er, »dein Ziel ist schon sehr hochgesteckt.«

Natürlich hatte er recht, aber das hielt ihn nicht davon ab, die Ärmel hochzukrempeln und einen Plan zu entwerfen. Mein Vater erkannte, dass ich Talent hatte, und er wollte alles in seiner Macht Stehende tun, um mich zu unterstützen. Er erkannte meinen Tatendrang und die Fähigkeiten, die in mir steckten. Er nahm mich und mein hochgestecktes Ziel absolut ernst.

Gemeinsam setzten wir uns hin und erstellten einen Zehnjahresplan für die Zeit bis zu den Olympischen Spielen und die beiden Jahre darüber hinaus. Damals, Mitte der Neunzigerjahre, hatten wir noch kein Internet, also studierten wir Skirennzeitschriften, um zu ermitteln, welche Athletinnen in welchem Alter welche Punktzahlen geschafft hatten. Von dort aus arbeiteten wir vom Datum der Olympischen Spiele an rückwärts, um die Ziele festzulegen, die ich auf dem Weg dorthin erreichen sollte. Wir gingen die ganze Sache sehr gründlich und detailliert an. Mein Vater ist Anwalt, und er konnte den Plan auch visuell beeindruckend gestalten. Er hat eine wirklich ausgefallene Schreibschrift, die er mit verschiedenen Farben unterlegte. Wir legten mehrere Ordner an, was für mich ziemlich beeindruckend war.

Später in meiner Karriere fragten mich die Leute immer, wie ich es schaffte, in so jungen Jahren beim Skifahren zu bleiben. Viele Kinder treiben Sport, und viele Kinder sagen, dass sie es eines Tages zu den Olympischen Spielen schaffen wollen. Aber viele von ihnen stoßen auf dem Weg dorthin auf Hindernisse und Ablenkungen. Vor allem viele Mädchen hören im Teenageralter auf, Sport zu treiben, weil ihnen dann oft sozialer und gesellschaftlicher Druck in die Quere kommt. Wie war es möglich, wollen die Eltern wissen, dass mein Engagement nie ins Wanken geriet?

Die Antwort liegt zum Teil darin, dass mein Vater mir half, das große Ganze zu sehen. Er behandelte mich wie eine Erwachsene mit einem erwachsenen Ziel – fast so, als wären wir Geschäftspartner. Er machte mir klar, dass alle unsere Entscheidungen einen Dominoeffekt haben, der uns entweder zu unseren Zielen führt – oder nicht.

»Wenn man diesen Weg zu den Olympischen Spielen gehen will«, erklärte er, »kommt man nur dorthin, wenn man bereit ist, Dinge zu tun, die andere nicht tun würden.« Er erläuterte die Vor- und Nachteile. »Du wirst Übernachtungen verpassen. Du wirst den Abschlussball verpassen. Du wirst viele Dinge verpassen, die andere Kinder haben, aber du bekommst dafür viele andere Dinge.« War es wichtiger, um die Welt zu reisen und hart zu arbeiten, als auf Partys zu gehen? Für mich lautete die Antwort: Ja. Also machte ich die Schritte, die ich tun musste, um dorthin zu gelangen – aber er half mir entscheidend dabei, nicht nur zu erkennen, wo ich mich auf diesem Weg befand, sondern auch, was noch vor mir lag. Ich hatte ihn gebeten, ehrlich zu mir zu sein, und er hatte mich beim Wort genommen. In der Beziehung sprach er mit mir nicht mehr wie mit einem Kind, als müsste ich noch an die Hand genommen werden.

Wer nun glaubt, es habe sich dabei um eine Art Andre-Agassi-Vaterbeziehung gehandelt, in der mich mein überheblicher Trainer von Vater zu einem Sport drängte, den ich nicht liebte, irrt. Niemand hat mich gezwungen weiterzumachen. Ich besaß nicht diese Art von besonderem Talent, ich war nicht von Natur aus besonders gut, aber ich liebte das Skifahren so sehr, dass ich weiter daran arbeitete, besser zu werden. Und es war nicht so, dass mein Vater Dollarzeichen in seinen Augen hatte – ganz im Gegenteil.

Ich bin ein großer Fan der Psychologin Angela Duckworth, die ich auch gerne als Freundin bezeichne. Ihr Buch *Grit* enthält viele großartige Aussagen, aber die wichtigste ist, dass die erfolgreichsten Menschen diejenigen sind, die am härtesten arbeiten und die meisten Opfer bringen. *Grit*, also Mumm oder Entschlossenheit, sagt sie, ist »eine Kombination aus Leidenschaft und Ausdauer für ein einziges, wichtiges Ziel«. Das Ziel ist nicht, alles zu haben, sondern sich über die Dinge klar zu werden, die man wirklich will, damit man die richtigen Entscheidungen treffen kann.

Mit neun Jahren war ich noch nicht in der Lage, die richtigen Entscheidungen zu treffen, um meine Zukunft zu gestalten – ich wusste nur, was ich erreichen wollte. Mein Vater verstand es, mir das zu ermöglichen, nicht nur auf, sondern auch abseits der Piste.

»Das ist ein großer Schritt, wenn du das zu deinem Beruf machen willst«, sagte er mir. »Wenn du Skifahrerin sein willst, darfst du kein Skipenner sein.«

Kein »Skipenner« zu sein, also nicht faul, war enorm wichtig für ihn. Im Laufe der Jahre griff er diesen Gedanken immer wieder auf. In gewisser Weise kann die Skiwelt ein wenig wie Nimmerland sein. Man wächst fern von zu Hause auf, trainiert und bestreitet Wettkämpfe in einer Umgebung ohne elterliche Aufsicht. Sicher, man hat seine Trainer, aber die sind nicht dasselbe wie Schullehrer. Man lernt die Disziplin, die es braucht, um eine Sportlerin zu sein, aber man verpasst die Anleitung, die junge Teenager brauchen, vor allem wenn es um Dinge wie die Entwicklung sozialer Fähigkeiten und das Zurechtfinden in der realen Welt geht. Viele Kinder und Jugendliche, die im Skisport aufwachsen, geraten leicht in die »Rennblase« und kommen nie wieder aus ihr heraus.

Es gibt viele Skifahrer, die diesen Weg gegangen sind, Skifahrer, die gut sind und eine Karriere daraus machen, aber nie wirklich über das Skifahren hinauswachsen. Nach ihrer Wettkampfzeit bleiben sie in der Welt des Skisports, wo sie vielleicht Skilehrer oder Trainer werden. Das war bei vielen Leuten der Fall, deren Athletenkarriere sich parallel zu der meines Vaters entwickelte und mit denen er in dieser Zeit zusammentraf. Wir sahen sie auf Skiausflügen in Minnesota oder Colorado, und viele von ihnen trugen immer noch ihre Medaillen mit sich herum, wie es viele Olympioniken tun.

Das soll nicht heißen, dass das ein schlechter Weg ist. Man kann trotzdem ein schönes Leben in der Skiwelt führen; mein Vater hat einen Freund, der ein paar Weltmeisterschaftsmedaillen gewonnen hat und jetzt gutes Geld als Tourismusbotschafter eines Skigebiets verdient, wo er mit allen möglichen Leuten Ski fahren kann. Aber mein Vater war stolz auf die Tatsache, dass er Anwalt werden wollte und dass er, um das zu erreichen, Vollzeit arbeitete und abends Jura studierte. Er glaubte an Bildung, daran, dass man vielseitig ist, dass man Wissen und Ziele hat, die über den Sport hinausgehen. Außerdem machte er sich Sorgen, dass ich auf der Strecke bleiben könnte, sollte ich es als Profiskifahrerin nicht schaffen.

Er versuchte mir zu erklären, dass ich deshalb einen Plan B brauchen würde, eine Absicherung für den Fall der Fälle. Und ich müsste klug sein, denn wenn ich eine Sportlerkarriere anstrebte, könnte ich nicht *nur* Skifahrerin sein.

»Was willst du denn beruflich machen?«, fragte er.

»Ich werde Skirennfahrerin.«

»Und danach? Willst du das dein ganzes Leben lang machen?«

»Ich will die Beste sein.«

Aber mein Vater wusste, dass es nicht ausreicht, die Beste zu sein, sondern dass das erst der Anfang ist. Er schnitt Zeitschriftenberichte über starke Sportlerinnen verschiedener Disziplinen aus und zeigte sie mir. Darunter waren Mia Hamm und Steffi Graf, die nicht nur großartige Sportlerinnen waren, sondern auch riesige Werbeverträge bekamen und sich gut vermarkteten. Mein Vater wollte, dass ich wusste, was möglich ist.

»Man muss geschäftlich klug sein«, erklärte er mir.

Es geht nicht nur um Siege, auch wenn sie definitiv die Hauptrolle spielen. Es geht auch darum, dass die verschiedenen Komponenten – sportliche Leistung, Medienberichte, Werbeverträge – zum richtigen Zeitpunkt zusammenkommen. Wenn man eine Sportkarriere anstrebt, geht es um so viel mehr als nur um den Sport selbst, und mein Vater brachte mich schon in jungen Jahren dazu, über das Geschäft nachzudenken. Skifahren ist auf den ersten Blick kein vermarktbarer Sport. In den USA wird er nicht im Fernsehen übertragen und er ist nur in Europa wirklich populär. Es ist nicht wie beim Fußball, Basketball oder Baseball, wo die Spieler üppig dotierte Verträge unterschreiben. Selbst die erfolgreichsten Skifahrerinnen und Skifahrer verdienen mit ihrem Sport nicht wirklich Geld, es sei denn, sie bekommen

Werbeverträge. Also schlüsselte mein Vater alles auch finanziell auf. Wie sollte ich damit Geld verdienen? Was würde es kosten? Um das in den Zehnjahresplan einfließen zu lassen, ging er all diese Posten durch, um herauszufinden, wie viel Picabo ungefähr verdiente.

»Wenn du genug Geld haben willst«, sagte er, »dann muss dein Skivertrag in fünf Jahren so aussehen, in zehn Jahren so …«

In diesem Zusammenhang brachte er mich auch dazu, über Marketing nachzudenken und darüber, wie ich mehr als nur eine Skifahrerin sein könnte. Ein paar Jahre später, als ich fünfzehn war, hatte mein Vater die Idee, eine Website für mich einzurichten, was zu dieser Zeit ziemlich fortschrittlich war – zumindest in der Skiwelt. Um Fotos für die Website zu bekommen, fragten wir das örtliche Skigeschäft, ob sie uns für das Fotoshooting hochwertige Kleidung leihen würden, und versprachen, sie zurückzugeben, wenn wir fertig waren. Natürlich machen Stylisten das heute ständig, aber damals war das noch nicht üblich. Dad engagierte einen Fotografen, den er kannte, um uns bei den Bildern zu helfen, und wir verbrachten alle ein paar Tage in Vail, um professionelle Aufnahmen zu machen. Ich weiß immer noch nicht, ob die Website tatsächlich zu mehr Werbeverträgen führte oder nicht, aber sie war auf jeden Fall wegweisend dafür, wie wir an meine Karriere herangingen.

Wie mein Vater schon sagte, haben Sportlerinnen und Sportler eine sehr begrenzte Karriere. Das Zeitfenster, um einzusteigen, Geld zu verdienen, Erfolg zu haben und wieder auszusteigen, bevor der eigene Körper auseinanderfällt, ist nicht besonders groß. Mein Vater vermittelte mir, dass ich daher jede Gelegenheit nutzen müsse.

Deshalb antworte ich immer, wenn mich jemand fragt, ob ich einen guten Rat für seine Kinder hätte, dass es darauf ankommt, ihnen beizubringen, das große Ganze zu sehen, so wie mein Vater mir geholfen hat. Alles ist miteinander verbunden, und eines der besten Dinge, die man tun kann, ist, seinen Kindern zu zeigen, dass jede Entscheidung, die sie treffen, Auswirkungen auf ihre Zukunft hat. Man kann jemandem nicht beibringen, mutig oder entschlossen zu sein, und auch die DNA und die Persönlichkeit spielen dafür bis zu einem gewissen Grad eine Rolle. Aber so wie mein Vater können Eltern auf die Folgen des Aufhörens hinweisen: Wenn du mit einer Sache aufhörst, was wird dir dann entgehen? Welche zukünftigen Möglichkeiten verlierst du vielleicht zusätzlich? Wird damit ein Präzedenzfall geschaffen? Kinder und Jugendliche haben noch nicht den Durchblick, um die Konsequenzen ihrer Entscheidungen zu verstehen. Wie sollten sie auch? Sie haben erst zwölf, fünfzehn, siebzehn Jahre gelebt (oder, wie in meinem Fall, neun). In diesem Alter ist es für jeden schwer, die Auswirkungen seiner Entscheidungen zu verstehen.

Vielleicht noch wichtiger als all das, mehr noch als der Zehnjahresplan, das große Ganze, die Marketinglektionen, die Konzentration darauf, eine professionelle Athletin zu werden – was mein Vater mir vor allem zu begreifen half, war die einfache Tatsache, dass ich das Skifahren *liebte*. Voll und ganz, leidenschaftlich. Es reicht nicht aus, seinen Kindern nur zu erklären, was später einmal passieren könnte – man muss ihnen auch helfen zu entdecken, was sie lieben, und ihnen dann helfen zu verstehen, warum sie es lieben. Helft ihnen herauszufinden, warum sie etwas tun, was sie lieben, und sorgt dafür, dass sie die Frage nach diesem Warum immer und immer wieder für sich selbst beantworten. Man kann die Frage nicht nur einmal stellen und sie als erledigt betrachten – es ist ein ständiger Dialog und es muss immer eine Antwort geben. Vielleicht ist es nur *eine* Antwort, vielleicht sind es auch mehrere. Vielleicht ändert sich die Antwort im Laufe der Zeit. Letzten Endes sind die Einzelheiten nicht wirklich wichtig. Wichtig ist, dass es sich um einen

Prozess des Hinterfragens handelt, der die Heranwachsenden dazu bringt, ihre Entscheidungen zu bestätigen. Denn es wird Zeiten geben, in denen sie Opfer bringen müssen – sie werden sich für das Schwierige (vor dem Morgengrauen aufstehen) entscheiden müssen und nicht für das, was Spaß macht (mit ihren Freunden abhängen). Und sie müssen wissen, warum sie diese Entscheidung treffen. Wenn sie eine Antwort auf die Frage nach dem Warum haben, wird es ihnen nicht leichter fallen, das nötige Opfer zu bringen, aber es wird ihnen klarer sein, warum sie es bringen.

In vielerlei Hinsicht habe ich davon profitiert, dass ich schon in jungen Jahren eine seltsam objektive Sicht auf meine Ziele hatte. Seit ich neun Jahre alt war, wusste ich, dass ich an den Olympischen Spielen teilnehmen will. Punkt. Das war das Ziel, und ich hatte es immer im Kopf, wenn ich eine Entscheidung traf. Selbst wenn sich dieses Ziel noch weit entfernt anfühlte, hatte ich es immer im Hinterkopf, wenn ich mich fragte: Will ich heute Abend ausgehen? Oder will ich morgen früh aufwachen, zu diesem Rennen gehen und es gewinnen? Ich kann gar nicht sagen, wie viele gesellschaftliche Ereignisse ich im Laufe der Jahre verpasst habe. Ich weiß nicht, wie oft ich die Einzige im Hotel war, wenn alle anderen gefeiert haben. Aber das Skifahren hat mich so sehr in Anspruch genommen, dass kein Platz für andere Dinge blieb, auch nicht für die Probleme, mit denen Kinder und Jugendliche zu kämpfen haben. Ich behielt die Olympischen Spiele auf diese Weise im Auge und setzte meine Scheuklappen auf, wenn es um alles andere ging. Wie bei den meisten Dingen im Leben war es ein Kompromiss. Aber ich habe nie daran gezweifelt, dass mein Ziel das wert war.

Die Ironie des Ganzen? Jahre später erfuhr ich, dass mein Vater, als ich ihn am Küchentisch zum ersten Mal über mein Ziel aufklärte, nicht glaubte, dass ich es schaffen könnte (zum

Glück hat er ein gutes Pokerface). Das ist verständlich – es war ein großes Ziel und ein großer Plan und ich war erst neun. Ihm war klar, dass ich gerne Ski fahre, und sicher auch, dass ich wettbewerbsfähig bin, aber ich glaube nicht, dass er eine zukünftige Olympionikin in mir sah. Wahrscheinlich dachte er eher daran, dass ich über das Skifahren ein Collegestipendium kriegen könnte, wie das in den USA üblich ist. Doch seine anfängliche Einschätzung änderte sich schon bald darauf auf einer Skireise in Oregon.

Während der Skisaison trainierte ich in Buck Hill, aber in den Sommermonaten fuhr ich in Skilager nach Mount Hood in Oregon und später nach Keystone und Vail in Colorado. Neben dem Team in Buck Hill leitete Erich Sailer das Camp in Mount Hood, das als das beste Sommerskilager galt. Sein Programm zog einige der besten Kinder und Jugendlichen aus den ganzen Vereinigten Staaten und sogar aus der ganzen Welt an.

Auch wer noch nie am Mount Hood war, kennt ihn vielleicht aus *Shining*, Stanley Kubricks legendäre Verfilmung des gleichnamigen Stephen-King-Romans. Das Overlook-Hotel, in dem die Handlung spielt, ist eigentlich die Timberline Lodge, die auf der unteren Seite des Berges liegt. In Oregon regnet es ständig, und an vielen Tagen kann die Landschaft genauso dunkel und unheimlich aussehen wie in dem Film.

Mit neun oder zehn Jahren war ich eines Tages zum Skifahren unterwegs, als es anfing zu schütten. Die Sessellifte fuhren nicht mehr, weil es blitzte, und alle gingen hinein. Alle außer mir, die sich freute, die Piste ganz für sich allein zu haben. Und Erich, der immer noch mit seiner Stoppuhr draußen stand.

Ich erkannte in dem Moment die perfekte Trainingsmöglichkeit, da niemand sonst dort draußen war. Ganz ehrlich, ich *hasste* das Wandern, aber weil ich keinen Sessellift benutzen konnte, fuhr ich die Strecke ab und wanderte zurück zum Gipfel des

Berges. Das machte ich dann noch einmal, und noch einmal, und noch einmal. Dabei trug ich einen Poncho, der aussah wie eine Mülltüte, meine Brille war beschlagen, meine Handschuhe waren durchnässt. Es regnete so stark, dass das Wasser herauslief, wenn ich einen meiner Handschuhe auszog und ihn zusammendrückte. Meine Füße waren eiskalt, meine Finger wie Klauen. Aber all das war mir egal. Ich wollte einfach nur weitermachen.

Normalerweise begleitete mich mein Vater nicht in die Trainingscamps, weil Erich ja dort war und er selbst arbeiten musste, aber manchmal kam er an den Wochenenden vorbei, um zu sehen, wie es mir ging. Dies war eines dieser Wochenenden, aber als ich alleine im strömenden Regen Ski fahren ging, bemerkte ich nicht, dass er schon da war. Ich hatte keine Ahnung, dass mein Vater auf dem Berg war und mich die ganze Zeit beobachtete, während ich im strömenden Regen hinaufstieg und hinunterfuhr, ganz allein.

An diesem Tag änderte er seine Meinung über unseren Plan. Viel später erzählte er mir, dass er mich da draußen beobachtet habe, wie ich die Strecke hinaufwanderte und wieder runtersauste, Mal um Mal, und sich sagte: »Vielleicht will sie das ja wirklich. Vielleicht ist da etwas dran.«

Kapitel 4

Angesichts der professionellen Herangehensweise von Alan Kildow bei allem, was er anpackte, sollte es nicht überraschen, dass er den gleichen Eifer in seiner Rolle als Vater einer Skisportlerin an den Tag legte. Der Skisport beherrschte bald mein Leben, in der Saison und außerhalb. Im Großen und Ganzen machte ich all das, was ich schon vorher gemacht hatte – Training, Übungen, Camps und Rennen –, aber jetzt fühlte sich alles ein bisschen ernster an, ein bisschen intensiver.

Im alpinen Skisport gibt es vier verschiedene Disziplinen: Slalom, Riesenslalom (GS), Superriesenslalom (Super-G) und Abfahrt. Abfahrt und Super-G sind Speeddisziplinen, bei denen die Strecke mit längeren Läufen und größeren Abständen zwischen den Toren angelegt ist. Slalom und Riesenslalom sind eher technisch orientiert, es sind Wettbewerbe mit mehr Toren und Kurven.

In Buck Hill war ich eine gute Slalomfahrerin. Dass es meine Spezialität, mein »Ding« war, hängt damit zusammen, dass ich in Minnesota aufgewachsen bin, denn in Buck Hill kann man keinen Riesenslalom fahren, der Hügel ist einfach nicht groß und die Strecke nicht lang genug. Man kann fünf oder sechs Tore fahren, und das wars dann auch schon. Buck Hill ist auch ziemlich flach, und darum habe ich gelernt, in der Ebene besonders gut zu fahren. Jedes Mal wenn ich auf einer Strecke auf einen flachen Abschnitt stieß, war ich ziemlich schnell, weil ich gelernt habe, an Geschwindigkeit zuzulegen, wenn es keinen Hang gibt, der einen nach unten zieht.

Mit Blick auf die Zukunft versuchten Dad und ich herauszufinden, wie ich meine Ziele setzen sollte, um die besten Chancen auf einen Platz im Olympiateam zu haben, und wir entschieden uns für die Kombination: eine Mischung aus Abfahrt und Slalom, bei der man jeweils einen Lauf fährt und die Zeiten addiert. Unsere Überlegung war, dass es in der Kombination am wenigsten Konkurrenz um die Plätze gab und dass sie aus meinen beiden besten Disziplinen bestand.

Mein Vater erklärte mir, wie die Punktesysteme funktionierten, an welchen Rennen ich teilnehmen musste und welche Platzierung ich bei all den verschiedenen Benchmarks auf dem Weg dorthin zu erreichen hatte. Er sagte mir, wie alt ich sein musste, um mich für Events der USSA (U.S. Ski and Snowboard Association), die sowohl für den olympischen Skisport als auch für die Juniorenrennen zuständig ist, und der FIS (Fédération Internationale de Ski), der Organisation für internationale Rennen, zu qualifizieren.

Die Vorgabe der USSA war, dass man erst ab dem Jahr, in dem man dreizehn wurde, Punkte sammeln konnte, das heißt, das Alter für die Meisterschaft wurde vom Alter zu Beginn der Saison bestimmt, die normalerweise im November stattfindet. Da ich im Oktober Geburtstag habe, bedeutete das, dass ich oft gegen Mädchen antrat, die fast ein ganzes Jahr älter waren als ich.

Bei der FIS hingegen funktionierte es anders. Wenn man fünfzehn Jahre alt wird, bekommt man FIS-Punkte, das ist das wichtigste System für Rennfahrerinnen. Man beginnt mit 990 Punkten, und das Ziel ist, auf null zu kommen – am Ende jeder Saison hat diejenige, die die Nummer eins in der Welt ist, null Punkte. Das System, mit dem die Punkte aller Teilnehmerinnen vom ersten Platz abwärts berechnet werden, ist ziemlich kompliziert, aber das Wesentliche ist Folgendes: Um ein gutes Ergebnis zu erzielen und in der Rangliste aufzusteigen, muss man gegen Leute antreten, die gut platziert sind.

Im Wesentlichen bedeutet das, dass die eigene Punktzahl nicht nur davon abhängt, wie man abschneidet, sondern auch davon, gegen wen man antritt. Es reicht nicht aus, nur zu gewinnen, wenn niemand dabei ist, der gut platziert ist. Deshalb müssen Skifahrerinnen so viel reisen, um gute Ergebnisse zu erzielen – sie müssen dort fahren, wo das Feld ist. Sobald ich das richtige Alter hatte, schickte mich mein Vater zu den Rennen, bei denen ich die meisten Punkte sammeln konnte, damit ich in der Rangliste nach oben kletterte. Man muss sich strategisch überlegen, wohin man geht und wer dort sein wird. (Manchmal weiß man im Vorfeld nicht, wer dort sein wird, und dann muss man sich umhören und die Trainer fragen.)

Mein Vater behielt alles im Auge – sogar bevor es tatsächlich nötig war. Wenn man jünger ist, wird oft nicht wirklich auf die Zeiten geachtet. Aber mein Vater stand am Rande des Hügels, maß meine Zeit und gab mir Ratschläge. Er war überhaupt nicht aufdringlich, mischte sich in niemandes Angelegenheiten ein, im Gegensatz zu manchen dieser nervtötenden Juniorbaseballväter. Er war ziemlich zurückhaltend. Einfach gründlich. Nach jedem Lauf schätzte er mich ein. War ich zu schnell? War ich zu langsam? Wo machte ich Fehler? Wie war ich im Ziel? Ich wusste immer, wo ich stand.

Es ging ihm nicht nur um meine Leistung. Er hatte immer ein Auge auf die Konkurrenz. Was machten die Kids, die ein, zwei, drei Jahre älter waren als ich? Wie könnte ich die nächste Stufe erreichen? Was fehlte in meinem Repertoire, das ich hart trainieren müsste, um es zu beherrschen? Als wir uns zusammensetzten, um unseren Plan auszuarbeiten, sprachen wir über andere Mädchen in meinem Alter, die in verschiedenen Teilen des Landes gut Ski fuhren. Wir bestimmten, auf wen ich achten musste und an welchen Rennen ich teilnehmen sollte.

Als ich anfing, alle in meiner Altersgruppe – die Neun- bis Zwölfjährigen – zu schlagen, ließ Dad mich in die nächsthöhere Gruppe versetzen, damit ich einen härteren Wettbewerb hätte. Das war toll, auch wenn es bedeutete, dass ich nicht mit Gleichaltrigen zusammen war.

Mein Dad schaute immer nach vorne, suchte immer nach Möglichkeiten, wie ich mich verbessern konnte. Er kaufte mir Videokassetten vom Weltmeisterschaftssieg. Das war zu der Zeit die einzige Möglichkeit, Skifahren zu sehen, es sei denn, es war ein olympisches Jahr. Ich beobachtete die Läuferinnen aufmerksam und suchte nach allem, was ich für meine eigene Strategie oder Technik übernehmen könnte. Er brachte mir bei, wie ich meine Skier wachse und die Kanten schleife, obwohl er mir auch weiterhin dabei half, wenn er die Gelegenheit dazu hatte. Und er vermittelte mir meinen ersten Sponsoringvertrag.

Wie sich herausstellte, hatte mich ein Rossignol-Vertreter namens Thor Verdonk beim Skifahren in Mount Hood gesehen. Er und Dad kamen ins Gespräch, und als Nächstes erklärte sich Rossignol bereit, mich mit einer kostenlosen Ausrüstung auszustatten, und bot uns einen Rabatt auf alles andere an. Ich fuhr dann viele Jahre lang mit Rossignol-Ski, bis ich 2009 zu Head wechselte.

In vielen Dingen vertrat mein Vater eine ganz eigene, besondere Philosophie, zum Beispiel wenn es um Ernährung ging. Damals aß ich vor meinen Wettkämpfen einen Haufen Nudeln, und er war der Erste, der sagte: »Das klebt an dir. Sie beschweren dich.« Später in meiner Karriere änderte ich die Art und Weise, wie ich vor einem Rennen aß (normalerweise Eier oder einen Eiweißshake), und stellte fest, dass er recht hatte. Als ich zum ersten Mal nach Europa zum Training und zu den Rennen fuhr, kaufte er mir eine Gürteltasche für meine Wasserflasche und Snacks, damit ich auf den Hügeln immer genug zum Trinken hatte. Während des Trainings isst und trinkt man oft nicht, also versorgte er mich mit Proteinriegeln, damit ich nicht hungrig würde. Heutzutage ist das alles selbstverständlich, aber seinerzeit hat das niemand getan und die Idee von allgemeiner Wellness war noch nicht sonderlich verbreitet. Er war also seiner Zeit weit voraus.

Auch in Sachen Fitness wählten wir einen anderen Ansatz. Unter Dads Anleitung konzentrierte ich mich darauf, eine bessere Sportlerin zu werden, auch außerhalb des Skifahrens. Als ich etwa dreizehn Jahre alt war, versuchte ich, mich für das US-Skiteam zu qualifizieren (was ich ein Jahr später auch schaffte). Es gibt da den sogenannten Medaillentest, bei dem man eine Meile läuft, Übungen mit hundert Wiederholungen oder vier Sätzen zu vierzig Wiederholungen macht, Boxjumps, Hexagonjumps, Liegestütze, Sit-ups ... eben eine ganze Reihe von verschiedenen Trainingseinheiten absolvieren muss. Also trainierten wir dafür. Ich machte jeden Tag hundert Liegestütze und Sit-ups. Jedes Wochenende lief ich eine Meile auf der Bahn. Obwohl ich das Laufen hasste, weil ich es schon immer als körperlich schmerzhaft empfand. Und welche Zwölfjährige will schon jedes Wochenende eine Meile laufen? Aber ich habe die Mentalität meines Vaters und meines Großvaters geerbt – wenn man etwas tun will, dann tut man es. Man arbeitet hart dafür und beschwert sich nicht.

Wir fanden sogar einen Trainer im örtlichen Fitnessstudio, wo ich mit Krafttraining begann. Ich wusste nicht wirklich, was ich tat, und rückblickend kann ich nicht sagen, ob ich hart arbeitete; ich war so jung, dass ich mich nicht daran erinnern kann. Aber das legte auf jeden Fall den Grundstein dafür, eine stärkere Sportlerin zu werden – wenn man besser werden will, muss man sowohl auf als auch neben dem Berg arbeiten.

All diese Änderungen der Prioritäten und des Schwerpunkts waren nur das Vorspiel zu größeren Opfern, die noch kommen sollten. Als ich zwölf Jahre alt war, war die Umsetzung meines Plans, eine olympische Skifahrerin zu werden, bereits in vollem Gange, und zu diesem Zeitpunkt verkündete mein Vater, dass ich nach Colorado gehen müsse, wenn es mir mit dem Skifahren wirklich ernst sei. Vail hatte das beste Programm des Landes für junge Rennläufer in allen Disziplinen. Wenn ich also jemals ernst genommen werden wollte, und zwar nicht nur im Slalom, musste ich dort trainieren. Um mich als Skifahrerin weiterzuentwickeln, musste ich lernen, schneller zu fahren, auch wenn das bedeutete, in einen anderen Bundesstaat zu ziehen.

Ehrlich gesagt hatte ich mir vorher nie richtig klargemacht, dass der Plan so aussehen würde, obwohl es eigentlich keine große Überraschung war. Irgendwann, das wusste ich, müsste ich in größerer Höhe trainieren, mit längeren Läufen und anspruchsvollerem Gelände. Dennoch musste ich schlucken, als ich das von meinem Vater hörte – es ist eine Sache, von einer fernen Möglichkeit zu wissen, und eine ganz andere, sie zu realisieren. Aber wenn ich es zu den Olympischen Spielen schaffen wollte, dann war Vail der richtige Ort für mich.

Beim ersten Mal machten sich nur Mom und ich dorthin auf und suchten uns eine kleine Wohnung. Wir blieben für ein paar Monate, während Dad sich zu Hause um meine Geschwister kümmerte. Jedes Mal wenn ich ein Rennen hatte, fuhr ich mit dem Ski Club Vail nach Telluride, Winter Park oder Steamboat. Meine Mutter blieb währenddessen in Vail.

Im nächsten Jahr fuhren Mom und ich wieder nach Vail und verlängerten unseren Aufenthalt um ein paar Monate. Dieses Mal kamen Karin und Reed mit uns, während Dylan und Laura bei Dad in Minnesota blieben. Für Karin und Reed war das eine ziemlich unruhige Zeit. Der Wechsel auf die Schule in

Vail kam für sie ziemlich abrupt. Dad arbeitete nach wie vor in Minnesota, aber als ich immer mehr Rennen fuhr, versuchte er oft mitzukommen, um meine Skier zu tunen und ein Auge auf mich (und die Konkurrenz) zu haben. Außerdem war Skifahren seine Leidenschaft und er wollte natürlich so oft wie möglich dabei sein.

Am Ende wurden aus ein paar Wochen in Colorado ein paar Monate, und aus den paar Monaten wurde eine Ewigkeit. Schließlich war der Punkt erreicht, an dem wir kein großes Haus in Minnesota mehr brauchten, wenn sowieso niemand von uns dort war. Vail ist kein billiger Ort zum Leben, und meine Eltern mussten eine Entscheidung treffen. Sie beschlossen, dass die ganze Familie nach Colorado ziehen würde – eine Entscheidung, die ohne Rücksprache mit uns Kindern getroffen wurde. Sie erzählten uns die Neuigkeit sogar erst, als sie das Haus bereits verkauft hatten. Vorher hatten wir geglaubt, dass Vail nur eine vorübergehende Lösung sei, und entsprechend fassungslos waren wir allesamt. Kaum waren die Worte ausgesprochen, brachen meine Geschwister und ich in Tränen aus.

Es war ein dramatischer Moment im Leben unserer Familie. Das war nicht das, was ich im Sinn gehabt hatte, als ich sagte, ich wolle zu den Olympischen Spielen. Es schien eine so harte Strafe für alle zu sein, nur meinet- und meines Ziels wegen. Wir liebten dieses Haus, wir waren in diesem Haus aufgewachsen, und plötzlich, ohne Abschied, war es weg. Hart für uns war auch, dass unsere Eltern diese Pläne über unsere Köpfe hinweg gemacht hatten – vor allem für die jüngeren Geschwister, die nicht so recht begriffen, dass mein übergeordnetes Ziel zu dem der Familie geworden war. Als ich nach der Nachricht aufsah, bemerkte ich, dass meine Mutter mit uns zusammen weinte.

Zunächst wohnten wir alle sieben in einer Wohnung mit drei Schlafzimmern. Die Küche war eher wie in einer Ferienwohnung als in einem Haus eingerichtet, mit einem Minikühlschrank und einem Herd mit zwei Flammen. Wir teilten uns abwechselnd die Betten – ich teilte mir mit Karin und Laura ein Schlafzimmer, in das nur zwei Betten passten, und wir zogen Strohhalme, um zu sehen, wer allein schlafen durfte. Das funktionierte eine Zeit lang, aber im nächsten Jahr fanden wir eine etwas größere Wohnung. Zwei Jahre später zogen wir in ein Stadthaus, in dem wir für die nächsten Jahre wohnten.

Der Umzug war für uns alle mit sehr starken Gefühlen verbunden, aber am heftigsten traf es meine Geschwister, die Minnesota nicht verlassen wollten. Die ganze Familie zog um, damit ich Ski fahren konnte, und das war für mich schwer zu ertragen. Ich wollte nicht der Grund dafür sein, dass sich alles ändert. Ich wollte nicht der Grund dafür sein, dass alle aus ihrem Leben gerissen wurden. Meiner Familie gefiel es größtenteils in Vail, aber für einige meiner Geschwister war es einfacher als für andere. Es war kein Ort, den sie sich ausgesucht hatten, und einige von ihnen hatten es nicht leicht, neue Freunde zu finden. Trotz ihrer Schwierigkeiten sagte mein Vater immer: »Es ist nicht schwer, in Vail zu leben.« Er erinnerte uns daran, dass es ein Privileg sei, dort zu leben, und dass es ein Ort sei, an dem viele Menschen gerne leben würden. Und bei all dem Tumult und der Ungewissheit hatte die Tatsache, dass wir zusammen waren, immer etwas Tröstliches. Wo auch immer wir waren, meine Geschwister und ich blieben eine Einheit und konnten unser Zuhause in unsere eigene kleine Welt verwandeln.

Die Zweifel an unserer Lebenssituation wurden durch das Skifahren in Vail mehr als wettgemacht. Während der Saison nahm der Ski Club Vail mich das ganze Wochenende in Anspruch und zusätzlich mittwochs und freitags nach der Schule. Am Anfang war es ein bisschen komisch, weil ich damals besser Ski fuhr als alle anderen in meinem Alter und in das Training der Älteren gesteckt wurde. Ich war eine streberhafte Zwölfjährige, die mit Mädchen – und Jungen – Ski fuhr, die vier, fünf, sechs Jahre älter waren als ich, und ich passte definitiv nicht zu ihnen.

Obwohl es aus diesem Grund für mich nicht einfach war, habe ich das Skifahren dort geliebt. Es war ein großartiges Training, und in jederlei Hinsicht ging es mir gut. Ich mochte einige meiner Trainer sehr und ich lernte eine Menge. Vor allem, wie man schnell Ski fährt. Normalerweise beschränkt sich das Schnelligkeitstraining auf wenige Wiederholungen, weil die Strecke schwierig einzurichten ist und man einen ganzen Trainerstab braucht. Außerdem muss der Berg der richtige dafür sein. In Vail war all das gegeben. Es ist deshalb ziemlich selten, dass man diese Möglichkeit erhält, vor allem in jungen Jahren, und es zahlte sich später auf jeden Fall aus, dass ich dort an meinen Geschwindigkeitsfähigkeiten feilen konnte.

Der Umzug nach Colorado markiert den Beginn einer grundlegenden Veränderung für mich. Ich erweiterte meine Fähigkeiten und wurde zu einer vielseitigen Skifahrerin, die sich schnell verbesserte. Aber das alles hatte seinen Preis für unsere Familie. Nachdem mein Vater und ich mein Olympiaziel in Angriff genommen hatten, dachte ich immer daran, was ich auf dem Weg dorthin opfern musste: Zeit, Schlaf, Freunde. Bevor meine Familie nach Colorado umzog, war mir nie in den Sinn gekommen, dass mein Opfer das Opfer von allen in meiner Familie sein würde. Wenn es meinen Geschwistern schlecht ging, fühlte ich mich oft schuldig. Das wiederum setzte mich enorm unter Druck. Plötzlich standen die Entscheidungen, die ich getroffen hatte, auf dem Prüfstand, und wenn eines meiner Geschwister einen schlechten Tag in der Schule hatte, wirkte sich das unmittelbar auf mich aus. Ein Misserfolg oder eine Enttäuschung auf dem Berg bedeutete nun etwas, was es nur ein paar Monate zuvor nicht bedeutet hatte. Alle hatten ihr Leben für mich geändert – ich musste gewinnen, nicht nur für mich, sondern auch für sie.

Bis dahin drehte sich mein *Warum?* beim Skifahren immer nur um mich; jetzt ging es auch um meine Familie.

Kapitel 5

In dem Moment, als wir auf den Parkplatz des Holiday Inn rollten, spürte ich die Aufregung, die in der Luft lag. Aus der hinteren Reihe eines Kleinbusses, umgeben von einem Dutzend anderer Kids, die zu Erichs Skilager fuhren, blickte ich aus den verschmierten, getönten Scheiben auf Mount Hood, Oregon, das für den Sommer mein Zuhause sein würde. Seit Wochen freute ich mich auf das Lager, eine Chance, meine Fähigkeiten zu verbessern und in einer neuen Umgebung Ski zu fahren. In Buck Hill hatte ich mich fest als eines der schnellsten Kinder etabliert, und ich erwartete, dass es hier nicht anders sein würde.

Als ich meine Tasche hinten aus dem Wagen auslud, schaute ich über den Parkplatz zu einer Gruppe Kids – ein paar Jungen und ein Mädchen –, die auf dem Rasen Footbag spielte. Ich stand da und sah zu, wie sie den kleinen Stoffball hin und her warfen, und mir wurde ganz flau im Magen. Das Mädchen war wunderschön, mit kastanienbraunem Haar und blauen Augen. Als sie lachte und sich mühelos mit dieser Gruppe von Jungen messen konnte, war klar, dass sie selbstbewusst auftrat (etwas, das ich von mir selbst nicht behaupten konnte, vor allem wenn es um zwanglose soziale Interaktionen ging). Obwohl es das erste Mal war, dass ich sie sah, wusste ich genau, wer sie war. Ihr Name war Julia Mancuso, und zu diesem Zeitpunkt waren alle Augen auf sie gerichtet.

Erichs Skilager galt als das beste Sommerskilager des ganzen Landes, und da sich jeder anmelden konnte, waren Kinder und Jugendliche von der Ostküste, der Westküste und aus ganz Europa dabei. Das bedeutete auch, dass all die besten jungen Skifahrerinnen und Skifahrer, die mein Vater im Auge hatte, dort sein würden, darunter auch Julia. Bevor ich zum Camp aufbrach, wies er mich an: »Halte Ausschau nach Julia. Schau, wie sie ist und wie gut sie ist.« Lange hatte ich nicht suchen müssen.

In meinen zwölfjährigen Augen war alles an Julia einfach cool. Sie war eines der Westküstenkids, stammte aus Squaw Valley, Kalifornien. Sie war hübsch, sie war talentiert, und sie hatte schon Brüste, was in diesem Alter eine große Sache war. Obwohl sie nur sieben Monate älter war als ich, besaß Julia eine kultivierte Ausstrahlung, die sie erwachsener und damit einschüchternder wirken ließ als die Gleichaltrigen. Sie tanzte nur nach ihrer eigenen Pfeife, und alle Jungen folgten ihr – jahrelang gab jeder Junge, in den ich verknallt war, Julia den Vorzug. Bis zu diesem Zeitpunkt hielt ich mich für ziemlich cool (zumindest was meine Minnesota-Clique betraf), aber sobald ich sie traf, wurde mir klar, dass ich es nicht war. Ich war schüchtern, hatte eine Dauerwelle, und ich war gerade erst dabei, meinen Weg zu finden. Immer wenn ich in Julias Nähe war – und das war so gut wie ständig –, spürte ich, wie meine Seifenblase platzte und mein Selbstvertrauen schwand. Alle kannten mich gut genug, um zu wissen, dass ich gut Ski fahren konnte, aber in sozialen Dingen hatte ich echt Nachholbedarf.

Eines Abends gingen ein paar von uns in den überdachten Whirlpool im Holiday Inn, ein imposanter, gekachelter Ort. Julia war nicht da, aber ich war dort mit ein paar anderen Mädchen, die die coole Gruppe bildeten. Ich stopfte meinen BH aus, weil ich versuchte, wie Julia zu sein, und als ich im Whirlpool war, rutschte eines meiner Taschentücher heraus. Es war entsetzlich.

Es sprach sich herum, und von diesem Zeitpunkt an war ich offiziell nicht mehr cool.

In Buck Hill war ich normalerweise gerne die Erste, die die Piste betrat. Aber sobald ich in Mount Hood ankam, entwickelte ich die Gewohnheit, hinten zu warten, um Julia beim Fahren zuzusehen. Mit Adleraugen beobachtete ich sie den ganzen Sommer über. Sie hatte eine ganz andere Technik als die meisten, die von ihrer unglaublichen Athletik angetrieben wurde. Erich war begeistert von den schnellen Kids und lobte Julia immer für ihre Schnelligkeit. Es kam mir so vor, als würde er jedes Mal, wenn sie Ski fuhr, strahlend von seiner Stoppuhr aufblicken. Rückblickend lobte er Julia nicht öfter als mich, aber damals kam es mir so vor und es störte mich. Ich war es nicht gewohnt, das Rampenlicht zu teilen.

Wann immer Dad anrief, drehte sich das Gespräch um Julia. Erich hatte ihm erzählt, dass Julia eine Konkurrentin für mich sei, was meinen Vater dazu veranlasste, ihre Leistungen noch genauer als die anderer Sportlerinnen zu verfolgen. Von diesem Zeitpunkt an gab er mir konkrete Ratschläge, wie ich sie schlagen konnte, was die Rivalität noch weiter verstärkte.

Julia war nicht nur in unserer Altersgruppe beliebt, sondern auch bei den Mitgliedern der ersten Skigruppe – der schnellsten Gruppe –, die alle älter waren. Das war das ultimative Gütesiegel, als ob man einen Platz am Tisch der coolen Kids bekommen hätte. Sie war reif, sie war kultiviert, sie hatte bestanden. Vielleicht liegt es daran, dass Mädchen schneller eine gewisse Reife erlangen als Jungen, aber die soziale Dynamik war für uns in diesem Alter definitiv anders als für die Jungs. Die Jungen schienen alle gut miteinander befreundet zu sein, und ihre Beziehungen zueinander schienen nicht durch die Intensität des Wettbewerbs oder des Vergleichs auf oder neben der Piste getrübt zu werden.

In der Zwischenzeit hatte ich das Gefühl, dass Schnelligkeit das Einzige war, was für mich infrage kam. Das war meine »Eintrittskarte« – das, was mich in die erste Gruppe von Skifahrerinnen brachte und mir half, in die Clique aufgenommen zu werden. Meine Geschwindigkeit war das Einzige, was mir einen Vorgeschmack darauf gab, wie es sich anfühlte, akzeptiert zu werden; also hing alles davon ab, sie beizubehalten.

Im Vergleich zu Julia sprachen so viele Dinge gegen mich. Das größte Problem war, dass sie mir, was das Skifahren anging, zu diesem Zeitpunkt definitiv voraus war. Ich arbeitete an meinem Gleichgewicht und war noch dabei, meine Grenzen auszutesten. Als ich vierzehn war, schafften wir beide es ins National Development Team, was mit einer großen Krise zusammenfiel – meinem Wachstumsschub. In einem Jahr wuchs ich um dreißig Zentimeter und hatte Wachstumsschmerzen: Meine Knie taten weh, und ich bekam Haarrisse in der Ferse und im Knöchel, weil ich so viel lief.

Julia hingegen wurde in der Zwischenzeit von allen als die nächste große Skihoffnung gehandelt. Sie war in ihrem jungen Alter schon sehr erfolgreich, ich dagegen im Vergleich dazu eine Nachzüglerin. In jenen frühen Tagen im Team schenkte mir niemand allzu viel Aufmerksamkeit, weil sie nicht wirklich glaubten, dass aus mir etwas werden würde. Sie hatten ja bereits ihre Goldgrube.

In diesem Alter hat jeder, da bin ich mir sicher, so jemanden in seinem Leben, eine Person, die einem, vielleicht ohne eigenes Verschulden, das Gefühl gibt, anders zu sein, »problematischer«, irgendwie weniger wert. Eine Person, die einen an sich selbst zweifeln lässt, bevor man überhaupt herausgefunden hat, wer man ist. Zum Teil lag es daran, dass ich aktiv mit ihr konkurrierte, aber auch daran, dass es als Teenager unmöglich ist, sich nicht ständig mit anderen zu vergleichen. Julia zu treffen war nicht nur deshalb wichtig, weil sie als die nächste große

Hoffnung galt, sondern auch, weil ich in dem Alter, in dem ich ihr begegnete, besonders anfällig für all diese Unsicherheiten war. Und es war nicht gerade hilfreich, dass Julia und ich anfingen, einander häufiger über den Weg zu laufen.

Anders als in der Highschool, wo man diese spezielle Person vielleicht ab und zu im Flur sieht oder auf einer Party, wo sie auf der anderen Seite des Raumes steht, waren sie und ich in den nächsten Jahren ständig zusammen. Und fast immer ging es darum, uns in eine Rangfolge zu bringen und uns miteinander zu vergleichen, unsere Fähigkeiten zu analysieren. In einem Leistungssport wie dem unseren ist diese Art von Vergleich nicht nur unvermeidlich, sondern unerlässlich. Trainer und Entscheidungsträger müssen herausfinden, wer auf der Piste besser ist, und das geht nur durch ständige Bewertung und Beurteilung. Doch für einen Teenager, ob Mädchen oder Junge, der mit dem natürlichen Unbehagen zu kämpfen hat, das mit dem Ergründen der eigenen Identität und des Körpers einhergeht, fordert diese ständige Beurteilung einen Tribut, den nur ein Sieg kompensieren kann. Eigentlich, denn leider ist selbst das Gewinnen nicht immer die Lösung für alles, wie ich auf die harte Tour lernen musste.

In einem Skiteam sind Spannungen unvermeidlich und man gerät aneinander. Man kommt in eine Gruppe von zehn bis zwölf einem bis dahin völlig unbekannten Mädchen, und von dem Moment an, in dem man sie kennenlernt, ist man die ganze Zeit mit ihnen zusammen. Man reist zusammen. Man isst zusammen. Die meiste Zeit wohnt man zusammen. Es liegt in der Natur der Sache, dass man einige von ihnen mag und mit anderen nicht auskommt. Kurz, es ist permanent eine Situation, in der nicht unbedingt Freundschaftsarmbänder getauscht werden und man sich gegenseitig die Haare zu Zöpfen flechtet.

Das Tückische am Skifahren ist, dass es zwar den Wettkampfcharakter einer Individualsportart hat, man aber trotzdem in einem Team ist. Es gibt eine Teambesprechung, ein Teamfrühstück, ein Teamabendessen. Man reist zusammen im Mannschaftsbus, und man muss sich absprechen, wer die Sitznachbarin ist. Natürlich existiert eine Teamdynamik, aber gleichzeitig tritt man direkt gegeneinander an. Noch verrückter wird es, wenn es sich um die Weltmeisterschaften handelt, bei denen nur sechs von zwölf Teilnehmerinnen zu den Olympischen Spielen fahren können. Dann kann es ziemlich brenzlig werden.

Meiner Erfahrung nach ist die Teamdynamik noch schwieriger zu steuern, wenn man mit einer Gruppe von Frauen zusammen ist. Frauen können ein kompliziertes Völkchen sein. Wenn es unter Männern einen Konflikt gibt, reden sie miteinander und sprechen ihn direkt an. Sie streiten sich in der Umkleidekabine und sagen hinterher: »Alter, alles in Ordnung.« Frauen sind nicht so offen. Bei Frauen brodelt es eher. Manchmal wird das Problem gelöst – und manchmal auch nicht. Zu Beginn meiner Karriere wurde ich öfter gehänselt als andere. Während meines ersten Skilagers mit dem US-Skiteam war ich vierzehn und lebte und trainierte mit Leuten, die achtzehn, neunzehn, zwanzig Jahre alt waren. Sie witzelten viel herum, und ich hatte keine Ahnung, wovon sie sprachen. Dann lachten sie mich aus, weil ich nichts kapierte. Ich lächelte nur und lachte mit, weil ich nicht wusste, was ich sonst tun sollte. Dann ging ich zur Tankstelle und kaufte eine Packung Häagen-Dazs, die ich ganz allein als Mittagessen verputzte.

Als ich mit vierzehn Jahren zum ersten Mal in die Mannschaft kam, und auch in den Jahren danach, war ich der kleine Zwerg, der nichts zu sagen hatte. Ich war ruhig, ich war bemüht, mich nicht gegen die Gruppe aufzulehnen, und fügte mich. Sobald man mit dem Rennen anfängt, richtet sich fast alles nach dem Rang. Bei den jüngeren Mitgliedern hat man nie die Wahl, mit wem man zusammenwohnt oder in welchem Van man reist. Die vier besten Mädchen bekommen ihr eigenes Zimmer oder können zumindest entscheiden, mit wem sie sich ein Zimmer teilen. Ansonsten versuchen die Trainer, Persönlichkeiten zusammenzubringen. Früher, als das Team noch nicht so viel Geld hatte, mussten wir uns fast immer mit jemandem das Zimmer teilen.

Manche Menschen gehen um acht ins Bett, andere bleiben lange auf.

Manche schnarchen.

Manche haben Angst im Dunkeln. Andere schreien einen an, wenn man im Dunklen das Licht anschaltet.

Das Schlimmste war, wenn deine Mitbewohnerin einen Freund zu Besuch hatte.

Was auch immer es gibt, ich habe es selbst erlebt.

Wenn man als Juniorteammitglied nach Europa fährt, sitzt man im Bus auf dem Platz direkt neben der Toilette. Da hat man keine Wahl. Wenn es kein Bus war, hatten wir diese beschissenen Vans, die im Schnee kaum fahrtüchtig waren. Es waren immer die Physiotherapeuten, die die Busse fuhren, denn sie waren am ältesten. (Nichts gegen alle Physiotherapeuten da draußen, aber ich habe keinen einzigen kennengelernt, der mit einem Schaltknüppel umgehen oder auch nur einigermaßen gut fahren kann.) Weil die Vans so beschissen waren, mussten wir Schneeketten aufziehen. Das muss man sich mal vorstellen: Sieben Mädchen im Highschoolalter und ein erwachsener Mann versuchen herauszufinden, wie man auf einem Gebirgspass Ketten auf die Autoräder bekommt. Ab und zu gab es jemanden, der wusste, was er tat, wie meine Teamkollegin Stacey Cook, die unter das Auto krabbelte und die Sache zu Ende brachte.

Im Grunde ist das Reisen mit dem US-Skiteam wie ein Familienabenteuer, wenn auch mit einer seltsamen, gemischten Familie. Im Gegensatz zu den Europäern, die mit ihrem Techniker aus irgendeiner Stadt anreisen, das Rennen bestreiten und wieder nach Hause fahren konnten, waren wir ständig unterwegs. Auf der Straße. Jede von uns kam mit sechs bis neun Skitaschen und zwei Seesäcken in Europa an, und wir durften erst wieder nach Hause, wenn die Saison vorbei war. Aus dem gleichen Grund konnten die europäischen Skifahrerinnen und Skifahrer ihre Familien sehen und die Feiertage mit ihnen verbringen, während einige von uns Amerikanerinnen jahrelang nicht zu Weihnachten daheim waren – in meinem Fall fünfzehn Jahre. Ich habe immer gedacht, dass es für Menschen aus Amerika allein aus diesem Grund viel, viel schwieriger ist, erfolgreich zu sein.

Es ist zwar unvermeidlich, dass man ab und zu aneinandergerät, aber es ist auch das Gegenteil der Fall, und wenn man sich gut versteht, kann man hervorragend mit anderen zusammenarbeiten. Wir hatten früher so viel Spaß. Es gab viele Streiche auf unserer Reise, und ich habe ein paar Dinge getan, die wahrscheinlich nicht cool waren. Eine Zeit lang waren Sarah Schleper und ich die Unruhestifterinnen. Wir beide besuchten die Mount-Hood-Camps, wo sie Erichs andere Lieblingsschülerin war. In meinem ersten Jahr im Skiteam quälte sie mich regelrecht. Aus heiterem Himmel befahl sie mir, runterzugehen und zwanzig Liegestütze zu machen. Wir führten Klimmzugwettkämpfe durch, die nicht wirklich wettkampftauglich waren, weil ich nur etwa vier schaffte und sie zwanzig. Sie liebte es, mich herauszufordern.

Heute ist alles in der Mannschaft anders. Jede ist ein bisschen angespannter. Jede ist auf sich selbst fokussiert und hat ihren eigenen Coach, wenn sie vierzehn Jahre alt ist. Es wird nicht mehr viel im Team trainiert, jede macht ihr eigenes Ding. Die Art und Weise, wie sich Sport für Kids entwickelt hat, nimmt ihm normalerweise einen Teil des Spaßes, und beim Skisport ist das nicht anders.

Da der Skisport immer populärer geworden ist, fließt auch mehr Geld in ihn. Vieles ist damit erheblich einfacher geworden, was unglaublich ist. Keiner reist gemeinsam, jeder hat sein eigenes Auto. Schließlich wurde das Team von Audi gesponsert, sodass wir über einen Haufen Audis verfügten, was großartig war. (Natürlich bekamen wir auch Range Rover, als ich gerade ging, worauf ich sehr neidisch war.) Die Mädchen im Team heute haben keine Ahnung. Wie es für uns war, genauso wie wir keine Ahnung hatten, wie es für alle war, die vor uns kamen.

Trotz all der zwischenmenschlichen Probleme genoss ich die gemeinsamen Reisen, denn sie halfen, die lange Abwesenheit von zu Hause zu mildern. In meinen Anfangsjahren bewunderte ich die anderen Mädchen im Team. Jonna Mendes, Caroline Lalive, Kirsten Clark waren so großartig zu mir. Während all dieser Monate unterwegs hatte ich das Gefühl, eine zweite Familie zu haben. Aber als einige sich aus dem Sport zurückzogen, fand ich jahrelang keine andere Freundesgruppe. Zwischen meinem zwanzigsten und fünfundzwanzigsten Lebensjahr hatte ich keine Freunde im Team.

Im Rückblick war das definitiv meine Schuld. Wegen meines ausgeprägten Konkurrenzdenkens neigte ich dazu, die anderen Mädchen vor allem als Rivalinnen zu betrachten, was mögliche Freundschaften nur noch komplizierter machte. Ich bin mir zwar sicher, dass sich jede bewusst darüber war, dass Rivalität selbst unter Freundinnen für eine so aufgeladene Atmosphäre unerlässlich ist, aber für mich wurde es noch schwieriger, weil ich zunächst oft das Gefühl hatte, nicht dazuzugehören, und es mir ab einem gewissen Punkt die Mühe nicht mehr wert zu sein schien, mich darum zu bemühen. Also beschloss ich, lieber einfach zu gewinnen, weil ich glaubte, dass ich mir dadurch meinen eigenen Weg zur Akzeptanz bahnen könnte. Aber weil ich niemanden an mich heranließ, freute sich auch niemand mit mir, als ich Erfolg hatte.

So ziemlich jede und jeder dürfte wissen, dass man als Teenager nicht viel weiß, aber überzeugt ist, man wüsste ganz viel und hätte den totalen Durchblick. Nun, ich bin aus dieser Phase erst mit Mitte zwanzig herausgewachsen. Lange Zeit war ich ziemlich empfindlich und reizbar, weil ich mich wie eine Außenseiterin fühlte. Schließlich hielt mich eines Tages eine Mannschaftskameradin an und sagte mir, ich sei ja wohl ziemlich unnahbar. »Warte. Was?« – Ich hätte nicht überraschter sein können. Mir fehlte schlicht die Selbsterkenntnis, um zu erkennen, wie ich auf andere wirkte. Mein Konkurrenzdenken war so stark und ich so voller Angst, verletzt zu werden, dass ich eine Mauer um mich herum errichtet hatte. Wenn man das mit Arroganz kombiniert, bekommt man jemanden, mit dem niemand reden will. Die ganze Zeit hatte ich mir eine Geschichte eingeredet, die gar nicht wahr war. Das Ironische daran ist, dass ich eigentlich immer stolz darauf war, nett zu den Menschen zu sein. Ich komme aus Minnesota, wo die Menschen krankhaft nett sind. (»Minnesota nice« ist in den USA nicht ohne Grund ein Klischee.) Ich habe versucht, die Menschen gut zu behandeln, und ich glaube, das habe ich größtenteils auch getan, aber ich war nicht warmherzig, offen oder einladend.

Mit Mitte zwanzig, nach den Worten meiner Mannschaftskameradin und viel Nachdenken, wurde mir endlich klar, dass ich eine gute Teamplayerin werden musste. Ich begann, mit offenen Augen und offenem Herzen auf die anderen Mädchen zuzugehen, was eine wertvolle und notwendige Erfahrung für mich war. Als ich anfing, mich zu öffnen, merkte ich, wie wichtig Teamkolleginnen sind. Ich hatte den Skisport immer als Einzelsport betrachtet – und das ist er auch –, aber mit der Zeit erkannte ich, dass wir Teil eines größeren Ganzen sind. Wie in jeder Gruppe war das Wohlergehen eines jeden Mitglieds mit dem der anderen verbunden. Je mehr wir uns gegenseitig halfen, desto besser ging es dem gesamten Team. Es war ein langer Weg der persönlichen Entwicklung für mich, das herauszufinden. Aber je mehr ich zu einer Führungspersönlichkeit wurde, desto mehr Erfolg hatten wir als Team – und umso mehr Spaß.

Von meinem 26. Lebensjahr bis zu meinem Rücktritt mit 34 hatte ich gute Jahre mit tollen Teamkolleginnen. Wir unterstützten uns alle gegenseitig, und bauten gemeinsam, als Gruppe, ein extrem erfolgreiches Downhillteam auf, was ziemlich cool war. Manchmal wünschte ich, ich könnte mein Verhalten aus den Anfangsjahren rückgängig machen, denn mit ein bisschen mehr Achtsamkeit hätte ich eine viel bessere Zeit haben können. Inzwischen habe ich festgestellt, dass alles viel schöner ist, wenn man Freunde hat, egal ob man gewinnt oder verliert.

Es ist keine Übertreibung zu sagen, dass ich ganz schön oft in Fettnäpfchen getreten bin, wenn es um zwischenmenschliche Beziehungen ging. Das habe ich erst später im Leben verstanden. Zu meiner Verteidigung: Nie machte ich die typischen prägenden Erfahrungen eines Teenagers, wie zum Beispiel Dates oder auch einen normalen Schulbesuch. Außerhalb des Skifahrens erlebte ich nicht viel, sodass meine sozialen Erfahrungen extrem auf diese sehr spezifische Blase beschränkt waren. Vor allem das Fehlen des Schulbesuchs, wie ihn Gleichaltrige kannten, war eine Herausforderung.

Als ich nach Vail zog, war ich offiziell zu jung für den Skisport. Und ich war *eigentlich* zu jung für die Skiakademie, wo eine Einschreibung erst ab der Highschool vorgesehen war. Da ich in der Akademie die einzige Schülerin der Mittelstufe war, hatte ich zwei Jahre lang Heimunterricht. Der bestand im Wesentlichen darin, dass mein Vater in den Collegebuchladen ging und mir *Der große Gatsby* und einige Collegelehrbücher kaufte.

Die Lehrer der Skiakademie händigten mir einen Lehrplan aus, und ich tat mein Bestes, um ihm zu folgen.

Als ich alt genug war, um die Highschool zu besuchen, meldete ich mich richtig in der Vail Ski Academy an. Das funktioniert so, dass man das erste Quartal auf der regulären Highschool verbringt, dann die Akademie besucht, wo man den Lehrplan während der Skisaison fortsetzt, und schließlich für das letzte Quartal auf die Highschool zurückkehrt. Während man an der Akademie ist, geht man morgens zur Schule und fährt nachmittags Ski.

Es war für mich sowohl in sozialer als auch in schulischer Hinsicht eine schwierige Zeit. In der regulären Highschool konnte man nicht wirklich Freunde finden, weil man das halbe Jahr weg war. Und es war schwer, sowohl den Unterricht als auch das Skifahren unter einen Hut zu bringen, vor allem weil man ständig hin- und herspringen musste. Nach zwei Jahren setzten sich die Verantwortlichen der Battle Mountain High School mit meiner Mutter und mir zusammen und sagten uns, dass ich die Anforderungen des Staates Colorado für die Teilnahme am Unterricht nicht erfülle, selbst wenn ich die Akademie besuchen würde. Ich musste eine bestimmte Anzahl von Schulstunden nachweisen, was ich nicht konnte, weil ich die ganze Zeit Rennen gefahren war. »Fliege ich von der Schule?«, fragte ich. Das war kaum zu glauben. Der einzige Grund, warum wir die Akademie ausgesucht hatten, war, genau diese Situation zu vermeiden. Und nun war sie da.

Dieser Plan funktionierte offensichtlich nicht. Und wie uns mitgeteilt wurde, mussten wir jetzt eine andere Form der Schulbildung finden. Wir hörten, dass es einige gute Onlineangebote gebe, also suchte ich mir eines aus, das ich für geeignet hielt: die University of Missouri Columbia High School. In den nächsten zwei Jahren belegte ich Onlinekurse, die im Wesentlichen einem festen Lehrplan folgten. Ich habe viele Stunden gebraucht, um mich durch alles durchzuarbeiten, weil ich so viel lesen musste.

Wenn man selbst kein Lehrer ist, hat man keine Ahnung, wie viel Arbeit Lehrer leisten. Hinter den Kulissen ist so viel zu tun: die Unterrichtsplanung, die Auswahl der Themen und die Art der Präsentation. Es war eine Menge Stoff, den ich zu bewältigen hatte, und das, ohne jemanden vor Ort zu haben, der mich anleitete.

Ein paar Jahre später, im Jahr 2002, beschloss ich, den GED zu machen, eine Art Abitur auf dem zweiten Bildungsweg, einfach um die ganze Sache hinter mir zu haben. Ich habe nie jemandem davon erzählt – ich habe es einfach getan. Um ehrlich zu sein, ist es mir jetzt etwas peinlich, dass ich so gehandelt habe. Alle anderen Skifahrerinnen, die ich kannte, besuchten die Akademie, und überall begegneten mir andere Sportlerinnen, die eine bessere Ausbildung hatten als ich. Aber es war ein seltsamer Zeitpunkt in meinem Leben. In jenem Jahr passierte eine Menge, sowohl im Hinblick auf das Skifahren als auch auf mein Privatleben, und es war schwierig, alles unter einen Hut zu bringen. Der GED schien der Weg des geringsten Widerstands zu sein, eine Möglichkeit, etwas abzuhaken und diesen Teil meines Lebens hinter mir zu lassen.

Neben der Highschool, der Skimannschaft und all den neuen Erfahrungen auf und neben der Piste konzentrierte ich mich darauf, es 2002 in die Olympiamannschaft zu schaffen, und stellte meine Ausbildung definitiv hintenan. Zugunsten meiner Karriere als Skifahrerin tat ich, was ich tun musste. Aber ich war immer enttäuscht davon, dass mir niemand half. Meine Eltern versuchten es, aber sie konnten nicht viel tun, wenn ich ständig auf Reisen war. Ich wollte die Highschool abschließen, aber ich wusste nicht, wie ich das anstellen sollte. Es gab kein Programm, kein strukturiertes System. Niemand im Team erkundigte sich jemals danach, wie es mit dem Unterricht vorangeht, oder bot mir irgendeine Art von Unterstützung an. Die ganze Sache war kompliziert und schwierig – es fällt mir sogar jetzt noch nicht leicht, das zuzugeben. Natürlich wünschte ich mir eine richtige Ausbildung, mit richtigen Lehrern und einem normalen Sozialleben. Aber eigentlich wollte ich ja etwas anderes. Wie ich mein ganzes Leben lang gelernt hatte, gab es nur zwei Möglichkeiten: entweder Ski fahren oder …, und ich habe mich immer für das Skifahren entschieden.

Abseits der Piste war das einer meiner Tiefpunkte, zumindest was mein Selbstvertrauen anging. Oft hatte ich das Gefühl zu versinken und wusste nicht, wie ich wieder auf festen Boden kommen sollte. Auf der Piste hingegen bot mir das Skifahren ein Gefühl der Sicherheit, das ich sonst nirgendwo finden konnte. Immer wenn ich meinen Vater anrief, egal was in unserem Leben passierte, war das Skifahren *das* Thema. Es war der Stabilisator, der Balsam für meine Frustrationen. Dad beruhigte mich stets und war immer bereit, mir einen Vertrauensvorschuss zu geben, wenn ich ihn brauchte.

»Du bist besser«, versicherte er mir, wenn ich in eine Vergleichsspirale geriet. »Vergiss nicht, du hast härter gearbeitet als alle anderen.« Eine Sache, die meinen Vater so besonders macht, ist, dass er immer ungeheuer selbstsicher auftritt. Er glaubt tatsächlich, was er sagt, und zwar so sehr, dass man gar nicht anders kann, als es ebenfalls zu glauben. Wenn er mir sagt, dass ich auf dem richtigen Weg bin, dann muss ich das auch sein. Wenn er mir sagte, dass ich gut Ski fahre, akzeptierte ich seine Worte als Wahrheit. Egal wie chaotisch oder frustrierend sich das Leben anfühlte, auf der Piste fühlte ich mich unbesiegbar. Zu Beginn meiner Karriere war die Tatsache, dass ich schnell war, das Einzige, was mir sowohl in der Gesellschaft als auch bei meinen Trainern ein Gefühl der Anerkennung verschaffte, und ich stützte mich darauf, um mir ein Gefühl von Sinn und Zugehörigkeit zu geben. Je mehr ich mich auf die Rennen konzentrierte, desto schneller fuhr ich und desto besser fühlte ich mich. Ich nehme an, es ist nicht überraschend, dass ich mich von diesem Zeitpunkt an nur noch darauf konzentrierte.

»Dies ist das größte Rennen, an dem du bisher teilgenommen hast«, sagte mein Vater mit ernster Stimme. »Alles hängt davon ab. Wenn du gewinnst, wird das einen großen Einfluss auf deine Karriere haben.«

Bei dem Rennen handelte es sich um die 1999er-Auflage des Trofeo Topolino di sci alpino, die wohl wichtigste internationale Veranstaltung für Nachwuchsrennfahrerinnen und -rennfahrer. Sie wurde bis 2016 jedes Jahr im italienischen Trentino in Zusammenarbeit mit dem Disney-Konzern veranstaltet (»Topolino« ist der italienische Name von Micky Maus).

Ich fühlte eine Menge Druck. Zweimal nahm ich am Topolino teil – 1998 und 1999, als ich dreizehn und vierzehn war – und beide Male führte mein Vater mir die Bedeutung dieses Rennens deutlich vor Augen. Er ging alle Ergebnisse der Vergangenheit durch und zeigte mir, wie diese oder jene Person den Topolino gewonnen hatte und später Olympiasieger geworden war ... Diese oder jene Person gewann den Topolino und dreimal den Gesamttitel ... Das Wissen, dass man erfolgreich sein würde, wenn man dieses Rennen gewinnt, wog schwer. Ich wusste also, was ich zu tun hatte.

1998, als ich mich zum ersten Mal für den Topolino qualifizierte, machten die Organisatoren des Rennens eine Ausnahme für mich. Ich war dreizehn, und zu der Zeit ließen sie keine so jungen Athleten zu. Wir machten einen lustigen Familienausflug daraus – sogar mein Großvater kam mit; das einzige Mal, dass er die Staaten verließ, abgesehen vom Koreakrieg. In diesem Jahr schaffte ich es auf den zweiten Platz.

Ein Jahr später schaffte ich die Qualifizierung zum zweiten Mal in Folge, und dieses Mal fühlte es sich wie eine noch größere

Herausforderung an. Das war das Rennen, bei dem mir mein Vater sagte, dass es jetzt um alles oder nichts gehe. Das nahm ich mir zu Herzen, und noch mehr als im Jahr zuvor verspürte ich einen enormen Druck zu gewinnen. Alle sechs Mitglieder des US-Teams – drei Jungen und drei Mädchen, darunter Julia und ich – träumten davon, eines Tages an den Olympischen Spielen teilzunehmen, und wir wussten, dass wir hier eine Riesenchance hatten, uns zu beweisen.

Nach dem ersten Lauf lag ich auf dem zweiten Platz. Als ich zu meinem zweiten Lauf an den Start ging, war mein Adrenalinausstoß auf einem absoluten Höchststand. Ich war so nervös, dass ich tatsächlich zitterte. Zu diesem Zeitpunkt kannte ich mich schon gut genug, um zu wissen, dass ich nicht gut Ski fahre, wenn ich nervös bin.

Als Juniorrennfahrerin schien alles ziemlich einfach zu sein. Ich bin einfach gefahren und alles lief gut. Aber als ich älter wurde und merkte, wie wichtig jedes Rennen war, setzte ich mich selbst immer mehr unter Druck. Wie konnte ich lernen, meine Nerven zu beruhigen? In Buck Hill und Mount Hood, wo die Punktbesten mit der ersten Gruppe trainierten, bestand immer ein gewisser Druck mitzuhalten. Ich studierte den Druck, den ich in diesen Situationen verspürte – außerdem den Druck, wenn Erich und mein Vater mir zusahen –, und nutzte ihn als eine Art Vorlage. Ich beobachtete mich selbst: Was habe ich nach einem guten Lauf gedacht? Wie habe ich mich gefühlt? Was habe ich anders gemacht? Dann versuchte ich, genau das zu wiederholen. Ich habe gelernt, meine eigene Psychologie zu analysieren, herauszufinden, wie ich ticke. Und ich habe festgestellt, dass ich, wenn ich gut Ski fahre, einen klaren Kopf habe.

Diese Erkenntnis war ein Wendepunkt für mich. Ich habe aus erster Hand erfahren, wie wichtig es ist, seine Ängste in den Griff und den Kopf freizubekommen. Wenn man das Tor betritt, möchte man ganz im Moment sein. Vor meinem zweiten Lauf sagte ich mir immer wieder, dass ich das schaffen kann. Ich tat mein Bestes, um meinen Kopf freizubekommen und mich auf meinen Atem zu konzentrieren. Und dann fuhr ich einfach Ski.

Es funktionierte. Ich gewann den Topolino und war damit die erste US-Amerikanerin, der das gelang. Aber ich verließ die Veranstaltung mit mehr als einem ersten Platz. Ich war einen Schritt näher an einer Strategie, die ich für den Rest meiner Karriere anwenden würde.

Als junge Skifahrerin fiel es mir immer schwer, mich auf mich selbst zu konzentrieren, auf das, was ich kontrollieren konnte. Um die Angst vor dem Skifahren abzubauen, musste ich akzeptieren, dass ich nur meine Fahrweise kontrollieren konnte. Letztendlich war das das einzige Element, das ich ganz allein bestimmen konnte. Es gab Zeiten, in denen ich mich so sehr auf das konzentrierte, was andere – vor allem Julia – taten, dass ich es versäumte, mich auf mich, auf mein Rennen zu konzentrieren. Jetzt war mir klar, dass ich niemanden dazu bringen konnte, langsamer zu fahren, indem ich mich zwanghaft mit ihnen verglich, aber ich konnte Wege finden, um mich selbst schneller zu machen, indem ich ruhiger fuhr. Das war eine entscheidende Erkenntnis, und letztendlich half mir meine Rivalität mit Julia dabei, sie zu erkennen.

In den folgenden Jahren dachte ich oft an dieses Rennen zurück. Es war ein großes, internationales Rennen, und ich – nicht Julia, nicht irgendjemand anderes – war die Person, die es gewonnen hatte. »Wenn du dieses Rennen gewinnen kannst, bist du auf einem guten Weg«, hatte mein Vater gesagt. Wenn ich anfing zu zweifeln, hörte ich seine Worte in meinem Kopf, während ich mich mit aller Kraft an den Glauben klammerte, dass ich das Rennen gewinnen würde.

Kapitel 6

»Ich weiß nicht, was ich tun soll«, sagte ich.
»Einfach Ski fahren«, lautete die lapidare Antwort von Thor Verdonk.

Als er mich in Mount Hood entdeckte und den Vertrag mit Rossignol als meinem Skisponsor ausarbeitete, war Thor einer der Ersten, der etwas in mir sah. Dank seiner Unterstützung wurde mir bewusst, dass ich nun eine professionelle Skifahrerin war. Wenn man vor einem Rennen nicht schon einen eigenen Techniker hat, ist der Vertreter der Skifirma in der Regel derjenige, der einem hilft, die Skier einzustellen und sich an die Bindungen zu gewöhnen, und deswegen war er vor vielen meiner ersten Rennen bei mir. Thor war ziemlich gut darin, mich zu beruhigen, was ich auch bitter nötig hatte, denn ich stand am Start zu meinem ersten Weltcuprennen und war so nervös wie noch nie in meinem Leben.

Mein erstes Weltcuprennen war für mich sehr wichtig, denn im internationalen Skirennsport ist der Weltcup das Größte überhaupt. Viele Leute, vor allem in den USA, glauben, dass Skifahrer nur bei den Olympischen Spielen und vielleicht bei den Weltmeisterschaften antreten, aber der Weltcup ist das, worauf sich die meisten Rennfahrerinnen und Rennfahrer wirklich konzentrieren. In vielerlei Hinsicht ist der Weltcup das, was am meisten zählt.

Mein erstes Rennen fand in Park City, Utah, statt, was einem Heimvorteil so nahe kam wie nur möglich. Zu einer typischen Weltcupveranstaltung reisen Hunderttausende von Fans an, und dieses Mal war meine ganze Familie dabei – meine Eltern, meine Geschwister und beide Großelternpaare. Normalerweise besuchte meine Familie meine Rennen nicht, vor allem nicht die Eltern meiner Mutter, Opa Herb und Oma Mary. Aber dieses Mal waren alle da.

Julia war zu diesem Zeitpunkt bereits ein ganzes Jahr lang im Weltcup unterwegs, ich fühlte mich also ziemlich zurückgesetzt. Ich hatte eine schlechte Startnummer und offensichtlich keine Erfahrung. Andererseits war es ein guter Hügel für mich: oben steil, unten flach, und ich hoffte, dass meine Buck-Hill-Erfahrung helfen würde, richtig durchzustarten.

Mit sechzehn Jahren war ich die jüngste Skifahrerin in einem Feld von etwa siebzig Fahrerinnen. Da es eines der größeren Rennen für mich war, wusste ich, dass ich die Leute beeindrucken musste, wenn ich im folgenden Jahr bei den Olympischen Spielen dabei sein wollte. Bis zu diesem Zeitpunkt hatte ich kleine Erfolgserlebnisse, dazwischen waren immer mal wieder Rennen, die ich aus verschiedenen Gründen nicht beendete. Ich war immer unter den ersten zwanzig oder dreißig, arbeitete an meiner Platzierung und gab mein Bestes, um zu beweisen, dass ich dazugehörte.

Es war ein enormer Druck, und obwohl ich mich bemühte, alles auszublenden, war ich so aufgeregt wie nie zuvor. Die letzten Jahre hatte ich damit verbracht, Erfahrungen zu sammeln und mich zu verbessern, aber vor allem war ich dabei zu lernen. Wenn man in einem so jungen Alter auf diesem Niveau Ski fährt, lernt man ständig dazu. Man lernt, wie man mit Schmerzen umgeht. Wie man mit Angst umgeht. Wie man gewinnt. Man hat keine Routine und keine einstudierten Selbstgespräche, um

Ängste zu minimieren und mental stark zu bleiben, also probiert man ständig neue Strategien aus. Und schaut dann, was funktioniert und was nicht. Natürlich war mir oft gar nicht bewusst, dass ich genau das tat. Ich wollte mich bloß verbessern.

Aber wenn man mit etwas Neuem konfrontiert wird – seien es der Berg, die Bedingungen oder der Moment –, hat man keine Erfahrung, auf die man zurückgreifen kann, um sich zu beruhigen. In diesem Alter entwickelte ich die Gewohnheiten, die mich in Zukunft unterstützen sollten. Ich musste sie selbst entdecken. Und so fand ich mich an diesem Morgen im Gespräch mit Thor wieder, erinnerte mich an meine Vergangenheit und machte mich bereit, mich in meine Zukunft fallen zu lassen.

Das erste Mal, dass ich mich verletzte, war im Alter von zwölf Jahren. Ich war 1997 beim Whistler Cup, einer der größten internationalen Rennsportveranstaltungen für Kinder, in (richtig geraten) Whistler in British Columbia, Kanada. Tina Maze gewann in diesem Jahr alle Rennen und auch den Gesamtsieg. Ich wurde Zweite im Slalom, und dann stürzte ich im Riesenslalom und überdehnte mein Knie. Dabei zog ich mir einen Schienbeinkopfbruch im linken Knie zu und musste lange Zeit an Krücken gehen. Die Verletzung ereignete sich im Februar, und im darauffolgenden Sommer zogen wir offiziell nach Vail. Ich erinnere mich daran, wie ich auf einem Bein durch die Gegend hüpfte.

Das war meine erste Erfahrung mit der Reha und damit, dass ich eine Reihe von Tests bestehen musste, um wieder Ski fahren zu dürfen. Der Mann, der meine Reha machte, hieß J. A. Er trainierte auch einige Jahre lang das US-Skiteam, also hielt er sich nicht zurück.

»Früher habe ich die Mädchen zehnmal am Tag die Stadiontreppe hochlaufen lassen«, sagte er.

»Okay, Sir, sagen Sie mir einfach, was ich tun soll«, sagte ich. »Sie wollen, dass ich drei Minuten lang eine einbeinige Kniebeuge mache? Ich kann es versuchen!«

Er war ziemlich aggressiv drauf, aber ich schaffte es – vor allem nahm er mich in die Pflicht. Der Vorteil war, dass er mich so hart schuften ließ, dass ich kiloweise Eiscreme essen konnte und trotzdem abnahm. (Mein Stoffwechsel hat allerdings schon immer ziemlich gut auf Eis reagiert, was prima ist, weil ich das Zeug so liebe.)

Aber diese erste Verletzung war der Beginn einer mentalen Einstellung, die ich während meiner gesamten Karriere brauchen würde: Immer wenn ich verletzt war, änderte sich mein innerer Antrieb. Ich beschloss, dass ich alles überwinden und alles tun konnte, was ich mir vornahm. Das Skifahren war das Einzige, was mir gehörte, und niemand konnte es mir wegnehmen. In diesen Momenten ging es darum, nicht aufzugeben, sich durchzukämpfen und mir von niemandem sagen zu lassen, was ich zu tun hatte. Jedes Mal wenn ich mich verletzte, war der Prozess derselbe: Ich zog mich auf mich selbst zurück und fand den für mich passenden Weg, wie ich nun am besten weitermachte.

Eine Idee, die Dad mir schon früh und immer, immer wieder eingetrichtert hatte, war die der mentalen Zähigkeit. Mentale Zähigkeit, mentale Zähigkeit. Er war so fixiert darauf, dass ich irgendwann dachte: Wenn du noch einmal »mentale Zähigkeit« sagst ... Das Ganze ergab für mich nicht viel Sinn, bis zu dieser ersten Verletzung. Von da an verstand ich langsam – und je älter ich wurde, umso mehr –, was er meinte und wie ich seine Tipps zu meinem Vorteil nutzen konnte.

Mentale Zähigkeit bedeutet für mich im Wesentlichen, die Klappe zu halten und die Arbeit zu erledigen. Das Wetter ist schlecht? Na und? Wenn ich auf den Berg gehe, tut mein Knie nicht weh. Das ist die Strecke, die ich zurücklegen will, das ist das, was ich tun will, und jetzt werde ich es tun. Es ist fast wie in *Rocky*: Was auch immer für eine Herausforderung auf dich zukommt, sei es der Druck der Medien, die Strecke, das Wetter, die Konkurrenz, dein eigener Körper ..., du darfst dich davon nicht unterkriegen lassen. Du hast alles unter Kontrolle. Das bedeutet mentale Zähigkeit für mich. Mit Übung lernte ich, meine Gedanken in die richtige Richtung zu lenken, mich zu konzentrieren und stärker zu sein als alles, was um mich herum passiert.

Das würde mir auch zugutekommen, wenn es um Julia ging.

Nachdem wir uns ein paar Jahre kannten, versuchten Julia und ich, uns näherzukommen. Einmal lud sie mich in ihr Elternhaus in Squaw Valley ein, was ich als Zeichen verstand, dass sie meine Freundin sein wollte, und war begeistert. Von dem Moment an, als ich dort ankam, versuchte ich mein Bestes, um mich anzupassen, was für mich bedeutete, dass ich die ganze Zeit ziemlich still war. Wenn ich mich nicht wohlfühle, ist das normalerweise meine Standardreaktion – ich höre einfach auf zu reden.

Als Teil unseres Trainings beschlossen wir, mit ihrem Vater eine lange Fahrradtour zu machen. Kaum waren wir losgefahren, gaben Julia und ihr Vater Gas und hängten mich erbarmungslos ab. Es war wie im Film: Ich konnte nur noch ihren Staubwolken hinterhersehen. Ich war noch nie in Squaw gewesen und hatte keine Ahnung, wohin sie fuhren oder ob sie zurückkommen wollten. Wir hatten nicht darüber gesprochen, was ich tun sollte, wenn wir getrennt würden. Ich trat einfach weiter in die Pedale, so gut ich konnte, um mit ihnen Schritt zu halten, bis sie am Horizont verschwanden.

Ich hatte keine Angst, aber ich war besorgt. Ich hatte kein Handy dabei und kannte mich in der Gegend nicht aus. Ich fuhr frustriert ein paar Kilometer, dann stieg ich vom Rad und setzte mich an den Straßenrand. Von dort hatte ich eine große offene Aussicht und konnte kilometerweit in alle Richtungen sehen, entdeckte aber keine Radfahrer. Ich dachte mir, dass Julia und ihr Vater irgendwann in diese Richtung zurückfahren müssten, und ich hatte recht, das taten sie schließlich auch. Aber es dauerte eine Weile. Und während ich wartete, fing ich an, sauer zu werden.

Ich hatte gedacht, es ginge bei dieser Reise darum, Freundschaft zu schließen, stattdessen hatte ich nun das Gefühl, in die Schranken verwiesen zu werden. Um fair zu sein: Wir waren jung und wir waren Konkurrentinnen, und diese Rivalität machte es kompliziert, eine Freundschaft aufzubauen. Wir beide verstanden das und dass es schwer war, mit der Situation umzugehen.

Als Julia schließlich zu mir kam, sagte sie: »Hey, was ist denn mit dir passiert?« Als wäre ich diejenige gewesen, die nicht mehr aufgetaucht war. Anscheinend hatten sie an einem Starbucks in der nächsten Stadt angehalten, wo sie feststellten, dass ich in ihrem Kielwasser zurückgeblieben war.

Das war der Wendepunkt für mich. Ich hatte so viel Zeit damit verbracht, ihr hinterherzujagen, buchstäblich und im übertragenen Sinne, und ich wollte das nicht mehr tun. Mir wurde klar, dass ich die Wahl hatte: Julia weiter hinterherzulaufen oder mich auf mich selbst zu konzentrieren. Es war an der Zeit, meine eigenen Ziele zu verfolgen. Letztendlich war dieser Ausflug nach Squaw eine gute Erfahrung, weil er mich zu einer neuen Denkweise inspirierte. Nach diesem Tag nahm ich die schwierige und fordernde Aufgabe in Angriff, zu lernen, ich selbst zu sein. Ich habe meinen Versuch, »cool« zu sein, aufgegeben und mich auf das konzentriert, was ich am besten konnte: schnell Ski fahren und Spaß dabei haben.

»Einfach Ski fahren.«
Oben auf dem Berg wartete mein erstes Weltcuprennen auf mich. Thors Worte klangen, noch Minuten nachdem er sie gesagt hatte, in meinem Kopf nach. Natürlich hatte er recht. Der

Druck, die Angst, das war alles nur Ballast, den man ablegen musste. Das Skifahren war alles, was zählte.

Es war ein einfacher Ratschlag, aber er hat gewirkt.

Ich würde gerne behaupten, dass ich seinen Vorschlag befolgte und mit dem Echo seiner einfachen Botschaft, die mir den Berg hinunterfolgte, auf dem Podium stand. Aber so war es bei mir selten – es gab nie ein Fingerschnippen und sofort eine Lösung oder ein magisches Rennen, in dem ich plötzlich eine andere Skifahrerin wurde. Ich musste immer dafür arbeiten; Erfolg war immer ein Prozess, stetig und schrittweise. Und bei meinem ersten Weltcup war es nicht anders.

Oben bin ich schrecklich gefahren – ein bisschen zu konservativ –, aber im Flachen kamen meine Buck-Hill-Fähigkeiten zum Tragen, wie ich wusste. Trotzdem reichte es nicht ganz, um die Zeit aufzuholen. Ich beendete das Rennen auf dem 31. Platz, zwei Hundertstel von der Qualifikation entfernt.

Ja, mein erstes Weltcuprennen war nicht spektakulär. Aber es war das, was ich brauchte: eine Chance zu lernen, eine Chance, meinen Umgang mit der Angst zu verbessern. Ich habe allen bewiesen, dass ich Fähigkeiten und ein gewisses Maß an Geschwindigkeit besitze, was wichtig war, um es den Trainern zu zeigen. Vor allem aber habe ich es mir selbst bewiesen. Und das war der Beginn der nächsten Phase. Von da an wusste ich, wie es sich anfühlt, auf der Weltcupbühne zu stehen: vor einem Publikum zu fahren, im Ziel die Skier hochzuhalten, während all die Fernsehkameras auf einen gerichtet sind, kurz, eine echte Profiskifahrerin zu sein. Dieses Rennen markierte den Beginn der nächsten Phase – ich war im Aufsteigen begriffen, und selbst wenn ich die einzige Person war, die das bemerkte, war das in Ordnung. Mein Berg war der einzige, der zählte.

Kapitel 7

Es war nicht unbedingt das Erste, woran ich beim Aufwachen dachte, aber wenn es nicht das Zweite war, dann war es definitiv das Dritte. Und wenn ich mich im Badezimmerspiegel betrachtete, starrten sie mich an – die Olympischen Spiele.

So ziemlich alles in meinem Leben diente damals dem Ziel, das Dad und ich uns gesetzt hatten: der Teilnahme an den Spielen 2002. Manchmal löste der Gedanke daran bestimmte Gefühle in mir aus. Manchmal schien das Wort »Olympia« über mir in der Luft zu schweben, wie eine Gedankenblase, die ständig über meinem Kopf hing.

Und doch war die Planung dahinter so langfristig, das Ziel selbst so groß und drohend, dass es, als die Spiele näher rückten, schwierig wurde, sich an die Verschiebung der Unmittelbarkeit zu gewöhnen. Etwas, das jahrelang in weiter Ferne gelegen hatte, stand nun vor mir, nur noch ein Jahr entfernt. Ich war gut im Rennen. Ich wurde immer besser, sodass ich definitiv im Gespräch für die Spiele war, aber es war noch lange nicht sicher, dass ich auch tatsächlich an ihnen teilnehmen würde.

Das US-Skiteam belegte eine ganze Wohnanlage in Park City, Utah, wo sich auch sein nationales Büro befand. Die Idee dahinter war, dass alle Teammitglieder während der Sommertrainingslager dort wohnen mussten. Das war eine gute Möglichkeit für die Teamfunktionäre, alles zentral zu halten und uns im Auge zu behalten – was wir vorhatten, wer in Form war, wie wir uns schlugen. Die Kehrseite der Medaille war, dass wir zwar dort wohnen konnten, aber für unsere Lebensmittel und Miete selbst aufkommen mussten, und das Geld war knapp.

Das erste Mal kam ich im Sommer 2001, mit sechzehn, nach Park City. Als ich dort eintraf, gefiel es mir nicht wirklich. Ich war nicht die Einzige, der es so ging – ich glaube, die Tatsache, dass es für alle verpflichtend war, ein Mindestmaß an Zeit dort zu verbringen, schreckte viele ab. Das galt vor allem für die älteren Mädchen, von denen viele zu Hause Freunde und Ehemänner hatten und die ihre einzige freie Zeit nicht in Park City verbringen wollten.

Positiv fand ich, dass so viele Leute aus dem Skiteam da waren. Es war eine gute Gelegenheit, mit meinen Teamkollegen in Kontakt zu kommen und Leute kennenzulernen, mit denen man nicht nur im Wettbewerb stand. Ich kann sehr zielstrebig sein und bin offensichtlich sehr wettbewerbsorientiert, sodass ich in den ersten Tagen vielleicht nicht gerade den Eindruck erweckte, dass ich mit meinen Teamkollegen befreundet sein wollte. Aber im Gegenteil war es genau das, was ich wollte.

Das Leben in Park City war auch eine gute Erfahrung für mein Erwachsenwerden. Nach so viel Zeit auf Reisen war ich es gewohnt, von zu Hause weg zu sein, aber mit dem Team zu reisen ist etwas anderes, als allein zu leben. Ich hatte noch nie ein eigenes Apartment oder eine eigene Wohnung gehabt, musste nie meine Zeit selbst einteilen oder mich um die Dinge des alltäglichen Lebens kümmern. Gefühlsmäßig war ich noch nicht ganz erwachsen – ich hatte noch einen weiten Weg vor mir, bevor ich dieses Gefühl von Verantwortung verspürte –, aber hier machte ich den ersten richtigen Schritt in diese Richtung.

In Park City war ich von Rennfahrerinnen und -fahrern umgeben. Die ganze Stadt drehte sich um das Skifahren. Mit meinen Teamkameraden um mich herum fühlte sich das Ganze sehr intensiv an. Wir trainierten zusammen, wir trafen uns immer. Man konnte gar nicht anders, als sich wie eine echte Skifahrerin zu fühlen, vor allem wenn man keine Zeit oder keinen Raum dafür hatte, etwas anderes zu sein.

Ein solches Umfeld, vor allem wenn es nur noch sechs Monate bis zu den Olympischen Spielen sind, bringt bei jedem ein übersteigertes Konkurrenzdenken zum Vorschein. Nach Jahren des Geredes und der Spekulationen fangen die Leute so kurz vor den Spielen an, darüber zu diskutieren, wer es draufhat und wer nicht. Diese Diskussionen führen zu Entscheidungen, die über Erfolg und Misserfolg einer Karriere entscheiden können.

Ein paar Monate später, im unmittelbaren Vorfeld der Winterspiele 2002, hörte ich meine Trainer über mich sprechen. Die Mannschaft war in einem Hotel in Österreich untergebracht, als ich eines späten Abends vertraute Stimmen auf dem Flur vernahm. Ich drückte mein Ohr an die Hotelzimmertür und bekam mit, wie meine Trainer über die Mädchen sprachen, die für die Olympiamannschaft im Rennen waren. In mir zog sich alles zusammen, als ich hörte, wie sie eine Reihe von schrecklichen Dingen über mich sagten, die in dem Satz gipfelten: »Lindsey wird es nicht schaffen.«

Es war brutal. Das wäre schon schlimm genug gewesen, aber das Gespräch ging noch weiter.

»Wir sollten unsere Bemühungen auf Julia konzentrieren.«

Ich konnte nicht glauben, was ich da hörte. Sicher, ich hatte nicht gewonnen – ich war kaum auf dem Podium –, aber niemand in unserem Team hatte gewonnen, und Julia war nur wenig besser gefahren als ich. Ich war neu auf der Weltcupstrecke und brauchte nur einen Moment, um mich zurechtzufinden. Ich wusste, dass ich das Talent dazu hatte. Darauf vertraute ich. Vor allem aber wusste ich, dass ich den Willen dazu hatte, und das zählt viel. Ich hatte Vertrauen in meinen Plan und war überzeugt, dass ich besser werden würde, wenn ich weiter an mir arbeitete – besser, als ich war, besser als Julia und gut genug, um zu gewinnen.

Offensichtlich waren meine Trainer anderer Meinung. Aber sie berücksichtigten nicht, wie sehr der Erfolg von der Arbeitsmoral abhängt und wie sehr vom Talent. Tatsache ist, dass sie mich auf allen Ebenen unterschätzten, sowohl was mein Talent und meine technischen Fähigkeiten anging als auch – und vor allem! – wie sehr ich den Erfolg wollte und wie hart ich zu arbeiten bereit war, um ihn zu erreichen.

Wenn ich die Sache aus ihrer Perspektive betrachte, kann ich sie sogar verstehen. Ich glaube, sie sicherten sich nur ab, wie es Trainer eben tun. Es war nichts Persönliches, sie entschieden sich einfach für diejenige, die sie in diesem Moment für die bessere Kandidatin hielten, für diejenige, von der sie glaubten, dass sie die Chance der Mannschaft vergrößern würde. Ich glaube nicht, dass dabei Böswilligkeit im Spiel war, und sie wussten nicht, dass ich sie hören konnte. Sie wussten nicht, wie verletzend diese Worte waren, besonders für jemanden, der gerade mal sechzehn Jahre alt war.

Bis zu diesem Moment war ich optimistisch gewesen, überzeugt, dass ich Fortschritte machte und dass die Trainer das auch erkannten. Am Anfang der Saison, in Lake Louise, lag ich auf dem dritten Platz, bevor ich sechs Tore vor dem Ziel stürzte. Ich war mir sicher, dass ich ihnen gezeigt hatte, dass ich schnell bin, dass es nur eine Frage der Zeit war, bis ich durchbrechen würde. Aber jetzt schien das nicht mehr so viel Bedeutung zu haben.

Als ich allein in meinem Hotelzimmer hockte und mir die Tränen über das Gesicht liefen, dachte ich: *Ihr könnt mich mal. Ich werde es euch zeigen.* Die Worte meiner Trainer ließen mich etwas erkennen, was nur schwer zu schlucken war: Die Leute, deren Aufgabe es war, an mich zu glauben, taten es nicht. Vor dieser Nacht hatte ich darauf vertraut, dass meine Trainer hinter mir standen und immer das Beste für mich tun würden. Von da an verstand ich, dass sie dasjenige tun würden, was für die Mannschaft am besten war. Ich musste selbst auf mich aufpassen und zeigen, dass ich es verdiente, dabei zu sein.

Im Laufe meiner Karriere habe ich festgestellt, dass ich viel besser abschneide, wenn andere an mir zweifeln – die Presse, meine Trainer, meine Konkurrenten, meine Teamkollegen. Wann immer jemand meine Fähigkeiten infrage stellte, befeuerte das nur weiter meinen Antrieb. Diese Nacht in Österreich war das erste von vielen Malen, in denen ich den mangelnden Glauben an mich in zusätzliche Motivation umwandelte. Ich wollte nicht in Julias Schatten stehen, und ich war entschlossen, ihnen das Gegenteil ihrer Meinung zu beweisen.

Es wurde zu einer Erweiterung des Ansatzes meines Großvaters: es zu schaffen, indem man bei dem, was man tut, alle anderen übertrifft. Ich war organisiert und erstellte einen Zeitplan. Ich stand früh auf – lange vor meinen Wettkämpfen –, um zu trainieren, während alle anderen noch in den Federn lagen und erst beim Weckerklingeln aus den Betten krochen. Am Vorabend eines Rennens gingen einige der anderen Athletinnen aus, während ich in meinem Hotelzimmer blieb und mich vorbereitete. Ich war immer davon überzeugt, dass sich meine Mühe und harte Arbeit eines Tages auszahlen würden. Und so war es dann auch.

Ich war schon immer wettbewerbsorientiert, und das wird sich auch nie ändern. Ich betrachte das als etwas Positives. Es ist wichtig, wettbewerbsfähig zu sein, ob man nun Sportlerin ist oder nicht. Wenn man sich auf seine Wettbewerbsnatur besinnt, treibt einen das an, lässt einen das Beste aus sich herausholen. Jeder Mensch hat andere Motivationen, andere Auslöser, die ihn dazu bringen, härter zu arbeiten und besser zu sein. Bei mir war es oft so, dass ich den Neinsagern, den Schwarzmalern, den Medien oder wem auch immer beweisen wollte, dass ich die Beste sein kann. Manchmal wühlte mich auf, was die Leute sagten, aber ich fand es auch immer gut, weil ich es in Energie umwandelte.

Wann ich anfing, den fehlenden Glauben von jemandem als eine Quelle der Motivation zu sehen, kann ich gar nicht genau sagen. Soweit ich mich erinnern kann, war ich schon immer so. Vielleicht ist es angeboren, ein Teil meiner Veranlagung. Ich war immer stur, schon als Kind. Wenn meine Eltern mir sagten, ich solle nicht auf einen Baum klettern, dann kletterte ich *auf jeden Fall* auf den verdammten Baum. Auf diese Weise konnte ich definitiv widerspenstig sein. Willst du mich motivieren? Dann sag mir, dass ich etwas nicht tun kann.

Während ich also meine Kampfeslust schon lange vor den Zweifeln der Trainer eingesetzt hatte, begann ich in dieser Nacht, den emotionalen Stachel, den ihre Worte in mir zurückließen, in so harte Arbeit und Ergebnisse umzuwandeln, wie ich es vorher nie getan hatte. Ich kann gar nicht ausdrücken, wie ermutigend sich das anfühlte – oder wie oft ich in Zukunft auf denselben mentalen Muskel zurückgreifen konnte, um mich angesichts äußerer Zweifel zu verbessern. Negativität von anderen zu nehmen und sie zu nutzen, um mich zu verbessern, wurde für meinen späteren Erfolg unerlässlich. Oder anders ausgedrückt: Wenn ihr nicht wollt, dass ich gewinne, dann solltet ihr mich besser nicht reizen.

Wenn mir jemand sagte, dass ich nicht Slalom fahren kann, kam in meinen Kopf sofort der Gedanke: *Du kannst mich mal, ich fahre Slalom.* Wenn mir jemand sagte, ich sei zu dünn, um bei der Abfahrt erfolgreich zu sein, meldete sich eine innere Stimme: *Leck mich, klar fahre ich Downhill.*

Irgendwann war es dann so weit, dass ich den mentalen Muskel fast auf Kommando aktivieren konnte. Später in meiner Karriere machte die slowenische Skifahrerin Tina Maze vor einem Rennen eine negative Bemerkung über mich. Sie hatte das

Rennen zuvor gewonnen und erzählte einem Reporter, dass sie mir das nicht zutraue. Ich bin nur gefahren, um ihr das Gegenteil zu beweisen. Im Ziel rief ich: »In your fucking face, Tina«, was ich zugegebenermaßen definitiv nicht hätte sagen sollen. Das war kein sportlich faires Verhalten. Aber, was soll ich sagen? Ich werde sehr wütend, wenn Leute Scheiße über mich reden.

Es existiert eine ausgeprägte Doppelmoral, wenn es um Konkurrenzdenken und Angriffslust oder gar Aggression bei männlichen und bei weiblichen Athleten geht, eine Doppelmoral, die mir oft begegnet ist. Bestes Beispiel: John McEnroe. Alle liebten ihn. Er war so lautstark aggressiv, und alle fanden das unterhaltsam, aber wenn eine Frau das tut – irgendetwas, das auch nur annähernd in diese Richtung geht –, ist das gleich inakzeptabel. Wäre John McEnroe eine Frau gewesen, hätte man sie vom Platz verwiesen. Daran besteht kein Zweifel. In diesem Sinne bin ich nicht unbedingt einverstanden damit, dass Serena Williams während des berühmt gewordenen Finales der US Open 2018 den Schiedsrichter als Dieb bezeichnete, aber es ist ihr gutes Recht. Ich glaube nicht, dass sie dafür bestraft werden sollte, während ihre männlichen Kollegen ungeschoren davonkommen. Die Leute taten so, als wäre so etwas noch nie passiert. Viele Männer verhalten sich so, und zwar regelmäßig, aber es scheint kaum jemandem aufzufallen und sie werden nicht dafür kritisiert. Wie gesagt, man muss nicht mit Serenas Äußerung einverstanden sein, aber sie verstieß nicht gegen irgendwelche ungeschriebenen Regeln.

Auf keinen Fall will ich behaupten, dass es gut ist, wenn ein Sportler oder eine Sportlerin ausrastet; ein gewisses Maß an sportlichem Verhalten und Fair Play muss eingehalten werden. Wie Tina Maze bestätigen kann, werde ich selbst diesem Anspruch manchmal nicht gerecht. Aber es ist ja nicht so, dass Konkurrenzdenken per se zu verurteilen wäre. Es ist nicht so, dass Angriffslust keine natürliche Eigenschaft eines (Profi-)Sportlers wäre. Und es ist nur natürlich, dass man von Zeit zu Zeit auf den Druck und die Emotionen, wovon der Sport eine Menge mit sich bringt, reagiert. Vor allem wenn man von jemandem geschlagen wird. Für mich war es am Ende eines Gefühlsausbruchs vorteilhafter, meine Emotionen zurückzuhalten und sie als Treibstoff zu nutzen. Ich glaube, man verschafft seinen Konkurrenten einen Vorteil, wenn man seine Emotionen zeigt, egal welcher Art die sind. Klar, bei einer Sportart wie Skirennen lässt sich das leicht sagen, weil man nicht so einen direkten Kontakt mit der Konkurrenz hat. Beim Tennis zum Beispiel, wo man sich von Angesicht zu Angesicht gegenübersteht und der Schiedsrichter die Entscheidungen trifft, ist die eigene Gefühlslage viel offenkundiger. Die Anspannung ist enorm – und das kann durchaus hitzig werden.

Dennoch wird von einer Frau unbestreitbar erwartet, dass sie sich zurückhält. Es kam oft vor, dass jemand etwas über mich sagte, sei es eine Konkurrentin oder die Presse, und ich wollte widersprechen, entschied mich aber dagegen. In der Regel lautete der Rat meines eigenen Teams, nicht darauf zu antworten, weil »das nicht gut aussieht«. Meistens habe ich mir dann gedacht: *Warum nicht? Sie stellen meinen Charakter infrage – sollte ich mich nicht verteidigen dürfen?* Aber die Realität sieht so aus, dass man als Frau, wenn man seine Meinung äußert, nur so lange ernst genommen wird, bis man als kampflustig, zickig oder schrill abgestempelt wird. Frauen stehen einer unfairen Erwartungshaltung gegenüber – das gilt ironischerweise auch für Sportlerinnen, die oft durch eine enorme Menge an Härte und Zähigkeit aufgefallen sind, um dorthin zu gelangen, wo sie jetzt sind –, nämlich dass sie im Gegensatz zu den Männern ständig darauf achten sollen, was und wann sie etwas sagen und wann nicht.

Heutzutage ist das besonders in den sozialen Medien ein Problem. Es gibt dort so viel Negativität, und damit konfrontiert zu werden, kann schwer zu verkraften sein. Mir schlägt ständig

Hass von Fremden entgegen, von Leuten, die mir schreckliche Dinge sagen, wie zum Beispiel, dass ich hoffentlich bald von einer Klippe springe. Oder dass ich abgewrackt, fett und eine Schlampe sei. An manchen Tagen macht mir das mehr zu schaffen als an anderen, aber ich versuche, damit klarzukommen. Ich habe mich damit abgefunden, dass ich auf jeden Fall beschimpft werde, aber der wettbewerbsorientierte Teil von mir kämpft damit, die Stimmen zu ignorieren, die mich für unbedeutend erklären. Es ist etwas anderes, als wenn ein Konkurrent oder die Presse einen kritisiert, aber es ist nicht egal. Es ist die neue Welle des Urteilens. Und sie ebbt nie ab. Sie ist immer da draußen und wartet darauf, in deinen Kopf zu gelangen. Manchmal ist es ein schmaler Grat zwischen negativer und konstruktiver Kritik, und ich glaube, man muss alles so nehmen, wie es ist. Ich sage mir dann: *Lerne daraus, wenn du kannst, und wenn nicht, mach weiter.* Wenn man einen Weg findet, sich davon anspornen zu lassen, sich der Situation zu stellen, umso besser.

Während meiner gesamten Laufbahn wurde ich für die Art und Weise kritisiert, wie ich aussehe, manchmal auch von meinen eigenen Teamkolleginnen. Bei den Rennen war ich immer geschminkt, etwas, was ich als Teenager begann und im Laufe der Jahre immer mehr mochte. In einer Welt der Rennuniformen waren meine Haare und mein Make-up die einzigen Teile meines Aussehens, die wirklich mir gehörten. Ich ließ mir gerne die Haare lang wachsen, flocht sie zu Zöpfen und experimentierte mit verschiedenen Schönheitsprodukten, insbesondere mit Augen-Make-up. Damit fühlte ich mich selbstbewusster, fast so, als würde ich in ein Kostüm oder ein anderes Ich schlüpfen. Aber einige Skifahrer, vor allem in der Herrenmannschaft, machten sich darüber lustig.

»Warum trägst du jeden Tag Make-up?«, fragten sie. »Willst du die Leute beeindrucken oder so?«

Man warf mir vor, ich würde Make-up auflegen, um »marktfähiger« zu sein, was nicht weiter von der Wahrheit entfernt sein könnte. Ich trug Make-up für mich selbst, weil es mir gefiel, weil es sich *nach mir* anfühlte. Es war eine Form des Ausdrucks, meine persönliche Art, weiblich zu sein, gut auszusehen und mich gut zu fühlen. Ihre Anschuldigungen waren sexistisch, und das habe ich ihnen auch gesagt. Jede und jeder, auch die Sportlerinnen, sollte das tragen, womit sie oder er sich wohlfühlt. Ich hatte nie vor, damit ein Statement zu setzen, aber ich glaube, dass mein Beharren auf meinem Make-up dazu beigetragen hat, die öffentliche Meinung darüber zu verändern, wie eine Sportlerin aussehen kann. Genauso wie es keine Norm für unseren Körper gibt, gibt es auch keine Norm, wenn es um Schönheit und Selbstdarstellung geht. Wir können uns so präsentieren, wie wir wollen.

Es ist auch wichtig, davon bin ich überzeugt, ganz deutlich zu sagen, dass man wettbewerbsfähig *und* weiblich sein kann. Man kann stark *und* weiblich sein. Man kann geradeheraus *und* weiblich sein. Man kann angriffslustig *und* weiblich sein. Diese Dinge schließen sich nicht gegenseitig aus. Erfolg haben zu wollen und dies auch lautstark zum Ausdruck zu bringen, ist kein Nachteil. Auch – und besonders – wenn man eine Frau ist.

Selbst nach meinem Rücktritt ist dieser Teil von mir, der sich von Zweifeln nährt und sie in Treibstoff verwandelt, nicht verschwunden. Und leider muss ich sagen, dass dieser Teil der Persönlichkeit nicht gut ist, wenn man sich aus dem Sport zurückzieht oder ganz allgemein im Leben. Ich lerne immer noch, dass man nicht ständig und in jeder Situation sein Konkurrenzdenken pflegen kann. Man kann sein Leben nicht darauf aufbauen, allen zu zeigen, dass sie falschliegen. Aber in vielerlei Hinsicht mache ich genau das. Ich bin emotional und investiere in alles, was ich tue.

Während mir negative Worte oft zusätzlichen Antrieb verliehen, halfen mir positive Worte, mich zu konzentrieren. Irgendwann vor den Olympischen Spielen 2002 habe ich angefangen, Schlagworte auf meine Skier zu kleben. Damals hatte ich einen Techniker namens Chief, der meine Skier mit Klebeband versah, um einen Überblick zu behalten, und fragte: »Welches Paar ist das? Nummer eins? Nummer zwei?«

Inzwischen hatte ich erkannt, wie wichtig es ist, meine Gedanken zu schärfen, also schrieb ich eines Tages »Be aggressive« auf das Ende meines Skis, auf das Ende des Klebebandes, das Chief bereits dort angebracht hatte. Das wurde zur Gewohnheit. Im Laufe der nächsten Jahre formulierte ich eine Reihe solcher Botschaften an mich selbst wie »Stay focused« und »Move forward«.

In dieser Zeit stand ich unter einem enormen Leistungsdruck – ich musste es ins Team schaffen, ein Rennen gewinnen, mich qualifizieren, beweisen, dass ich das Zeug dazu hatte. Jedes Rennen fühlte sich an, als ginge es um alles oder nichts, und die Schlagworte halfen mir, mich auf das Skifahren und nicht auf die Ergebnisse zu konzentrieren. Sie gaben mir ein Gefühl der Stabilität in einem Umfeld, das von so vielen Variablen bestimmt war. Irgendwann kam ich an einen Punkt, an dem ich sie nicht mehr brauchte. Aber für eine lange Zeit – einschließlich meiner ersten Olympischen Spiele und meines ersten Weltcup-Podiums – ließ mich der Anblick dieser Worte an der Spitze meiner Skier in Verbindung mit meiner mentalen Vorbereitung meinen Fokus trainieren. Mit der Konzentration kam die Beständigkeit – der Schlüsselfaktor, der mich auf die nächste Stufe katapultierte.

Ich wachte in diesem Hotelzimmer in Österreich auf und hatte die Worte der Trainer noch in den Ohren: »Wir sollten unsere Bemühungen auf Julia konzentrieren.« Je mehr ich darüber nachdachte, desto überraschter war ich, wie sehr die Zweifel meinen Antrieb verstärkten und meinen Fokus schärften. Ich hatte das Gefühl, unter Zeitdruck zu stehen, mich beweisen zu müssen (und damit auch zu beweisen, dass sie falschlagen). Dieses Gefühl wurde zwar im Laufe der Jahre von vielen Menschen ausgelöst – Teamkollegen, Konkurrentinnen, Journalisten –, aber es traf vor allem auf meine Trainer zu. Wenn sie an mir zweifelten, entfachte das in mir ein Feuer, das mit nichts anderem vergleichbar war.

Unser nächstes Rennen fand in Saalbach statt, einem österreichischen Ferienort in der Nähe von Salzburg, und trotz meiner neuen komplizierten Gefühle freute ich mich sehr darauf. Ich bin in Österreich immer gut Ski gefahren. Vielleicht lag es daran, dass ich Deutsch spreche, das ich gelernt hatte, als ich mit neun Jahren zum ersten Mal in Österreich war, oder daran, dass sich im Laufe der Jahre so viele glückliche Erinnerungen an Reisen dorthin angesammelt hatten. Höchstwahrscheinlich lag es aber vor allem daran, dass die Österreicher den Skisport so sehr lieben, dass jedes Rennen von einem Feuerwerk an Energie und Begeisterung durchdrungen ist, das man einfach in sich aufnehmen muss. Was auch immer der Grund war, Saalbach war ein guter Ort, um mein Selbstvertrauen vor den Olympischen Spielen zu stärken, auch wenn ich noch nicht wusste, ob ich es tatsächlich ins Team schaffen würde.

Natürlich spielte an diesem Wochenende noch etwas anderes eine Rolle. Ich begann zu verstehen, wie ich die Zweifel der Trainer zu meinen Gunsten nutzen konnte, wie ich meine Gefühle der Frustration oder Unsicherheit in Kraft umwandeln konnte. Als ich mir die Worte der Trainer immer wieder in Erinnerung rief, steigerten sich meine Emotionen, meine Wut vertiefte sich und mein Aggressionspegel schlug aus. Wenn man darüber nachdenkt, sind ein ordentliches Aggressionspotenzial und Angriffslust eine ziemlich nützliche Sache, wenn man sich in einen Abgrund stürzt. Schließlich hängt es zu einem großen Teil von der eigenen Einstellung ab, ob man in der Lage ist, ihn zu überwinden. Und obwohl Wut und Aggression vielleicht nicht die positivsten Gefühle sind, haben sie sich in Bezug auf meine Leistung ausgezahlt.

Als ich für das Abfahrtsrennen in Saalbach in die Startbox trat, hatte ich jede Menge Wut und Aggression parat. Meine Atmung wurde tiefer und kräftiger und brachte genug Angriffslust hervor, um mir einen Vorteil zu verschaffen. Während meiner gesamten Karriere – unabhängig davon, was ansonsten in meinem Leben gerade passierte – sagten mir immer alle, dass ich am Start so grimmig aussähe, als würde ich »ein Kind fressen« wollen. Ich sah vielleicht nicht gerade wutschnaubend aus (wie der österreichische Rennfahrer Hermann Maier, der bekannt dafür war, Schaum vor dem Mund zu haben), aber von diesem Tag an wurde es zu meinem Markenzeichen. Die Wahrheit war, dass ich wahrscheinlich so oder so gelernt hätte, meine Aggressionen zu nutzen, aber sie waren stärker und leichter abrufbar, wenn die Ungläubigkeit von jemandem sie zu einem Thema machte. Das gab mir das gewisse Extra, das ich in den kritischen Momenten auf dem Platz einsetzen konnte, wenn ich es brauchte.

Das Gelände in Saalbach erschien mir passend. Auch dass ich das erste Mal dort war, war kein Nachteil, denn die anderen Skifahrerinnen waren auch länger nicht mehr auf dieser Strecke gefahren, was bedeutete, dass keine einen großen Vorteil hatte. Zu diesem Zeitpunkt in meiner Karriere half das, das Konkurrenzfeld so weit zu ebnen, dass es einen Unterschied machte zu Strecken, bei denen die Erfahrungen stark auseinandergingen. Am Berg wandelte ich meine Angriffslust in ein kalkuliertes Risiko um – ich berührte die Linie, an der man fast die Kontrolle verliert, überschritt sie aber nicht.

An diesem Tag kam ich auf Platz 24. Zum Vergleich: Picabo wurde 18. und Julia erreichte Platz 41. Ich habe es zwar nicht aufs Podium geschafft, aber ein Ergebnis unter den ersten dreißig und vor Julia war ein Zeichen für meine gute Entwicklung. Ich hatte erkannt, wie ich die Zweifel meiner Trainer in Ergebnisse umsetzen konnte, und ich war bereit, es noch einmal zu versuchen. Sechs Wochen später kam ich erneut unter die besten dreißig, als 23. in der Abfahrt von Åre, wieder vor Julia. Diese Rennen fühlten sich für mich bedeutend an, wie der Beginn eines neuen Zyklus. Es würde mehr als das nötig sein, um mich vor meinen Trainern zu beweisen, und falls sich ihre Meinung geändert haben sollte, zeigten sie das nicht. Aber ich spürte, wie ich beständiger wurde, und damit wuchs auch mein Selbstvertrauen.

Kapitel 8

Als ich neben Picabo Street stand und auf den Berg starrte, hatte ich keine Ahnung, was sie da sah. Wir hatten die Strecke in Zermatt inspiziert, und ich war ihr in den Monaten vor den Spielen 2002 wie ein Schatten gefolgt, hatte sie beobachtet und von ihr gelernt. Die meiste Zeit schwebte ich nur hinter ihr her. Wenn sie Rennen fuhr, durfte man sich Picabo nicht nähern. Sie war sehr konzentriert und sehr selbstbewusst, was ihre Position in der Mannschaft anging. Aber wenn wir im Training waren oder in ruhigen Momenten wie diesem, stellte ich ihr Fragen.

»Worauf achtest du, wenn du die Strecke inspizierst?«, fragte ich.

Ich wusste, was ich suchte, aber nicht, was sie suchte.

»Ich bin auf der Suche nach der Falllinie«, antwortete sie.

Die Falllinie ist der schnellste Weg den Berg hinunter, der Weg, den du nehmen würdest, wenn die Schwerkraft der einzige Faktor wäre. Man nutzt die Falllinie, um an Geschwindigkeit zu gewinnen, denn wenn man sie nicht nutzt, dann muss man gegen sie ankämpfen. Manche Menschen haben von Natur aus ein Talent dafür, die Falllinie zu finden, andere nicht.

»Aber wie macht man das?«

»Ich kann dir nicht sagen, wo sie ist. Du musst es fühlen. Man muss es selbst sehen.«

Ich gebe zu, als ich sie zum ersten Mal hörte, waren Picabos Worte nicht sehr hilfreich. Ich war noch dabei zu lernen, meinem Instinkt zu vertrauen, das, was ich beim Inspizieren beobachtete, mit dem zu verbinden, was ich intuitiv auf dem Hügel spürte. Aber als ich ihre Ratschläge in die Praxis umsetzte, fügten sich die Teile zusammen.

Die Falllinie ist eine einfache Sache, aber in der Praxis kann sie sich als schwer fassbar erweisen. Wenn man einen Ball den Berg hinunterrollen lässt, welchen Weg wird er dann nehmen? Auf welchem Weg wird er am schnellsten von der Schwerkraft den Berg hinuntergezogen? Das ist die Falllinie. Wenn man sie bei der Inspizierung erkennen kann, kann man sie theoretisch auch bei einem Lauf in die Tat umsetzen. Aber das ist leichter gesagt als getan. Jede Strecke ist anders – man kann nicht immer auf eine Strecke schauen und sagen: »Oh, da ist die Falllinie.« Manchmal kommt es auch auf das eigene Gefühl an, fast als hätte man einen sechsten Sinn dafür.

Als ich in diesen Monaten in Picabos Nähe war und beobachtete, wie sie mit der Presse und den Menschen umging, sog ich so viel von ihr auf, wie ich es schon getan hatte, als ich damals ein Autogramm von ihr bekam. Ich sah, welche Wirkung sie hatte, und das beeindruckte mich.

Aber die Zeit mit ihr hatte noch andere, subtilere, aber ebenso nachhaltige Auswirkungen. Im Vorfeld der Olympischen Spiele 2002 gab es einen großen Rummel um sie, weil sie nach einem Sturz ein Comeback hatte. Da sie so oft verletzt gewesen war, war sie nur noch ein Schatten ihrer selbst. Es gab eine Menge kritischer Blicke und Spekulationen darüber, wie sie abschneiden würde, und die Erwartungshaltung war riesig. Als Mannschaftskameradin, aber auch als Fan, bekam ich das alles mit und konnte die Atmosphäre spüren, die um sie herum war. Als für mich selbst die Aussicht bestand, an den Olympischen Spielen teilzunehmen, konnte ich mir nicht vorstellen, so im Rampenlicht zu stehen, diese Art von Druck aushalten zu können.

Es war ein Gefühl, das ich noch nicht nachempfinden konnte, obwohl ich das eines Tages tun würde.

Neben Picabo zu stehen und sie bei ihrer Routine zu beobachten, öffnete mir die Augen. Denn schon bald wurde mir klar, dass man das Erkennen der Falllinie nicht wirklich lernen kann. Es gibt keine Anleitung, wie man sie findet; nicht jeder sieht sie oder erkennt sie intuitiv. Meiner Erfahrung nach erfordert der Zugang zu ihr eine Kombination aus geistiger Herangehensweise und körperlichem Talent. Manche Menschen gehen einfach los, ohne wirklich zu wissen, was sie tun. Sie wissen nicht, wie man visualisiert; sie erinnern sich nicht an die Strecke, nachdem sie sie inspiziert haben. Sie fahren einfach los und hoffen, dass sie auf dem Weg nach unten die richtigen Entscheidungen treffen.

Ich lernte immer noch, für mich selbst jeweils die Falllinie zu finden, aber ich wusste, dass ich nahe dran war, dass ich auf dem Weg war, den schnellsten Weg den Berg hinunter zu finden. Je mehr ich über Picabos Worte nachdachte und je mehr ich sie auf meine eigenen Erfahrungen anwandte, desto mehr erkannte ich, dass sie genau ins Schwarze getroffen hatte. Ihre Worte begleiteten mich während meiner gesamten Laufbahn und bestätigten mir, dass ich auf dem richtigen Weg war, dass das, was ich sah und fühlte, richtig war.

Acht Jahre nachdem ich ihr Autogramm bekommen hatte, 2002, landete ich mit Picabo Street im U.S. Olympic Ski Team.

Ich wünschte, ich könnte sagen, dass die Teilnahme an meinen ersten Winterspielen genau so war, wie ich sie mir immer vorgestellt hatte. Ich wünschte, ich könnte sagen, dass ich ein ungeheures Gefühl der Erfüllung verspürte, als mein größter Traum in Erfüllung ging, dass ich mich zurücklehnen und schätzen konnte, wie es sich anfühlte, endlich mein Ziel zu erreichen.

In gewisser Weise war das auch der Fall. Aber wie so oft war die Realität komplizierter – sowohl besser als auch schlechter, als ich es mir vorgestellt hatte.

Im olympischen Skirennsport gibt es in jedem Rennen für jede Mannschaft vier Positionen, wovon zwei rein nach den Ergebnissen und der Platzierung vergeben werden, während die anderen beiden nach dem Ermessen der Trainer besetzt werden. In manchen Jahren ist es aufgrund der Leistungen der einzelnen Teammitglieder ganz klar, wer an den Start geht. In anderen Jahren sind beliebig viele Plätze zu vergeben. In diesem Fall waren zwei Plätze für die Kombinierer frei, aber wir wussten bis kurz vor dem Rennen nicht, wer sie beanspruchen würde.

Als ich erfuhr, dass ich in die Olympiamannschaft 2002 aufgenommen wurde, waren wir in Cortina, beim letzten Rennen vor den Olympischen Spielen. Die Bekanntgabe erfolgte während der täglichen Teambesprechung, und als der Trainer meinen Namen nannte, fühlte ich mich bestenfalls zwiespältig. Einige von uns, darunter auch ich, hatten es als vorläufige Mitglieder in das Team geschafft, das hieß aber nicht, dass wir auch antreten würden – wir waren das Äquivalent zu den Skifahrern, die auf der Ersatzbank sitzen. Ich hatte mich schon den ganzen Tag auf die Nachricht gefreut, aber jetzt, wo sie kam, fühlte sie sich ein wenig enttäuschend an, denn obwohl ich einen Schritt näher dran war, wusste ich noch nicht, ob ich am Rennen teilnehmen würde. Sobald wir vor Ort waren, ließen die Trainer uns an den Abfahrtstrainingsläufen teilnehmen, um zu sehen, wer die Schnellste war, und das entschied, wer dabei sein würde. Bis zu dieser Ankündigung war ich unschlüssig, und auch danach blieb ich unschlüssig. Wenn überhaupt, dann fühlte es sich wie eine weitere Einladung an, mich zu beweisen. Ich wusste, dass ich eine achtzigprozentige Chance hatte, in der Kombination zu starten, aber ich wollte mir keine allzu großen Hoffnungen machen, denn sie konnten uns jederzeit austauschen. Ich fuhr also mit einer Mischung aus hoffnungsvoller Aufregung und einer gesunden Portion Unbehagen zu den Spielen.

Bei den Eröffnungsfeierlichkeiten in Salt Lake City konzentrierte ich mich auf die Strecke und die Trainingsläufe, aber ich versuchte, jeden Moment so gut wie möglich zu genießen. Mein Körper kämpfte damit, sich zu erholen, während mein Gehirn im Hyperwettkampfmodus war.

Trotzdem war es eine tolle Erfahrung. Es klingt vielleicht etwas kitschig, aber ich spürte ein starkes Gefühl der Zusammengehörigkeit, sowohl mit dem Team als auch mit allen im Stadion. Da die Spiele nur wenige Monate nach dem 11. September stattfanden, hatten wir alle das Gefühl, dass wir in diesem Moment als Nation zusammenkommen würden. Es war unglaublich, dieses Gefühl zu erleben, in unserem Heimatland und in Salt Lake City, einem Ort, an dem ich so viel Zeit verbracht hatte. Ich hatte die ganze Zeit eine Gänsehaut. Meine ganze Familie war nach Salt Lake City gereist. Es war sogar das erste und letzte Mal, dass meine gesamte Familie – meine Großeltern, Eltern, Tanten, Onkel und alle vier meiner Geschwister – bei einem meiner Rennen zusammen war. Das war eine große Sache für mich, und ich war froh, dass sie dabei sein konnten, um an diesem Erlebnis teilzuhaben. Es bleibt für uns alle eine schöne Erinnerung.

In meinen Trainingsläufen fuhr ich auf einem Niveau, das alles übertraf, was ich bis dahin an den Tag gelegt hatte. Es war, als ob all meine Entschlossenheit, die sich in den Rennen zuvor wie eine Welle aufgebaut hatte, immer größer wurde, und jetzt hatte mich diese Welle endlich über die Spitze getragen. Es half, dass ich die Strecke mochte, die mit wirklich großen Sprüngen technisch anspruchsvoll war. Aber vor allem ließ ich mich auf die Großartigkeit des Augenblicks ein – ich hatte mein ganzes Leben lang darauf hingearbeitet – und mich von dieser Energie tragen. Normalerweise kann ich gut mit Druck umgehen, aber so viel Druck war ich vorher noch nie ausgesetzt gewesen. Das Ergebnis war, dass ich die Erwartungen aller übertraf, auch meine eigenen. Am Tag vor der Kombination trafen wir uns zu einer Teambesprechung, bei der endlich bekannt gegeben wurde, dass Julia und ich die freien Plätze besetzen und das Rennen bestreiten würden. Das wars. Ich war nicht länger ein vorläufiges Mitglied des US-Olympiateams, sondern ein echtes. Ich hatte mir endlich meinen Platz verdient. Ich vermute, dass die Trainer schon immer wussten, dass Julia und ich das Rennen bestreiten würden, aber da wir noch nie in Salt Lake City gefahren waren, wollten sie bis nach unseren Trainingsläufen warten, um sicher zu sein. Manchmal sind verschiedene Leute auf bestimmten Hügeln schneller, und das war der sicherste Weg, es rauszufinden. Der Traum, den ich mit neun Jahren angekündigt hatte, war Wirklichkeit geworden. Ich war begeistert, aber ich hatte kaum Zeit, das in mir wirken zu lassen. Stattdessen schaltete ich sofort in den Rennmodus, wobei ich weniger emotional als vielmehr konzentriert vorging. Ich hatte Grund, aufgeregt zu sein, sicher, aber noch keinen Grund zu feiern. »Ich habe diese Chance bekommen«, sagte ich mir, »und jetzt muss ich arbeiten.« Ich musste alles, was ich über Konzentration und Beständigkeit gelernt hatte, in die Praxis umsetzen. Schließlich ist es erst dann ein Sieg, wenn man im Rennen gut abgeschnitten hat.

Am nächsten Morgen stürmte ich aus der Startbox und in mein erstes olympisches Rennen. Es war surreal: der Hügel, die Menschenmassen, die olympischen Ringe, die über allem wachten. Das Erlebnis verging wie im Fluge, eine Mischung aus nervöser Erwartung und entschlossener Konzentration. Wie bei meinen Trainingsläufen legte ich auch hier die Messlatte hoch. Ich wurde Vierte bei der Abfahrt und Achte beim Slalom. Ich fuhr so gut, dass die Trainer beschlossen, mich am eigentlichen

Slalomrennen teilnehmen zu lassen, was ich niemals erwartet hätte. Ich war überglücklich. Das war eine echte Leistung, aber es bedeutete auch, dass ich Caroline Lalive, meiner 27-jährigen Teamkollegin, die viel mehr Erfahrung und sich enorm auf das Rennen gefreut hatte, den Platz wegnahm.

Am Ende belegte ich den sechsten Platz in der Gesamtwertung und war die beste Amerikanerin in Salt Lake City. Das war ein großartiges Gefühl, mich auf eine scheinbar unbestreitbare Weise bewährt zu haben. Auf dem Papier war mein Erfolg unstrittig – ich hatte auf der größten Bühne, die es gab, eine bahnbrechende Leistung erbracht.

Als ich mit siebzehn Jahren zum ersten Mal an den Olympischen Spielen teilnahm, erwartete in Wahrheit niemand eine besondere Leistung von mir. Die Trainer ließen Julia und mich antreten, weil sie uns Erfahrung verschaffen wollten, nicht weil sie über die Maßen an uns glaubten. Wir mögen auf der größten Bühne gestanden haben, aber ihre Augen waren nicht auf uns gerichtet. Ich kann nicht genau sagen, was sie von uns erwarteten, aber es war sicher keine Top-Ten-Platzierung – vor allem nicht von mir. Alle Augen waren auf Julia gerichtet, ich war nur eine Nebendarstellerin. Es war das erste Mal, dass ich in einem großen Rennen gezeigt habe, dass ich nicht nur leistungsfähig bin, sondern auch mithalten kann.

Hinter den Kulissen gab es bei diesen Spielen einen weiteren Moment, der mir die Augen öffnete. Seit ich ein Kind war, sagte jeder ständig zu mir, dass ich kippelig sei, dass meine Körperhaltung in den Kurven zu sehr nach innen gelehnt sei. Aber weil Erich mir immer sagte, ich solle mich nie ändern, habe ich das auch nie geändert. Nach dem Abfahrtsteil der Kombination schaute ich mir zusammen mit meinem Trainer Alex Hödlmoser ein Video an, in dem er mich und Renate Götschl, die ich für eine der besten Abfahrerinnen aller Zeiten halte, nebeneinander zeigte. Als ich uns beide den Berg hinunterfahren sah, war das, was ich sah, unverkennbar: Sie fuhr Ski wie ich. In einigen Abschnitten der Strecke war ihre Körperhaltung mit meiner identisch.

»Siehst du?«, rief ich triumphierend und deutete auf den Bildschirm. »Sie macht das Gleiche! Du hast mir doch immer gesagt, dass ich das nicht machen soll!« Gegen so einen konkreten, visuellen Beweis war jeder Einwand sinn- und zwecklos.

»Manchmal kann es besser sein, sich anzulehnen«, räumte Alex ein. »Der Trick ist, dass man die Kontrolle darüber behält und die Neigung bei Bedarf einsetzt.« Seine Worte zu hören und diese Bilder zu sehen, war mehr als bestätigend. Das war einer der ersten Momente in meiner Karriere, in denen ich mir sicher war, dass ich das Richtige tat und darauf vertrauen konnte.

Das wars, dachte ich und atmete erleichtert auf.

Ich war überglücklich über meine Platzierung, die sich wie ein großer Schritt auf dem Weg zur Etablierung als echte Konkurrentin anfühlte. Ich hatte zweifelsfrei bewiesen, dass ich das Zeug dazu hatte, und meine Trainer würden mich von nun an gewiss anders einschätzen als vorher. Ich verließ Salt Lake City in der Hoffnung, dass sich dadurch etwas ändern würde. Aber in den darauffolgenden Wochen und Monaten gab es kein einziges Wort des Glückwunsches. Ich wartete darauf, von meinen Trainern ein Gefühl der Bestätigung zu bekommen. Ich bekam es nie.

Letztendlich wurden meine Ergebnisse völlig in den Schatten gestellt, weil die Spiele insgesamt als eine Katastrophe angesehen wurden. Die Olympiamannschaft der USA blieb weit hinter den Erwartungen zurück – am Ende zeigten wir unsere Stärke nur im Eisschnelllauf, Eiskunstlauf und Snowboarding. Im Skisport holte nur Bode Miller Medaillen, zwei silberne. Es wurde weithin als unser schlechtestes olympisches Abschneiden seit Jahrzehnten angesehen. Vom politischen Standpunkt aus betrachtet, tat sich die Mannschaft schwer damit, zuzugeben, dass ich die beste

Leistung erbracht hatte. Es gab auch andere ältere Mädchen, von denen man erwartet hatte, dass sie besser abschneiden würden – selbst Picabo, die in ihrer letzten olympischen Saison wegen ihrer Verletzungen nur Sechzehnte geworden war –, sodass meine Ergebnisse nicht wirklich anerkannt wurden. Stattdessen taten alle so, als hätten meine Rennen nie stattgefunden.

Eine Person erkannte meinen Durchbruch als das, was er war: mein Vater. Er sagte mir immer wieder, was für eine großartige Leistung ich erbracht hätte, aber nicht einmal sein Lob half mir, dass ich mich besser fühlte. Obwohl er mich von Anfang an begleitet hatte, obwohl er mich auf diesen Weg gebracht hatte und obwohl er nie ein Wort des Lobes aussprach, wenn er es nicht ernst meinte, konnte ich seine Worte nicht akzeptieren. Das lag zum Teil daran, dass die einzige Anerkennung, die ich erhielt, von meiner Familie und den Menschen kam, denen ich nahestand, und er war das Zentrum dieses Kreises. Infolgedessen fühlte sich das Gefühl der Anerkennung hohl an.

Zu allem Überfluss war die Juniorenweltmeisterschaft direkt nach den Olympischen Spielen angesetzt, und nachdem wir angetreten waren, entschied das Team, dass sie so wichtig wäre, dass wir Salt Lake City sofort verlassen müssten. Nicht einmal bei der Schlussfeier, auf die ich mich gefreut hatte, konnte ich dabei sein. Wäre ich in Salt Lake City geblieben, hätte ich viele Probleme vermeiden können, denn auf dem Weg zu den World Juniors hatte ich einen Unfall, und das brachte alles zum Entgleisen. Dieser Wettbewerb wäre eine großartige Gelegenheit für mich gewesen, um gut abzuschneiden, um meinen Trainern zu beweisen, dass ich es wert bin, anerkannt zu werden, aber stattdessen stürzte ich buchstäblich ab. Innerhalb weniger Tage ging es vom bisherigen Höhepunkt meiner Karriere zurück zum gefühlten Nullpunkt.

Meine ersten Winterspiele waren gekommen und gegangen, und das in vielerlei Hinsicht. Es war, als hätte sich nichts geändert.

Ich hatte das erreicht, worauf ich seit meinem neunten Lebensjahr hingearbeitet hatte, und ich hätte ganz oben stehen sollen. Doch ich fühlte mich ruhelos und unzufriedener denn je. Solange ich mich erinnern konnte, hatte ich jede Entscheidung, jede Anstrengung auf diesen Moment ausgerichtet, und jetzt hatte es kaum einen Unterschied gemacht. Meine Trainer beurteilten mich nicht anders als vorher. Meine Zukunft blieb ungewiss.

Als Sportlerin glaubt man gerne, dass die Teilnahme an den Olympischen Spielen alles verändert. Dass der Erfolg auf dieser großen Bühne zu einem anderen Leistungsniveau und höherer Wertschätzung führen wird, wenn die Kameras aus sind und die Menschenmassen weitergezogen sind. Das ist ein so kühnes Ziel, dass man sich kaum ein anderes Ergebnis vorstellen kann. Natürlich klappt das nur selten, aber man muss die Olympischen Spiele selbst erlebt haben, bevor man das versteht. Ich kenne viele erwachsene Sportlerinnen und Sportler, die die Spiele in dem Glauben verließen, dass damit in ihrer Karriere ein Schalter umgelegt wurde, und dann von der Realität enttäuscht waren, die sie erwartete, als die Feierlichkeiten vorbei waren. Und auch ich ging als Siebzehnjährige mit einer großen Vorfreude auf die Veränderung, die mich auf der anderen Seite erwartete, zu den Spielen. Ich war überzeugt, dass nach den Spielen das Essen besser schmecken würde, dass die Zufriedenheit über meine Leistung mich jeden Morgen begrüßen und den Ton für jeden einzelnen Tag angeben würde. Dass die Zukunft immer rosiger aussehen würde. Stattdessen wachte ich nach den Spielen auf und brauchte zum ersten Mal seit acht Jahren ein neues Ziel.

Jahrelang hatte ich in der Überzeugung gelebt, das Schwierigste wäre, an den Olympischen Spielen teilzunehmen und auf dem Niveau der Konkurrentinnen zu bestehen, dabei war das Schwierigste alles, was danach kam.

Teil II
Die Falllinie

Kapitel 9

Es passierte nicht auf einen Schlag, aber nach und nach schlichen sich bei mir Zweifel ein.

Nach Salt Lake City versuchte ich, mich wieder auf das zu besinnen, was ich vor den Spielen getan hatte: mich auf die Zukunft konzentrieren und mich und meinen Platz in der Mannschaft etablieren. Doch ich merkte sofort, wie schwer das war. Nicht nur dass die Trainer meine Leistungen bei den Spielen weiterhin nicht beachteten, sie stuften mich sogar in den Europacup zurück, die Klasse unter dem Weltcup. Ich war wütend. Ich hatte gerade allen gezeigt, dass ich die Fähigkeit besaß, erfolgreich zu sein. Trotzdem glaubte man nicht an mich, und deswegen fing ich ebenfalls an, nicht mehr an mich zu glauben.

In meinen dunklen Momenten hörte ich in meinem Kopf immer noch die Stimmen, die ich vor meinem Hotelzimmer gehört hatte: dass ich es nie schaffen würde, weil ich nicht gut genug wäre. Aber während diese Zweifel früher meinen Wettbewerbsgeist entfacht hatten, dämpften sie ihn jetzt. Ich begann, mich durch die Brille ihrer Kritik zu sehen. In der Gegenwart meiner Trainer war ich nicht mehr so fröhlich und unbekümmert wie früher; im Gegenteil wurde ich zusehends zurückhaltender. Ich hütete mich, meine Gefühle vor ihnen zu zeigen, und behielt mir jegliche Reaktion für den Moment vor, in dem ich außer Sichtweite und vor ihrem Urteil sicher war. Und allmählich begannen meine Entschlossenheit und mein Selbstvertrauen zu schwinden.

So viel beim Skifahren hängt vom Selbstvertrauen ab. Im Skirennsport gibt es so etwas wie Eigendynamik eigentlich nicht. Die Kraft, das Tempo, die Bewegung – all das kommt von einem selbst. Man schafft seine eigene Geschwindigkeit, auf dem Berg und im Leben. Wenn man sich mit 130 Kilometern pro Stunde den Berg hinunterstürzt, kann man den Boden vor sich oft nicht sehen, also muss man darauf vertrauen, dass das, was man da gerade tut, das Richtige ist. In gewisser Weise ist es das Vertrauen zu sich selbst, das einen vorwärtsbringt.

Vielleicht trifft das auf jede Sportart zu – schließlich muss man, um Risiken einzugehen, überzeugt sein, dass man es schaffen kann. Aber gerade beim Skifahren ist ein Maß an Selbstvertrauen unabdingbar, denn wenn man beim Skifahren Risiken eingeht, bedeutet das sowohl die Möglichkeit des Scheiterns als auch die mögliche Gefährdung des eigenen Körpers. Ein Spieler, der in einem Basketballmatch einen Buzzer-Beater vergeigt, ist vielleicht enttäuscht und emotional aufgewühlt, aber die Folge wird mit ziemlicher Sicherheit nicht eine Verletzung sein, die das Karriereaus bedeutet. Doch wenn man einen großen Sprung mit hoher Geschwindigkeit wagen will, *muss* man daran glauben, dass man ihn auch schaffen kann – wenn man nicht daran glaubt, versucht man den Sprung normalerweise gar nicht erst, weil der Preis des Scheiterns zu hoch ist. Ähnlich *muss* man daran glauben, dass man sich gerade so weit in eine Kurve lehnen kann, dass man den Bruchteil einer Sekunde schneller ist, ohne die Kontrolle zu verlieren. Es müssen nicht immer die anderen an einen glauben, aber man selbst muss an sich glauben.

In meiner gesamten bisherigen Laufbahn war dieses Vertrauen in mich selbst immer da, egal was die anderen sagten. Doch nun beeinflusste die Frustration darüber, angezweifelt zu werden, auch meine Selbsteinschätzung. Das machte es nicht nur schwer, gut Ski zu fahren, es raubte mir auch den Spaß am Skifahren und ließ mich daran zweifeln, ob all die Opfer, die ich brachte, es wert waren.

Das war das einzige Mal in meiner Laufbahn – weder davor noch danach kam das vor –, dass ich ans Aufhören dachte. Ich machte mir Sorgen, dass ich auf der Stelle trete, und im Hinterkopf hatte ich immer das gefürchtete Wort meines Vaters vom »Skipenner«. Dabei wollte ich nicht aufgeben, auf keinen Fall – ich wollte meine Ziele verfolgen, genauso stark, wie ich es immer getan hatte. Aber ich fühlte mich in die Enge getrieben und wusste nicht, was ich tun konnte, um wieder rauszukommen. Die Olympischen Spiele hatten meine Bewährungsprobe sein sollen. Stattdessen wurden sie mir fast zum Verhängnis.

Trotzdem machte ich weiter und versuchte, mich wieder auf die Zukunft zu konzentrieren. Ich ermahnte mich, dass ich es mir selbst schuldig war, einen letzten Versuch zu unternehmen, um aus diesem Teufelskreis auszubrechen. Ich würde mir noch ein Jahr Zeit geben, um wieder in die Spur zu kommen, eine weitere Chance, mich zu verbessern, und wenn ich es bis dahin nicht schaffen würde, dann würde ich aufhören.

Vielleicht hätte ich diese harte Zeit auf dem Skihügel besser verkraftet, wenn sich in der Zeit abseits von ihm weniger ereignet hätte. Viele meiner bisherigen Erfolge fielen in eine Zeit unglaublicher Stabilität in meinem Leben; alles – meine Familie, mein Sozialleben, die Schule – drehte sich ums Skifahren. Ich war in der Lage, herausragende Leistungen zu erbringen, weil ich die emotionale und körperliche Beständigkeit auf und neben den Skiern erreicht hatte, die für ein hohes Leistungsniveau unerlässlich war. Leider sollte sich das alles nun ändern.

Im Sommer 2002 lebte ich in Park City, als meine Eltern mir mitteilten, dass sie sich scheiden lassen würden. Zuerst rief mich Mom an, und ich weiß noch, dass ich dachte, es wäre sicher nur ein Streit und sie würden ihn schon überwinden. Ein paar

Wochen später bekam ich einen Anruf von Dad, der mir das Gleiche sagte – und das bestätigte mir, dass es ernst war.

Zu dem Zeitpunkt befand ich mich auf dem Flughafen, weil ich gerade auf dem Weg nach Mount Hood zum U.S. Ski Team Development Camp war. Nach dem Anruf meines Vaters saß ich im Terminal und weinte. Vor dem Boarding ging ich noch in die Flughafenbuchhandlung und kaufte ein Tagebuch. Ich war überwältigt von Gedanken und Gefühlen und wusste nicht, wohin mit ihnen, also schrieb ich sie in den folgenden Wochen alle auf. Wo das Tagebuch nicht ausreichte, schüttete ich den Rest meiner Gefühle über meine Skier aus.

»Konzentriere dich jetzt auf das Skifahren«, hatte mein Vater zu mir gesagt, nachdem er mir die Neuigkeit mitgeteilt hatte. »Das ist das Beste, was du tun kannst.«

Ich starrte aus dem Flugzeugfenster und hatte Mühe zu verarbeiten, was er mir gerade gesagt hatte. Im Nachhinein betrachtet war es keine Überraschung, aber es ausgesprochen zu hören war trotzdem unglaublich hart. Nach den Olympischen Spielen war meine Familie nach Minnesota zurückgekehrt, und es fühlte sich an, als hätte dieser Wanderzirkus gesagt: »Wir sind hier fertig. Packt zusammen und zieht los.« Zu diesem Zeitpunkt war ich schon eine Weile von zu Hause weg und lebte mit dem Team zusammen, und obwohl ich nicht in das tägliche Familiengeschehen involviert war, fühlte es sich dennoch wie eine Veränderung an, an der ich großen Anteil gehabt hatte. Es war fast so, als wäre das Ziel, das wir uns gesetzt hatten, erreicht – ich hatte es zu den Olympischen Spielen geschafft –, und jetzt gab es kein Familienziel und keine Motivation mehr, die uns aufrechtgehalten hätten. Und nicht nur das, ich hatte auch das Gefühl, dass ich dazu beigetragen hatte, die Familie zu spalten.

Die Nachricht war »entfremdend«, könnte man vielleicht sagen: Ich konnte nicht mit dem Rest der Familie zusammen sein.

Ich konnte über das, was passiert war, nicht mit anderen Menschen sprechen, die es verstanden hätten. Ich war auf mich allein gestellt und musste versuchen, das in mir aufkommende Gefühlswirrwarr zu bewältigen. In sozialer Hinsicht war das eine meiner ruhigsten Zeiten, denn ich hatte das Gefühl, dass es im Team niemanden gab, dem ich mich anvertrauen konnte. Ich rief oft meine Großeltern an, aber ansonsten zog ich mich zurück und lernte, mich nur auf mich selbst zu verlassen. Meine Tage bestanden aus Skifahren und Fitnesstraining, die Nächte verbrachte ich allein in meinem Zimmer, wo ich in Dauerschleife Avril Lavigne hörte und meine Gefühle auf die Seiten meines Tagebuchs ausschüttete. Von dieser Routine wich ich nur ab, wenn ich die Straße hinunter zum Huckleberry Inn ging, um einen Malzmilchshake zu trinken. Eis hat mich immer getröstet, besonders in schweren Zeiten.

Schon bevor ich das von meinen Eltern gehört hatte, war es nicht einfach gewesen, in Park City zu leben. Ich hatte unglaubliches Heimweh. Ich verstand mich zu der Zeit nicht mit meinem Vater, was bedeutete, dass ich eine Person verloren hatte, der ich mich anvertrauen konnte. Die Situation überforderte mich, und ich wusste nicht, wie ich mit ihr umgehen sollte.

Noch dazu befand ich mich am Anfang einer ernsthaften Beziehung – meiner ersten –, und ich wusste nicht, wie ich mein eigenes sich entwickelndes Privatleben mit dem Ende der Ehe meiner Eltern in Einklang bringen sollte.

Thomas Vonn hatte ich ein Jahr zuvor, im Sommer vor den Olympischen Spielen, auf einer Party des Skiteams kennengelernt, als ich mit dem Team in Salt Lake City wohnte. Als wir uns auf der Party unterhielten, stellte ich fest, dass ich seine Mitbewohner bereits kannte, weil ich als Kind auf dem Skihügel quasi mit ihnen aufgewachsen war. Aber noch mehr als das fiel mir an ihm auf, dass er genauso leidenschaftlich Ski zu fahren schien wie ich.

Wir schrieben uns in diesem Sommer ein paar SMS und trafen uns ein paarmal, aber das war alles sehr zwanglos. Bei den Olympischen Spielen hatte ich Thomas wiedergetroffen – als Mitglied des US-Skiteams war er bei der Eröffnungsfeier dabei, und wir fuhren beide auf demselben Berg. Im Vorfeld der Spiele hatte ich ihn ein paarmal gesehen, aber als ich ihn bei den Spielen sah, musste ich wieder öfter an ihn denken. Nach den Spielen machten wir da weiter, wo wir aufgehört hatten. Bald darauf begannen wir »offiziell«, miteinander auszugehen, und im Laufe des Jahres verbrachten wir immer mehr Zeit miteinander. Schließlich zog ich im Sommer 2002 in eine Wohnung in Park City, die ich mir mit zweien meiner Teamkollegen teilte. Thomas wohnte mit zweien seiner Mannschaftskameraden ganz in der Nähe. Wir lebten nur wenige Gehminuten voneinander entfernt, was die Sache noch bequemer machte.

Bis Thomas und ich anfingen, uns zu treffen, war meine Beziehungserfahrung praktisch null. Als ich zehn war, hielt ich Händchen mit einem Jungen namens Derek. Und als ich zwölf war, hielt ich mit einem anderen Jungen Händchen, Pat, dem Bruder meiner Freundin Claire. Wir waren einfach gute Freunde, bis er mich eines Tages »Babe« nannte und ich dachte: *Wow, das geht jetzt zu weit.* Also machte ich mit ihm Schluss. Am Valentinstag. Mir war gar nicht bewusst, dass Valentinstag war, was schrecklich war. Das zeigt, wie schlecht ich mit Männern umgehen konnte ...

Mit dreizehn bekam ich meinen ersten Kuss, in Italien, beim Trofeo Topolino. Ein Junge aus den Niederlanden schrieb mir einen Zettel und bat mich, mit ihm spazieren zu gehen, und am Ende des Spaziergangs küsste er mich. Ich trug damals eine Zahnspange und es war wohl eher ein Küsschen. Die ganze Sache hatte nicht viel mit Romantik zu tun. Danach waren wir eine Zeit lang Brieffreunde – mit handgeschriebenen Briefen –, bevor wir den Kontakt verloren. (Ich sah ihn einmal wieder, Jahre später bei einem Rennen, und dachte mir nur: *Komisch.*)

Und das wars dann auch schon an der Datingfront. Jedenfalls hatte ich nicht viel Erfahrung. Bevor ich Thomas kennenlernte, hatte ich noch nicht einmal darüber nachgedacht, mich zu verabreden, weil ich immer mit Leuten zusammen war, die viel älter waren als ich. Dazu kommt, dass ich nicht auf die Highschool gegangen bin. Ich bin nicht zum Abschlussball gegangen. Ich hatte keine Ahnung, worauf ich mich einlasse. Es war, als hätte ich zehn Schritte übersprungen und wäre direkt ins Erwachsenenleben eingestiegen.

Gleich zu Beginn unserer Beziehung begann ich, viel Zeit mit Thomas zu verbringen. Meine Freunde ärgerten sich darüber, dass ich in diese frühe Beziehungsfalle tappte, bei der man seine gesamte Freizeit mit einer bestimmten Person verbringt, aber das war nur die eine Seite der Geschichte. Sie hatten recht damit, dass ich nicht mehr so oft für sie da war, aber der größere Teil der Wahrheit war, dass der Grund für meine Abwesenheit hauptsächlich psychologischer Natur war. Bei all dem, was zwischen meinen Eltern und beim Skifahren vor sich ging, war ich emotional nicht in der Lage, das alles allein zu bewältigen.

Zunächst hatte ich begonnen, das Skifahren als eine Art Zufluchtsort zu nutzen, was sich zu einem jahrelangen Muster entwickeln sollte. Das Skifahren wurde zusehends zu etwas, in das ich mich flüchtete, um die Schwierigkeiten in anderen Bereichen meines Lebens zu umgehen. Es war sowohl meine größte Liebe als auch meine effektivste emotionale Stütze. Aber irgendwann bot selbst diese »Selbstmedikation« auf den Pisten nicht mehr die Ablenkung, die ich brauchte. Ich konnte nur so lange weglaufen, bis ich wieder überwältigt war.

Rückblickend scheint es offensichtlich, dass die Scheidung meiner Eltern in jenem Jahr alles andere beeinflusste. Mein

Skifahren, mein Privatleben, all das wurde durch die Ereignisse in meiner Familie noch komplizierter. Noch schlimmer war allerdings, dass ich nicht wusste, wie und mit wem ich darüber sprechen sollte. Ich sprach mit meiner Familie nicht darüber und auch nicht mit sonst jemandem. Ich fühlte mich in einer Sackgasse, als gäbe es einfach keinen Ausweg und nichts würde jemals besser werden. Eine Fragenspirale begann sich in meinem Kopf zu drehen: *Was soll das und das bringen? Wozu es überhaupt versuchen?* Kurz, ich befand mich in einem dunklen Loch und begann mich noch zusätzlich von anderen zu isolieren.

Damals hatte ich weder das emotionale Bewusstsein noch verfügte ich über das nötige Vokabular, um diese Gefühle als das zu erkennen und zu benennen, was sie waren: Depressionen. Jeder, der schon einmal eine Depression erlebt hat, weiß, wovon ich spreche. In gewisser Weise ist es so, dass man aufhört, man selbst zu sein, und sich in eine Person verwandelt, in der man sein eigentliches Ich nicht wiedererkennt. Man fühlt sich hoffnungslos, so als würde man immer tiefer in das dunkle Loch fallen, ohne die Macht zu haben, diesen Fall aufzuhalten. Man kämpft mit aller Kraft, um wieder herauszukommen, aber egal wie sehr man sich anstrengt, man kann sich nicht bewegen. Wenn man deprimiert ist, gibt es keine Antwort auf das Warum. Alles fühlt sich sinnlos an. Warum mit jemandem reden, wenn niemand mit mir reden will? Wozu sich die Mühe machen? Warum es versuchen? Es fühlt sich an, als gäbe es keinen Weg zurück nach oben.

Das ging so weit, dass ich den ganzen Tag in meinem Zimmer blieb. Ich wollte nicht herauskommen, ich wollte mich nicht mit anderen treffen. Es war, als wäre ich von einer unsichtbaren Macht gefangen. Meine Motivation sank und ich verlor das Interesse an allem – ich hatte nicht einmal Lust zu trainieren. Vom Verstand her war mir klar, dass Bewegung wichtig war, aber zum ersten

Mal überhaupt legte ich mein Training auf Eis, weil ich nicht aus dem Haus gehen wollte. In dem Moment erkannte ich, dass ich ein ernstes Problem hatte. Das Skifahren war der einzige Fels in der Brandung meines Lebens gewesen, und nun geriet auch der ins Wanken. Zum ersten Mal in meinem Leben setzte ich meine Karriere nicht an die erste Stelle – und das war ein Warnsignal.

Etwa zur gleichen Zeit machte einer meiner Freunde eine depressive Phase durch; niemandem von uns war das bewusst. Schließlich suchte er sich Hilfe und machte eine Gesprächs- in Kombination mit einer medikamentösen Therapie. Ein paar Monate später berichtete er mir von seinen Erfahrungen. Daraufhin erzählte ich ihm, wie es mir ergangen war. Für mich war das eher ein lockeres Gespräch als ein Geständnis, weil ich nicht glaubte, dass meine Situation die gleiche war wie seine.

»Du solltest es wirklich auf einen Versuch ankommen lassen«, sagte er mir. »Mir hat es sehr geholfen.«

Als ich schließlich zum Arzt ging, schenkte ich dem Ganzen immer noch nicht so viel Bedeutung. Ich saß im Wartezimmer, blätterte durch veraltete Zeitschriften und redete mir ein, dass ich hier sei, um mich zu vergewissern, dass mit mir »alles in Ordnung« sei, also nicht, um eine Diagnose zu erhalten. Ich glaubte eigentlich nicht, dass ich Hilfe bräuchte; ich dachte, dass es mir eigentlich gar nicht so schlecht ging. Wie viele Menschen erklärte ich meine Symptome mit der Aussage: »Ich mache nur eine schwere Zeit durch.« Ich nahm an, meine Stimmung sei auf äußere Faktoren zurückzuführen und würde sich schon bald bessern.

Aber als ich dem Arzt erzählte, wie ich mich fühlte, sah ich mich einem besorgten Gesichtsausdruck gegenüber.

»Ihre Symptome passen sehr gut zu einer Depression«, meinte er. Ich blinzelte. Das war nicht das, was ich erwartet hatte. Selbst als die Worte ausgesprochen waren, glaubte ich ihm nicht ganz.

»Wirklich? Sind Sie sicher?«

»Ja«, versicherte er mir. »Und außerdem ist nichts ›falsch‹ mit Ihnen. Was Sie erleben, ist eigentlich ganz normal.«

Bis zu diesem Zeitpunkt hatte ich den Eindruck, dass Depressionen immer sehr ernst und schwerwiegend sind. Ich wusste noch nicht, dass es verschiedene Grade davon gibt und dass es möglich ist, depressiv zu sein und trotzdem gut zu funktionieren.

»Depressionen betreffen sehr viele Menschen, und sie sind nichts, wofür man sich schämen muss«, fuhr der Arzt fort. Ich schätzte es, dass er meine Lage in den richtigen Kontext gesetzt hatte, aber leider war es keine Erleichterung, diese Worte zu hören; mehr als alles andere fühlte ich mich beschämt. Trotz seiner Worte machte ich mir Sorgen, dass ich bei anderen Menschen auf Unverständnis stoßen würde. Nur weil Depressionen weit verbreitet waren, hieß das nicht, dass ich nicht abgestempelt werden würde. Ich hielt es für das Beste, alles für mich zu behalten, weil es mir zu viel wurde.

Der Arzt verschrieb mir Zoloft, das mir half, auf einem gleichmäßigeren Niveau zu bleiben, auf dem ich mich nicht mehr selbst runtermachte oder isolierte. Er empfahl mir außerdem, eine Psychologin oder einen Psychologen aufzusuchen. Doch zu diesem Schritt war ich damals nicht bereit. Eine Therapie mit regelmäßigen Sitzungen würde sich auf Reisen als schwierig erweisen, da ich nie sehr lange am selben Ort war. Außerdem wäre mir das noch peinlicher gewesen. Während ich das schreibe, habe ich so viele Verletzungen und Operationen hinter mir, dass ich mich daran gewöhnt habe, mit Ärzten zu tun zu haben, aber damals fühlte ich mich nicht wohl dabei, wenn jemand seine Meinung über mich äußerte, vor allem wenn es darum ging, meine harte Schale zu durchdringen.

Glücklicherweise merkte ich allein durch die Medikamente einen großen Unterschied zu vorher. Sobald ich sie einzunehmen begann, fühlte sich alles besser an. Sie brachten mich wieder auf den richtigen Weg. Endlich hatte ich das Gefühl, dass ich etwas erreichen konnte und dass nicht alles schrecklich war. Die dunklen Wolken lichteten sich allmählich, und ich fing wieder an, ein Gefühl von Sinn zu bekommen. Ich wagte mich wieder aus meinem Zimmer, und es fiel mir nicht mehr so schwer, mich zu motivieren. Die Räder begannen sich zu drehen und ich machte wieder Dampf.

Was ich damals nicht verstand und erst durch jahrelange harte Arbeit an mir selbst erkennen sollte, ist, dass die Erhaltung der psychischen Gesundheit eine ständige Herausforderung bedeutet. Sie ist ein Balanceakt, bei dem man in den unerwartetsten Momenten die Kontrolle verlieren kann. Damals war ich einfach nur erleichtert, mich wieder mehr wie ich selbst zu fühlen. Obwohl ich meine Diagnose theoretisch verstand, war mir noch nicht klar, in welchem Ausmaß sie mich im Hintergrund immer begleiten würde, sowohl mit Hoch- als auch mit Tiefphasen. Mein Kampf hatte gerade erst begonnen. Von da an war meine Depression bei allen Erfolgen und Misserfolgen, bei Medaillen und Verletzungen nie weit weg.

Wie man es auch dreht und wendet, dieser Sommer war eine Herausforderung. Selbst als ich wieder Fuß gefasst hatte und ins Fitnessstudio zurückkehrte, gab mir mein Training, das mir normalerweise ein Gefühl von Stabilität und Konzentration vermittelte, nicht den nötigen Halt.

Ich war fest entschlossen, mich dem Team zu beweisen und mich zurück in den Weltcup zu kämpfen. Aber meine Entschlossenheit allein reichte nicht aus, um das zu schaffen. Was meine Leistung anbelangte, hatte ich ein Plateau erreicht: Auf der Piste konnte ich mich nicht mehr verbessern – und ich musste mich verbessern, wenn ich weiterkommen wollte. Ich war nicht konkurrenzfähig, und das war ein Problem. Im Skirennsport wirken sich viele verschiedene Variablen auf die Leistung aus, aber der kritische Punkt für mich war meine Fitness.

Als ich im Fitnessstudio zum Training erschien, wurde mir ein Blatt mit einer Liste von Übungen ausgehändigt. Ich sollte mein Gewicht eintragen und das Programm selbstständig durchführen. Ich warf einen Blick darauf und dachte nur: *Ich weiß nicht einmal, was das für Übungen sind.* Mir fiel auf, dass mein Krafttrainingsprogramm mit dem von Kirsten Clark identisch war, die damals Mitte zwanzig war und seit vielen Jahren im Weltcup mitmischte. Soweit ich das beurteilen konnte, wurde für alle dasselbe Trainingsprogramm abgespult – ohne jegliche Anpassung an die individuellen Besonderheiten der einzelnen Athletinnen. Sobald wir unser Programm erhalten hatten, unterstützten die Trainer uns nicht, kontrollierten nicht, ob wir die Übungen korrekt ausführten, und leiteten uns nicht an.

Außerdem bekamen alle Kreatin, ein Mittel, das den Aufbau von Muskelmasse unterstützt. Ich weiß nicht, wie es dazu kam; sie ließen uns im Unklaren darüber, was Sache war. Jedenfalls drückte man uns nach dem Training einen Shake in die Hand. Mir wurde gesagt, dass er mir helfen würde, schneller Muskeln aufzubauen, und dass er völlig legal, getestet und verifiziert sei. Nun, ich war aufgebläht. Ich muss in diesem Sommer mindestens zehn Kilo zugenommen haben. Aber anders als versprochen handelte es sich um Wassergewicht, nicht Muskelmasse. Ich hatte so viel Wasser eingelagert, dass es anderen Leuten auffiel und sie es kommentierten. (»Du siehst ... anders aus«, sagten meine Großeltern, als ich zu Besuch war.) Ich fühlte mich nicht stärker, nur massiger.

Mein Knochenbau geht eindeutig auf meinen Vater zurück; ich habe die Kildow-Gene. Wir sind grobknochige Menschen, wir sind nicht schmächtig. Es hat lange gedauert, bis ich die Körperfülle losgeworden bin. Das Schlimmste war, dass sich das zusätzliche Gewicht negativ auf meine Leistung auswirkte. Letztendlich glaube ich, dass dies einer der Gründe ist, warum Slalom zusehends eine Quälerei wurde und ich zur Abfahrt wechselte. Als ich siebzehn oder achtzehn war, hatte ich immer mehr Probleme, meine Slalomrennen zu beenden, also verlagerte ich meinen Schwerpunkt auf Speedrennen, bei denen ich immer mehr Erfolg hatte. Ich trainierte weiter und nahm an Wettbewerben im Slalom und Riesenslalom teil, aber hauptsächlich, um vielseitig zu bleiben.

Aber was die Fitness anging, war ich definitiv im falschen Programm. Das Ganze lief echt unglücklich. Zumal wir zu dieser Zeit eine Menge Talente im Team hatten, so viele großartige Rennfahrerinnen, aber wir waren, was die Betreuung anging, hoffnungslos unterbesetzt. Wir hatten eine Menge Sponsoren und eine Menge Programme, aber meiner Meinung nach wurden sie nicht richtig umgesetzt. Die Tatsache, dass Geld im System ist, bedeutet nun mal nicht zwangsläufig, dass das System auch erfolgreich sein wird. Das US-Skiteam hatte 2002 viel Geld. Und wir lieferten die schlechtesten Leistungen bei Olympischen Spielen seit Langem.

Hinzu kam, dass ich in meinen späten Teenagerjahren einige Trainer hatte, die hart und ungehobelt waren, alles andere als nett und empathisch. Einige der Mädchen brachten sie zum Weinen, und ein paarmal wurden sie nach nur zwei oder drei Monaten gefeuert. Viele von ihnen hatten ursprünglich Männer trainiert und waren dann ins Frauentraining gewechselt, und ich glaube nicht, dass sie die weibliche Psychologie verstanden hatten und wussten, wie wir trainiert werden müssen. Es ist eine Selbstverständlichkeit und müsste eigentlich gar nicht gesagt werden: Frauen zu trainieren ist anders, als Männer zu trainieren.

Und noch etwas: In vielerlei Hinsicht muss ein Coach auch ein guter Psychologe sein. Er muss sich nicht nur um die körperliche

Leistung der Sportlerin oder des Sportlers kümmern, sondern auch darum, die Emotionen seiner Schützlinge zu steuern und sie dazu zu bringen, sich zu konzentrieren, wenn sie abgelenkt sind. Wie bei allem anderen auch hat jeder Coach einen anderen Stil, was das Psychologische angeht, und manche beherrschen es einfach besser als andere. Und dann gibt es einige, die ganz offen sagen: »Wow, das war echt scheiße.« Dieser Stil funktioniert bei den wenigen Menschen, die gerne harsche Kritik bekommen, aber der große Rest von uns macht in einem solchen Umfeld keine Fortschritte.

Im Allgemeinen glaube ich nicht, dass Frauen auf extrem negatives Coaching mit einer positiven Leistung reagieren. Damit will ich nicht sagen, dass Frauen keine Kritik vertragen können – das können wir durchaus. Aber hier ging es um erniedrigende Kritik, die Art von Kritik, bei der man versucht, jemanden aufzubauen, in dem man ihn (oder in dem Fall sie) runtermacht. Im Laufe der Jahre legte ich mir eine immer dickere Haut zu, und ich war gut darin, diese negativen Dinge auszublenden, sodass sie mich nicht wirklich berührten. Aber das machte es nicht besser, dass dieses Verhalten *überhaupt* an den Tag gelegt wurde. Meiner Meinung nach müssen insbesondere Frauen auf eine bestimmte Art und Weise angesprochen werden – eine differenziertere Art und Weise –, bei der Feedback mit Ermutigung und positiver Bestärkung gemischt wird. Das ist nicht sexistisch, sondern so funktionieren wir als Menschen einfach.

In dieser Saison waren die Trainer der Meinung, dass die Kondition vieler Athletinnen ihren Ansprüchen nicht genügte, aber sie selbst waren definitiv Teil des Problems. Als ich mit dem Skiteam trainierte, wurde ich immer schlechter statt besser.

Daran war ich, das muss ich gestehen, allerdings zum Teil auch selbst schuld, denn an diesem Punkt in meinem Leben fiel es mir schwer, im Fitnessstudio hart zu arbeiten. Ich strengte mich zwar sehr an, aber es ging nur bergab. Um ehrlich zu sein: Ich mied das Training im Fitnessstudio sogar, weil ich es so hasste. Das war die eine Lücke in meiner Vorbereitung, dessen war ich mir bewusst, die möglicherweise der Schlüssel sein könnte: Wenn ich nicht besser wurde, riskierte ich, eine dieser Mitläuferinnen zu werden, und das war ich definitiv nicht. (Wie mein Dad es derb, aber sehr treffend ausdrückte: »Scheiß oder runter vom Topf.«) Ich war in guter Form – ich hatte alles getan, was das Skiteam mir aufgetragen hatte –, aber nachdem ich das Kreatin genommen hatte, begannen die Dinge aus dem Ruder zu laufen. Bei allem anderen war ich so fleißig und präzise, und nun war es an der Zeit, meine Fitness auf das gleiche Niveau zu bringen.

Während ich in Park City mit der Frage kämpfte, ob ich aufhören sollte, kam mein Vater mit einer Idee zu mir. Er meinte, ich solle einen Trainer engagieren, jemanden, der mir helfen würde, meine allgemeine Fitness zu verbessern. Ich hatte in Sachen Trockentraining nichts Großartiges geleistet, und ich hatte nie ein Programm, das speziell auf mich zugeschnitten war. Ich war bereit, alles zu tun, um meine Skifähigkeit zu verbessern. Ich willigte ein, weil ich die nächste Stufe erreichen wollte. Dad sagte, er habe schon genau die richtige Person im Kopf – er hatte sogar schon mit den Vorbereitungen begonnen. Was ich nicht wusste, war, dass mein Vater nicht irgendeinen Trainer eingestellt hatte. Nein, der Plan war, dass ich sechs Wochen mit Jacques Choynowski verbringen sollte, einem renommierten Coach und Fitnessguru, der schon viele Weltklasse-Skifahrerinnen trainiert hatte, darunter Anja Pärson und Pernilla Wiberg. Außerdem würde ich den Sommer in Monaco verbringen, wo Jacques lebte.

Ich hatte keine Ahnung, was das sechswöchige Einzeltraining mit Jacques gekostet haben musste, nur dass wir es uns nicht leisten konnten. Aber mein Vater brachte Rossignol dazu, die

Honorare für den Trainer und die Reisekosten mit den zukünftigen Einnahmen zu verrechnen. Jacques war bei Rossignol gut bekannt, da viele Athletinnen und Athleten, die von dem Unternehmen gesponsert wurden, schon mit ihm gearbeitet hatten, sodass man dort bereit war, diese Vereinbarung zu unterschreiben. Für Rossignol klang es gut, also klang es auch für mich gut.

»Monaco« mag glamourös klingen – all die Klippen und das blaue Wasser und die Erinnerung an Grace Kelly –, aber das Training mit Jacques war alles andere als das. Ich war dort, um mir den Arsch aufreißen zu lassen. Von dem Moment an, als ich ankam, war alles an dieser Erfahrung ganz anders als alles, was ich bisher gemacht hatte.

Jacques und seine Freundin lebten in einem winzigen Apartment, in dem auch ich für die Dauer meines Trainings wohnte. Als Gast bekam ich das Schlafzimmer, während Jacques und seine Freundin auf der Couch nächtigten. Jacques ist ein älterer Pole mit weißen Haaren, einem weißen Schnurr- und Spitzbart. Am besten kann ich ihn beschreiben als, hm, extrem einschüchternd. Er war sehr schroff und altmodisch, wie ein Drillsergeant. Es gab kaum einen Hauch von Wärme oder Freundlichkeit bei ihm. Es fühlte sich an wie im Ausbildungslager der Army.

Ein typischer Tag begann früh am Morgen, als selbst die Sonne noch nicht ganz wach war. Jacques' Freundin machte mir ein Frühstück, meistens Obst und ein paar hart gekochte Eier. Das war etwas Positives: Ich habe dort sehr gut gegessen. Das Essen in Monaco ist der Wahnsinn, vor allem das Obst, das unglaublich frisch und köstlich ist. Ein weiteres unerwartetes Plus war, dass Jacques' Freundin ebenfalls aus den Vereinigten Staaten kam, aus Kansas oder Nebraska, wenn ich mich recht erinnere. Es war schön, eine Amerikanerin in der Nähe zu haben. Ich bewunderte ihre Cat-Eyes, bei denen der Strich ein wenig über das Augenlid hinausging. Durch sie kam ich auf die Idee, mein

Augen-Make-up auch so zu gestalten. Eines Morgens, beim Frühstück, zeigte sie mir mit dem Eyeliner, wie sie es auftrug, und das habe ich für den Rest meines Lebens beibehalten.

Nach dem Frühstück machte ich mich auf den Weg ins Fitnessstudio. Monaco ist so winzig, dass man überall zu Fuß hinkommt, also ging ich jeden Morgen vom Haus zum Fitnessstudio (und an manchen Abenden, wenn Jacques noch weiterarbeitete, auch wieder nach Hause). Als Erstes stand ein Leichtathletiktraining auf dem Programm: Sprints und Sprünge und alles, was ihm sonst noch so einfiel. Als Nächstes folgten Kräftigungs- und Beweglichkeitsübungen: Würfe mit Medizinbällen, Drills, plyometrische Übungen. Danach ging es auf den Heimtrainer, es sei denn, Jacques war besonders grantig. In diesem Fall setzte er mich auf sein altes Fahrrad und ließ mich die Hügel von Monaco hinauf- und hinunterfahren, während er mit seinem Auto hinter mir herfuhr und mir aus dem offenen Fenster Befehle zurief. Um es klar zu sagen: Es gibt definitiv schlimmere Orte als Monaco, und die Aussicht war atemberaubend, aber es ist schwer, sie zu genießen, wenn man eine steile Steigung hinaufsprintet.

Es folgte eine kurze Mittagspause. Das Mittagessen bestand immer aus einem Proteinshake, nach dessen »Genuss« Jacques mich weiterquälte, nun mit einer intensiven Hebeübung.

»Du brauchst kein Wasser!«, bellte er, während ich die Übungen so schnell wie möglich und ohne Pause absolvierte.

Normalerweise macht man beim Kraftsport drei bis fünf Sätze Übungen, zwischen denen man sich zwei bis drei Minuten lang erholt. Jacques genehmigte keine zwei bis drei Minuten. Es gab überhaupt keine Pause und keine Erholung. Es war Arbeit am laufenden Band. Alles, was wir machten, war eher wie Zirkeltraining, bei dem ich ein bestimmtes Tempo hielt – immer am Rande des Kotzens und ständig außer Atem. So ging es mir die ganze Zeit, als ich mit Jacques trainierte: Ich schnappte ständig nach Luft, aber ich fing sie nie wirklich ein.

Es war keine glückliche Erfahrung, weder körperlich noch seelisch. »Wie lange soll ich denn laufen?«, fragte ich.

»Bis ich dir sage, dass du aufhören sollst.«

Ich konnte nichts planen oder vorhersehen. Ich bin ein Mensch, der gerne genau weiß, was er sich vornimmt – welche Übungen, wie viele Sätze, wie lange es dauern wird –, damit ich mir bis zu einem gewissen Grad die Zeit einteilen kann. Jacques' Ansatz war, dass er mir nie sagte, was wir machten. Er rief den nächsten Schritt, und ich führte ihn aus.

Es war schwer, sich darauf einzustellen, auch mental. Aber es hat mich auch gelehrt, ständig im Moment zu sein, was ich erst lernen musste. Man kann nicht immer vorhersagen, was passieren wird – im Fitnessstudio, im Leben, am Berg –, und man muss in der Lage sein zu reagieren. Egal was er mir vorgab, ich reagierte und passte mich an, und das hielt mich definitiv auf Trab. Es schärfte eine Fähigkeit, die mir immer gefehlt hatte.

Einige der Dinge, die er zu mir sagte, hätten nie gesagt werden dürfen. Als wir uns kennenlernten, knallte er mir als Erstes vor den Latz, ich sei fett. Während unserer gemeinsamen Zeit erklärte er mir immer wieder, ich sei nicht in Form, übergewichtig oder nicht engagiert genug, um ein Champion zu sein. Den Spitznamen »Jacques le Cock«, den ich ihm innerlich gab und in den folgenden sechs Wochen immer wieder vor mich hin murmelte, hatte er sich wirklich verdient.

Aber es waren keine durchweg negativ geprägten anderthalb Monate. Auch wenn Jacques zweifellos ein Arschloch war – und genau die Art von Trainer, der diese erniedrigende Art von Kritik übte, mit der kaum jemand klarkommt, geschweige denn positiv reagiert –, war sein knallharter Trainingsansatz genau das, was ich in diesem Moment brauchte. Er stärkte mich mental zu einem Zeitpunkt, als ich mir selbst bestätigen musste, warum ich das überhaupt tue. Seine kompromisslose Herangehensweise härtete mich auf eine Weise ab, die sich als notwendig erwies, um die Wettkämpferin zu werden, die ich sein wollte. Es war so ähnlich wie das Training der Navy SEALs: Es ist brutal, aber, zur Hölle: Es bringt einen enorm weiter. Ich bin aus dieser Erfahrung viel zäher herausgegangen, als ich es vorher war. Die Frage, ob ich es auf die nächste Stufe schaffen würde, beantwortete sich somit von selbst – nach meinem Training mit Jacques wusste ich, dass ich es schaffen würde.

Diese Erfahrung veränderte mich in vielerlei Hinsicht. Ich lernte, meinen Kopf unten zu halten und zu tun, was mir gesagt wurde. Ich lernte, wie ich mich durch körperliche Schmerzen kämpfen konnte. Ich lernte, was erträglich ist und was nicht. Ich lernte, mir auf die Zunge zu beißen und hart zu arbeiten, ohne Ausreden zu suchen. Letzteres – der Umgang mit harter Arbeit – war für mich wahrscheinlich der größte Gewinn. Vor meiner Zeit bei Jacques hatte ich immer geglaubt zu wissen, was es heißt, sich anzustrengen und Opfer zu bringen. Die Wahrheit war, dass ich nur wusste, was harte Arbeit *auf dem Berg* bedeutet. Die eigentliche harte Arbeit findet aber zum großen Teil überall sonst statt.

Ich wusste immer, dass ich alles tun würde, um eine bessere Skifahrerin zu werden, aber mir war nie klar, wie wichtig Fitness ist, bis ich Jacques kennenlernte. Um richtig zu schuften und dann auch Ergebnisse zu sehen, muss man es für sich selbst so unbequem wie möglich machen. Nun war ich bereit, mich grundlegend und umfassend zu verbessern, und Fitness erwies sich als das fehlende Teil, das mir helfen würde, Fortschritte zu machen. Das, was ich bisher gemacht hatte, funktionierte nicht – es war keine wirklich harte Arbeit. Es war an der Zeit für etwas ganz anderes.

Diese sechs Wochen waren mit Abstand die anstrengendsten meiner gesamten Karriere. Am Ende wollte Jacques mein Vollzeittrainer werden, was absolut nicht infrage kam. Aber in unserer gemeinsamen Zeit erreichten wir das, was wir uns vorgenommen hatten. Jacques änderte meine Definition von »hart« – im Fitnessstudio und im Leben im Allgemeinen. Von da an war Monaco und alles, was ich dort erlebt hatte, mein Maßstab.

Kapitel 10

Ich sah das Weiß des Schnees auf der anderen Seite der Ziellinie. Dann sah ich die Uhr.

1:18.22. Das reichte für den fünften Platz, meine beste Platzierung in einem Weltcuprennen. Das Beste daran war jedoch, dass ich eine weitere Chance bekommen würde, diese Zeit zu verbessern.

Januar 2004. Ich war bei den Weltcuprennen in Cortina, Italien. Ich habe Cortina immer geliebt – es war wahrscheinlich mein Lieblingsort für Rennen, zusammen mit Lake Louise – und ich fühlte mich dort wirklich wohl. Die Strecke entsprach genau meinen Fähigkeiten – sie ist sehr schnell und ich konnte sie gut lesen. Die Falllinie in Cortina war für mich leicht zu finden, fast so, als hätte ich eine direkte Verbindung zum Berg. Automatisch wusste ich, wohin ich mich wenden musste. Bedingt durch die äußeren Gegebenheiten kann man die Strecke nicht großartig ändern, also blieb sie Jahr für Jahr fast gleich. Nachdem ich die Strecke einmal visualisiert hatte, wusste ich immer, was mich erwartete, weil ich sie mir vor Augen führen konnte, bevor ich losfuhr. Jetzt befand ich mich kurz davor, dort meine Leichtigkeit zu nutzen und mir meinen Platz auf der Weltcupbühne zu sichern.

Zurück aus Monaco fühlte ich mich körperlich stark, und auf dem Hügel konnte ich sofort einen Unterschied feststellen. Nach den Erfahrungen mit Jacques' Trainingsmethoden begann ich in der Nacht vor dem Rennen mit intensivem Gewichtheben. Ein weiterer großer Vorteil des Trainings mit ihm war, dass ich seitdem früh aufstand und morgens trainierte, bevor ich mich zum Hügel begab. Ich machte Sprints auf dem Rad und Dehnübungen, aktivierte die Körpermitte, trainierte meine Beweglichkeit und brachte Geist und Körper in Schwung. Und das hat sich, wie man sich leicht vorstellen kann, positiv auf den Rest meiner Karriere ausgewirkt.

Rennen für Rennen kämpfte ich mich zurück in den Weltcup, und zu Beginn der Saison 2003/04 stand ich kurz vor dem Durchbruch. Ich war neunzehn Jahre alt, und zu diesem Zeitpunkt hatte sich das Spiel für mich geändert. Mein Skifahren hatte sich stark verbessert, und es war nicht zu leugnen, dass die sechs Wochen mit Jacques sich ausgezahlt hatten. Aber obwohl ich körperlich bereit war, die nächste Stufe zu erklimmen, hatte ich mein Selbstvertrauen immer noch nicht vollständig zurückgewonnen. Nach wie vor stand ich am Rande eines Abgrunds und war noch nicht wieder richtig bei mir selbst angekommen.

Was die Resultate anging, hatte ich noch einiges zu beweisen. Bis zu diesem Zeitpunkt hatte ich ein paar Rennen, die ich nicht beendete oder bei denen ich angemeldet war, aber nicht daran teilnehmen konnte, und ein paar mittelmäßige Platzierungen. Das reichte aus, um meine Teilnahme zu rechtfertigen, aber sicherte nicht wirklich meine Zukunft im US-Skiteam. Ich wollte mich fest als Weltcupfahrerin etablieren, damit ich nie wieder zurückgestuft werden konnte. Ich wusste, dass ich in die oberste Liga gehörte – es ging nur darum, es auch allen anderen zu zeigen.

Da ich mich immer dann, wenn jemand nicht an mich glaubte, besonders konzentrierte und selbst antrieb, nutzte ich diese Negativität so oft wie möglich zu meinem Vorteil. Dann konzentrierte ich mich erst recht und trieb mich selbst an, arbeitete hart, um es mir selbst und anderen zu zeigen. Ein großer Teil meiner Motivation rührte daher, dass ich Anerkennung wollte, insbesondere von denen, die an mir zweifelten. Eine kleine Bemerkung in dieser Richtung reichte schon aus, um mich für eine lange Zeit zu motivieren. Nachdem ich vom Weltcup ausgeschlossen worden war, setzte ich mir folglich zum Ziel, nicht nur wieder einzusteigen, sondern auch zu siegen. Schwächelte ich, hielt ich mir die Worte der anderen vor Augen und kämpfte mich weiter nach oben.

In dieser Woche in Cortina gab mir mein fünfter Platz in der Abfahrt neuen Schwung. Plötzlich war ich voller Selbstvertrauen, dem Selbstvertrauen, das ich seit den Olympischen Spielen nicht mehr gehabt hatte. Und diese Zuversicht veränderte alles. Im Rückblick scheint mir, dass ich erst an diesem Punkt das Gefühl hatte dazuzugehören. Ich hatte immer gespürt, dass ich Talent genug hatte, und ich war bereit, mich mehr ins Zeug zu legen als alle anderen, und ich vertraute darauf, dass die Ergebnisse sich dann schon einstellen würden. Aber bis es tatsächlich passierte, bis die ganze Welt es ebenfalls wusste, geriet ich immer wieder in die Falle des Selbstzweifels.

Als das Selbstvertrauen wieder da war, arbeitete ich hart daran, dass es mich nie wieder im Stich ließ. Wenn ich eines aus dieser schwierigen Zeit nach den Spielen in Salt Lake City gelernt habe, dann dass man sich selbst nicht unterschätzen darf. Oft begegne ich Leuten, die smart und talentiert sind, denen es aber einfach an Selbstvertrauen fehlt. Man muss große Träume haben, doch man muss auch auf seine eigenen Fähigkeiten vertrauen. So wie man selbst kann niemand an einen glauben. Es ist eine einfache Regel: Egal was andere sagen – du bist zu sehr dies, du bist zu sehr das, dafür bist du nicht gemacht, du bist nicht klug genug, du bist nicht sportlich genug –, man muss auf das hören, von dem nur man selbst weiß, dass es wahr ist. Das habe ich mir selbst die ganze Zeit gesagt, und ich tue es immer noch.

Als ob der fünfte Platz in Italien nicht schon gut genug gewesen wäre, wusste ich, dass ich eine weitere Chance auf der gleichen Strecke bekommen würde. Wegen einer früheren Absage auf der Tour gab es in dieser Woche zwei Super-G und zwei Abfahrten. Das kommt manchmal vor, wenn eine Veranstaltung aufgrund der Wetterbedingungen verschoben wird, und dann wird das Rennen zusammen mit einem anderen abgehalten. Damit hatte ich eine zusätzliche Chance, mich zu beweisen. Das bedeutete auch, dass ich eine meiner Stärken nutzen konnte: aus der Strecke und meinem Lauf zu lernen.

Als ich zum zweiten Abfahrtsrennen kam, hatte ich mir meinen Lauf zum fünften Platz tausendmal durch den Kopf gehen lassen. *Wenn ich nur ein paar Kurven sauberer fahre, ein paar Übergänge schneller und sanfter fahre, ein bisschen aggressiver fahre, weiß ich, dass ich schneller sein kann.* Ich fühlte mich bereit. Als ich an diesem Tag an den Start ging, wusste ich, dass ich mich auf das Podium vorkämpfen konnte. Ich hatte keinen Zweifel daran, dass ich dorthin gehörte.

In meinen vorherigen Rennen hatte ich versucht, eine Top-Ten- oder Top-Fourteen-Platzierung zu erreichen. Aber an diesem Tag legte ich eine Zeit von 1:16.51 hin, die mich in diesem Moment an die Spitze brachte. Ich hatte noch nie in einem Weltcuprennen an der Spitze gestanden, und es war ein Gefühl, wie ich es noch nie zuvor erlebt hatte. Ich hielt den Atem an, als die nächsten zwanzig Läuferinnen ihre Abfahrten absolvierten, denn ich wusste, dass ich mit jedem einzelnen Lauf der Spitzengruppe immer näher kam. Auf einem meiner Lieblingsfotos von diesem Rennen kann man meine kleine handgeschriebene Aufschrift »Be aggressive« auf meinem Ski sehen, während ich auf die Strecke schaue.

Als die Französin Carole Montillet als 28. mit einer Zeit von 1:16.27 die Ziellinie überquerte, sank meine Zuversicht, aber nur ein wenig. Ich war eine Viertelsekunde langsamer als sie und lag immer noch auf dem zweiten Platz.

Als Nächstes war Hilde Gerg aus Deutschland an der Reihe. Sie war eine der größten Abfahrtsläuferinnen aller Zeiten, und ich war hin- und hergerissen zwischen Anfeuern, Staunen über die Art und Weise, wie sie die Strecke in Angriff nahm, und meiner Hoffnung, dass sie einen schlechten Tag haben könnte. Hilde überquerte die Ziellinie mit einer Zeit von 1:16.81, haarscharf hinter mir, was bedeutete, dass ich meinen zweiten Platz behielt.

Die letzte Spitzenläuferin war die Österreicherin Renate Götschl, zu diesem Zeitpunkt die Nummer eins in der Abfahrt. Von allen im Feld machte ich mir ihretwegen am meisten Sorgen. Sie hielt außerdem den Rekord für die meisten Siege in Cortina, also war das ihre Strecke. Wenn sie ein sauberes Rennen fahren würde, befürchtete ich, dass meine Zeit nicht mit ihrer mithalten könnte. Sie fuhr eine Zeit von 1:16.50 – eine einzige Hundertstelsekunde weniger – und verdrängte mich auf den dritten Platz.

Ich hatte zwar nicht gewonnen, aber das spielte keine Rolle, denn ich stand auf dem Podium.

Als wir drei für Fotos posierten und unsere Medaillen entgegennahmen, fühlte es sich wie der Beginn von etwas Neuem an. Im Laufe der Jahre hatte ich so viele Versionen dieser Zeremonie gesehen, und endlich war ich selbst mittendrin. Mehr noch, ich hatte das Gefühl, endlich klar zu sehen: Vor mir erblickte ich den Weg zum Sieg und konnte es kaum erwarten, ihn zu wiederholen.

Diese Rennen in Cortina waren die Krönung all dessen, worauf ich seit den Olympischen Spielen 2002 hingearbeitet hatte. Ich hatte mein Ziel erreicht, mich im Weltcup zu etablieren, und nun konnte ich mich ganz auf den Sieg konzentrieren. Als ich diese Hürde überwand, war das für mich, könnte man sagen, der Beginn eines ganz neuen Spiels. Wenn man einmal gewonnen hat, will man immer wieder gewinnen. Von da an ging es Schlag auf Schlag.

So macht man das, wurde mir klar, gefolgt von einer weiteren, genauso wichtigen Erkenntnis: *Ich kann es schaffen*. Nach diesem Rennen habe ich nie wieder zurückgeblickt.

Wenn man im Skisport ein gewisses Niveau erreicht hat, braucht es ein kleines Extra. Jede der Konkurrentinnen verfügt über enormes Talent. Jede hat einen anderen Stil. Es gibt so viele Möglichkeiten, gut zu sein. Um es im Weltcup zu schaffen, muss man eine gewisse Gabe besitzen – ein besonderes Bewusstsein, etwas, das einem angeboren ist. Vielleicht ist es die Fähigkeit, das Terrain einzuschätzen, die Linie zu finden, sie zu visualisieren, damit der Körper genau weiß, was er wann zu tun hat.

Während meiner gesamten Karriere widmete ich den anderen Läuferinnen immer große Beachtung, beobachtete, was sie taten, wie sie sich vorbereiteten. Wer waren meine Konkurrentinnen? Was taten sie? Worüber sprachen sie? Was waren ihre Stärken? Was machte sie zu guten Athletinnen? Jede Sportlerin hat ihre eigene persönliche Stärke, etwas, was sie am besten kann. Manche sind gut im Gleiten. Picabo war wirklich gut darin – sie konnte aus dem Nichts Geschwindigkeit erzeugen. Es war ihr scheißegal, sie hat einfach ihre Spitzen nach unten gerichtet und losgelegt. (Sie war nicht so gut beim Drehen, aber auch hier hat jede ihre Stärken.) Ebenso sind einige Fahrerinnen und Fahrer sehr gut trainierbar: Ihr Coach sagt ihnen, was sie tun sollen, und sie gehen auf die Strecke und führen es aus.

Je mehr ich beobachtete, desto mehr bekam ich mit. Mir fiel auf, dass viele Läuferinnen die Kurve nicht lange genug hielten, um das Beste daraus zu machen, weil sie Angst hatten, zu viel Geschwindigkeit mit in die Kurve zu nehmen. Also kamen sie aus der Kurve heraus. Aber wenn man bis zum letzten Moment in der Kurve bleibt, dann kann man diese zusätzliche Hundertstelsekunde finden. Meine Teamkollegin Jonna Mendes fuhr diese unglaubliche Kurve, die ich immer versucht habe nachzuahmen. Ich habe einen ganz anderen Körperbau als sie, aber das hat mich beeindruckt. Ich beobachtete Renate Götschl und stellte fest, dass sie ebenso wie ich dazu neigte, nach innen zu kippen. Mit meiner Freundin, der deutschen Skiläuferin Maria Riesch, unterhielt ich mich über die Linienführung, vor allem wenn wir zur gleichen Zeit eine Strecke inspizierten.

Wenn ich eine andere Skifahrerin beobachtete, studierte ich oft nicht nur ihre Technik, sondern gleichzeitig meine eigene. Ich sah, wie sie ihre Linie gestaltete, wo sie Zeit aufholen wollte. Aber ich versuchte auch, mich in die gleiche Szene hineinzuversetzen, in ihren Kopf, in ihren Moment. Was hat sie gesehen? Dann nahm ich das, was ich von ihrem Ansatz gelernt hatte, und fügte es meinem eigenen Ansatz hinzu.

Man muss gut darin werden, Athlet*innen* zu beobachten, denn normalerweise halten sie sich eher zurück, wenn es darum geht, solche Informationen zu teilen. Einige Mädchen redeten gerne mit mir, viele aber auch nicht. Ich fragte einige: »Was denkst du über diese Linie?«, und die meisten gaben mir keine richtige Antwort. Anders war es, wenn ich mit Männern trainierte, die ich oft als viel hilfreicher empfand, weil sie tatsächlich darüber sprachen, was sie taten. Ich konnte sagen: »Woran arbeitest du gerade? Auf welchen Skiern fährst du? Was ist deine Linie? Woran denkst du gerade?« Wir übten zusammen Sprünge, und ich fragte sie einfach: »Wie machst du das?«, und sie antworteten. Sie waren immer begeistert, mir zu helfen.

Ich trainierte gerne mit Männern. Es war ihnen egal, ob ich sie beschimpfte; sie beschimpften mich sofort zurück. Ich konnte fluchen. Ich konnte sarkastisch sein. Ich konnte ich selbst sein, ohne dafür blöd behandelt zu werden. Das soll nicht heißen, dass ich knorrig und »männlich« bin. Aber zu einer Sportlerin gehören zwei Dinge: Man ist eine Wettkämpferin und man ist ein Mensch. Wenn ich mit den Jungs zusammen war, hatte ich das Gefühl, als beides akzeptiert zu werden.

Vielleicht ist das auch der Grund dafür, dass Thomas mein Coach wurde. Wir lebten noch zusammen, hatten eine ernsthafte Beziehung. Am Anfang half er mir bei kleinen Dingen. Ich hatte ein paar Probleme mit meiner Ausrüstung und stürzte ständig. Er sagte: »Schick mir dein Video, ich werde es mir ansehen und sehen, ob ich etwas entdecken kann.« Nachdem er es sich angesehen hatte, sagte er, dass meine Ausrüstung definitiv nicht in Ordnung sei und dass er sie reparieren könne. Er passte meine Schuhe an, und von da an konnte ich besser fahren.

Seitdem bot er mir von Zeit zu Zeit seinen Rat an. Ich schickte ihm Videos, er gab mir Feedback. Er nahm vielleicht hier und da ein paar Anpassungen an meiner Ausrüstung vor, aber er war nicht sonderlich interessiert. All das änderte sich 2004, als ich zwanzig wurde. In diesem Jahr schaffte er es nicht ins US-Skiteam, aber er liebte das Skifahren und wollte immer noch dabei sein. Er schlug vor, dass er mir vielleicht helfen könnte, und alles, was er bis dahin für mich getan hatte, war großartig gewesen. Ich hatte angefangen, Rennen zu gewinnen, und alles schien sich in die richtige Richtung zu entwickeln. Wir waren bereits ernsthaft zusammen und er reiste sowieso mit mir. Also half er mir. Es war eine Reihe von Schritten, die schließlich dazu führten, dass er mein Trainer wurde. Und es war wirklich schön, ihn in meiner Ecke zu haben. Er war ein unglaublich sachkundiger Skifahrer, der den Sport in- und auswendig kannte, und ich fuhr unter seiner Anleitung gut Ski. Männer sind schneller als Frauen – das ist einfach so –, also hatte ich das Gefühl, einen Vorteil zu haben, wenn ich einen männlichen Skifahrer an meiner Seite hatte.

Männer fahren eine andere Linie und haben einen dynamischeren Ansatz, und das konnte ich zu meinem Vorteil nutzen.

Es zeigte sich außerdem, dass sich unsere Stärken gegenseitig ergänzten. Thomas war ein Techniker und legte eine ziemliche Konzentration an den Tag, wenn es um mein Equipment ging. Er liebte es, Videos zu analysieren und auf jedes noch so kleine technische Detail einzugehen. Ich vertraute ihm die beweglichen Teile meiner Ausrüstung an, die Bindungen etwa, damit ich mich auf mein Training konzentrieren konnte. Für ihn ging es weniger um Spaß oder Gefühle oder darum, schnell zu sein oder den Sieg zu genießen. Für diese Dinge lebte ich jedoch.

Es ist erstaunlich, wenn man aus erster Hand von Menschen lernen kann, die bereit sind, die richtigen Informationen weiterzugeben. Ich habe mich mit solchen Leuten umgeben, weil ich alles aufnehmen wollte, was ich konnte. Die norwegischen Skifahrer Aksel Lund Svindal und Kjetil Jansrud waren immer besonders gesprächsbereit. Aksel liebt das Skifahren über alles, und er bewundert jeden, der es ebenfalls liebt. Er ist nicht nur einer der größten Abfahrtsläufer aller Zeiten, sondern auch ein unglaublicher Teamkollege. Er hilft, wo er kann, denn er will, dass *alle* sich verbessern. Der Moment, in dem man aufhört zu lernen, ist der Moment, in dem man von jemandem überholt wird. Kjetil liebt das Skifahren genauso sehr und ist ein fröhlicher Typ, mit dem das Training jedes Mal mehr Spaß zu machen scheint. Wir haben immer gescherzt, dass ich mit ihnen trainiere, weil ich norwegische Wurzeln habe. Meine mir bekannten Verwandten tragen den Nachnamen Nilsen, den Kjetil und Aksel mir auf der Piste gerne als eine Art Spitznamen gaben.

Es dauerte lange, bis ich herausfand, was genau meine besonderen Fähigkeiten waren, aber dieser erste Weltcup-Podestplatz in Italien bestätigte etwas, was ich schon die ganze Zeit vermutet hatte: Skifahren ist, zumindest für mich, vor allem eine Kopfsache. Was meine Leistung in der Saison 2003/04 anbelangt, so spielten mehrere Dinge eine Rolle. Sicherlich war meine Fitness viel besser als je zuvor, was sich spürbar auf meine Rennen auswirkte. Aber noch wichtiger war, dass sich meine mentale Vorbereitung drastisch verbessert hatte. Ich war schon immer gut im Visualisieren, aber in dieser Saison wurde es zu einer wahren Kraftquelle. Noch überraschender war jedoch, wie diese beiden Fähigkeiten – meine Fitness und mein Geist – auf eine Weise zusammenwirkten, die ich nie hätte voraussehen können. Kurz, ich war körperlich besser in Form, wurde weniger schnell müde und konnte meinen Verstand besser einsetzen. Ein Großteil des Skifahrens ist reaktiv, und wenn man sich so schnell bewegt, wie wir es tun, muss man superschnelle Reflexe haben, um sofort reagieren zu können. Ich fühlte mich geistig wacher und konnte daher viel schneller reagieren.

Am Ende war es wirklich eine mentale Veränderung, die mein Skifahren dauerhaft zum Besseren verändert hat. Kraft und Stärke sind zweifellos äußerst hilfreich, aber man kann der Konkurrenz auch taktisch und gedanklich einen Schritt voraus sein, mittels seiner Linie und seinem Ansatz. Jemand wie ich überanalysiert geradezu. Ich untersuche jedes Teil des Geländes, jede Bodenwelle. Ich präge mir alles ein, weil ich das Gefühl habe, dass mir das einen großen Vorteil verschafft. Das ist der erste Teil. Der nächste Teil besteht darin, die gewonnenen Erkenntnisse in die Praxis des Skifahrens umzusetzen.

Ich glaube auf jeden Fall, dass ich ein fotografisches Gedächtnis habe, was das Visuelle anbelangt. Ich bin nicht so gut darin, mich an vergangene Ereignisse zu erinnern. Ein Golfer könnte zum Beispiel sagen: »Ich habe am siebzehnten Loch ein Eisen sieben benutzt und den Ball dreißig Meter vom Loch entfernt getroffen.« Das kann ich auch. Im Allgemeinen kann ich sagen, was ich getan habe, aber ich erinnere mich eher an das, was ich gesehen habe. Ich gehöre zu der Sorte von Menschen, die kein zweites Mal eine Wegbeschreibung brauchen. Wenn ich einmal einen bestimmten Weg gegangen bin, benötige ich nie wieder eine Karte. Ich weiß immer genau, wo ich hinwill.

Mein Vater sagte, das komme von meinem Großvater. Er nannte es einen kinästhetischen Sinn: ein fotografisches Gedächtnis in Kombination mit einem ausgeprägten Gefühl dafür, wie sich der Körper zu Raum und Zeit verhält. Als ich aufwuchs, dachte ich nie, dass ich in der Beziehung etwas Besonderes hätte. Ich wusste nur, dass ich eine Strecke auswendig lernen musste, und das tat ich auch.

Ich habe die Tore so lange visualisiert, bis ich sie im Schlaf sehen konnte. Jedes Mal wenn ich in die Startbox trat, konnte ich die gesamte Strecke vor mir sehen, die sich vor mir ausbreitete. Ich konnte mir genau vorstellen, was ich fünf, zehn, zwanzig Tore weiter unten am Berg tun musste, während ich mich auf das Tor vor mir konzentrierte. Das war immer meine Herangehensweise – die vor mir liegende Aufgabe aufzuteilen, die Strecke als eine Reihe von verschiedenen Komponenten anzugehen. Es half mir, im Augenblick zu bleiben, und machte das Unmögliche möglich.

In meiner Zeit im Ski Club Vail haben wir uns jedes Rennen in Lake Louise angesehen. Ich glaube, das ist einer der Gründe, warum ich in Lake Louise immer so gut war – das Weltcuprennen dort war das einzige, das in den USA im Fernsehen übertragen wurde, und wir haben es uns immer wieder angeschaut. Nach jedem Rennen schlossen wir alle die Augen, gingen in die Hocke und stellten uns die Strecke vor, und die Trainer stoppten die Zeit. Wir haben uns so viele Wiederholungen angesehen, dass ich, als ich zum ersten Mal in Lake Louise war, die Strecke gar nicht mehr allzu genau analysieren musste, weil ich sie schon so gut kannte. Ich hatte das Gefühl, als wäre ich schon einmal dort gewesen.

Und genau das war das Ziel meiner Vorbereitung nach Cortina im Jahr 2004: Jede Strecke sollte sich für mich wie Lake Louise anfühlen. Alles so oft im Kopf durchgehen, dass das eigentliche Skifahren nie infrage stand. Wenn ich es in meinem Kopf konnte, konnte ich es auch im Schnee tun.

Kapitel 11

Die ganze Sache dauerte nur einen Augenblick, kaum genug Zeit, um zu begreifen, was gerade passiert war, abgesehen von dem Teil, in dem ich unter extremen Schmerzen litt.

Die Momente nach einem Sturz sind immer beunruhigend, ganz gleich wie er ausgeht. Es ist fast unmöglich, einen Sturz zu erleiden, ohne sich dabei zu fragen: *War es das jetzt?* – nicht nur für das Rennen, sondern für die gesamte Skikarriere. In einem Sport wie diesem kann man sich seinen Ausstieg nur selten aussuchen; meistens wird er einem aufgezwungen. Manchmal kommt er am Ende einer langen Karriere, manchmal muss man viel zu jung aufhören. Wenn man mit heftigen Schmerzen im Schnee liegt, weiß man einfach nicht, ob es das für einen war, und man schafft es auch nicht, die Angst im Zaum zu halten. Sie strömt direkt hinter dem Schmerz herein.

Beim Skifahren ist die Gefahr nie weit von uns entfernt; auch wenn wir nicht genau wissen, was für uns auf dem Spiel steht, wissen wir doch, *dass* etwas auf dem Spiel steht. Wir alle haben es bei Rennen und auf Videos gesehen. Manchmal ereignet sich ein schwerer Sturz, und man ist die Nächste, die den Berg hinunterfahren muss. Ein anderes Mal hat man die eigene Abfahrt bereits hinter sich und sieht, wie der Rettungshubschrauber kommt, um jemanden zu holen. Wenn beim Skifahren etwas schiefgeht, kann das katastrophal enden.

Ich war schon einmal verunglückt und hatte schon einige Verletzungen erlitten, aber insgesamt hatte ich ziemlich viel Glück gehabt. Keiner meiner Stürze war schwerwiegend gewesen, keine meiner Verletzungen sehr ernst. Jetzt lag ich in San Sicario bei Turin im Schnee und versuchte herauszufinden, welche Zukunft mich erwartete. Für mich hatten die Olympischen Spiele 2006 gerade erst begonnen, aber jetzt waren sie mit Sicherheit auch schon wieder vorbei. Aber noch mehr als das fürchtete ich, dass ich vielleicht nie wieder Ski fahren könnte.

Als ich nach Cortina 2004 in Schwung kam, konzentrierte ich mich nicht mehr auf das große Ganze und dachte nicht mehr über den Gesamtweltcupgewinn nach. Während ich als junge Skifahrerin ein klares Ziel vor Augen hatte, nämlich an den Spielen 2002 teilzunehmen, konzentrierte ich mich jetzt mehr auf die Kontinuität, Woche für Woche Leistung zu bringen, ohne mich zu sehr mit dem Gesamtbild zu beschäftigen. Im Moment wollte ich einfach nur so viel wie möglich gewinnen. Natürlich behielt ich die Weltcupwertung im Auge, aber das war immer eine Sache, bei der ich einen Fuß vor den anderen setzte. Ich war nie jemand, der Dinge anstrebte, von denen ich nicht glaubte, dass ich sie wirklich erreichen würde.

Jeder kennt diese Leute, die zwanghaft übertrumpfen wollen. Dauernd sind sie erpicht darauf, einen zu übertreffen, egal was man macht. Diese Leute sind echt nervig. Nun, ich bin auch so, aber anstatt zu versuchen, andere zu übertreffen, bemühe ich mich ständig darum, mich selbst zu übertreffen. Das war während meiner gesamten Karriere so, vor allem in den Jahren, in denen ich mich wirklich beweisen wollte. Nach jedem Erfolg suchte ich sofort nach einer Möglichkeit, mich selbst zu übertreffen, danach, noch einen Schritt weiterzugehen. Als ich immer besser wurde, schraubte ich mein Ziel immer weiter nach oben, stetig höher und höher. Ich wusste nie, was mein nächstes Ziel sein würde, bis ich das erreicht hatte, worauf ich hingearbeitet hatte. Es war immer nur die Frage: *Was kommt als Nächstes, was kommt als Nächstes, was kommt als Nächstes?* Ich bewegte mich ständig vorwärts und ließ mich von dem Schwung tragen, den ich erzeugt hatte.

Die einzige Ausnahme von diesem Ansatz machte ich, als ich nach einer olympischen Goldmedaille strebte. Das war mein großes Ziel, die hoffnungsvolle Krönung all meiner Bemühungen. Und als ich 2006 in Turin für die Olympischen Winterspiele 2006 ankam, fühlte ich mich bereit, diesen Traum wahr werden zu lassen. Vier Jahre zuvor war ich als vorläufiges Mitglied in die Olympiamannschaft aufgenommen worden und kämpfte zu der Zeit immer noch darum, meinen Platz zu finden. Jetzt war es ein ganz anderer Kampf. Mein Platz in der Mannschaft stand außer Frage. Diesmal wollte ich eine Medaille.

Das war kein Hirngespinst. Alles fügte sich ineinander, um den Traum Wirklichkeit werden zu lassen. In den Monaten vor den Spielen hatte ich in der Abfahrt und im Slalom alles gegeben, und meine jüngsten Ergebnisse im Super-G und in der Kombination waren ebenfalls verdammt gut. In Turin sollte ich in allen fünf Disziplinen an den Start gehen und hatte eine echte Chance auf einen Platz auf dem Podium.

Bei meinem ersten Trainingslauf fuhr ich außerordentlich gut und wurde Zweite hinter der Österreicherin Michaela Dorfmeister. Beim zweiten Trainingslauf lag ich nach der Hälfte der Strecke in Führung, doch dann geriet ich bei einer Reihe von künstlichen Unebenheiten in Schwierigkeiten. Ähnlich wie bei einer Buckelpiste sind das in das Gelände eingearbeitete Hügelchen aus Schnee oder manchmal auch aus Erde, um die Strecke anspruchsvoller zu machen. Sie sind weit kleiner als Sprünge oder Kuppen und an sich nichts Besonderes, aber sie sind ein weiteres spannendes Element auf der Strecke. Es kamen drei gleich hintereinander, und als ich über eine von ihnen fuhr, hob ich vom Boden ab. Als ich landete, verdrehte sich mein Innenski und zeigte in die falsche Richtung. Das Nächste, was ich mitbekam, war, dass ich in den Spagat gezwungen wurde. Meine beiden Knie berührten den Boden – ich fuhr 130 Stundenkilometer – und die Wucht des Aufpralls riss mich um. Das alles passierte kurz vor einem 25-Meter-Sprung. Es war beileibe nicht der größte Sprung, und das war auch gut so, denn als ich weiterfuhr, kippte ich nach hinten weg. Ich sauste ein paar Sekunden lang durch die Luft, bevor ich flach auf dem Rücken landete. Schließlich kam ich zum Stehen, meine Beine immer noch im Spagat, und schrie die ganze Zeit.

Das Erste, was mir durch den Kopf schoss, war: *Rücken und Hüfte gebrochen.* Der Schmerz war unerträglich. Es ist unwahrscheinlich, dass man bei einem weiten Sprung stürzt, auf dem Rücken landet und sich nicht etwas Wesentliches dabei bricht. Jemand auf dem Berg löste meine Skier von meinen Schuhen. Noch auf der Piste spritzten sie mir Morphium, legten mich auf eine Trage und brachten mich mit dem Hubschrauber in ein Krankenhaus in Turin. Es war erst das zweite Mal, dass ich durch die Luft von einem Berg runtergebracht wurde, und ich hatte Angst, dass es auch das letzte Mal sein könnte.

Zunächst glaubten auch alle Anwesenden, ich hätte mir den Rücken gebrochen. Als ich weinend im Krankenhaus saß und auf die Ergebnisse meiner MRT- und CT-Untersuchungen wartete, war ich fest davon überzeugt, dass ich nie wieder Ski fahren würde. Ich war schon öfter gestürzt, aber noch nie so heftig. Wie die meisten Skifahrer fühlte ich mich bis zu diesem Zeitpunkt ziemlich unbesiegbar. Trotz der mit diesem Sport verbundenen Risiken hätte ich nie gedacht, dass meine Karriere enden könnte. Das Skifahren war immer ein Teil meines Lebens gewesen, solange ich mich erinnern konnte, und ich hatte nie daran gedacht, dass es mir genommen werden könnte. Zum ersten Mal wurde mir das Ausmaß dessen bewusst, was passieren konnte.

Dieser Moment war ein Weckruf für mich. Mehr als alles andere ließ er mich erkennen, wie sehr ich auf meinen Körper angewiesen war. Bis zu diesem Zeitpunkt hatte ich so viel Wert auf meinen Verstand und die psychologischen Aspekte des Sports gelegt – mentale Stärke, Konzentration, Visualisierung –, aber jetzt merkte ich, dass ich die Dinge nicht allein mit meinem Verstand regeln konnte. Ich musste mich auch körperlich anstrengen. Ich erkannte, wie privilegiert ich war, meinen Körper zu haben, wie glücklich ich war, tun zu dürfen, was ich tat.

Während ich schluchzend im Bett saß, betrat Picabo Street das Zimmer. Ich wusste, dass sie in Turin war, denn sie kommentierte die Spiele. Im Skisport verbreiten sich Nachrichten schnell, und weil sie vor Ort war, konnte sie sogar schneller da sein als meine Trainer, die noch bei den anderen Mädchen und ihren Trainingsläufen waren. Das war eine so nette Geste, und ich war so froh, sie zu sehen. Ich habe mich häufig verletzt, und ich kann sagen, dass es nicht oft vorkommt, dass einen Menschen im Krankenhaus besuchen kommen. Das sind nicht die beliebtesten Orte, vor allem nicht für Menschen, die selbst schon viele Operationen hinter sich haben, wie Picabo. Deshalb bedeutete es mir umso mehr, dass sie kam. Ich weinte die ganze Zeit, als sie da war. Das war das Größte.

Picabo war nicht allein, sondern in Begleitung ihrer Freundin Micki Date, einer Energieheilerin, mit der sie oft zusammen auf Reisen ging. Micki praktiziert intuitiv und war schon lange, lange Zeit Picabos Beraterin. Micki und ich hatten vorher nicht viel miteinander gesprochen, aber ich wusste natürlich genau, wer sie war.

Als sie an meinem Bett standen, erzählte ich ihnen alles – wie gut ich bei der ersten Trainingsfahrt gefahren war, von dem

Sturz, von meinen Ängsten, dass ich nie wieder Ski fahren könnte. Sie taten ihr Bestes, um mich abzulenken, indem sie eine Reihe von nicht verletzungsbezogenen Themen ansprachen und versuchten, die Dinge locker zu halten. Dann legte Micki ihre Hand auf mein Gesicht und sagte mir, ich solle mir keine Sorgen machen.

»Es wird dir gut gehen. Du wirst zurückkommen. Du wirst Ski fahren; und du wirst gewinnen.« Sie sprach mit äußerster Gewissheit und erklärte mir, sie habe eine Vision. »Du wirst drei olympische Medaillen gewinnen«, meinte sie, als wäre es eine Tatsache. (Und das habe ich verrückterweise im Laufe meiner Karriere auch getan.) Ich ließ ihre Worte auf mich wirken. Ich glaube an diese Dinge, bis zu einem gewissen Grad. Aber in diesem Moment war ich einfach nur dankbar für ihre Anwesenheit und ihre positive Einstellung. Ob sie nun recht hatte oder nicht, sie gab mir Hoffnung, und das war genau das, was ich brauchte.

Auch meine Mutter war bei mir im Krankenhaus, und sie tat ihr Bestes, um mich zu trösten, während wir auf die Ergebnisse warteten. Als die Scans gebracht wurden, stellte sich heraus, dass alles in Ordnung war. Unfassbar, dass nichts gebrochen war. Ich hatte nur ein paar heftige Prellungen am Rücken. Sobald die Ärzte mir sagten, dass es mir gut gehe, war ich bereit, das Krankenhaus zu verlassen. Mein Gehirn schaltete sofort von der Sorge um meine Verletzungen auf die Abfahrt um, die in nur zwei Tagen stattfinden sollte. Allerdings hatte ich immer noch starke Schmerzen und war seit dem Unfall noch nicht einmal aufgestanden. Aber was mich betraf, so musste ich so schnell wie möglich wieder auf die Piste zurückkehren.

Trotzdem bestanden die Ärzte darauf, dass sie mich über Nacht zur Beobachtung dabehalten wollten, was eigentlich keine Überraschung war. Sie meinten es ernst, und es war sinnlos, mit ihnen zu diskutieren. Der amerikanische Arzt blieb sogar über

Nacht im Bett neben meinem, um sich zu vergewissern, dass es mir gut ging. Meine Mutter fuhr zurück in ihr Hotel und sagte, sie werde mich gleich morgen früh abholen. Nach einer unruhigen Nacht wachte ich früh auf und war voller Tatendrang. Ich musste zurück ins olympische Dorf, mich behandeln lassen und mich auf das Abfahrtsrennen vorbereiten, das nun am nächsten Tag stattfand. Ich wartete und wartete und wartete und meine Mutter war immer noch nicht da. Ich war schon seit einer gefühlten Ewigkeit im Krankenhaus, zu diesem Zeitpunkt etwa 24 Stunden, und das war mehr als genug.

Bis elf Uhr blieb ich relativ geduldig. Auf keinen Fall würde sie erst so spät kommen. Meine Mutter hatte kein Handy dabei, sodass ich keine Möglichkeit hatte, sie zu erreichen. Europa kann schwierig und verwirrend sein, dachte ich mir. Nicht jeder spricht Englisch, und vielleicht war sie schon hier, hatte aber Probleme, nach oben zu kommen. Sie muss in der Lobby sein. Das war die offensichtliche Antwort.

Ich muss hier raus, dachte ich. Ich schnappte die Plastiktüte mit meinen Sachen und rannte zum Aufzug. »Rennen« ist etwas übertrieben, denn ich konnte kaum gehen. Ich trug zu diesem Zeitpunkt immer noch meinen Krankenhauskittel, der hinten offen war. Während mein Kittel herumflatterte, humpelte ich also den Flur entlang, um den Aufzug zu erreichen. Dort angekommen, drückte ich auf den Knopf und seufzte erleichtert auf. Ich dachte wirklich, dass ich frei wäre. Als sich die Fahrstuhltüren öffneten, kamen drei Krankenschwestern hinter mir hergerannt und schrien auf Italienisch.

Zu diesem Zeitpunkt wollte ich unbedingt, dass sie mich verstehen. Ich begann, zu laut und zu langsam zu sprechen, und machte dabei aufgeregte Gesten. »Nein! Es ist. Okay! Meine Mutter. Ist. Downstairs!« Sie sprachen kein Englisch, und ich offensichtlich kein Italienisch, also redeten wir einfach weiter aufeinander ein. »Non capisco! Non capisco!« Trotz aller Bemühungen war ich gezwungen, wieder in mein Zimmer zu gehen, wo ich eine weitere Stunde wartete.

Gegen Mittag kam meine Mutter endlich die Treppe hoch. In dem Moment, als ich sie sah, sprudelte es aus mir raus: »Wo bist du gewesen? Ich muss zurück!« Es stellte sich heraus, dass sie rücksichtsvoll sein wollte. Sie kam absichtlich zu spät, weil sie wusste, dass ich mich erhole, und dachte, ich würde ausschlafen wollen. Natürlich habe ich nie ein Wort darüber verloren, aber dieser Vorfall wurde an diesem Tag zur großen Nachrichtenstory – wie Lindsey Vonn versuchte, aus dem Krankenhaus zu fliehen.

Ich traute mich wieder auf die Piste und fuhr am nächsten Tag das Rennen, auch wenn es sicher an meine Grenzen ging. Aber ich glaubte immer noch daran, dass ich es schaffen würde. Ich hatte hart für diesen Platz gearbeitet, und ich wollte alles in meiner Macht Stehende tun, um ihn zu erhalten. Man muss nach einem Standardprotokoll bestimmte Übungen absolvieren, bevor man wieder auf den Schnee darf. Ich tat mein Bestes, um zu lächeln und es zu ertragen.

»Tut das weh?«, fragten die Trainer, als ich mir einen Weg durch ein paar seitliche Begrenzungen bahnte.

»Nein, nein! Ganz und gar nicht!«, log ich mit zusammengebissenen Zähnen. Ich hatte so große Schmerzen. Aber ich musste sie vor ihnen verbergen, sonst wäre ich raus gewesen. In meinem Gehirn ratterte es die ganze Zeit: *Das ist Olympia.* Das durfte ich nicht verpassen. Ich musste da wieder hoch. Ich dachte, die müssten doch merken, wie sehr ich mich mit meiner Show abmühte, aber irgendwie ließen sie mich für den Wettbewerb zu.

Alles, was ich wollte, war, wieder an den Start zu gehen, und das tat ich auch. Es war einer dieser perfekten Tage auf der Piste;

die Sonne schien, der Himmel war blau und klar. Ich schnitt nicht so gut ab – ich wurde nur Achte –, aber ich war wieder aufgestanden und hatte es versucht.

Am Ende der Spiele erhielt ich den U.S. Olympic Spirit Award, über den Fans, Medien und andere Olympiateilnehmer abstimmen und der dem Athleten oder der Athletin verliehen wird, der oder die den olympischen Geist am stärksten verkörpert. Es ist ein fast klischeehaftes Ende dieser Erfahrung, aber es fühlte sich auch seltsam passend an. Natürlich wollte ich mich von einer Verletzung zurückkämpfen – jede andere Olympionikin hätte das auch getan. Dennoch war ich dankbar, dass das auch wahrgenommen und wertgeschätzt wurde. Vor allem wenn ich diese Erfahrung mit den Spielen 2002 verglich, war es ein schönes Gefühl, anerkannt zu werden. Dieses Mal registrierten die Trainer meine Bemühungen. Sie hörten mir zu und sie schätzten mich.

Ich werde nicht lügen: Ich war enttäuscht. Bis zu diesem Zeitpunkt war ich so gut Ski gefahren, und das war alles andere als das große olympische Finish, das ich mir vorgestellt hatte. Nichts war so gelaufen, wie ich es mir erhofft hatte, aber mit meiner neu gewonnenen Dankbarkeit konnte ich die Enttäuschung dieses Mal besser verkraften. In gewisser Weise waren die Olympischen Spiele 2006 eines der besten Ereignisse, die mir je widerfahren sind, denn sie rückten die Dinge ins rechte Licht. Die Spiele warfen ein Schlaglicht auf den Sport, den ich so sehr liebte, dass ich nicht ohne ihn sein konnte. Ich erinnerte mich selbst daran, wie dankbar ich war, dass ich – nachdem ich nur zwei Tage zuvor mit dem Hubschrauber vom Berg abgeholt worden war – immer noch hier war und das tun konnte, was ich liebte.

Es ist schwer, einen solchen Absturz zu überstehen, ohne dass er sich auf das Selbstvertrauen auswirkt, aber gleichzeitig entdeckte ich etwas anderes in mir: eine tiefere Entschlossenheit, eine Bestätigung dafür, wie kostbar unsere Zeit und wie wichtig jede Gelegenheit ist. Diese Spiele gaben mir eine neue Lebensperspektive. Sie boten mir auch eine Motivationsquelle, aus der ich in den nächsten vier Jahren schöpfen sollte. Ich war abgestürzt, aber ich war nicht am Boden zerstört. Egal was passierte, alles war besser als nicht Ski zu fahren. Von nun an beschloss ich, dass ich versuchen würde zu gewinnen, jedes Mal, auch wenn ich stürzen würde. Ich würde wieder aufstehen und es weiter versuchen. Ich hatte nicht unendlich viele Chancen, und es lag an mir, sie zu nutzen. Dieser Rückschlag – so schmerzhaft, beängstigend und enttäuschend er auch war – wurde zur Grundlage dessen, was ich auf und neben den Skiern war. Die wirkliche Veränderung meines Geistes war der Teil, den niemand sonst sehen konnte. Jetzt verstand ich, dass mir alles in jeder Sekunde genommen werden kann, deshalb musste ich jeden Tag und jedes Rennen schätzen. Ich würde das Skifahren nie wieder als selbstverständlich nehmen. Und was vielleicht am wichtigsten ist: Ich habe meinen Körper nie wieder auf dieselbe Weise betrachtet.

Kapitel 12

Jedes Mal wenn ich am Start stand, glaubte ich daran, dass ich gewinnen kann. Natürlich gewinnt man nicht jedes Mal, aber man muss immer daran glauben – auch wenn die Strecke beängstigend ist wie die Hölle.

Bei den Weltcuprennen in St. Anton, Österreich, fuhren im Dezember 2007 das erste Mal Frauen auf der Strecke mit. Seit 2001 wurden dort die Weltmeisterschaften der Männer ausgetragen, was bedeutete, dass wir alle auf einer Männerstrecke fahren mussten. Es war eine technisch anspruchsvolle Piste mit vielen Kurven und wechselndem Terrain, einschließlich eines Teils in der Mitte, der zu steil war, um mit Pistenraupen befahren zu werden. Es war echt krass.

Wenn eine Piste anspruchsvoller war, bedeutete das, dass ich mich mehr mit ihr beschäftigen musste – mehr Variablen bedeuten mehr Vorbereitung. Bei jeder Piste will man alles wissen, was es nur zu wissen gibt – ganz genau, wo man hinmuss und was man braucht, um zu gewinnen –, und je mehr Herausforderungen sie bietet, desto mehr Elemente muss man im Auge behalten. Das bedeutet auch, dass man einen guten Plan braucht, um auf diese Herausforderungen vorbereitet zu sein. Oft ist es am wichtigsten zu wissen, wo man sich Fehler leisten kann, wo man an seine Grenzen gehen kann und wo nicht. Bei einer schwierigeren Piste steht mehr auf dem Spiel. Man darf keinen Fehler an der falschen Stelle machen, denn eine zweite Chance bekommt man nicht.

Es ist ein bisschen wie beim Tennis, wo man verschiedene Möglichkeiten hat, an das Spiel heranzugehen. Die erste ist, einfach gegen den Gegner zu spielen und zu versuchen, ihn zu schlagen. Die zweite, aufwendigere Methode besteht darin, die Schwächen des Gegners zu analysieren und sie zum eigenen Vorteil zu nutzen. Beim Skifahren ist es ganz ähnlich, nur dass der Berg der Gegner ist.

In jedem Fall muss man sich vorbereiten. Und dann, wenn die Zeit gekommen ist, muss man das, was man an Informationen gesammelt und analysiert hat, in Echtzeit umsetzen. In dieser Hinsicht ist der Skirennsport wie eine physische Schachpartie. Die Informationen sind immer verfügbar, aber letztendlich liegt es an jeder Athletin, wie sie sie umsetzt.

Jedes Mal wenn mir eine Piste bevorstand, die ich noch nicht gefahren war, und zwar unabhängig von ihrem Schwierigkeitsgrad, studierte ich, wie in der Vergangenheit Athleten mit ihr umgegangen waren. Es gibt immer Trends, aus denen man lernen kann, ob es nun allgemeine Fehler sind oder ob bestimmte Teile einer Strecke immer wieder Probleme bereiten. In welchem Teil des Geländes sind andere Skifahrerinnen gestolpert? Wo kann man sich einen Fehler leisten und wo nicht? Bei einer Strecke wie in St. Anton konnte ich keine Frage unbeantwortet lassen. Im letzten Sommer vor dem Rennen, lange vor der Saison, wanderte ich tatsächlich den Berg hinauf. Ich wollte das Gelände sehen und ein Gefühl dafür bekommen, wie steil er ist, und damit ich mir die Strecke besser vorstellen konnte. Sie war genauso schwierig wie angekündigt. Dennoch ließ ich mich davon nicht beirren. Im Gegenteil, im Angesicht der Herausforderung stieg meine Begeisterung sogar noch. *Fahre mit Vertrauen,* sagte ich mir, *dann wird alles klappen.*

Im Jahr nach den Olympischen Spielen in Turin hatte ich bei den Weltmeisterschaften in Schweden in der Abfahrt und im Super-G die Silbermedaille gewonnen. Dann, auf der Trainingsfahrt für den Slalom, hatte sich eine Skispitze verhakt – ein häufiges Problem, wenn die Spitze des Innenskis auf die falsche Seite des Tors gerät, wo sie hängen bleibt, sodass man eine Grätsche macht. Ich habe mir auf diese Weise schon alle möglichen Verletzungen zugezogen, und in diesem Fall war es ein Kreuzbandteilriss. Das bedeutete, dass ich für den Rest des Jahres mit dem Skifahren aufhören musste. Angesichts dieser unerwarteten Auszeit dachte ich mir, dass es ein guter Zeitpunkt wäre, um eine Hochzeit zu planen.

Wir heirateten schließlich im September 2007 in Deer Valley, Utah. Meine Familie war dabei, und es flossen literweise Tränen, auch bei Großvater Don. Als das stoischste Mitglied der Familie hatte er noch nie vor mir geweint, und ich war gerührt, dass ich diesen Gefühlsausbruch bei ihm hervorrufen konnte.

Die Saison 2007/08 begann für mich mit einem Hochgefühl – ich war frisch verheiratet und hatte einen Lauf. Und nun war ich hier in St. Anton und starrte auf diese ziemlich verrückte Piste hinunter. Die Strecke war keineswegs beliebt, vor allem weil sie so schwierig war. Die gesamte Strecke ist steil, aber der untere Teil ist das Besondere: Auf einen unglaublichen Steilhang folgt ein Flachstück, eine sogenannte Kompression, mit der man klarkommen muss. Noch dazu geht es plötzlich von der Sonne in den Schatten. Man hat also eine enorme Geschwindigkeit drauf, und es ist schwer, die g-Kräfte zu kontrollieren, zumal man wegen der dunkleren Lichtverhältnisse nicht gut sehen kann. Viele der anderen Fahrerinnen stürzten, und viele hatten so große Probleme, dass sie von der Strecke abkamen und es nicht ins Ziel schafften. Kam es zu einem Sturz, fragte ich die Trainer immer nach dem Problem, denn so etwas kann aus verschiedenen

Gründen passieren. Gab es auf der Strecke etwas Ungewöhnliches, was sie stürzen ließ? Oder lag es an ihrer Angst? Da ich in jedes Rennen mit einem vorher festgelegten Plan ging, änderte sich meine Herangehensweise nur selten, aber ich passte sie an, wenn etwas mit den Schneeverhältnissen nicht stimmte oder wenn ein Sprung weiter war, als ich erwartet hatte. In diesem Fall sagten die Trainer jedoch übereinstimmend, dass es kein allgemeines Problem gebe, sondern dass sie alle nur dumme Fehler gemacht hätten.

Okay, überlegte ich, *sie sind genauso verängstigt, wie ich dachte.* Und ich blieb auf Kurs.

Obwohl ich selbst diese Art von Angst nicht kannte, lernte ich im Laufe meiner Karriere, sie bei anderen auszumachen. Einige Fahrerinnen hatten Angst vor der Geschwindigkeit, andere vor Sprüngen, wieder andere waren wegen des Risikos, das mit der Strecke verbunden war, generell zurückhaltend. Manchmal, wenn eine Fahrerin in der Vergangenheit Verletzungen erlitten hat, bleibt die Erinnerung daran präsent. Was auch immer es war, ich konnte es sehen, wenn sie die Strecke betrachteten. Ich konnte es in ihren Gesichtern lesen, in ihrem Auftreten, in dem, was sie sagten.

Im Allgemeinen beobachtete ich bei anderen Rennfahrerinnen vor allem, dass sie Angst vor den Risiken hatten. Sie fuhren vielleicht immer noch gut Ski, aber sie hatten Angst, bis ans Limit zu gehen, die Grenze zu überschreiten, hinter der die Möglichkeit eines Sturzes lag. Vielleicht waren sie sogar *bis an* die Grenze gegangen, aber sie hatten sie nicht berührt oder überschritten, und das war nicht genug. Bei jedem Rennen spielen viele Faktoren eine Rolle, aber wenn man nur diesen einen ausschalten kann – wenn man bereit ist, weiter als die anderen zu gehen –, dann hat man einen Vorsprung vor der Konkurrenz. Und als ich die Strecke hinunterstarrte, hatte ich keine Angst.

Am Ende fuhr ich bei beiden Rennen an diesem Wochenende den Sieg ein – bei der Abfahrt und der Kombination. Der letzte Abschnitt war für mich entscheidend, die Strecke von dem Steilhang bis zur Ziellinie – *dort* gewann ich das Rennen. In der Tat konnte ich die Abfahrt mit einem riesigen Vorsprung von fast anderthalb Sekunden für mich entscheiden.

Nach meinem Sieg saß ich auf einer Pressekonferenz neben Robert Trenkwalder, der das Athletes-Special-Projects-Programm bei Red Bull leitete; mit dem Unternehmen war ich im Alter von neunzehn Jahren eine Partnerschaft eingegangen und es sollte später zu einem meiner längsten und bedeutendsten Sponsoren werden. Ein Reporter fragte mich auf Deutsch, wie ich das Rennen gewonnen habe. »Was ist der Schlüssel zu Ihrem Erfolg?«, wollte er wissen. »Alle anderen haben es schwer und haben ganz schön zu kämpfen.«

Ich beugte mich rüber zu Robert und fragte ihn: »Wie sagt man *balls* auf Deutsch?«

»Was meinst du?«

»Du weißt schon …« Ich machte eine Geste in Richtung seines Schritts.

Er begann zu lachen. »Eier«, sagte er.

Ich wandte mich wieder an die Journalisten und antwortete auf Deutsch: »Man muss die Eier dazu haben.« Der ganze Raum brach in Gelächter aus.

»Nein, wirklich«, hakte der Reporter nach.

»Nein, wirklich«, gab ich zurück. »Das ist meine Antwort.«

Danach wurde es zu einem Running Gag. Die Leute fragten mich: »Wo sind deine Eier, Lindsey? Wie geht es deinen Eiern?« Aber ganz ehrlich, das ist es, was ein Abfahrtsrennen ausmacht – Eier zu haben. Im Grunde geht es um nichts anderes als die Frage: Wer ist bereit, sich am schnellsten den Berg hinunterzustürzen? Ich habe meinen Fuß auf dem Gaspedal, bis ich gegen den Zaun krache. Und genau deshalb krache ich in den Zaun.

Ich mache mir nie Gedanken, dass ich zu schnell sein könnte, oder versuche, mich zu bremsen. Für mich geht es um alles oder nichts. Wenn es schwierig wird oder in irgendeiner Weise sich eine Herausforderung stellt, kann man sich darauf verlassen, dass viele der Mädchen zurückstecken. Sicherlich nicht alle, aber mindestens ein Drittel des Feldes. Wenn man in einer Sportart wie dem Skifahren die Beste sein will, ist für Angst kein Platz. Rennen werden dadurch gewonnen oder verloren, wie weit man bereit ist, an sein Limit und darüber zu gehen, was man zu riskieren bereit ist, wo man seine Grenzen sieht. Man muss einfach alles geben. Alles. Echte Downhiller, die sich mit Leib und Seele in die Abfahrt stürzen, wollen Highspeedsprünge, große Kurven, heftige Kompressionen. Du willst das alles machen. Es gibt nur sehr wenige Athletinnen und Athleten, die man als echte Downhiller bezeichnen kann. Es entspricht nicht gerade dem, was man unter »normal« versteht.

Die Wahrheit ist, dass ich, solange ich mich zurückerinnern kann, noch nie Angst empfunden habe. Angst hat für mich nie eine Rolle gespielt. Selbst als kleines Kind kann ich mich nicht an ein einziges Mal erinnern, dass ich Angst gehabt hätte. Ich denke an all die Reisen zurück, die Mom und ich unternahmen, von Minnesota nach Colorado, oder solche, auf denen wir oft stundenlang durch einen Schneesturm fuhren. Mom meinte dann: »Wir müssen anhalten, ich kann die Markierung nicht mehr sehen.« Und ich sagte ihr: »Das ist schon in Ordnung. Fahr weiter. Fahr dahin, wo ich sage.« Ich spürte keine Gefahr und hatte auch keine Angst, dass wir in einen Unfall verwickelt werden könnten. Ich wollte einfach nur weiterfahren. (Ich weiß nicht, warum sie auf eine Fünfzehnjährige hörte. Aber ich hatte ein seltsames Selbstvertrauen, das ich oft zu meinem Vorteil nutzen konnte.)

Eine befreundete Psychologin sagte einmal zu mir: »Ich würde gerne eine Kernspintomografie machen, um zu sehen, was in deinem Gehirn vor sich geht.« Sie ist überzeugt, und ich stimme ihr sogar zu, dass es etwas in meiner Veranlagung gibt, das mich daran hindert, Angst zu verarbeiten. Wenn man sich mein Gehirn anschaut, vermute ich, dass es ähnlich ist wie das von Alex Honnold, dem Free-Solo-Kletterer, dessen Amygdala (der Teil des Gehirns, der die Angst registriert) fast nicht zu reizen ist. Ich fühle mich am wohlsten, wenn ich mit 130 Kilometern pro Stunde den Abhang eines Berges hinunterfahre. In diesen Momenten, die andere Menschen als beängstigend empfinden würden, bin ich vollkommen ruhig und zuversichtlich.

Das würde wohl auch den puren Nervenkitzel erklären, den ich verspürte, als ich zum ersten Mal den Berg hinunterraste oder als ich den Golfwagen meiner Großeltern so schnell wie möglich fuhr. Oder warum ich nie Angst habe, wenn ich mit Haien tauche oder mich von einer Klippe abseile. Wenn etwas mit einer Warnung vor einem Risiko oder einer Gefahr einhergeht, macht es mir nicht die geringste Angst. Für mich gibt es nur Adrenalin, den Nervenkitzel, am Leben zu sein. Das ist das aufregendste Gefühl, das es gibt.

Das soll nicht heißen, dass ich keine Ängste habe – das ist etwas anderes. Ich kenne emotionale Ängste. Ich habe Angst vor dem Versagen. Ich habe Angst, nicht gut genug zu sein. Ich habe Angst davor, dass Menschen mich verlassen oder sich von mir abwenden. Ich habe Angst, dass in einer Schlagzeile, die behauptet, dass ich etwas nicht kann, ein Körnchen Wahrheit steckt. Aber meine Ängste sind nie durch das Vorhandensein einer Gefahr begründet. Sie sind nie mit physischen Konsequenzen verbunden. Sie beziehen sich nie auf meine persönliche Sicherheit.

Meine Schwester Karin fragt immer: »Warum bist du so geworden, wie du bist, und ich so, wie ich bin, wo wir doch unter genau den gleichen Bedingungen aufgewachsen sind?« Wir haben ähnliche Körpertypen, wir kommen aus der gleichen Familie, wir hatten die gleichen Möglichkeiten und den gleichen Zugang zum Skifahren. Aber wir wuchsen zu zwei völlig unterschiedlichen Menschen heran, und sie ist fasziniert davon, wie das passiert ist. Die Sache ist die: Sie kann Angst spüren. Für mich ist das der Unterschied.

Das war zwar schon immer so, aber als ich als Skifahrerin reifer wurde, als ich in meine Muskeln und mein Training hineinwuchs, als ich meinen Körper verstand und wusste, wozu er eigentlich fähig war, konnte ich meine Angstlosigkeit auf eine Art und Weise nutzen, die mein Skifahren auf ein ganz anderes Level hob. Manchmal war es wie auf der Piste von St. Anton – ich konnte einfach aggressiv an Stellen fahren, an denen andere nicht fahren würden. Ein anderes Mal bedeutete es, dass ich mich in Momenten oder in Situationen mit mir selbst im Einklang fühlte, in denen die Furcht andere eher durcheinanderbringt. Unabhängig von der jeweiligen Situation katapultierte mich die fehlende Angst in eine neue Leistungsdimension.

Interessanterweise dauerte es jedoch viele Jahre, bis ich begriff, welche Rolle das Fehlen von Angst für meine Leistung spielte, bis mir bewusst wurde, was in meinem Kopf vor sich ging – oder besser gesagt: was nicht vor sich ging. Obwohl mir meine Angstfreiheit wie eine Superkraft erscheint, dachte ich nie besonders darüber nach, vor allem weil ich jahrelang nicht einmal erkannte, dass das, was ich erlebte, anders war. Es brauchte andere Menschen, die es mir sagten. Denn wie hätte ich die Abwesenheit von Gefühlen, die ich nie erlebt hatte, erkennen sollen? Manchmal hörte ich auf dem Berg, was die anderen Mädchen sagten – wenn ihnen genau die gleichen Bedingungen vor Augen standen wie mir, sie sie aber ganz anders beurteilten. Für sie mischte sich die Angst in die Vorfreude und manchmal auch in die Ausführung, wenn das Wetter schlecht war oder die Bedingungen besonders gefährlich waren. Ich schaute nie auf die vor mir liegende Strecke und sah die Gefahr. Ich sah immer nur eine Herausforderung.

Manchmal fragen mich Leute ganz unbefangen, ob ich Angst vor dem Tod habe, und die Wahrheit ist, dass ich nie darüber nachdenke. Selbst in Momenten, in denen das Risiko hoch ist, denke ich nicht wirklich daran, denn man kann ja jederzeit sterben. Man könnte am falschen Ort zur falschen Zeit sein. Man könnte beim Überqueren einer Straße von einem Auto angefahren werden. Es gibt eine Million verschiedener Dinge, an denen man sterben könnte, aber wenn man ständig daran denkt, lebt man nicht wirklich, nicht wahr? Stattdessen denke ich nie über die Konsequenzen nach (was ein Problem sein kann, nehme ich an). Das ist eine Möglichkeit, das, was vor einem liegt, anzunehmen, ohne sich Gedanken darüber zu machen, was als Nächstes kommt.

Meine fehlende Angst ist wahrscheinlich einer der Gründe, warum ich Dinge tue, die andere nicht tun würden. Zum Beispiel gab es Zeiten, in denen ich nach einer Verletzung früher wieder auf den Brettern stand, als ich es wahrscheinlich hätte tun sollen. Viele Menschen tragen diese tief verwurzelte Angst in sich, ihren Körper auf die Probe zu stellen oder etwas zu tun, bevor sie »bereit« sind. Doch das ist nichts, worüber ich mir Sorgen mache. Es ist nicht so, dass ich eklatant gegen das verstoßen würde, was mir ein Arzt gesagt hat, aber ich hatte nie dieses Gefühl der Angst, das andere hatten, wenn sie nach einer Verletzung zurückkamen. Ich habe mich nie auf die Folgen konzentriert, sondern auf das, was als Nächstes kommt – das nächste Rennen, das nächste Ziel, der nächste Meilenstein. Ich habe mich durch nichts aus der Bahn werfen lassen, weil ich keine Minute verpassen wollte. Für mich war das einzige Risiko, das ich spürte, das Risiko des Bedauerns. Das Einzige, wovor ich mich fürchtete, war, die großen Chancen nicht zu nutzen. Die Frage »Was wäre, wenn?« ist die Schlimmste von allen.

Manchmal bedeutet »Eier zu haben« auch den Mut zu haben, Dinge anders zu machen, sich nicht von Erwartungen einschränken zu lassen. Je besser ich Ski fahren konnte, desto mehr wurde das Eingehen von Risiken zweitrangig. Solange die Risiken, die ich einging, mich schneller machen konnten.

Später in diesem Jahr, im Sommer 2008, war ich am Coronet Peak in Neuseeland, unter den eisigsten Bedingungen, die ich je gefahren bin. Ich trainierte Slalom neben dem olympischen Goldmedaillengewinner Ted Ligety, der gerade die Kombination in Turin gewonnen hatte. Er fuhr durch den Slalom und auf dem festen Eis, als wäre es nichts, während ich ständig über die Piste rutschte.

»Was benutzt du?«, gestikulierte ich in Richtung seiner Skier. »Ich kriege keinen Halt.«

Er warf mir einen verwirrten Blick zu. »Darf ich sie probieren?«, fragte ich. »Das sind Männerskier«, antwortete er.

»Kein Scheiß«, rief ich. »Aber darf ich sie probieren?«

Etwas widerwillig stimmte er zu. Zum Glück passte mein Schuh in seine Bindung, und dann ging es los. Ich probierte einen Lauf auf seinen Skiern, und es war der einfachste Slalom, den ich je erlebt hatte. Sie waren so viel schneller. Da hat es bei mir klick gemacht und das wars. Ich war überzeugt.

Für eine Skifahrerin ist es nicht selbstverständlich, auf Männerskiern zu fahren. Aber für mich ergab das sehr viel Sinn. Die Skier der Männer sind nicht per se besser – sonst könnte eine Frau einfach auf Männerskier steigen und allein dadurch besser oder schneller werden. Der Hauptunterschied ist, dass sie länger und steifer sind als Skier für Frauen. Die Wahl der richtigen Skier ist so ähnlich wie die Wahl der richtigen Reifen für das Auto. Je schwerer man ist, desto länger sollten die Skier sein. Männerskier benötigen mehr Kraft zum Drehen, sind aber auch stabiler.

Ich persönlich mag steifere, härtere Skier, aber bei vielen Athletinnen und auch Athleten hält sich die Begeisterung dafür sehr in Grenzen. Wenn ich mit französischen, kanadischen oder norwegischen Männern trainierte, fragte ich sie immer: »Wie steif sind deine Ski?«, und stellte fest, dass sie meist auf weicheren Skiern trainierten. Wenn es um die Ausrüstung geht, hat jeder seine eigenen kleinen Vorlieben, die für ihn persönlich funktionieren.

Eine Sache, die für Männerski spricht, ist, dass die Unternehmen mehr Forschung und Entwicklung betreiben, weil es mehr Männer gibt, die Rennen fahren. Innovationen in der Ausrüstungstechnologie kommen in Wellen. Bestimmte Hersteller finden etwas heraus, was die anderen noch nicht erkannt haben. Sie dominieren dann für einen Moment, bis die Konkurrenten aufholen. Man muss auch bedenken, dass kein Ski dem anderen gleicht. Jeder Ski unterscheidet sich in der Herstellung vom anderen, und man weiß nie, welche Faktoren hier zum Tragen kommen. Es könnte an einem bestimmten Tag in der Fabrik ein Grad wärmer als üblich sein, und das allein würde schon einen Unterschied ausmachen. Von hundert Skiern werden vielleicht fünf ziemlich schnell sein. Je mehr Skier also hergestellt werden, desto mehr schnelle Skier werden produziert.

Im Laufe der Jahre wurden enorm viele Änderungen an der Ausrüstung vorgenommen, und das kann viel mit den Schwierigkeiten ihrer Benutzer zu tun haben. Manchmal passt eine Änderung gut zu einem, manchmal aber auch nicht. Beim Skifahren gibt es viele Variablen, die man an der Ausrüstung ändern kann, um sie schneller zu machen. Man kann den Schuh, den Schaufelwinkel, die Bindung, den Schaufelwinkel in der Bindung, die Konstruktion, den Kern, die Beläge, die Kanten ... wirklich eine

Million verschiedene Dinge ändern. Manche Leute nehmen, was ihr Techniker ihnen vorgibt. Andere sind superfixiert auf die Details und überarbeiten eine Menge Dinge. Aber es bleibt eine heikle Angelegenheit – wenn man zu viele Dinge anpasst, hat man keine Basis, von der aus man arbeiten kann, also sollte man nicht zu viele Variablen auf einmal ändern.

Ich persönlich schaffte mit den Männerskiern eine effektivere Kraftübertragung und konnte schneller fahren. Sie passten mir gut und ich fühlte mich wohl auf ihnen. Aber alle dachten, ich sei verrückt geworden! Vor Beginn der Saison kursierten Gerüchte darüber, dass ich auf diesen Skiern fahren würde, und alle lachten mich mehr oder weniger aus. Viele meinten: »Für wen hält sie sich, dass sie auf Männerskiern fährt? Sie wird nie in der Lage sein, die Kurven zu nehmen.«

Als ich mein Debüt auf Männerskiern gab, gewann ich die ersten drei Rennen in Lake Louise, und zwar mit großem Vorsprung. Nun meinten die meisten: »Okay. Wow. Ist doch egal.« Einige allerdings fanden es falsch und dass so etwas nicht von den Regeln gedeckt sein sollte. Aber die Wahrheit ist, dass ich mir keinen Vorteil verschaffte – wenn überhaupt, dann machte die Verwendung von Männerskiern die Sache für mich schwieriger. Ich konnte sie bloß besser kontrollieren als andere.

Bevor ich mit den Männerskiern anfing, hatte ich im Slalom nie wirklich gut abgeschnitten. Ich konnte ein paar gute Läufe und ein paar Top-Ten-Platzierungen vorweisen, aber seit meiner Zeit in Minnesota hätte ich Slalom nicht mehr als meine Spezialität angesehen. Als ich anfing, mit den längeren Skiern zu fahren, fand ich meine Form wieder, und ich legte wirklich noch eine Schippe drauf.

Bei den Weltcuprennen 2008 im finnischen Levi sollte ich im Slalom als Achtzehnte starten. Beim Slalom ist es so, dass die besten Skifahrerinnen auf den Plätzen eins bis sieben starten und die nächste Gruppe auf den Plätzen acht bis fünfzehn. Mein achtzehnter Startplatz bedeutete, dass ich nicht einmal annähernd eine ernsthafte Konkurrentin war. Ich hatte zwar diese neuen Skier, aber niemand – mich selbst eingeschlossen – glaubte, dass ich eine großartige Leistung zeigen würde, geschweige denn, dass ich mich auf das Podium schieben könnte.

Aber bei meinem ersten Lauf rollte ich das Feld auf. Es fühlte sich an, als würde ich fliegen, genau wie damals in Neuseeland, als ich zum ersten Mal Teds Skier ausprobierte. Ich kam mit einer Zeit von 0:53.61 ins Ziel, fast eine Viertelsekunde vor Nicole Hosp aus Österreich, die mit 0:53.83 das Feld angeführt hatte. Es war die mit Abstand schnellste Zeit, und ich befand mich auf unbekanntem Terrain.

»Was zum Teufel war das?«, fragte meine Freundin Maria Riesch nach dem ersten Lauf. Sie hatte 0:54.08 hingelegt, was ihr den vierten Platz einbrachte.

»Mann, ich habe keine Ahnung!« Ich war genauso überrascht wie sie.

Lange Zeit, mehrere Jahre lang, belegten Maria und ich in der Abfahrt die Plätze eins und zwei, wir waren es also gewohnt, dort konkurrenzfähig zu sein. Aber normalerweise dominierte sie im Slalom, während ich im Super-G brillierte. Das hier war für uns beide Neuland.

Ich wusste zwar nicht, woher dieser erste Superlauf gekommen war, aber sobald ich die Führung übernommen hatte, war ich entschlossen, sie zu behalten. Ich stellte mir die Strecke bis zu meinem zweiten Lauf vor – wo ich sein musste, was ich tun musste. Im oberen Teil der Strecke gab es ein langes Flachstück, das mir zum Vorteil gereichen würde, und der steile Teil war *ziemlich* steil. Als ich in die Startbox trat, lag Maria mit einer Zeit von 0:54.56 an zweiter Stelle, nur 0,26 Sekunden hinter einer anderen Maria, der Schwedin Maria Pietilä Holmner.

Ich brachte die Spitze durcheinander und gewann in den Flachstücken viel Zeit. Das Ziel beim Slalom ist, das Tor so knapp wie möglich zu umfahren. Im steilen Teil der Strecke machte ich einen großen Fehler und wäre fast gestürzt. Von da an griff ich die Strecke an wie ein Stier, der rotsieht. Ich fing an, sie so zu fahren, dass ich durch die Tore knallte, als wären sie gar nicht da. Genau so muss man es machen. Kein Zweifeln, kein Zögern. Man sucht sich einfach den geradesten Weg, denn das ist der schnellste, und dann gibt man Vollgas.

Als ich die Ziellinie überquerte, sah ich meine Zeit nicht sofort, vielmehr dass die schwedische Maria auf dem ersten Platz stand. Dann blinkte meine Zeit auf der Anzeigetafel auf, und wir wussten beide, dass ich gewonnen hatte. Sie nahm es sehr freundlich auf, denn sie kam auf mich zu und umarmte mich. Die andere Maria, meine Maria, war direkt hinter ihr.

In diesem Jahr durfte ich – auf meinen Männerskiern – für den größten Teil der Saison das Rote Trikot tragen. Das Rote Trikot im Skisport ist wie das Gelbe Trikot im Radsport – es bedeutet, dass man in diesem einen Wettkampf die Beste der Welt ist. Diejenige, die in der Gesamtwertung vorne liegt, bekommt es, und das Rote Trikot im Slalom zu erhalten, war eine große Ehre für mich.

Nach dieser Vorführung versuchten es die meisten Frauen mit Männerskiern, aber als sie probierten, mit ihnen abzubiegen, stellten sie fest, dass sie es nicht konnten. Dann versuchten natürlich alle Skifirmen, eine Zwischenversion herzustellen – nicht ganz Frauenski und nicht ganz Männerski. Obwohl ich für den Rest meiner Karriere weiterhin Männerski in der Abfahrt und im Super-G benutzte, endete meine Slalomherrschaft im darauffolgenden Jahr, als die FIS die Vorschriften für den Radius der Skier änderte, wodurch sich die Kurvenlage des Skis veränderte. Danach waren die Männerski für mich im Slalom und im

Riesenslalom nicht mehr wirklich geeignet, aber unsere gemeinsame Zeit hat Spaß gemacht. Es war eine interessante Zeit, diese Saison. Ein entscheidender Moment für mich und den Skisport gleichermaßen.

Mit meiner Entscheidung, Männerski zu verwenden, wollte ich keine Aussage über das Geschlecht machen. Ehrlich gesagt kam mir das gar nicht in den Sinn. Ich hatte einfach etwas gefunden, das für mich funktionierte, eine Möglichkeit, besser und schneller zu sein. Es war mehr eine technische Entscheidung als alles andere. Ich habe immer alles getan, um die Beste zu sein, auch wenn das bedeutete, Dinge anders zu machen. Im Laufe meiner Karriere war das Überwinden von Geschlechtergrenzen oft eine unbeabsichtigte, aber sehr willkommene Folge.

Weder im Fall der Männerskier noch sonst habe ich meine Karriere unter einem Geschlechteraspekt betrachtet. Jetzt, wo ich zurückblicke, spricht jeder über das Geschlecht, über Gender, aber als ich jünger war, habe ich nie darüber nachgedacht. Ich bin nicht mit dem Gedanken aufgewachsen, dass Mädchen etwas nicht können, und ich habe nie wirklich einen Unterschied zwischen dem, was Männer tun können, und dem, was Frauen tun können, ausgemacht. Ich habe Pete Sampras und Andre Agassi und Steffi Graf gesehen, und ich habe keinen Unterschied zwischen ihnen gemacht.

Als ich in der Welt des Skisports aufwuchs, sagte mein Vater immer: »Das ist die perfekte Zeit, um eine Frau im Sport zu sein.« Vor meiner Zeit bekamen Frauen nicht so viel Sendezeit im Sport, aber dank des Einflusses von Mia Hamm, die mit einer beeindruckenden Reihe von großen Marken zusammenarbeitete, in Dutzenden von Werbespots auftrat und sogar ihr eigenes Videospiel hatte, war das nun eine andere Geschichte. Doch abgesehen von den Marketingaspekten wies mein Vater nie auf das Geschlecht hin. »Sei das Beste, was du sein kannst«, sagte er, und das wars. Darüber bin ich froh, denn so habe ich die Dinge immer gesehen. Ich wollte einfach nur erfolgreich sein, Punkt.

Da ich mich so sehr darauf konzentrierte, einfach nur die Beste zu sein, ging ich alles, was ich tat, eher grob an – auch wenn das bedeutete, Risiken einzugehen. Ich glaubte immer, wenn ich die richtigen Dinge tue und sage und auf dem Berg und in der Sporthalle hart arbeite, ist das alles, was nötig ist. Natürlich erkannte ich im Laufe der Jahre, dass es nicht so einfach war. Aber zu Beginn meiner Laufbahn, als eine risikoscheue Mentalität mich noch hätte aufhalten können, dachte ich nie über irgendwelche Hindernisse oder Normen nach. Ich hielt nie inne, um andere Faktoren als meine Fähigkeiten zu berücksichtigen. Stattdessen tat ich, was ich tun musste, um schnell zu sein – ohne Einschränkungen.

Kapitel 13

Egal wie viel Erfolg man hat, man fühlt sich schnell als Außenseiter, wenn man ständig seine Unzulänglichkeiten unter die Nase gerieben bekommt. Bei der Weltmeisterschaft in Val-d'Isère im Februar 2009 hatte ich immer noch das Gefühl, etwas beweisen zu müssen.

Dabei hatte ich in der laufenden Saison 2008/09 bisher alles gegeben. Nur ein paar Wochen zuvor hatte ich in Garmisch den Slalom und den Super-G gewonnen und damit meinen siebzehnten und achtzehnten Weltcupsieg errungen. Doch obwohl ich bei den letzten Weltmeisterschaften auf dem Podium stand und 2007 im schwedischen Åre zwei Silbermedaillen gewann, hatte ich bei den Weltmeisterschaften noch nie Gold geholt. Und natürlich auch nicht bei den Olympischen Spielen; da hatte ich überhaupt noch keine Medaille gewonnen. Die Presse liebte es, mich an diese beiden Misserfolge zu erinnern, und vor den Meisterschaftsrennen 2009 hieß es: »Hey! Du hast noch nie Gold gewonnen! Du hast noch nie Gold gewonnen! DU HAST NOCH NIE GOLD GEWONNEN!« Ehrlich gesagt hatte ich es satt, das zu hören, also war mein Plan diesmal ganz klar, zu gewinnen.

Viel Arbeit lag vor mir. Die Piste war in diesem Jahr sehr schwierig und befand sich auf einem ganz anderen Hang als üblicherweise. Das französische Team hatte das ganze Frühjahr über dort trainiert und somit einen klaren Vorteil. Da ich nur zwei Tage auf der Piste war, konnte ich die Strecke niemals so gut kennen wie sie, aber ich ließ mir Zeit beim Inspizieren und versuchte, mir jedes Detail einzuprägen. In den Tagen vor dem Rennen habe ich mir die Strecke immer wieder vor Augen geführt, um mich auf das zu konzentrieren, was ich tun musste.

Auch das Wetter spielte eine Rolle – es war ziemlich wechselhaft. Der Super-G begann klar, mit strahlend blauem Himmel und Sonnenschein. Die ersten fünf oder sieben Fahrerinnen hatten einen wunderschönen Tag wie aus dem Bilderbuch. Doch plötzlich zog ein Gewitter auf, und das helle Licht wurde diffus und die Kontraste verschwammen zunehmend. Dann fing es an zu schneien, und ehe man sichs versah, hatten wir einen Whiteout. Das kommt beim Skifahren oft vor, und es ist, als würde man zwei verschiedene Rennen an zwei verschiedenen Tagen fahren, so verändern sich die äußeren Bedingungen auf dem Weg vom Start zum Ziel. Trotzdem war das mit Abstand einer der dramatischsten Wetterumschwünge, die ich je selbst mitbekommen habe. Als die Spitzenfahrerinnen ihre Läufe begannen, sah ich schon, dass es ein Kampf war. Sie fuhren volle Sekunden hinter den Teilnehmerinnen, die zuerst an der Reihe gewesen waren.

Alle waren nervös. Ich konnte es in ihren Augen sehen, ihre Körpersprache zeigte es deutlich. Die Ersten, die dran waren, fuhren nicht aggressiv, griffen den Berg nicht an. Sie waren passiv, zögerlich, ängstlich – und das ist bei der Abfahrt der Todeskuss. In dem Moment, in dem du dich der Piste hingibst, bist du erledigt. Wenn du die Piste nicht angreifst, greift die Piste dich an.

Ich beobachtete die Fahrerinnen vor mir genau. Vielleicht würde ich etwas bemerken, was ich für mich nutzen könnte. Es ist eine Sache, zu wissen, wo die Tore sind, aber den Schnee kennt man erst, wenn man auf der Strecke ist. Es könnte eine Unebenheit oder eine Spurrille geben. Der Zustand des Schnees ändert sich, je mehr Leute die Strecke befahren. Wenn man die Rennen der anderen beobachtet, sind die gewonnenen Informationen allerdings nicht allzu üppig. Man wird registrieren, wo jemand gestürzt ist, aber nicht unbedingt, warum. Maria Riesch beobachtete ich bei ihrem Lauf vor allem aus einem anderen Grund: weil ich wusste, dass ihre Leistung ein guter Gradmesser sein würde. Sie kam mit zwei oder drei Sekunden Rückstand ins Ziel. Sie rutschte auf den fünfzehnten Platz ab, und ab diesem Zeitpunkt wusste ich, dass ich in Schwierigkeiten steckte. Wenn Marias Lauf ein Gradmesser war, hatte ich kaum eine Chance auf eine Medaille, geschweige denn auf Gold.

Es war klar, dass es nicht einfach werden würde, aber ich liebe Herausforderungen. Bei einer Herausforderung blühe ich erst richtig auf. Ich glaube, ich fahre am besten, wenn ich gar keine andere Möglichkeit habe, als 110 Prozent zu fahren. Ich mag es, wenn ein Titel auf dem Spiel steht und die Person, mit der ich darum konkurriere, direkt vor mir ist. Ich will wissen, wie ihre Zeit ist und was ich genau tun muss, um den Titel zu gewinnen. Ich mag es, mich aus einer Ecke herauszukämpfen. In dieser Hinsicht genieße ich es, die Außenseiterin zu sein, denn ich bin gerne angriffslustig.

Ich bin also an den Start gegangen, bereit, alles zu geben. Je schlechter die Chancen stehen, desto mehr lege ich mich ins Zeug. Und hier standen die Quoten eindeutig gegen mich. Ich wusste, dass ich keine andere Wahl hatte, als alle anderen zu übertrumpfen, um überhaupt den Hauch einer Chance zu haben, es zu schaffen. Und genau das habe ich getan. Ich ließ mich von meinem Instinkt leiten und schoss so schnell ich konnte den Berg hinunter. Meine Beine wirkten wie Stoßdämpfer und waren auf jede Bodenwelle vorbereitet. Wenn das Licht diffus und die Sicht schlecht ist, kommt es darauf an, was man beim Inspizieren herausgefunden hat – wie gut man weiß, wohin man fährt – und dass man ein Gefühl für den Schnee hat. Da man den Boden nicht sehen kann, ist es besser, sein Vorwissen über die Strecke zu nutzen, um vorhersagen zu können, was auf einen zukommt, anstatt sich auf seine Augen zu verlassen. Der Körper muss auf so ziemlich alles vorbereitet sein, denn wenn man aufs Ganze geht, sollte das durchdacht erfolgen. Ich habe also alles aufgeboten, was ich hatte: Kraft, Stärke und Beweglichkeit. Es musste alles zusammenspielen, und zum Glück hat es das auch getan.

Ich kam mit einer Zeit von 1:20.73 ins Ziel und war damit drei Zehntel schneller als die Führende, Marie Marchand-Arvier aus Frankreich, die nicht nur den Heimvorteil hatte, sondern auch gestartet war, als die Sonne noch schien. Ich wartete darauf, dass der Rest des Feldes die Strecke herunterkam, und tat mein Bestes, um selbstbewusst und nicht zu ängstlich auszusehen – und mich auch so zu fühlen. Eine nach der anderen versuchten die anderen Fahrerinnen, mit mir mitzuhalten, aber keine konnte eine schnellere Zeit hinlegen.

Das Gold war meins. Endlich hatte ich meinen Weltmeisterschaftssieg. Damit war ich außerdem die erste Amerikanerin, die den Welt-Super-G gewann, ein Titel, den ich nur zu gerne innehatte. Aber ich war nicht recht in Feierlaune, denn jetzt, wo ich gewonnen hatte, musste ich mich noch einmal beweisen. (Was würde man von einer zwanghaften Aufsteigerin auch anderes erwarten?)

Das nächste Rennen war die Abfahrt, aber das Wetter war so schlecht geworden, dass das Rennen um ein paar Tage verschoben werden musste, bis die Bedingungen wieder besser waren. In den nächsten zwei Tagen wurde der Druck zu gewinnen immer größer, was eine ganz eigene Herausforderung darstellte – ich war voll aufgedreht und bereit für das Rennen, und ich musste meinen Schwung beibehalten, gleichzeitig aber darauf achten, nicht auszubrennen.

Normalerweise war ich am Start ruhig und konzentriert, fokussierte mich auf meine Atmung und darauf, was ich tun musste, um zu gewinnen. In den Momenten vor einem Rennen wurde ich so unnahbar, dass jedem klar war, dass er gar nicht erst den Versuch machen sollte, mit mir zu reden. Aber vor dieser Abfahrt war meine Nervosität so groß, dass ich nicht wusste, wie ich damit umgehen sollte. Also griff ich auf das Verhalten zurück, das ich bei meinen allerersten Rennen an den Tag gelegt hatte. Als Kind, bevor ich ein System entwickelt hatte, um mit dem Druck umzugehen, war ich dafür bekannt, ziemlich albern zu sein, herumzutanzen und sogar Schneeballschlachten zu veranstalten – alles, um mich abzulenken und meine Nerven zu beruhigen. In den Momenten vor dem Rennen versuchte ich, mit Nicholas, meinem damaligen Techniker, herumzualbern, einem ernsten Typen, der zum Lachen in den Keller ging, aber es half trotzdem.

Meine einzige Taktik war, aggressiv zu fahren und so aufmerksam wie möglich zu bleiben. Wenn man auf Zack ist, kann man auf alles reagieren, was die Strecke einem vorgibt. Man kann sich während des Fahrens selbst korrigieren, eine Anpassung vornehmen. Wenn ich merkte, dass ich auf einer Strecke gerade einen Fehler gemacht hatte, sagte ich mir jedes Mal selbst: *Finde einfach die Falllinie.* Die Falllinie ist fast immer eine Sache des Instinkts. Man kann nicht immer sehen, wo sie ist, vor allem wenn die Sicht schlecht ist, also muss man sie fühlen. Man weiß einfach, wenn man sie gefunden hat. Manche Menschen haben eine angeborene Fähigkeit, die Falllinie zu nutzen, andere nicht. Das ist etwas, was Bode Miller wirklich gut beherrschte. Er ist ein so begnadeter Sportler, dass er im Handumdrehen die Richtung ändern konnte. Nicht viele Leute schaffen solche beeindruckenden Comebacks, wie er sie hinlegte, und noch dazu zum Beispiel ein Rennen auf *einem* Ski zu beenden.

Der Druck, den ich verspürte, um die Abfahrt zu gewinnen, war immens, nicht nur weil es um ein zweites WM-Gold ging, sondern weil die Olympischen Spiele in Vancouver vor der Tür standen. Val-d'Isère war mein Testlauf. Wenn ich auf der größten Bühne überhaupt auftreten wollte, musste ich einen Weg finden, meine Nerven ebenso im Griff zu haben wie mein Adrenalin. Adrenalin kann eine gute Sache sein, wenn man es kontrollieren kann. Die Kunst besteht darin, es zu bändigen, es auf dem richtigen Niveau zu halten und dabei locker und rennbereit zu bleiben.

In diesem Fall ging es weniger um Instinkt als vielmehr darum, so viel Gas zu geben, wie ich konnte, und zwar auf der gesamten Strecke, denn ich wusste, dass ich ansonsten nicht einmal nahe dran sein würde. Praktisch bedeutete das, dass ich in jedem Moment ans Limit gehen musste, bis zu dem Punkt, an dem ich fast die Kontrolle verlor.

Mit einer Zeit von 1:30.31 lag ich eine halbe Sekunde vor der Führenden, der Schweizerin Lara Gut. Jetzt konnte ich endlich jubeln. Ich hatte zwei Goldmedaillen bei den Weltmeisterschaften, und es lagen noch zwei Rennen vor mir. Es fühlte sich an, als ob ich endlich aus dem Schatten ins Licht getreten wäre. Ich war bereit für Vancouver. Und jetzt wussten es auch alle anderen.

Nach dem Rennen gab es einen von Rossignol organisierten Fototermin für die Presse. Er fand in einer der Skihütten am Fuße des Berges statt und war wie eine Party ausgerichtet, um meinen Sieg zu feiern. Die Idee war, dass ich auf einer Bühne vor einer Menschenmenge stehen würde, während einer der Vertreter von Rossignol mir gratulierte und die Reporter einen Haufen Fotos machen würden. Das war eine gute Gelegenheit für die Marke, zusätzliche Aufmerksamkeit zu bekommen und gleichzeitig einen ziemlich großen Moment in meiner Karriere offiziell zu würdigen.

Als Teil des Fototermins reichte mir jemand eine Flasche Champagner und sagte mir, ich solle sie öffnen und dann schütteln und die Menge bespritzen, wie man es im Fernsehen oder in

Filmen sieht. Bis zu diesem Zeitpunkt hatte ich in meinem ganzen Leben noch keine Sektflasche geöffnet. (Nicht dass ich noch nie zuvor Champagner getrunken hätte, ich wurde nur noch nie gebeten, ihn zu öffnen.) Ich habe mich wirklich bemüht, die Flasche aufzukriegen, aber ich schaffte es nicht. Der Vertreter, der mit mir auf der Bühne stand, versuchte mir zu helfen, aber vergeblich, der Korken steckte bombenfest. Das war aber bloß der Beginn einer Komödie der Irrungen. Denn als wir versuchten, die Flasche mit Gewalt zu öffnen, brach der Korken ab und die Situation sah ziemlich hoffnungslos aus. Da rief jemand von Rossignol: »Nimm einen Ski und köpf damit die Flasche!« Fast wie ein Barkeepertrick.

Der Vertreter tat, was ihm gesagt wurde, und es funktionierte auch, aber ich schätze, dass der Flaschenhals bei der Aktion stärker zerbrach, als es eigentlich gedacht war. Er reichte mir die Flasche, wobei der Sekt an den Seiten herunterlief, sodass ich nicht bemerkte, wie zerklüftet das Glas war. Ich legte meinen Daumen auf die Öffnung, schüttelte kräftig und begann, die Menge zu bespritzen.

Ich stand da, besprühte alle und versuchte, möglichst fotogen auszusehen, als die Leute plötzlich verstummten. Ich schaute auf meinen Arm, an dem Blut herunterlief. Ich rede nicht von einem Rinnsal, wie wenn man sich mit einem Messer schneidet, sondern von einer großen Menge Blut. Am Set eines Horrorfilms wäre ich die Idealbesetzung gewesen. Die Party war vorbei. Alle hörten auf zu jubeln und blickten mich entsetzt an.

Ich dachte: *Oh, Scheiße,* und rannte nach draußen zu meinem Physiotherapeuten. Er versuchte abzuschätzen, wie schwer der Schaden war. »Kannst du deinen Daumen bewegen?«, fragte er. Ich versuchte, ihn zu bewegen, aber es ging nicht.

Wir fuhren zurück ins Hotel, damit der Mannschaftsarzt sich meine Hand ansehen konnte. Er warf einen Blick darauf und meinte, dass ich mir die Sehne durchgeschnitten hätte. Eine Sehne, die den Muskel mit dem Knochen verbindet, ist wie eine Feder oder ein Bungeeseil, das sich dehnt und zurückfedert. In diesem Fall zog sie sich bis in meine Hand zurück. »Du musst sie sofort behandeln lassen«, sagte mir der Arzt, »sonst schrumpft die Sehne und man muss tief in die Hand schneiden, um wieder an sie heranzukommen.«

Ich hatte in zwei Tagen ein Rennen, also besorgte Red Bull mir ein Privatflugzeug, um von Frankreich nach Österreich zu fliegen. (Zumindest dieser Teil war ziemlich cool.) Als wir im Krankenhaus ankamen, drückte sich der Handchirurg um eine Behandlung, weil er nicht für irgendwelche Folgen verantwortlich sein wollte. Stattdessen erklärte sich ein Kniespezialist, Dr. Fink, nach meiner Bitte bereit, meine Hand zusammenzuflicken. Er knüpfte die Sehne mit einer Menge Knoten zusammen, weshalb mein rechter Daumen bis heute komisch aussieht und sich nicht ganz durchstrecken lässt. In gewisser Weise ist das wie ein Souvenir von meinem ersten Weltmeisterschaftsgold.

Wenn ich »Daumen hoch« zeige, sieht das zwar aus, als hätte ich meine Hand durch einen Häcksler gejagt, aber mein rechter Daumen ist in guter Gesellschaft. An der gleichen Hand ist mein Ringfinger superkaputt, und das nicht einmal vom Skifahren. Als ich elf war, stiegen wir in einem von Erichs Trainingslagern in Mount Hood in den Minivan ein und jemand donnerte mir die Schiebetür gegen die Hand. Die musste genäht werden und ist seitdem knorrig. Lange Zeit war mein Spitzname »Finger«. Mein rechter kleiner Finger lässt sich nicht mehr ausstrecken, seit ich einmal beim olympischen GS-Rennen in Vancouver gestürzt bin und ihn mir gebrochen habe. Natürlich musste ich am nächsten Tag beim Slalom antreten, also ließ ich mir einen weichen Gips in Form einer Hand machen, die eine Stange umgreift, und so ist er verheilt. Kurz, die Champagner-Daumenverletzung

[1] Wo alles begann: Buck Hill, Minnesota. Skifahren lernen mit meiner Lieblingsmütze auf dem Kopf. [2] Die Begeisterung unserer Familie fürs Skifahren geht auf meine Großeltern Don und Shirley zurück. Sie waren meine treuesten Fans und reisten hierher nach Vail, um mich bei den Junior Olympics zu sehen. [3] In Milton, Wisconsin, vor dem Haus meiner Großeltern: Großvater und ich befüllen einen Vogelfutterspender. Großmutter liebte es, am Morgen die Vögel zu beobachten.

[1] Unser erstes Haus in Minnesota. [2] Familienausflug nach Steamboat. Als das erste Enkelkind hatte ich die volle Aufmerksamkeit der ganzen Familie. (Untere Reihe, von links nach rechts: Onkel Leo Hummel, Dad, ich; obere Reihe, von links nach rechts: Onkel Jeff, Tante Debbie, Oma, Opa.) [3] Mom und Dad bei den Junior Olympics in Vail, Colorado, in ihren klassischen Bogner-Einteilern im Partnerlook.

[4] Hilary Lund und ich beim Training in Buck Hill. [5] Rennen in Thunder Bay, Ontario, im Alter von acht Jahren. [6] Mount Hood, Oregon. Ich war seit meinem siebten Lebensjahr in Erich Sailers Skicamp, bis ich mit vierzehn ins U.S. Ski Team kam.

[1] Mit Dad in Welch Village, Minnesota. Eines unserer Wochenenden, an denen wir zu Rennen in Minnesota fuhren. [2] Laura und ich in Vail. [3] Mit Mom in Vail bei den Junior Olympics.

[4] Training mit Dad in Marquette, Michigan, als ich elf Jahre alt war. [5] Bei den Junior Olympics in Steamboat Springs, Colorado. [6] Eins unserer klassischen Weihnachtsbilder auf dem Gipfel des Lionshead in Vail.

[1] Mit Großvater Don in Österreich, beim Training für das Trofeo-Topolino-Rennen, das in Italien stattfand. Dies war das einzige Mal, dass er nach dem Koreakrieg das Land verließ. Auch er im klassischen Bogner-Einteiler. [2] Gleich nach meiner Aufnahme in das U.S. Ski Team machte mein Vater dieses Foto. Da war ich fünfzehn. [3] Das einzige große Rennen, das meine gesamte Familie live verfolgen konnte, war bei den Olympischen Spielen in Salt Lake City im Jahr 2002.

[4] Mom, Karin und Laura bei den Winterspielen in Salt Lake City 2002.
[5] Mein erster Weltcup-Sieg: die Abfahrt in Lake Louise, Kanada.
[6] Olympische Spiele in Salt Lake City 2002.

[1] Nach einem Sturz in Lienz, Österreich, im Dezember 2009. Dieser Sturz brachte mir zwei Monate vor den Olympischen Spielen in Vancouver eine Knochenprellung. [2] Wade Bishop, ich und Jeff Fergus in Garmisch, Deutschland, 2013. [3] Training mit dem U.S. Men's Ski Team in Portillo, Chile, Sommer 2016.

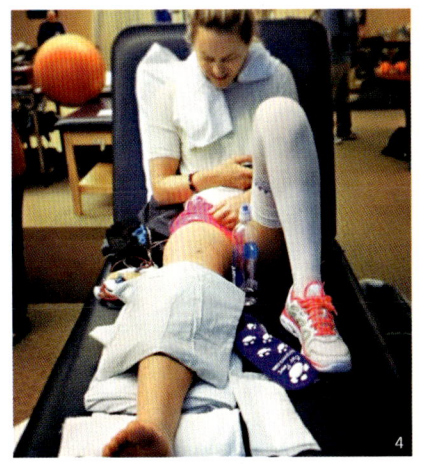
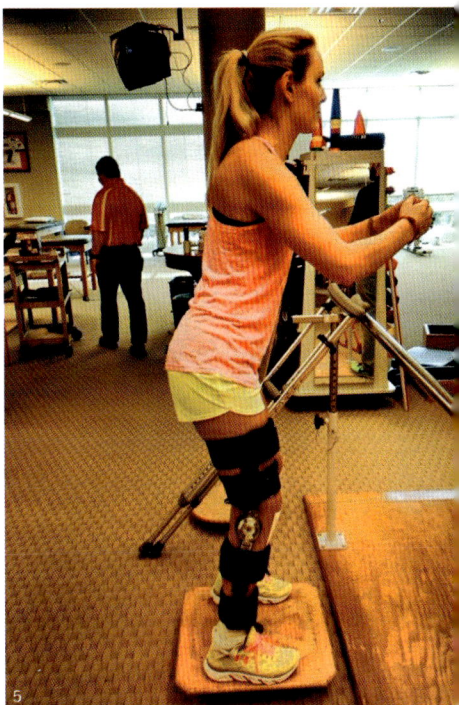

[4/5] Zweite Kreuzbandoperation, Januar 2014 im Andrews Institute in Florida.
[6] Mit meinen Mannschaftskameradinnen. (Hintere Reihe, von links
nach rechts: Alice McKennis-Duran, Alice Merryweather, Megan McJames,
Breezy Johnson; vordere Reihe, von links nach rechts: Laurenne Ross,
Resi Stiegler, ich.)

[1] Heinz Hämmerle und ich nach dem Gewinn des Abfahrts- und Super-G-Titels in Méribel, Frankreich, 2015. [2] Team LV in Roundhill, Neuseeland, 2017. (Von links nach rechts: Chris Knight, ich, Heinz Hämmerle, Patrick Rottenhofer, Alex Bunt.) [3] Cortina, Italien, 2017, als ich mit meinem 63. Weltcup-Sieg den Rekord für Skiläuferinnen knackte.

[4/5] Training in Chile, Sommer 2018.

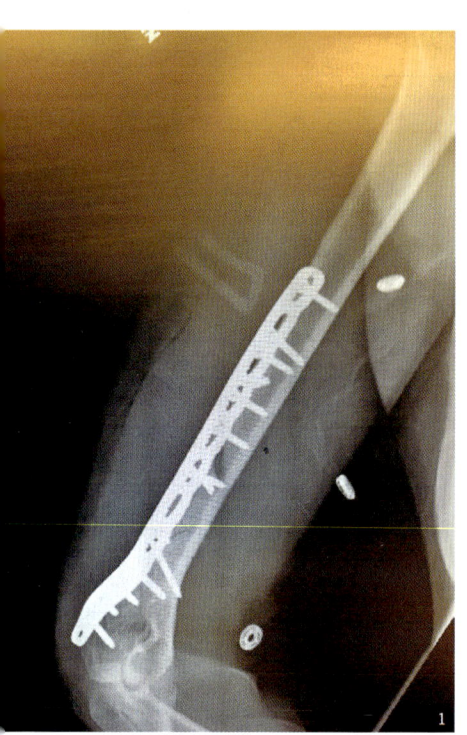

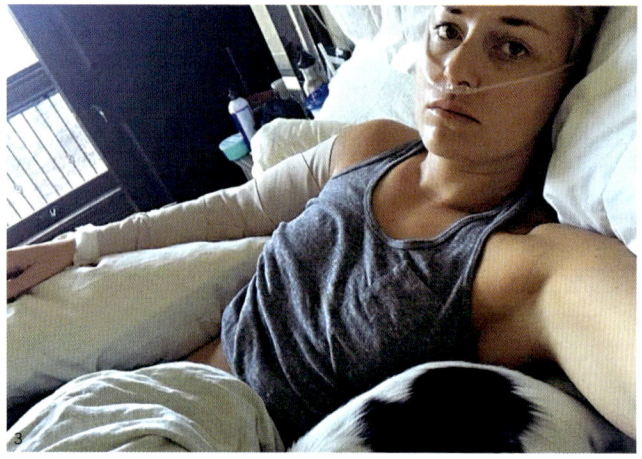

[1] Spiralfraktur des Oberarmknochens, mit einer Platte und dreizehn Schrauben. [2/3] Ich erhole mich in Vail, Colorado, mit meinen Hunden Leo, Bear und Lucy.

[4] Training im U.S. Ski Team Center of Excellence in Park City, Utah.
[5] Foto für die Project-Rock-Kampagne von Under Armour 2018.
[6] Training in Chile 2018.

[1] Mit Lindsay Winninger in Cortina, Italien, wo ich 2017 den Rekord für die älteste Medaillengewinnerin brach. [2] Großmutter und Großvater in Milton, Wisconsin.

[3] Laura und ich in Cortina, Italien, 2013. [4/5] Abfahrtsrennen in Pyeongchang, Olympische Spiele 2018.

[1] Das gesamte U.S. Ski Team, Olympische Spiele in Pyeongchang 2018.
[2] Mit meinen World Cup Globes 2019, nach dem Ende meiner Karriere.

konnte mich bei noch zwei ausstehenden Weltmeisterschaftsrennen natürlich nicht aufhalten.

Wenn man sich als Skifahrer die Hand oder den Arm verletzt, ist das Schöne, dass man nicht wirklich auf sie angewiesen ist. Sicher, man braucht sie, um sich vom Start wegzustoßen, aber im Grunde fährt man mit den Beinen. Zum Einsatz kommt der Daumen also nicht, aber ohne ihn ist es schwer, einen Skistock richtig zu halten. Also befestigten wir meinen Stock mit Klebeband an meiner Hand.

Ich war schon fast am Start, als ich merkte, dass ich meine Jacke noch anhatte. Normalerweise wäre das keine große Sache gewesen, bloß klebte meine rechte Hand ja am Stock. Hektisch versuchten wir, meine Hand zu befreien und meine Jacke auszuziehen, ohne dabei meinen Daumen zu sehr zu verletzen, und sie dann wieder am Stock festzumachen. In der Zwischenzeit konnte ich meine Stiefel nicht anschnallen, meine Schienbeinschoner waren nicht fest genug ... es war unglaublich chaotisch und die ganze Situation alles andere als ideal.

Nach dem ersten Lauf lag ich auf dem zweiten Platz. Im zweiten Lauf verlor ich ein bisschen das Gleichgewicht – ich lehnte mich nach innen und meine Skier kamen vor mir raus – und versuchte zum Ausgleich, meine Hand runterzunehmen, konnte mich aber nicht auf den Beinen halten und stürzte. Am Ende gewann Maria Riesch. Später, als ich mir die Aufzeichnungen ansah, stellte ich fest, dass ich mich wahrscheinlich nicht so stark nach innen gelehnt hätte, wenn meine Hand nicht an meinem Stock festgeklebt gewesen wäre. Wäre die ganze Sache mit dem Daumen nicht passiert, hätte ich gute Chancen gehabt, ein drittes Mal auf dem Podium zu stehen, aber ich kann die Geschichte nicht neu schreiben.

Dennoch war die Erleichterung über den Medaillengewinn groß – ich hatte mich genau zum richtigen Zeitpunkt bewiesen.

Bald würde ich die größte aller Bühnen betreten müssen, und da ich noch nie eine olympische Medaille gewonnen hatte, kannte ich den Druck, der auf mich zukommen würde. Aber jetzt wusste ich auch, wie sich Gold anfühlt. Ich hatte die Überzeugung, und jetzt hatte ich auch die Bestätigung.

Vor allem aber blickte ich zurück und sah den Aufstieg, der mich an diesen Punkt gebracht hatte. Nun befand ich mich weiter oben auf meinem persönlichen Berg, und von diesem Platz aus dachte ich an die Zeit nach den Spielen 2002 zurück, als ich so stark an mir selbst gezweifelt hatte, dass ich meine Karriere fast beendet hätte, bevor sie überhaupt begonnen hatte. Ich habe nie vergessen, wie sich dieser Zweifel anfühlte, und selbst als ich weiter aufstieg, hielt ich mir diese alten Gefühle immer wieder vor Augen – nicht um mich selbst herunterzuziehen, sondern um mich an meine Reise zu erinnern und daran, wie weit ihr Beginn zurücklag. Zu sehen, wie weit ich gekommen war, war eine Form der Ermächtigung und des Stolzes – meine eigene Version dessen, wie es sich für Großvater Don angefühlt haben muss, durch die Straßen seiner Stadt zu fahren und all die Bürgersteige zu sehen, die er betoniert hatte. Harte Arbeit hatte mich hierhergebracht – jetzt brauchte ich harte Arbeit, um meinen Status zu erhalten.

Wenn man aufhört, ein Außenseiter zu sein, dann wird man zur Zielscheibe. Jeder hat es auf einen abgesehen. Manchmal führt das zu einem gesunden Wettbewerb, manchmal zu Ressentiments – die Herausforderung besteht darin, das, was auch immer es ist, dazu zu nutzen, stärker zu werden.

Im Januar 2010, als es bis zu den Olympischen Spielen nur noch einen Monat dauerte, war ich bereits eine der Favoritinnen. Nach den Goldmedaillen bei den Weltmeisterschaften und den beiden Weltcupgesamtsiegen in den Jahren 2008 und 2009 wussten die Leute, wozu ich fähig war. Zu Beginn der Saison war ich außerdem sehr erfolgreich und gewann jedes Abfahrtsrennen, an dem ich teilnahm, sowie die meisten Super-Gs. Zu der Zeit erklärte ein Funktionär des Österreichischen Skiverbands, dass ich so viele Siege einführe, liege daran, dass ich größer und damit schwerer sei als die anderen Fahrerinnen, und das verschaffe mir einen Vorteil. Nun, er sagte es auf Deutsch und viele Wörter lassen sich nicht direkt ins Englische übersetzen, aber so ziemlich alle waren sich einig, dass die Art und Weise, wie er es sagte, implizierte, dass ich nicht nur groß, sondern auch recht beleibt sei. Diese Bemerkung gefiel mir nicht sonderlich.

Am Wochenende darauf sollte ich an drei Weltcuprennen in Haus in der Steiermark teilnehmen. Die negativen Kommentare anderer Leute waren immer genug, um mich anzuspornen, aber was der Funktionär da aus seinem Mund gelassen hatte, reichte aus, um mich auf die nächste Stufe zu katapultieren. Ich war so wütend, dass ich beschloss, alle drei zu gewinnen.

Das erste Rennen des Wochenendes war eine Abfahrt, und ich fuhr eine Zeit von 1:38.84, was mir den ersten Platz einbrachte, 0,35 Sekunden vor Anja Pärson aus Schweden. Sieg Nummer eins ging problemlos über die Bühne.

Am nächsten Tag stand die zweite Abfahrt an und es gab eine lange Wetterverzögerung. Ich versuchte, mich davon nicht beeinflussen zu lassen und mein Bestes zu geben, um konzentriert und in der richtigen Stimmung zu bleiben, aber es war schwierig. Über dem Berggipfel hing übler Nebel, der keine Anzeichen erkennen ließ, dass er sich verziehen würde. Schließlich beschloss man, die Strecke zu verkürzen. Der angepasste Start in der Mitte der Piste wurde auf einem der flachen Streckenabschnitte eingerichtet, was bedeutete, dass ich mich nicht mehr so sehr auf die Schwerkraft verlassen konnte, als ich mich aus der Startbox schob. Auf einer verkürzten Abfahrtsstrecke wie dieser darf man sich keine Fehler leisten, denn es gibt einfach nicht die Möglichkeit, die verlorene Zeit wieder aufzuholen.

Direkt nach dem Start gab es ein kleines Missgeschick mit meinem Stock und meinen Beinen, möglicherweise weil ich mir bei den Rennen in Lienz nach Weihnachten mein Handgelenk gebrochen hatte. Aber ich neige nicht dazu, Ausreden zu suchen. Als es passierte, dachte ich: *Das wars*, aber zum Glück kostete es mich nur eine Zehntelsekunde und ich konnte die richtigen Kurven finden, um mich durchzuwinden und die verlorene Zeit wieder aufzuholen. Irgendwie schaffte ich eine Zeit von 1:09.12 und lag damit nur 0,14 Sekunden vor der Schweizerin Nadja Kamer, was mir reichte, um die Führung zu übernehmen. Sieg Nummer zwei war nicht ganz so locker errungen wie der erste, aber das machte ihn nur noch süßer.

Am Sonntag, pünktlich zum dritten Rennen, einem Super-G, klarte das Wetter auf. Ich hatte die Startnummer 19, daher konnte ich zum Glück einige Fahrerinnen vor mir starten sehen. Martina Schild aus der Schweiz, die die Startnummer 2 trug, legte 1:27.54 vor und ihre Zeit blieb lange unangefochten. Dass ihr Vorsprung so lange anhielt, bestätigte, dass die Strecke weicher und damit langsamer wurde – bis Anja Pärson die Zeit von Martina um 0,32 Sekunden unterbot und die Italienerin Nadia Fanchini gleichzog, sodass ich wusste, dass ein Sieg noch möglich war.

Als ich in die Startbox trat, dachte ich: *Das ist meins*. Ich wusste, dass ich den österreichischen Funktionär zum Schweigen bringen wollte, aber vor allem wusste ich, dass es der pure Wahnsinn wäre, an einem Wochenende dreimal zu gewinnen.

Der Super-G ist immer eine Herausforderung. Man hat nur eine Möglichkeit zum Inspizieren, man muss perfekt sein und es wird einem viel abverlangt. Aber ich blieb fokussiert und fand einen Weg, es zu schaffen. Mit 1:26.69 kam ich dann ins Ziel, über eine halbe Sekunde weniger als Anjas Zeit. Ich war überglücklich.

Ich hatte noch nie drei Wettbewerbe an einem Wochenende gewonnen, egal auf welcher Ebene. Aber jetzt war es so weit. Als ich das dritte und letzte Mal in Haus auf dem Podium stand, dachte ich an den Funktionär des Österreichischen Skiverbands. Es hatte nicht in seiner Absicht gelegen, aber seine Bemerkung hatte mir genug Auftrieb gegeben, um alle drei Rennen zu gewinnen.

»Drei Rennen!«, riefen die Reporter beinahe im Chor. »Wie hast du das geschafft?« »Vielleicht liegt es daran, dass ich groß bin«, antwortete ich.

Im Nachhinein entschuldigte er sich, aber in Wahrheit war er nicht der erste europäische Skifunktionär, der kein Fan von mir war, und er war sicher nicht der letzte. Einmal, bei den Weltmeisterschaften in Garmisch, fuhr ich die Trainingsstrecke in Jacke und Hose hinunter, wobei ich meine Startnummer über der Jacke trug. Ein anderer hochrangiger Funktionär, diesmal vom Deutschen Skiverband, sah das und nannte es einen Affenzirkus. Zu Beginn der Woche hatte ich mir eine Gehirnerschütterung zugezogen, und als ich die Trainingspiste hinunterfuhr, war das vor allem ein Test, um zu sehen, ob ich tatsächlich Rennen fahren konnte. Wie wäre es, wenn ich meine Jacke und meine Hose auch beim Rennen anhätte? War das die klügste Entscheidung? Vielleicht nicht, aber ich gewann trotzdem eine Bronzemedaille, also hält sich mein Bedauern in Grenzen.

Die Wahrheit ist, dass mich keiner dieser Funktionärsjungs besonders mochte, weil ich die Dinge auf meine Art machte. Es waren nur einzelne von vielen Malen im Laufe meiner Karriere, wo ich mich unverstanden fühlte, einfach weil ich anders war. Als Sportler steht man in der Öffentlichkeit und die Leute wollen einen immer in eine bestimmte Schublade stecken. Im Laufe der Jahre gab es unter männlichen Sportlern ungeheuer viele unterschiedliche Herangehensweisen an ihren Sport, was zum

Teil natürlich einfach an der großen Anzahl von männlichen Sportlern lag. Aber bei einer Athletin wissen die Leute nicht so recht, wie sie reagieren sollen, wenn sie nicht ihren Vorstellungen entspricht. Sie waren verwirrt, als ich meine Meinung sagte und das tat, was ich für das Beste für mich hielt. Sie wussten vor allem nicht zu schätzen, dass ich mich in einem Sport, der komplett von Männern dominiert wird, nicht anpasste.

Es ist leider die Wahrheit – abgesehen von den Athletinnen und manchmal Physiotherapeutinnen gibt es im Grunde *keine* Frauen im Skisport. Das ist ein Problem, das bis heute anhält, obwohl ich schon seit einigen Jahren nicht mehr dabei bin. In den letzten beiden Saisons meiner Karriere war mit Karin Harjo endlich eine Frau Coach im US-Skiteam. Sie hatte auch die Ehre, 2016 als erste Frau überhaupt eine Strecke für den Weltcupslalom zu konzipieren. Sie ist wirklich cool und eine gute Trainerin, daher erschien mir ihre Anwesenheit völlig selbstverständlich, aber ich bin mir nicht sicher, ob das alle so sahen.

Natürlich würde ich gerne mehr Frauen im Skisport sehen, und zwar in allen Bereichen. Mehr Frauen, vor allem in Machtpositionen, würden zweifellos dazu beitragen, Ärgernisse zu vermeiden, wie zum Beispiel die Diskreditierung von Erfolgen durch Funktionäre, indem sie sie auf Größe oder Statur der Athletinnen zurückführen. Aber was die Skitrainer betrifft, so glaube ich nicht, dass die Seltenheit weiblicher Trainer eine Frage der Diskriminierung ist, sondern einfach eine Frage der Berufswahl. Zunächst einmal ist es kein luxuriöser Job. Wie man es auch dreht und wendet, Skirenntrainer zu sein, ist eine echte Herausforderung. Man ist stundenlang draußen in der Kälte. Man muss die Tore und Bohrer herumtragen und die Zäune aufstellen. Am Tag des Rennens müssen die Trainer das ganze Rennen über drei oder vier Stunden lang filmen. Manchmal müssen sie auf Bäume klettern, um einen besseren Blick auf die Strecke zu haben. Das ist ein so anstrengender Job, dass er dem Körper richtig zusetzen kann. Ich kenne keinen einzigen Trainer, der nicht täglich mit Nacken- oder Rückenproblemen oder anderen Beschwerden zu kämpfen hat.

Das ist der Preis, den man zahlt, um bei dem Sport zu bleiben. Denn wenn man aus dem Skisport ausscheidet, gibt es keine andere Möglichkeit, als Coach zu werden, aber kaum eine Rennläuferin entscheidet sich für diesen Beruf. Einerseits bin ich in meinem ganzen Leben vielleicht fünf Trainerinnen begegnet, andererseits habe ich aber auch nie eine einzige Frau getroffen, die Trainerin werden wollte, aber es nicht gekonnt hätte. Ein Coach zu sein ist einfach nichts, wofür viele Menschen gemacht sind.

Hinzu kommt, dass Skitrainer sehr schlecht bezahlt werden – kein Vergleich zu NFL-Trainern mit ihren Millionenverträgen. Trotz allem, was ihr Job mit sich bringt, verdient der durchschnittliche Skitrainer zwischen 25 000 und 50 000 Dollar. Also ja, Leute, die Skitrainer werden wollen, wollen *wirklich* Skitrainer werden. Es ist ein Job aus Leidenschaft, definitiv nichts, was man für Ruhm oder einen großen Gehaltsscheck macht.

Da Männer auf allen Ebenen des Skirennsports eine so herausragende Rolle spielen, habe ich mich daran gewöhnt, dass ich mich manchmal von den Funktionären abgewiesen und sogar auf wenig subtile Weise lächerlich gemacht fühle. Mit der Zeit lernte ich, ihre verschiedenen unbedachten Kommentare, ihre Beleidigungen und Sticheleien zu ignorieren. Aber dass ich meine Sinne in dieser Beziehung abgestumpft hatte, bedeutete nicht, dass ihre Worte keine Wirkung hatten. Wie immer nutzte ich ihre Worte als Treibstoff, aber es ist unmöglich zu verhindern, dass solche »Kritik« nicht auf einer tieferen, persönlicheren Ebene ankommt, wenn auch nur unbewusst. Das war schließlich Teil ihres Ziels: in meinen Kopf einzudringen, mich an meinen Instinkten zweifeln zu lassen, wer ich als Mensch und als Skifahrerin war.

Aber solche Worte völlig zu ignorieren, so zu tun, als ob sie nicht gesagt worden wären, sollte nie das Ziel von irgendjemandem sein – meins war es jedenfalls nicht. Ich wollte sie hören, sie zur Kenntnis nehmen, denn indem ich sie zur Kenntnis nahm, konnte ich ihnen demonstrieren, wie wenig Macht sie über mich hatten. Jedem Renndirektor oder Trainer, der versuchte, mich zurechtzuweisen, konnte ich zeigen, dass ich die Einzige war, die über meinen Erfolg bestimmen konnte – egal ob es sich um einen einzelnen Lauf in Österreich oder eine so große Bühne wie die Olympischen Spiele handelte.

Kapitel 14

Es ist schon komisch, aber selbst jetzt, nach all diesen Jahren, kann ich mich noch an das Rezept erinnern. Das Timing, den Tanz der verschiedenen Zutaten. So oft, dass ich es irgendwann praktisch im Schlaf machte. Natürlich war das nicht genug. Ich schätze, ich hätte nicht überrascht sein sollen – kein noch so häufiges Backen von Bananenbrot konnte die Angst vertreiben, die ich bei den Olympischen Spielen 2010 verspürte.

Ich lebte in einer Wohnung, die mein Sponsor Red Bull für mich zur Verfügung gestellt hatte. Die Lage war perfekt, es gab kaum Ablenkungen, und ich war von dem ganzen Trubel weitgehend isoliert, sodass ich der Presse aus dem Weg gehen konnte. Ich war in der Nähe meines Physiotherapeuten, meines Trainers Martin und von Robert Trenkwalder, der bei meinem Sponsor das Programm »Red Bull Athlete Special Projects« leitete. Von der Wohnung aus konnte ich direkt zur Gondel hinunterfahren, um unnötige Aufmerksamkeit zu vermeiden. Aber in der Wohnung brauchte ich etwas, um mich abzulenken, und da gab es nicht viele Möglichkeiten, also backte ich Brot. Ich hatte so viele Ängste zu verarbeiten, dass ich bestimmt zwanzig Bananenbrote backte, Laib für Laib für Laib. Alle Trainer nahmen dank mir etwa fünf Kilo zu.

Im Laufe der Jahre, seit jenem Rennen, bei dem Thor mir gesagt hatte, ich solle »einfach Ski fahren«, war ich immer besser darin geworden, meine Nerven in den Griff zu kriegen. Ich wusste, wie ich meine Energie bündeln konnte, um mich zu beruhigen und gleichzeitig fit zu bleiben, wenn es Zeit für den Wettkampf war. Aber das hier war etwas ganz anderes, als am Morgen eines Rennens nervös zu sein. Es war kräfteraubend, und zwar unaufhörlich. Es war ein innerer und äußerer Druck, der selbst jetzt, all die Jahre später, schwer zu beschreiben ist, weil er gleichzeitig so willkommen und so belastend war.

Die Monate vor den Olympischen Spielen in Vancouver waren intensiver als alles, was ich je erlebt hatte. Im Dezember, nur zwei Monate vor den Spielen, war ich bei einem Lauf in Lienz, Österreich, gestürzt, meine Ski verkanteten, ich segelte durch die Luft und landete auf meinem Handgelenk. Nachdem der Arzt, zu dem ich ging, eine MRT gemacht und festgestellt hatte, dass mein Handgelenk gebrochen war – eine Tatsache, die ich geheim halten wollte –, ging er schnurstracks zu den Medien und erzählte es jeder Journalistin und jedem Reporter, die es hören wollten. Ich hatte keine Lust darauf, dass sich die Sache herumsprach, denn ich wollte kein weiteres Drama – und auf keinen Fall wollte ich, dass meine Konkurrentinnen einen psychologischen Vorteil hatten.

Als ob das nicht schon genug gewesen wäre, war ich ein paar Wochen vor den Spielen wieder in Österreich zu unserem letzten Trainingsblock, als ich beim Slalomtraining stürzte und mir das Schienbein verletzte. In meiner langen Liste von Verletzungen war das nicht die schwerste, aber ich hatte starke Schmerzen. Ich konnte kaum den Schuh anziehen, als ich eigentlich in Höchstform sein sollte.

Es war nicht leicht, aber ich tat mein Bestes, um mich zu konzentrieren und in der richtigen Stimmung zu bleiben. Nachdem meine beiden vorherigen Olympischen Spiele nicht so verlaufen waren, wie ich es mir erhofft hatte, hing alles von Vancouver ab. Ich verfolgte immer noch den Traum, den ich mit neun Jahren hatte – nicht nur an den Olympischen Spielen teilzunehmen, sondern Olympiasiegerin zu werden. Alles, was ich getan hatte, all die Entscheidungen, all die Opfer, all die Jahre der Arbeit, all das führte zu diesem Moment. Diesmal musste alles passen, mehr als sonst.

Gleichzeitig wurde der Druck von außen immer größer. Im Februar erschien ich auf dem Titel der Olympia-Vorschau-Ausgabe von *Sports Illustrated*, neben der Zeile »Amerikas beste Skifahrerin aller Zeiten«. Das war sehr schmeichelhaft, aber man teilte mir erst in der Woche vor den Spielen definitiv mit, dass ich auf dem Titelblatt sein würde, und da saß ich zu Hause in Park City und überlegte, wie ich mit meinem Schienbein fahren sollte; es war einfach der denkbar schlechteste Zeitpunkt. »Wahrscheinlich kommen Sie auf das Cover, aber garantieren können wir es nicht«, hieß es die ganze Zeit vorher, und ich war mir sicher, dass eine Vertreterin einer anderen Sportart den Vorzug bekommen würde und ich raus wäre. *Die Olympia-Vorschau-Ausgabe?*, dachte ich. *Ich schaffe es definitiv nicht auf den Titel.* Aber ich irrte mich. Ich war auf dem Cover – eine unglaubliche Ehre, auch wenn das die Erwartungen hochschraubte – und das hat vieles verändert.

Und dann war da noch die *Swimsuit Issue*, die legendäre Badeanzug-Ausgabe von *Sports Illustrated*, und das Ganze spielte sich etwa zur gleichen Zeit ab.

Das erste Mal, dass ich in der *Swimsuit Issue* zu sehen war, war auch das erste Mal, dass ich in einem Bikini fotografiert wurde. Das war wirklich nervenaufreibend. Ich wusste nicht, was ich tat, ich wusste nicht, wie ich posieren sollte. Ich war eine Sportlerin, kein Model. Aber ich fand es großartig, dass sie Olympiateilnehmerinnen in eine *Swimsuit Issue* aufnahmen – es war das erste Mal, dass sie das machten –, und ich fühlte mich geehrt, dass ich dabei sein durfte. Ich liebe auch M. J. Day, die

Herausgeberin der *Swimsuit Issue*. Sie denkt nach vorne und hat mir immer das Gefühl von Selbstbewusstsein gegeben. Im Gegensatz zu dem, was viele Leute annehmen, wird das Magazin hauptsächlich von Frauen geleitet und nicht von einem Haufen chauvinistischer Kerle. Ganz ehrlich, das Team ist großartig.

Meine Familie war natürlich nicht erfreut darüber. Aber manchmal muss man einfach sagen: »Scheiß drauf«, und tun, was sich für einen selbst richtig anfühlt. Und ich hatte das Gefühl, dass ich mich in guter Gesellschaft befand. Außerdem glaube ich, dass es gut ist, hier Diversität zu präsentieren, und das ist etwas, worauf die Redaktion des Magazins in den letzten Jahren zunehmend Wert gelegt hat. Ich fand es absurd, dass es damals lange Zeit als Standard galt, »Supermodel-dünn« zu sein, obwohl 99 Prozent der Frauen nicht so aussehen. Als die Zeitschrift mit mir auf dem Cover erschien, fühlte ich mich sehr befreit. In den folgenden Jahren habe ich noch zwei weitere Male bei der *Swimsuit Issue* mitgemacht.

Wie auch immer, es war eine Menge zu tun, aber es fühlte sich trotzdem wie der perfekte Auftakt zu den Olympischen Spielen an. Ich hatte vor den Spielen fast jedes Rennen gewonnen, das erweckte Aufmerksamkeit und meine Landsleute registrierten meine Leistungen. Alles kam zusammen, und ich konnte es entweder annehmen oder dagegen ankämpfen – und so beängstigend sich Ersteres anfühlte, so unverantwortlich war Letzteres. Schließlich war es genau das, was mein Vater mir beigebracht hatte, als ich zehn Jahre alt war: Alle Einzelteile reihten sich aneinander und ich musste nur noch den Moment nutzen. Ich war auf dem besten Weg zu dem olympischen Erfolg, von dem ich immer geträumt hatte. Jetzt musste ich nur noch gewinnen.

Als ich in Vancouver ankam, herrschte ein wahnsinniger Presserummel. So viele Reporter und so viel Blitzlichtgewitter, wie ich es noch nie zuvor gesehen hatte. Bei den vorangegangenen Olympischen Spielen war ich noch eine junge Skifahrerin, die am Anfang ihrer Karriere stand, also hatte mich niemand beachtet. Dieses Mal war es atemberaubend. Normalerweise gibt es eine Mannschaftspressekonferenz und das wars, aber diesmal sagte man mir, dass ich danach noch bleiben müsse, um konkret an mich gerichtete Fragen zu beantworten. Ich hatte noch nie eine eigene Pressekonferenz gehabt und bestand darauf, dass ich keine bräuchte.

»Nein, Lindsey, du verstehst nicht, wie viele Leute hier sind und Fragen über dich stellen«, wurde mir erklärt. »Das wäre deinen Teamkolleginnen gegenüber nicht fair.« Als ich den Raum betrat, dachte ich: »Ohhhhhh-kay. Jetzt verstehe ich, wovon ihr redet.« Ich wurde noch nie – und werde es vielleicht auch nie wieder – von so vielen Kameras gleichzeitig geblitzt. Es war echt heftig. Wie angewiesen, blieb ich nach dem Ende der Teamkonferenz dort, damit die Reporter mir ihre Fragen stellen konnten.

Mit einem Raum voller Journalisten konfrontiert zu sein, die Fragen nach der eigenen Leistung stellen, kann überwältigend sein, und dies war keine Ausnahme. Aber das Schwierigste daran war, dass ich nicht wusste, was ich sagen sollte, denn zu diesem Zeitpunkt wusste ich noch nicht einmal, ob ich an einem Rennen teilnehmen würde. Nach meiner Schienbeinverletzung hatte ich seit fast zwei Wochen keinen Skischuh mehr angezogen. Die Medien sahen in mir den nächsten Michael Phelps, während ich noch nicht einmal wusste, ob ich Ski fahren, geschweige denn gewinnen konnte. Es lastete enorm viel Druck auf mir, und die Tatsache, dass ich ihn nicht kontrollieren konnte, machte es nur noch schlimmer. Ich saß da und dachte: *Jetzt beruhigt euch mal alle.*

Danach habe ich mich zurückgezogen. Normalerweise verbringt man bei Olympischen Spielen so ziemlich die ganze Zeit mit dem Rest des Teams, aber der Medienrummel war so groß, dass ich die meiste Zeit allein in meiner Wohnung war.

Mich in diesem Moment zurückzuziehen, fiel mir sogar noch leichter, weil die Medien nicht das Einzige waren, was ein Gefühl von Druck erzeugte. Ich hatte alles versucht, um die Heilung meines Schienbeins zu befördern, aber es reagierte nicht auf die Therapie. Während alle anderen trainierten, und da wäre ich gerne dabei gewesen, konnte ich meinen Schuh immer noch nicht anziehen. Ich hatte das Gefühl, dass ich in einer Zeit an Boden verlor, in der ich ihn am meisten brauchte.

Dann machte mir der Wettergott ein Geschenk. Es fing an zu regnen – und hörte nicht mehr auf. Ganze fünf Tage lang regnete es in einer Tour, und zwar richtig heftig. Infolgedessen wurde ein Großteil des Trainings gestrichen. Das verschaffte mir drei oder vier zusätzliche Tage zur Erholung, was gut für meine Schienbeinverletzung war, aber schlecht für meine Psyche. Vor dem Sturz hatte ich mir erlaubt, mit dem Gedanken zu spielen, eine Medaille zu gewinnen, vielleicht zwei, wenn es gut läuft, und hoffentlich eine davon in Gold. Aber ich musste meine Erwartungen im Zaum halten und mich auf das konzentrieren, was direkt vor mir lag. Ich konnte es mir nicht erlauben, mich von dem Hype anstecken zu lassen.

Während dieser zusätzlichen Erholungstage traf ich mich mit Olympiaärzten, die mir eine Lidocain-Creme verschrieben. Sie half, mein Schienbein gerade so weit zu betäuben, dass ich den Schuh anziehen konnte. Martin, mein Trainer, wurde auch kreativ, um mir bei der Vorbereitung zu helfen. Ich habe immer viel Slacklinetraining gemacht, bei dem man auf einem aufgehängten Seil balanciert, fast wie auf einem Drahtseil. Statt nur einer Leine spannten wir diesmal zwei, sodass es fast wie Skifahren war. An den Tagen, an denen alles verschoben wurde, befestigte Martin zwei Slacklines an den Enden von zwei Autos, die vor der Wohnung geparkt waren. Das war wahrscheinlich mit das Beste, was wir tun konnten, denn ich war draußen und konnte mir die Strecke ansehen, während ich auf den Slacklines balancierte. Das war wirklich effektiv – man hat das gleiche Brennen in den Beinen, man hat die gleiche Tiefensensibilität.

Ich war von Menschen umgeben, die mich schon lange begleiteten, mit einem entscheidenden Zuwachs. Das erste Mal hatte ich im Sommer 2009 mit Heinz Hämmerle gesprochen, der später mein geliebter Skitechniker werden sollte. Ich war gerade auf Head-Ski umgestiegen und wir fuhren in unser erstes Trainingslager nach Neuseeland. Ich hatte Heinz schon vorher kennengelernt, aber nur kurz auf einer Tour. Er ist Österreicher, und ich spreche gerne Deutsch, wann immer ich kann, also versuchte ich es mit ihm. Ich sagte (auf Deutsch): »Ich würde mich gerne morgen mit dir treffen, damit wir ein paar Dinge durchgehen können.« Er antwortete auf Englisch. In dem Moment dachte ich: *Das wars dann wohl. Ich schätze, wir sprechen Englisch.*

Heinz ist eine echte Type – im besten Sinne wahnsinnig. Er ist superdünn und gleichzeitig superkräftig und er hat diese riesigen, starken Hände. Er ist ein bisschen wie Popeye. Ich sage immer, dass statt Spinat das Rauchen ihm seine Kraft verleiht. Was ich nicht gerne sage, denn ich unterstütze das Rauchen überhaupt nicht. Und das eine Mal, als ich ihn zwang, einen Salat zu essen, wurde er danach richtig krank.

Wenn ich mir Heinz vorstelle, dann sehe ich ihn vor mir, wie er mit zwei meiner Skier auf den Schultern bergab fährt, ohne Schutzbrille, nur mit seiner normalen Brille, und ohne Mütze auf seinem kahlen Schädel, im Mundwinkel eine Zigarette. Wir sagten immer, dass sein Rauch in das Wachs gelangte und meine Skier deshalb so schnell wurden.

Heinz ist einer der alten Schule. Er kümmert sich schon länger um Ski-Equipment, als ich lebe. Wenn er Skier wachst, trägt er keine Schutzmaske, er hat das hochgiftige Wachs direkt vor seinem Gesicht. »Weißt du, du könntest doch dabei immer eine

Maske tragen«, meinte ich, worauf er antwortete: »Nein, so ist es nun mal.«

Er hat immer etwas zu sagen, aber es ist auch immer kurz und bündig. Seine Antwort auf *jede* Frage lautet: »Ja, sicher.« »Was ist der Plan, Heinz? Fährst du um neun Uhr los?« »Ja, sicher.«

Und sein Ausruf lautet immer: »Gemma, Baby!«, was so viel bedeutet wie: »Auf gehts!«

Es ist großartig, wenn man einen Techniker findet, der so viel in seinen Job investiert wie man selbst. Heinz verbringt unzählige Stunden in winzigen, ungeheizten Garagen mit Tuning und Wachsen. Um Mitternacht geht er ins Bett und steht um drei Uhr morgens auf, um vor einem Rennen das Wachs genau richtig aufzutragen.

Kurz, er ist mit Leib und Seele dabei.

In der Startbox schreit er genauso laut wie alle anderen. »Gemma, Baby! Zeig ihnen, wie mans macht!« Immer wenn etwas passiert, ist Heinz da, und er ist der größte Emo, den man sich vorstellen kann. Er weinte, als ich gewonnen hatte, weil er den Sieg genauso sehr wollte wie ich. Als ich nach meinen Verletzungen zurückkam, schluchzte er genauso wie ich. Er ist für mich wie ein Familienmitglied.

Sogar mit einem Techniker wie Heinz beschäftigte ich mich immer auch selbst mit meiner Ausrüstung. Ich ließ ihn machen und entscheiden, wie er die Skier präparierte und welches Wachs er verwendet. Aber wir entschieden gemeinsam, welche Skier ich am Tag des Rennens verwenden würde. Während des Trainings führte ich ein Tagebuch, in dem ich jede Skinummer, das Gefühl und die Bedingungen notierte, damit ich mich zurückerinnern konnte. Angenommen, man fährt sieben verschiedene Abfahrten mit sieben verschiedenen Skiern – am nächsten Tag kann man sich nicht mehr daran erinnern, wie sich jeder einzelne Ski angefühlt hat. Es ist unmöglich, den Überblick zu behalten, es sei denn, man schreibt es sich auf. Ich schreibe also alles auf und greife dann auf meine Notizen zurück und kann sagen, dass dieser Ski für dieses Gelände und diese Schneebedingungen gut geeignet ist.

Wie ich schon sagte, kein Ski gleicht dem anderen. Und ich bin da *sehr* empfindlich. Ich spüre zum Beispiel immer, wenn es einen Unterschied des Unterkantenwinkels gibt. Wenn er um 0,2 Grad abweicht, merke ich das sofort. Heinz versuchte immer, mich auf die Probe zu stellen. Er änderte den Kantenschliff nur ganz leicht, und ich sagte: »Das ist nicht richtig. Das fühlt sich nicht richtig an. Ich mag das nicht.«

Dann war er entnervt: »Ich will, dass es funktioniert, weil es die Schnelligkeit erhöht!«

Einmal ging mir ein Ski kaputt, und er versuchte, einen linken Ski von einem Paar mit einem rechten Ski von einem anderen Paar zu kombinieren. Ich merkte den Unterschied sofort. Heinz stellte sich dumm, hob abwehrend seine Hände und sagte in seinem breiten Österreichisch: »I hob nix gmocht.«

»Du hast zwei verschiedene Skier zusammengeführt, nicht wahr?«, beharrte ich.

»Das ist unmöglich!«, rief er. »Man kann den Unterschied nicht erkennen!«

Aber ich konnte es.

»Bist du *sicher*, dass du damit nicht fahren kannst?«, fragte er. Wie gesagt, er ist schon eine Type.

Es war gut, dass ich so empfindlich war, auch wenn es manchmal eine Herausforderung darstellte. Meine Empfindlichkeit bedeutete, dass ich meine Ausrüstung an mein Fahrverhalten anpasste anstatt mein Fahren an meine Ausrüstung. Viele Leute machen es genau umgekehrt, aber so sollte es nicht sein.

Heinz und ich respektierten einander, und das ist ein Teil dessen, was unsere Beziehung so gut funktionieren ließ. Er hörte sich mein Feedback an, und ich verließ mich auf ihn, wenn es um den Rest ging. Viele Techniker machen ihren Job – nicht mehr und nicht weniger. Aber für Heinz ist Skituning eine Leidenschaft. Jeden Tag ging er seiner Lebensaufgabe nach, genau wie ich. Außerdem hatten wir das gleiche Ziel: zu gewinnen. Ich wusste, dass er die absolut besten Entscheidungen traf, um mich so schnell wie möglich zu machen.

Wenn ich schnelle Skier fand, sagte ich es ihm, und er antwortete: »Ja? Die sind wirklich schnell? Zeig mir, wie schnell sie sind!« Sobald wir herausgefunden hatten, welche Skier für mich infrage kamen, vertraute ich Heinz, dass er sie mit seinen Tricks schnell machen würde. Das Wachs, das wir für die Olympischen Spiele 2010 verwendeten, hatte Heinz noch von vor zwanzig Jahren. Er holte es für diesen Anlass aus seinem Geheimversteck. Es gibt einen Grund, warum er der erfolgreichste Techniker aller Zeiten ist. Er hat mehr Olympiasiege und Weltmeistertitel auf dem Konto als jeder andere. Keiner kann da mithalten. Deshalb nenne ich ihn auch »Magic Heinzi«. Er macht seine magischen Sachen, und fertig.

Wer jemals ein bisschen Magie erleben will, dann bei den Olympischen Spielen.

Die gesamte Zeit vor dem Rennen hatte ich mich von den Medien abgeschottet. Ich zog nicht mit dem Rest der Athleten ins Stadion ein. Ich sah mir nicht einmal die Eröffnungsfeier an. Ich ließ den Fernseher aus, weil ich keine Olympiaübertragungen sehen wollte. Facebook war zu dieser Zeit gerade in vollem Gange, und auch davon hielt ich mich fern, weil ich annahm, dass die Wahrscheinlichkeit, dass mein Feed positiv ist, nicht sehr hoch war. Ich glaube, meine selbst gewählte Abschottung half mir, den Lärm von draußen abzublocken.

In den Wochen vor den Spielen hatte ich mir meine Leistung bei den Weltmeisterschaften 2009 ins Gedächtnis gerufen, die ich als Probelauf für meine erhoffte Leistung bei den Olympischen Spielen betrachtete. In Val-d'Isère war ich in der Lage gewesen, meine Emotionen und Erwartungen zu kontrollieren, trotz der Bedingungen und des Leistungsdrucks. Ich hatte die für mich optimale Herangehensweise gefunden, und das hatte zu zwei Goldmedaillen geführt. Jetzt musste ich es nur noch einmal schaffen.

Aber die Verletzung hatte alles verändert. Plötzlich war meine einzige Sorge die grundsätzliche Frage, ob ich überhaupt Rennen fahren konnte oder nicht. Der Druck von außen, von den Medien, meinen Trainern oder sonst jemandem, war mir egal. Es war mir egal, was irgendjemand von mir erwartete. Ehrlich gesagt brauchte ich nicht einmal meine eigenen Emotionen zu kontrollieren, denn in dem Moment war ich so eingeschränkt, dass mir der Raum fehlte, sie richtig wahrzunehmen. Es war, als befände ich mich in einem Tunnel, in dem das Einzige von Belang die Sorge war, mein Bein so weit zu bringen, dass ich Rennen fahren konnte. Das war alles, worüber ich mir den Kopf zerbrach, denn das war alles, was zählte.

Normalerweise hielt meine Familie im Vorfeld eines Rennens Abstand, weil ich meinen Freiraum brauchte, um in die richtige Stimmung zu kommen. Aber dieses Mal war in vielerlei Hinsicht alles anders, und so kamen Karin und Reed am Abend vor der Abfahrt vorbei, um mit mir abzuhängen und mich vom Rennen abzulenken. Mein Bruder kam auf die Idee, sich die Kopfhaare so abzurasieren, dass an der Seite ein riesiges »LV« zu sehen wäre. Das taten wir also am Abend vor dem Rennen. Als ich die Schere holen wollte, rutschte ich in meinen Socken aus und fiel die Treppe hinunter. Eine Minute lang saß ich am Fuß der Treppe und sagte: »Oh mein Gott, oh mein Gott, oh mein Gott!«

Karin eilte herbei: »Alles okay mit dir?«

Mein Knöchel war ein bisschen steif, aber zum Glück ging es mir gut. Ich war heilfroh, dass der Sturz so glimpflich ausgegangen war, sonst hätte es wirklich schlimm werden können. Meine Routine vor den Spielen in Vancouver bestand also darin, Bananenbrot zu backen, meinem Bruder den Kopf zu rasieren und die Treppe hinunterzufallen.

Am frühen Morgen vor jedem Rennen hörte ich bei meinem Training immer eine bestimmte Playlist, die ich für diesen Anlass zusammenstellte. In der Regel handelte es sich um eine Sammlung von Rapsongs mit Texten, die mir das Gefühl gaben, kraftvoll und selbstbewusst zu sein, bereit, es mit der Welt aufzunehmen. In all den Jahren, in denen ich Rennen fahre, fiel mir nur ein einziges Mal ein bestimmter Song auf, der mich besonders berührte, und das war in Vancouver. Der Song war »Imma Do It« von Fabolous, und der Text des Refrains beeindruckte mich wirklich.

> *I don't know what Imma do, but Imma do it*
> *I don't know what Imma do, but Imma do it ...*
> (Ich weiß nicht, was ich tun werde, aber ich werde es tun
> Ich weiß nicht, was ich tun werde, aber ich werde es tun ...)

Es geht darum, alles aufs Spiel zu setzen und den Job einfach zu erledigen. Normalerweise hörte ich in der Zeit unmittelbar vor einem Rennen keine Musik. Ich hörte meinen Mix morgens beim Training oder manchmal beim Inspizieren, aber nie so kurz vor dem eigentlichen Rennen. Aber am Tag der Abfahrt, als ich in der Lodge war, bevor ich zum Start ging, hörte ich weiter zu. Das versetzte mich in die richtige Stimmung – als könnte mich niemand aufhalten.

Letztendlich war meine Schienbeinverletzung wohl eher ein Vorteil für mich. Die Ungewissheit, ob ich überhaupt antreten würde, machte die Situation auf seltsame Weise ideal, indem sie mich in meinem eigenen Kopf zum Außenseiter werden ließ, wenn auch nirgendwo sonst. Man kann es sich nur leisten, nervös zu sein, wenn man vorbereitet ist, und in diesem Fall war ich alles andere als das. Wegen der Verzögerung durch den Regen blieb uns nur ein Tag auf dem Hügel, und da die Männer ihr Rennen zur gleichen Zeit bestreiten mussten, konnten wir nicht einmal einen vollständigen Trainingslauf durchführen. Der erste Trainingslauf bestand aus den ersten drei Vierteln der Strecke, vom Start bis zum letzten Sprung, und der zweite Lauf war der letzte Teil, beginnend bei drei Vierteln der Strecke bis zum Ziel. Wir hatten keine andere Wahl, als mit dem, was uns zur Verfügung stand, zu arbeiten. So etwas habe ich bis heute nicht mehr erlebt.

Zu alldem kam die Tatsache, dass ich zwei Wochen lang nicht Ski gefahren war und kaum meinen Skischuh anziehen konnte. Da die Umstände nicht zu meinen Gunsten waren, änderte sich mein gesamtes mentales Kalkül; die Chancen auf einen Sieg waren nun mal nicht hoch. Also dachte ich mir, meine einzige Möglichkeit wäre, alle Vorsicht in den Wind zu schlagen und alles zu geben. Mein Plan, der, wie ich zugeben muss, kein allzu ausgeklügelter Plan war, bestand darin, alles aufs Spiel zu setzen, ohne Erwartungen zu hegen. Mein Plan war es, einfach Ski zu fahren.

Als ich am Start der Abfahrt ankam, wusste ich, dass Julia Mancuso in Führung lag. Und nicht nur das, sie hatte fast eine ganze Sekunde Vorsprung. Sie hatte einen unglaublichen Lauf hingelegt. Ich würde ziemlich perfekt fahren müssen, um sie zu schlagen.

Sofort wurde ich von Erinnerungen überflutet. Mir kam wieder ins Bewusstsein, was meine Trainer damals auf dem Flur vor meinem Hotelzimmer gesagt hatten, wie ich in Julias Schatten stand, wie oft ich mich niedergeschlagen, unterschätzt oder unterbewertet gefühlt hatte. Skifahrerinnen (und Skifahrer) behaupten gerne, dass sie gegen sich selbst, gegen die Strecke oder gegen die Zeit antreten, und all diese Dinge sind wahr. Aber ich hatte einen Großteil meiner Karriere damit verbracht, gegen Julia anzutreten. Und jetzt waren wir hier, Kopf an Kopf, wieder einmal auf der größten Bühne von allen – und ehrlich gesagt, ich hätte es nicht anders haben wollen.

Ich bin einfach Ski gefahren. Ich habe mein Bestes gegeben. Es war wahrscheinlich einer der besten Läufe meiner Karriere.

Als ich die Ziellinie überquerte, schaute ich auf und sah meinen Namen in Grün. Wenn der eigene Name in Grün steht, bedeutet das, dass man gewinnt. Ich wusste bereits, dass ich, wenn ich Julia schlagen würde, höchstwahrscheinlich Gold gewinnen würde.

Ich hatte es geschafft. Ich war eine olympische Goldmedaillengewinnerin.

In einer Welle überwältigender Freude und Erleichterung fiel ich zu Boden. Das war ein Gefühl, wie ich es noch nie erlebt habe, weder vorher noch nachher. Es war so echt, so pur. Ich war wieder wie ein Kind, so frei, so beschwingt, so unendlich glücklich.

Jeder weiß, dass die meisten Sportler das Geschehen auf dem Spielfeld lieben, und das stimmt auch. Aber es geht um so viel mehr als das. Die Liebe steckt in der Summe all dessen, was wir tun. Im Training und in der mentalen Vorbereitung. In der Vorfreude auf das Rennen. In der Aufregung und der Herausforderung des Rennens selbst. Das Rennen selbst dauert höchstens ein paar Minuten. Aber alles, was bis dahin geschieht – ein Ziel zu setzen und alles zu tun, um es zu erreichen –, ist das, wofür wir leben. Und wenn dann endlich alles zusammenpasst und in einem Moment wie diesem kulminiert – das ist unbeschreiblich. Es ist, als ob jeder Schritt, der einen dorthin geführt hat, das Erlebnis nur noch vergrößert. Mein Sieg war das Ergebnis jeder Entscheidung und jeder Anstrengung, die ich seit meinem neunten Lebensjahr unternommen hatte. Er war das Ergebnis all der Opfer, die meine Familie jemals für mich gebracht hatte. Er war alles. Bis heute ist es das befriedigendste Gefühl, das ich je erlebt habe.

Ich schaffte es, mich zusammenzureißen, bis die erste Frage von NBC lautete: »Was bedeutet das für Sie?« Und dann wars mit meiner Selbstbeherrschung vorbei. Ich fühlte so viele Emotionen. Es war, als ob all meine Kindheitsträume und all die Mühen, ja all die Arbeit, die ich mein ganzes Leben lang geleistet hatte, in einem Moment der ganzen Welt präsentiert wurden. Ich hatte Mühe, die Tränen zu unterdrücken.

Die Zeremonie der Medaillenverleihung war der Wahnsinn. Dort oben auf dem Podium zu stehen, vor der ganzen Welt, während die Nationalhymne gespielt wird, und zu wissen, dass man es geschafft hat, das kann man gar nicht in Worte fassen. Ich habe nie wirklich die Nationalhymne mitgesungen. Ich sagte mir, dass ich es nicht tun sollte, weil ich nervös wurde, und dachte, ich könnte sie am Ende falsch singen. Auf dem Podium ist man so gefühlsduselig, dass man das Mitsingen leicht vermasseln kann, und dann können die Leute sehr wütend auf einen werden, was ich nicht riskieren wollte. Ich tat mein Bestes, um ruhig zu bleiben und alles auf mich wirken zu lassen. Es war schwierig, aber ich glaube, es gelang mir ganz gut, nicht loszuflennen.

Ich versuchte, meine Familie in der Menge zu finden, aber ich konnte sie nicht ausmachen – Reed, mit dem rasierten »LV« auf dem Kopf, und Karin, die wie immer Freudentränen weinte. Mein Bruder Dylan konnte in diesem Jahr nicht nach Vancouver kommen und meine Schwester Laura konnte nicht aus der Schule wegbleiben. Das war sehr traurig, sowohl für sie als auch für mich. Meine Familie hatte so viel für diesen Moment gegeben, Laura und Dylan eingeschlossen, und ich wollte, dass sie alle ihn mit mir teilten. Ich war eine Olympiasiegerin. Ich hatte immer daran geglaubt, dass es so kommen würde, und meine Familie, die mich unterstützte, hatte es ebenfalls geglaubt. Jetzt glaubte es auch die ganze Welt.

Nach dem Sieg in der Abfahrt konnte ich nicht richtig feiern, weil ich am nächsten Tag ein weiteres Rennen hatte. Es war eine Herausforderung, aber ich konnte es mir nicht erlauben, mich zu sehr mitreißen zu lassen. Ich musste mich immer noch auf die Kombination konzentrieren.

Als ich die Goldmedaille gewann, begann die Presse wieder mit der alten Michael-Phelps-Geschichte, was eine Menge Druck bedeutete und auch ziemlich absurd war. Es war kein fairer Vergleich, denn zum einen ist Michael Phelps übermenschlich, zum anderen ist Skifahren nicht dasselbe wie Schwimmen. Michael Phelps konnte die 100 Meter Schmetterling, die 200 Meter Schmetterling, die 200 Meter Freistil und die 200-Meter-Freistil-Staffel gewinnen. Er konnte in ein und derselben Disziplin über verschiedene Distanzen dominieren. Beim Skifahren haben wir verschiedene Disziplinen. Keine von ihnen ist eine Wiederholung, und keine von ihnen ist wie die andere. Ich wünschte, wir hätten eine Zwanzig-Sekunden-Abfahrt, eine Vierzig-Sekunden-Abfahrt, eine Sechzig-Sekunden-Abfahrt … Das wäre toll, und ich glaube, ich hätte mehr Medaillen, wenn das der Fall wäre. Aber leider funktioniert es so nicht.

Als ich am Morgen der Kombination aufwachte, konnte ich kaum aufstehen. Ich war körperlich und emotional so erschöpft wie noch nie. Der Sieg bei der Abfahrt und die damit verbundenen Gefühle hatten mir alles abverlangt – es war nichts mehr übrig. Trotz der Erschöpfung rappelte ich mich wieder auf und fuhr noch ziemlich gut. In der Kombination war ich Zweite in der Abfahrt und dann hakte ich mir im Slalom eine Spitze ein – ein häufiges Problem von mir. Aber ein paar Tage später konnte ich im Super-G die Bronzemedaille holen.

Dann schlief ich. Ich schlief so viel.

Selbst nach all den Jahren fühlt sich diese olympische Erfahrung immer noch surreal an. Ich hatte mein ganzes Leben damit verbracht, von diesem Moment zu träumen, und dann ging alles so schnell vorbei – ein Klischee, natürlich, aber trotzdem wahr. Der Moment war so groß, dass ich für immer in seiner Mitte sein werde und immer noch versuche zu verstehen, was das alles bedeutet hat. Was es immer noch bedeutet. Und ich komme immer wieder darauf zurück, dass er für mich das Ende von etwas markierte und gleichzeitig einen neuen Anfang. Es war das Ende der Geschichte meiner Familie, was meine Karriere betrifft, und der Beginn meiner eigenen.

Bis zu diesem Moment, das ist mir inzwischen klar geworden, fuhr ich für sie – für uns – Ski. Ich trug die Fackel für meinen Großvater Don, der diese Skifamilie gegründet hat. Ich fuhr für meine Brüder und Schwestern Ski, die meinetwegen so viel aufgeben mussten, als meine Familie nach Colorado zog. Ich fuhr für meine Mutter Ski, die ein so großes Opfer brachte, um mich auf die Welt zu bringen, die achtzehn Stunden von Minnesota nach Colorado fuhr, damit ich auf den Skihügel konnte, und die die nächsten 25 Jahre damit verbrachte, alles, was sie noch hatte, zum Wohle meiner Karriere, zum Wohle von uns Kindern, zum Wohle unserer Familie aufzugeben. Ich fuhr für meinen Vater Ski, dessen neunjährige Tochter mit einem Traum zu ihm gekommen war und der ihr ohne Zögern sagte: »Wenn es das ist, was du willst, Lindsey, werde ich dir helfen, es zu verwirklichen.« Für meinen Vater, der verrückt genug war, nicht nur an mich zu glauben, sondern diesen Traum zu seiner eigenen Priorität zu machen.

Ich glaube, als ich die Ziellinie überquerte, stießen wir alle, egal wo wir gerade waren, gemeinsam einen tiefen, tiefen Seufzer der Erleichterung aus, weil wir wussten, dass sich unser Kampf gelohnt hatte. Meine Familie hatte ihr Geld und ihre Hoffnung investiert und jede Hürde genommen, um mich auf dieses Podium zu bringen. In diesem Prozess waren sie zu meinem »Warum« geworden; ich wollte mich beweisen, ich wollte gewinnen, und das alles nur, weil ich ihr gemeinsames Opfer anerkennen musste. Mit der Goldmedaille hatte ich genau das getan. Ich hatte ihren Glauben gerechtfertigt.

Ich verspürte noch eine Menge Skifahrpotenzial in mir und wusste, dass der Gipfel zweifellos noch vor mir lag. Aber ich wusste auch, dass die Dinge nie mehr so sein würden wie bisher. Von nun an fuhr ich, egal ob ich gewann oder verlor, nicht mehr für meine Familie, sondern für mich. Natürlich würden sie mich unterstützen und bei jedem Schritt dabei sein. Aber alles, was meine Zukunft anging, wäre nun meine Sache – die Last lag nun allein auf meinen Schultern, im Guten wie im Schlechten.

Teil III
Hoch hinaus

Kapitel 15

Unmittelbar nach den Olympischen Spielen flog ich von Vancouver nach Los Angeles, um in *The Tonight Show with Jay Leno* aufzutreten. Als ich mit meinen Stiefeln in der Hand durch den LAX-Terminal ging, jubelten ein paar Leute. Ich schaute mich um und fragte mich, was hier los war. Immer mehr Menschen kamen dazu.

»Wer ist denn da?«, fragte ich. »Ein Promi?«

»Du bist da«, sagte Thomas.

Ich brauchte eine Minute, um das zu verarbeiten. Alle wussten plötzlich, wer ich war, und alle wussten, dass ich gewonnen hatte. Das war neu. Für mich war es ein Rennen von vielen gewesen. Gut, eins bei der Olympiade, aber davor hatte ich schon vierzig Rennen gewonnen, auch Weltmeisterschaften, und in den USA hatte sich kaum jemand dafür interessiert. Die Leute hatten gar nicht auf dem Schirm, dass ich Skiläuferin war. Jedes Mal wenn ich gewann, war es so, als wäre es das erste Mal. Jetzt hatte ich ein Rennen zur richtigen Zeit gewonnen und jetzt kannte jeder meinen Namen. Es war, als hätte sich ein Bühnenvorhang gehoben. Plötzlich stand ich im Rampenlicht, das Publikum staunte – »Oh mein Gott, ein neues Gesicht« – aber mein Gefühl war: »Hi, ich bin Lindsey und schon lange da. Ich habe die ganze Zeit hart gearbeitet.«

Als ich durch den Flughafen ging, klatschte und jubelte der ganze Terminal. Die Menge skandierte: »U-S-A! U-S-A!«

In diesem Moment wurde mir klar, dass sich alles verändert hatte.

Zu keinem Zeitpunkt meiner Karriere, weder als Außenseiterin noch als Olympiasiegerin, hatte ich meine Ziele infrage gestellt. Auch als sich der Erfolg endlich einstellte, hatte ich nicht das Gefühl, dass ich irgendwo sein könnte, wo ich nicht hingehörte. Ich wusste, dass ich meinen Platz verdient hatte, und erinnerte mich an jede schmerzhafte Erfahrung, die ich auf dem Weg dorthin gemacht hatte.

Aber wenn man plötzlich berühmt wird, weil man etwas tut, was man sein ganzes Leben lang getan hat, ist das ein Schock. Es ist schwer, sich nicht davon beeinflussen zu lassen. Nur weil ich fand, dass ich die Aufmerksamkeit verdient hatte, hieß das nicht, dass ich mich sofort damit anfreunden konnte. Immerhin war mir klar, dass ich mich für diesen Weg entschieden hatte. Ich hatte jahrelang auf die Goldmedaille hingearbeitet und damit gewissermaßen auch auf diese neue Sichtbarkeit. Im Grunde ging das schon so, seit ich Picabo begegnet war. Jetzt schien die Möglichkeit, über den Sport hinauszuwachsen, plötzlich zum Greifen nah – die Idee meines Vaters, als er mir vor Jahren die Bilder von Mia Hamm und Steffi Graf gezeigt hatte.

Nach den Spielen in Vancouver bewegte ich mich dann erstmals aus der Blase des Skisports hinaus, sowohl beruflich als auch persönlich. Ich baute mir ein Geschäft auf, das mit Skifahren nichts zu tun hatte, und war damit auf eine neue Art erfolgreich. Im Sport kommt wie gesagt so ziemlich alles, was wir verdienen, aus Werbeverträgen. Die Regierung zahlt, wenn du bei der Olympiade gewinnst, und du bekommst etwas vom Internationalen Skiverband, aber das sind keine hohen Beträge. Für einen Weltcupsieg gibt es rund 30 000 Schweizer Franken. Wenn man den Betrag umrechnet und die Steuern abzieht, bleiben vielleicht 15 000 Dollar übrig. Mittlerweile bringt der

Gewinn einer Goldmedaille 37 500 Dollar ein, davor waren es jahrelang 25 000 Dollar Gewinn – vor Steuern natürlich. Gutes Geld verdienen wir nur mit Werbung. Und es ist sehr, sehr schwer, das nötige Level im Skisport zu erreichen. Du musst in einer Disziplin mindestens unter den ersten fünf sein, damit du ein gutes Sponsoringangebot bekommst – von den Verträgen für die Ausrüstung mal abgesehen. Ich hatte also die Ehre, zu einem erlesenen Grüppchen zu gehören. Vor mir war Hermann Maier einer der ersten Skifahrer mit einem langfristigen, lukrativen Sponsorenvertrag. Der gelbe Helm mit dem Logo der Raiffeisen Bank wurde sein Markenzeichen. Er wird bis heute von der Bank gesponsert, aber solche Kooperationen sind selten.

Die meisten Athletinnen und Athleten bekommen kurz vor den Olympischen Spielen Werbeverträge, weil sie dann weltweit im Fernsehen zu sehen sind. Für mich lief es vor den Spielen bereits gut. Und danach ging es nur noch bergauf. Egal wie viele Weltcupsiege ich errungen hatte, nichts war so viel wert wie der Gewinn bei Olympia. Der ließ sich gut verkaufen und viele Marken wollten davon profitieren. Ich war vorsichtig bei der Wahl meiner Geschäftspartner, aber das allgemeine Interesse war eine Bestätigung für mich. Es war, als hätte ich eine Schranke niedergerissen, die meinen Sport von der übrigen US-Sportkultur trennte.

Picabo war mein großes Vorbild. Sie war die Erste, die »Nike« auf ihrem Helm stehen hatte. »Heilige Scheiße, sie ist im Mainstream angekommen!«, hieß es damals. Vor ihr hatte das noch keine Skifahrerin geschafft. Ich habe ihr Geschäftsmodell aufgegriffen und weiterentwickelt. Von meinem Sponsor Under Armour bekam ich nicht nur Produkte umsonst, sondern auch ein festes Gehalt – seltene Konditionen, auf die ich stolz war.

In den USA sahen mir jetzt immer mehr Menschen beim Fahren zu. Diese Entwicklung gab mir das Gefühl, dass sich all die Risiken, die ich einging, lohnten. Auch wenn es gern verdrängt wird: Bei einem Skirennen riskiert man seine Gesundheit, sogar sein Leben. Ich habe erlebt, wie Menschen gestorben sind, Gliedmaßen verloren oder eine Gehirnerschütterung mit bleibenden Schäden erlitten haben. Solche Dinge passieren immer wieder. Wenn man eine Weile darüber nachdenkt, fragt man sich schon, was eine Karriere eigentlich wert ist. Trotzdem merkte ich, dass ich jetzt endlich eine Stimme hatte – und die Möglichkeit, etwas zu bewirken.

Im Großen und Ganzen freuten die Leute sich für mich. Den Respekt der Skiwelt hatte ich mir bereits durch meine Weltcupläufe verdient, nun bekam ich die Bestätigung von der breiten Öffentlichkeit, selbst von Personen, die keine Ahnung vom Skifahren hatten. Ich hatte sozusagen den letzten Punkt abgehakt, um mich als Profisportlerin zu etablieren. Doch leider reagierte im weiteren Verlauf meiner Karriere nicht jeder positiv.

Eine der schwierigsten Lektionen, die ich im Zusammenhang mit Sponsoring lernen musste, war, dass manche Leute Erfolg schwer verdauen können, selbst wenn man ihn verdient hat. Als ein Foto von mir auf dem Cover der *Sports Illustrated* erschien, wurde zum Beispiel gelästert, ich bekäme nur so viel Aufmerksamkeit, weil ich hübsch sei. Ach ja? Zu diesem Zeitpunkt hatte ich bereits Dutzende von Weltcups und Weltmeisterschaften gewonnen und bald darauf sollte ich Erfolg bei den Olympischen Spielen haben. Die Behauptung war so dumm, dass sie mich nicht richtig verletzte – wer so dachte, hatte offensichtlich nicht aufgepasst. Aber ärgerlich fand ich es schon, dass über jahrelange harte Arbeit einfach hinweggesehen wurde.

Es gibt viele Faktoren, die zum Marktwert einer Sportlerin beitragen – Alter, Zielgruppe, Erfolge, sogar ein einprägsamer Name. Ob man beliebt ist, ob man authentisch wirkt. Und ja, Aussehen spielt natürlich auch eine Rolle. Marktfähigkeit ist ein zweischneidiges Schwert. Ich meine, hat mir mein Aussehen geschadet? Nein.

Ist eine Person, die gut aussieht, leichter zu vermarkten? Ja, das ist in unserer Gesellschaft so. Aber selbst wenn all das eine Rolle gespielt hat, war ich wegen meiner Leistungen bekannt. Punkt.

Ich denke, dass die Regeln des Marktes grundsätzlich für alle gelten: Gut aussehende männliche Sportler erhalten wegen ihres Aussehens auch mehr Aufmerksamkeit. Bei Männern ist die Wahrscheinlichkeit aber deutlich geringer, dass Leistungen aufgrund ihres Aussehens unterbewertet werden. Niemand würde behaupten, dass Rafael Nadal diesen oder jenen Vertrag nur bekommen hat, weil er gut aussieht. Da wird mit zweierlei Maß gemessen. Bei Männern ist Respekt selbstverständlich.

Die Skiwelt hat mich weitgehend unterstützt. Leider hörte ich am Ende meiner Karriere auch von anderen Sportlern: »Warum hat sie das?« Gemeint war der Sponsorenvertrag mit Red Bull, den ich glücklicherweise mit neunzehn abgeschlossen hatte – und dass ich generell nur erreicht hätte, was ich erreicht hatte, weil ich Sponsoren im Rücken hatte. Diesen Vertrag habe ich aber erst nach Jahren harter Arbeit bekommen, einschließlich der vom Sponsor geleiteten Trainingscamps, bei denen ich mir fast den ganzen Sommer lang in Europa den Allerwertesten aufriss. Klar haben Sponsoren meine Karriere befeuert, aber man darf nicht vergessen, was ich alles tun musste, um dahin zu kommen.

Ich versuchte zwar, mich von solchen Kommentaren nicht unterkriegen zu lassen, aber der Erfolg sonderte mich auch auf andere Weise von anderen ab. Plötzlich musste ich viel mehr tun als Ski laufen. Ich hatte dauernd zusätzliche Interviews, Meetings und Verpflichtungen. Da blieb keine Zeit mehr, mich zum Essen oder auf einen Kaffee zu treffen oder etwas mit meinen Teamkolleginnen zu unternehmen. Woher sollte ich die Zeit für Verabredungen nehmen, wenn ich kaum Zeit hatte, mich um mich selbst zu kümmern? Ich war dankbar für den Durchbruch – das war es schließlich, was ich immer gewollt hatte –, aber er hatte seinen Preis. Mir war bewusst, dass alles mal vorbei ist, und ich wollte das Beste aus dieser Phase herausholen. Das Ganze lief darauf hinaus, dass ich mich zwischen meiner Karriere und, tja, allem anderen entscheiden musste. Ich zögerte nicht.

Der Ruhm hatte noch einen anderen, persönlichen Effekt, der von außen kaum wahrnehmbar war. Wer mich kannte, merkte aber, wie sehr ich betroffen war.

Einen Großteil meines Lebens hatte ich schon das Gefühl, zwei Ichs zu haben. Es gab eine Diskrepanz zwischen dem Selbstvertrauen, das ich beim Skifahren verkörperte, und der Person, die ich war, wenn ich die Skischuhe auszog.

Auf der Piste war ich absolut von mir überzeugt. Der Quarterback Russell Wilson hat mal gesagt, dass man zu 100 Prozent von sich überzeugt sein muss, um Erfolg zu haben. Mit anderen Worten: Wenn du von ganzem Herzen glaubst, dass du die Beste in deinem Fach bist, und wenn du zuversichtlich bleibst, wirst du Erfolg haben. Genau das habe ich immer getan. Abgesehen von einer kurzen Episode nach den Olympischen Spielen 2002 zweifelte ich nicht an mir. Selbst wenn ich mich quälte, selbst wenn ich stürzte, dachte ich: *Das soll so sein. Irgendwie wird es zum Erfolg führen.* Ich hatte das Gefühl, genau da zu sein, wo ich hingehörte. Meine einzige Aufgabe war es, weiterzumachen.

Paradoxerweise war ich ansonsten noch genauso unsicher wie bei meinem ersten Camp in Mount Hood, als ich eine Dauerwelle und Brackets hatte und glaubte, dass ich außer Ski fahren gar nichts konnte. Immer wenn ich am Start war, hatte ich volles Vertrauen in mich. In allen anderen Bereichen kämpfte ich jedoch weiterhin mit meinem Selbstvertrauen – kämpfe oft noch heute, obwohl ich enorme Fortschritte gemacht habe, unter anderem durch dieses Buch.

Es ist schon verrückt. Meine Freunde ziehen mich gern damit auf, dass ich die sicherste unsichere Person bin, die sie kennen. Ich bin immer dann selbstbewusst, wenn ich die Rolle der Lindsey Vonn spiele. Auf dem Skihügel und bei Pressekonferenzen bin ich nicht wirklich ich, sondern trete als mein starkes Alter Ego auf. Zu Hause bin ich ganz anders. Ich bleibe für mich, bin still, zurückhaltend. Früher verließ ich mich bei Partys gern auf meine Schwester Karin, die sehr gesellig ist. Und wenn Karin nicht da war, versuchte ich, sie zu imitieren. (Immerhin in diesem Punkt habe ich Fortschritte gemacht. Mit sechsunddreißig Jahren!) Auf dem Skihügel bin ich aggressiv, im Privatleben eher ein Feigling. Ich bin konfliktscheu und setze mich oft nicht ausreichend für meine Bedürfnisse ein.

Wenn ich mit anderen darüber spreche, heißt es immer: »Aber Lindsey, du *wirkst* so selbstbewusst!« Ja, weiß ich. Ich habe dafür gesorgt, dass andere nur einen Teil von mir sehen – und das hat mich viel gekostet. Eine Persönlichkeit hat viele Facetten – nur weil ich eine sehr willensstarke Seite habe, die bei Bedarf aktiviert wird, heißt das nicht, dass ich durch und durch so bin.

Die Sache ist die, dass ich mich wie viele Menschen am sichersten in einer vertrauten Umgebung fühle, vor allem wenn ich etwas tue, das ich gut kann. Da ich außerhalb der Skiwelt aber nicht viel erlebte, gab es viele Orte, die mir fremd waren, und viele Dinge, die mich verunsicherten. Erfolge beim Skifahren wirkten manchmal nach, sodass ich mich woanders auch wohlfühlte, meistens aber nicht. Sobald ich mich aus der Skiblase hinauswagte, füllte sich mein Kopf mit Fragen: *Habe ich richtig ausgesehen? Habe ich das Richtige gesagt? Ist aufgefallen, dass ich mich unwohl gefühlt habe?*

Dieses Thema hat mich immer begleitet, aber meine Goldmedaille hat etwas in Bewegung gesetzt. Vor der Olympiade 2010 hatte ich abseits des Schnees null Selbstbewusstsein. Ich war voller Zweifel. Cool fühlte ich mich nie. Schon als Jugendliche war ich unsicher und hielt mich in zehn von zehn Fällen zurück. Die Olympischen Spiele waren eine Art Wendepunkt, weil mir klar wurde, dass ich mir vielleicht nicht genug zugetraut hatte. Die Außenwelt sah eine Person in mir, die es wert war, dass man zu ihr aufschaute – und das tat mir gut. Zum ersten Mal in meiner Laufbahn fühlte ich mich nicht nur als Skifahrerin, sondern auch als Mensch akzeptiert.

Mittlerweile habe ich gelernt, dass das Selbstwertgefühl fortwährend schwankt. Wer mit Selbstzweifeln zu kämpfen hat, weiß, dass es dafür kein Patentrezept gibt. Manchmal kann man sich auf sich selbst verlassen und eine schwierige Situation souverän meistern. Dann wieder meldet sich eine innere Stimme, die hart, kritisch und demoralisierend ist – also das Gegenteil von hilfreich. Um Selbstvertrauen zu entwickeln, musst du herausfinden, wer du bist, und das dauert eine Weile. Du brauchst Neugier, Durchhaltevermögen und die Bereitschaft, viel auszuprobieren. Ein Leben lang.

Nachdem ich Olympiagold geholt hatte, waren meine Selbstzweifel nicht verschwunden. Ganz im Gegenteil. Doch insgesamt war ich mehr im Reinen mit mir, und das nicht nur beim Skifahren. Natürlich gab es jetzt neue Herausforderungen: Ich wurde zu diversen Glamour-Events eingeladen. Ich hatte zwar vorher auch schon an Großveranstaltungen wie den ESPY-Awards teilgenommen, war dabei aber nicht groß aufgefallen. Ich konnte mich im Hintergrund halten und die Situation genießen. Jetzt war alles anders. Als ich einmal zu Gast bei einer Filmpremiere war, hatte ich ein einschneidendes Erlebnis.

»Lindsey!«, schrien die Paparazzi. »Lindsey, hier!«

Ich habe mich vor der Kamera immer wohlgefühlt – dafür hatte ich ein Alter Ego, ähnlich wie auf der Piste –, aber hier war ich eindeutig nicht in meinem Element. Die Schauspielerinnen und

Promis um mich herum sahen einfach anders aus. Ich war größer, schwerer, muskulöser. Kennen Sie den *Sesamstraßen*-Song »Eins von diesen Dingen ist anders als die anderen«? Genau so fühlte ich mich auf dem roten Teppich. Da der Unterschied für mich ganz offensichtlich war, machte ich mir Sorgen, dass ich anderen unangenehm auffallen könnte. Ich hatte es in vielerlei Hinsicht weit gebracht, und doch fühlte ich mich im Blitzlichtgewitter ausgegrenzt. Es war, als säße ich wieder bei Erich Sailers Skicamp im Whirlpool und hätte meinen BH mit Taschentüchern ausgestopft, weil ich so gerne dazugehören wollte.

Wenn keine Kameras da waren und das Licht ausging, wurde alles nur noch schlimmer. Getrieben von der Bestie des Vergleichs verlor ich mich in einem Kaninchenbau voller Angst. Da ich nach dem Gewinn der Goldmedaille so viele Verpflichtungen hatte, blieb mir nicht mehr so viel Zeit zum Trainieren. Ich nahm ab. Nicht mit Absicht, aber dagegen hatte ich auch nichts, fand es neuerdings sogar wünschenswert.

Mein Bild von dem, wie ich aussehen oder mich verhalten sollte, begann sich in der Zeit nach dem Olympiagold zu verändern. Bisher hatte ich mich so darauf konzentriert, erfolgreich zu sein, dass es keinen Raum für irgendetwas anderes gab. Ich hatte nie über mein Aussehen nachgedacht. Mein Körper war ein Werkzeug, das alles Notwendige tat, damit ich auf höchstem Niveau mithalten konnte. Wen kümmerte es, wie er aussah, solange er Leistung erbrachte? Aber jetzt wurde ich mit Leuten verglichen, die zwanzig bis fünfunddreißig Kilo leichter waren als ich. Natürlich war ich dadurch stark verunsichert.

In der Skiwelt hatte ich nie das Gefühl gehabt, dazuzugehören, und ich dachte auch gar nicht daran, irgendwo dazugehören zu wollen. Ich war immer unterwegs, konzentrierte mich auf den Sport, hatte dieselben Freundinnen, die ich schon mit sieben hatte. Die Frage, ob ich massentauglich war oder nicht, stellte sich mir erst, als ich schon im Rampenlicht stand. Und dort, durch die Lupe der allgemeinen Aufmerksamkeit betrachtet, schien ich *wirklich* nicht hinzupassen.

Was folgte, war eine Art Identitätskrise. Ich versuchte verzweifelt, mich in der neuen Situation zurechtzufinden. Auf dem roten Teppich war mein erster Gedanke gewesen: *Moment mal, die sehen alle anders aus als ich!* Meine Selbstwahrnehmung veränderte sich. Früher hatte ich meinen Körper fähig und stark gefunden, jetzt war er eine ständige Quelle der Unsicherheit. War es möglich, dass ich gar nicht die war, für die ich mich hielt? Ich hatte das Gefühl, dass ich dünn bleiben müsste, weil ich bekannt war. Einige Monate lang verlagerte sich mein Fokus und ich hatte meine Karriere nicht mehr voll im Blick.

Unsere Gesellschaft ist unglaublich auf Oberflächliches fixiert, besonders wenn es um den weiblichen Körper geht. Zudem werden Sportlerinnen anders beurteilt als andere Prominente. Dein Körper muss einer Vielzahl von Normen entsprechen, wobei dein Aussehen ebenso streng beurteilt wird wie deine sportliche Leistung. Während meiner beruflichen Laufbahn herrschte jahrelang die Auffassung vor, Frauen dürften nicht muskulös sein. Muskeln galten als »zu männlich«, als ob dich der Körper, der dir im Sport zum Erfolg verhilft, unattraktiv machen würde. Wer sagt das? Wenn dein Körper ein Teil dessen ist, was dich auszeichnet, warum darf er dann nicht begeistern?

Und wenn wir schon mal dabei sind: Was ist falsch daran, stark zu sein? Was bringen wir unseren Kindern bei, indem wir das öffentlich über jemanden sagen? Kein Wunder, dass eine verzerrte Körperwahrnehmung so verbreitet ist. Dass der Körper von Frauen und Männern mit zweierlei Maß gemessen wird, ist mehr oder weniger gesellschaftlich akzeptiert. Genauso eine Doppelmoral gibt es, wenn es um Frauen und Stärke geht. Männer sollen stark sein. Sie werden dafür gefeiert, wenn sie stark aussehen, mit Stärke handeln, stark sind. Aber wenn Frauen ganz offensichtlich stark sind, soll das ein Problem sein? Da bin ich anderer Meinung. Wenn ein männlicher Sportler die gleiche Erfahrung gemacht hätte wie ich, also plötzlich zwischen lauter Prominenten von anderer Statur gestanden hätte, wäre die Geschichte bestimmt anders ausgegangen. Der Anpassungsdruck wäre ein ganz anderer gewesen, und ein Mann hätte es sicher geschafft, sich positiv darzustellen – nach dem Motto: »Wow, ich bin so viel kräftiger als alle anderen!«

Mittlerweile bin ich überzeugt, dass es keinen einzigen Menschen gibt, der keine Probleme mit diesem Thema hat. Ich hatte damals noch nicht die Kraft zu entscheiden, was das Beste für mich war – sowohl privat als auch beruflich. Letztendlich war ich die Einzige, die mit mir leben musste, und ich war die Einzige, die meine Persönlichkeit definieren konnte. Jetzt ist mir klar, dass jeder Mensch (und jeder Körper) eine Aufgabe hat. Wenn man sich voll und ganz auf seine Bestimmung einlässt, hilft das, objektiver zu werden und sich nicht dauernd durch die gesellschaftliche Brille zu betrachten. Aber diese Erkenntnis kam später. In der Zwischenzeit beugte ich mich dem Druck und verlor mein Ziel aus den Augen.

Die Saison 2010/11 begann schleppend. Abgelenkt durch den ganzen Rummel, war ich selbstgefällig geworden, und es dauerte eine Weile, bis ich wieder Fuß fasste. Im Gegensatz zu mir war Maria Riesch in Topform. Sie lag bei jedem Rennen vorn, während ich ihr mühsam auf den Fersen blieb. Beim Weltcupfinale 2011 in Lenzerheide stand ich endlich kurz davor, den Rückstand wettzumachen. In den drei Jahren zuvor hatte ich den Gesamtweltcup gewonnen, und nun hoffte ich, es zum vierten Mal zu schaffen.

Das erste Rennen war der Super-G – eine große Chance für mich. Zu dieser Zeit lag mir Super-G, ich freute mich darauf.

Leider waren die Wetterbedingungen in Lenzerheide oft schwierig und dieses Jahr war es nicht anders. Am Morgen kam die Nachricht, dass das Rennen abgesagt war. Ich war enttäuscht, aber nicht am Boden zerstört: Es gab ja noch Gelegenheiten, wo ich mich beweisen konnte.

Für den nächsten Tag war Slalom angesagt. Wir wachten auf und stellten fest, dass sich die Lage keineswegs verbessert hatte. In der Nacht hatte es so viel geschneit, dass der Hang in lockerem Neuschnee versunken war. Dreihundert Mann – Schweizer Soldaten und Offizielle – waren nun dabei, die Piste zu präparieren. Sie stampften den Schnee mit ihren Stiefeln, spritzten die gesamte Strecke mit einem Feuerwehrschlauch ab und salzten sie anschließend, damit die Oberfläche eisig wurde. Die Schweizer Armee wird oft bei Weltcups zu Hilfe gerufen, aber das hier war schon einmalig. In meiner gesamten Laufbahn habe ich so etwas nicht noch einmal erlebt. Es war eine kollektive Anstrengung.

Die Wahrheit ist: Wir hätten unter diesen Bedingungen niemals Ski fahren dürfen, aber nach der Absage des Super-G hatten sie anscheinend das Gefühl, keine Wahl zu haben. Trotz allem schaffte ich einen dreizehnten Platz. Slalom war nicht meine Lieblingsdisziplin, also wertete ich das als Erfolg. Maria zog mit fast einer Sekunde Vorsprung an mir vorbei und belegte den vierten Platz.

Damit lag sie drei Punkte vorn.

Ich freute mich für Maria, freute mich aber auch auf den Riesenslalom. Da hatte ich gerade eine wahre Glückssträhne und Maria nicht, also war der nächste Tag die Chance, den Rückstand aufzuholen. Die letzte Chance, um meinen vierten Gesamtsieg in Folge zu erkämpfen und die Saison mit einem guten Ergebnis zu beenden.

Nur um das klarzustellen: Drei FIS-Punkte sind im Grunde nichts. Es ging darum, ob ich in einem der dreiunddreißig

Weltcuprennen dieses Jahres einen Platz vorrückte. Oder Maria einen Platz weiter hinten landete. Ein geringer und gleichzeitig riesiger Unterschied, denn wenn es um mein Gesamtergebnis ging, war dieses Rennen eben entscheidend.

Am Morgen des Rennens wachte ich ganz besonders früh auf und fühlte mich bereit für den Showdown. In solchen Alles-oder-nichts-Situationen war ich immer gut drauf, im positiven Sinne aufgeregt. Dann, um sechs Uhr morgens, erhielten wir die Nachricht, dass das Rennen ausfiel. Ich war fassungslos. Nach all den Anstrengungen, die sie am Vortag unternommen hatten, versuchten sie es jetzt nicht einmal! Mein Cheftrainer Alex Hödlmoser war bei mir, als ich in meinem Wohnwagen angerufen wurde, und seine Reaktion war die gleiche. Wir starrten aus dem Fenster und sahen, dass gar nicht so viel Schnee gefallen war. Es war nicht einmal neblig. Alex war der Meinung, dass die Witterung für ein Rennen in Ordnung war. Der Anruf ergab für uns keinen Sinn.

Natürlich werden Rennen immer wieder abgesagt. Aber die Art und Weise, wie es hier geschah, war wirklich unfair. Und dass den Konkurrentinnen auch so etwas passieren konnte, machte es nicht weniger niederschmetternd. Ich war abwechselnd wütend und am Boden zerstört. Natürlich war ich mit der Entscheidung nicht einverstanden. Ich war entschlossen, alles aufs Spiel zu setzen, alles zu geben, und durfte mich nicht beweisen. Eine ganze Weile saß ich in meinem Wohnmobil und weinte.

In dieser Saison hatte ich versucht, auf der Welle des Erfolgs von Vancouver zu reiten, solange es ging. Beim Training war ich nicht mit ganzem Herzen dabei gewesen, weil ich mit der Goldmedaille eben schon ein großes Ziel erreicht hatte. Ich war nicht mehr so hungrig wie zuvor und das zeigte sich in meinen Ergebnissen. Maria hatte die ganze Saison über eine tolle Leistung gezeigt. Hätte ich nur die ganze Saison über alles gegeben – dann hätte dieses eine Rennen nicht den Ausschlag gegeben!

Ich hatte den Gesamtweltcupsieg um drei Punkte verpasst.

Ich war am Boden zerstört und vor allem enttäuscht von mir selbst. Das war ein Weckruf der anderen Art. Ich dachte an das vergangene Jahr, an alles, womit ich mich beschäftigt hatte. *Was hab ich getan,* dachte ich, *meine Karriere aufs Spiel gesetzt, weil ich mir Gedanken über mein Aussehen gemacht habe?* Dass ich auf Abwegen gewesen war, hatte echte, messbare Auswirkungen auf meine Leistung. Ich hatte mich mit meiner Figur beschäftigt, anstatt mich auf meine Ziele zu konzentrieren. Und wohin hatte das geführt? Was hatte es mir gebracht? Ich versprach mir selbst, mich nie wieder durch Oberflächlichkeiten ablenken zu lassen.

Obwohl das eine bittere Erfahrung war, lehrte sie mich, Scheuklappen gegenüber jeglichem Druck von außen anzulegen und mich darauf zu konzentrieren, was das Beste für mich war – für meine Gesundheit, für meinen Körper, für meine Ziele. Skifahren war das Wichtigste für mich. Auf jeden Fall wichtiger als mein Aussehen oder das, was andere Leute darüber dachten. Ich musste wieder in die Spur kommen. Es war vielleicht das Ende der Saison, aber nicht das Ende meiner Karriere. Im nächsten Jahr, schwor ich mir, sollte alles anders werden.

Kapitel 16

Es gibt nichts Besseres als ein Heimspiel. Wenn man zu Hause antritt, ist die Atmosphäre herzlicher, wilder und lebendiger. Alles fühlt sich intensiver an. Sogar die altbekannte Umgebung wirkt anders – auf eine gute Art und Weise. Zu Hause bist du Publikumsliebling, ob du den Sieg nun erringst oder nicht. Die allgemeine Begeisterung ist wunderbar, übt aber auch einen gewissen Druck aus, weil man die Fans ja nicht enttäuschen will.

Anfang Dezember 2011 wurde der für Val-d'Isère geplante Super-G der Frauen wegen Schneemangels auf die berühmte Birds-of-Prey-Strecke in Colorado verlegt. Dort hatte in der Woche zuvor das Weltcuprennen der Herren stattgefunden. Die Piste liegt im Beaver Creek Resort bei Vail, also direkt an meinem Wohnort. Der plötzliche Kulissenwechsel war eine angenehme Überraschung. Ich schlief zum ersten Mal seit Wochen wieder in meinem eigenen Bett und das war ein tolles Gefühl.

Seit ich bei den Weltmeisterschaften 1999 Rutscherin war und den Schnee zwischen den Rennen mit meinen Skiern glättete, hatte ich mir gewünscht, diese Strecke zu fahren. Sie bietet einfach alles – Steilhänge, spektakuläre Sprünge, scharfe Kurven. Sie ist rasant und technisch anspruchsvoll und kommt immer auf einen zu. Das Spannendste an Birds of Prey war damals jedoch, dass die Damen bis dahin noch nie auf dieser Strecke gefahren waren.

Normalerweise ist man auf einem Hausberg im Vorteil, weil man schon darauf trainiert hat. Wenn man die Strecke kennt, hat man der Konkurrenz natürlich etwas voraus. In diesem Fall hatte das US-Frauenteam aber noch nie auf der Piste trainiert, sodass wir alle die gleichen Voraussetzungen hatten. Ich fühlte mich fremd auf dem eigenen Terrain.

Ein paar Tage vor dem Rennen versuchten alle, die Piste zu befahren. Nach den Herrenwettkämpfen war die Strecke so vereist, dass wir es nicht einmal hinunterschafften. Das war nicht sehr ermutigend, doch ich versuchte, mich nicht abschrecken zu lassen. Ich hatte noch nie bei einer Speeddisziplin auf heimischem Boden gewonnen und das wollte ich ändern.

Am Tag des Rennens wachte ich mit einem flauen Gefühl im Magen auf. Ich tat mein Bestes, um locker zu werden, und machte Beweglichkeitsübungen, um die Muskeln in Schwung zu bringen. Als das Rennen näher kam, bereitete ich mich gewohnt vor – tief atmen, visualisieren, Körper und Geist in Bereitschaft versetzen. Ich war immer noch nervös, als ich an den Start ging, versuchte aber, mich zusammenzureißen. Ich hatte die letzten drei Rennen in Folge gewonnen und wollte den Schwung beibehalten. Zeitpunkt und Setting waren einfach perfekt.

Passend zum Namen der Strecke sind alle Sprünge nach Raubvögeln benannt: »Wanderfalke«, »Kreischeule«, »Habicht«, »Weihe«, »Rotschwanzbussard«. Für das Frauenrennen wurde der Streckenverlauf geändert, sodass wir nicht über den »Steinadler«– den brenzligsten Sprung der Männer – fahren mussten. Dennoch war die Strecke extrem anspruchsvoll. Nach einer Gleitphase am Anfang war das Gefälle enorm, was die Abfahrt zu einer Hochgeschwindigkeitsstrecke machte. Es war auf jeden Fall eine herausfordernde Piste und ich musste sie bewältigen.

Trotz all meiner Bemühungen war ich im oberen und mittleren Abschnitt etwas zu vorsichtig. Ich fand die optimale Linie zunächst nicht und schaffte es gerade noch durch ein paar Tore.

Aber ich wusste, dass ich Zeit aufholen konnte, wenn ich im unteren Teil aggressiv entlang der Falllinie fuhr. Das zog ich bis zum Ziel durch und lag am Ende 0,37 Sekunden vor der Schweizerin Fabienne Suter.

Das Publikum tobte – schreiende Menschen aller Altersgruppen in einem Meer von selbst gebastelten Schildern und amerikanischen Flaggen. Ich streckte meine Fäuste nach oben und warf Kusshände in die Menge, dankbar für ihre Energie. Es war überwältigend, zu Hause zu gewinnen, vor allem unter diesen Bedingungen. Da das Rennen kurzfristig angesetzt worden war, hatte meine Familie nicht kommen können, aber die begeisterten Fans meiner Heimatstadt waren ein würdiger Ersatz. Ich wusste, dass der Bruder des Quarterbacks Tim Tebow unter den Zuschauern war. Deswegen kniete ich mich vor dem Podest hin und rief »Go, Broncos!«– so wie Tim es vor seinen Spielen immer machte. Die feierliche Geste sollte ein Scherz sein. Leider verbreitete die Presse daraufhin, ich sei mit Tim zusammen. Das war die erste von vielen weiteren ausgedachten Storys, ein Vorgeschmack auf eine neue Realität, die mich erwartete.

Bevor ich an diesem Tag das Stadion verließ, gab ich so viele Autogramme wie möglich. Es waren viele Kinder im Publikum, was mich sehr freute, weil ich mich immer gern mit ihnen unterhielt. Einige erzählten, sie hätten die Schule geschwänzt, um dabei zu sein. Also posierte ich für Fotos und signierte zahlreiche Helme und Jacken, damit sie keinen Ärger bekamen.

Der Tag hatte angespannt begonnen, aber am Ende war ich im siebten Himmel. Das war mein sechsundvierzigster Weltcupsieg – der vierte in Folge, der fünfte von sechs Siegen in dieser Saison – und es war ganz bestimmt einer meiner schönsten Erfolge. Ich hatte es geschafft und zudem hatte ich es ganz allein geschafft.

Wie sich herausstellte, brachte das folgende Jahr einige tiefgreifende Veränderungen. In der öffentlichen Wahrnehmung war ich ein Skistar. Aber hinter den Kulissen zerbrach meine Ehe.

Wenn Arbeit und Privatleben so miteinander verwoben sind, wie es bei uns der Fall war, kann das Emotionen verstärken. Die Stimmung in unserer Beziehung hätte nicht davon abhängen dürfen, ob ich siegte oder verlor. Aber leider war es so – wir hatten uns auseinandergelebt. Ich hatte das Gefühl, dass ich nur noch Skiläuferin war und er mein Trainer. Sonst gab es nichts mehr. Schließlich kam ich nach vier Ehejahren an einen Punkt, an dem es genug war. Ich brauchte mehr Freiheit, auch abseits der Piste. Ich wollte meine Linie finden, sowohl beim Sport als auch im übertragenen Sinne, und ich hatte endlich genug Selbstvertrauen dafür.

Als ich so weit war, zog ich die Trennung durch. Es war schwierig, die Sache geheim zu halten. Thomas war ja mein Trainer gewesen, und die Leute erwarteten, ihn an meiner Seite zu sehen. Kurz nach der Scheidung fuhr ich mit meinen Schwestern und Reed zu einem Rennen in Aspen. Es war das erste Mal, dass Thomas nicht dabei war. Als Reporter mich nach ihm fragten, sagte ich, dass Thomas' Vater krank und Thomas in Florida bei ihm sei. Das stimmte zwar, war aber nur die halbe Wahrheit. Es war klar, dass ich einen Vorsprung gewinnen musste, bevor die ersten Gerüchte kursierten. Eine Woche später nahm ich Kontakt zu einem vertrauenswürdigen Journalisten von der *Denver Post* auf. Wir unterhielten uns miteinander und er brachte die Geschichte schließlich heraus.

Und dann musste ich von vorn anfangen.

Als ich geschieden war, veröffentlichte die *Chicago Tribune* einen Artikel von Philip Hersh mit der Überschrift »Kann Lindsey ohne einen Mann an ihrer Seite Erfolg haben?«. Darin stand, dass zuerst mein Vater und dann mein Ex-Mann mein Leben bestimmt hätten. Der Autor fragte sich, ob ich ohne jemanden klarkommen könnte, der mir sagte, wo es langging. Und ob ich ohne einen Mann, der mich anleitete, überhaupt schnell sein könnte. Auch davor hatte es schon Artikel gegeben, die den Beitrag meines Vaters oder den von Thomas bei meinem Erfolg herausstellten. Sie stellten alle meine Kompetenz infrage und sie hatten mich geärgert. Aber das hier war der Gipfel. Ich fasste es nicht, dass die *Chicago Tribune* diese Schlagzeile gedruckt hatte, ganz zu schweigen von dem Bericht dazu. Warum war so etwas auch nur im Entferntesten ein Thema? Im umgekehrten Fall hätte niemand so etwas über einen Mann geschrieben.

Es ist klar, dass gern reißerisch formuliert wird, um Auflagen oder Klicks zu generieren. Aber in diesem Fall war das nicht mal das Schlimmste. Ich habe anschließend mit diesem Journalisten gesprochen und hatte den Eindruck, dass er wirklich glaubte, was er geschrieben hatte. Jetzt sah ich rot. Das war nicht nur ein Affront gegen mich, sondern gegen alle erfolgreichen Frauen, deren Leistungen durch Sexismus geschmälert wurden.

Von allen negativen Berichten über mich ist das wahrscheinlich der Artikel, der mich am meisten anspornte. Er brachte mich richtig auf, aber zu Herzen nahm ich ihn mir nicht. Ich wollte diesem Reporter – und allen, die so dachten wie er – beweisen, dass er falschlag. Die Schlagzeile habe ich nie vergessen und werde sie auch nie vergessen. Als Antrieb war das Ganze wahrscheinlich wunderbar, obwohl ich bis heute einen schlechten Geschmack im Mund bekomme, wenn ich daran denke.

In der Woche nachdem die Scheidung bekannt wurde, gewann ich alle drei Weltcuprennen in Lake Louise – zwei Abfahrten und einen Super-G. Und in der darauffolgenden Woche fuhr ich die Birds of Prey in Beaver Creek, was sich so anfühlte, als hätte ich die Ski-WM gewonnen.

Wie immer wandte ich mich dem Skifahren zu, um eine emotional belastende Zeit zu überstehen. Dieses Jahr wurde, was

Siege angeht, das beste meiner Karriere. Ich gewann vier Titel. Ich gewann zwölf Rennen. Irgendwann in dieser Saison machte es bei mir klick. Mein Selbstvertrauen, meine Ausrüstung, meine Kondition, meine Beziehung zu Trainern und Mannschaftskameraden – es stimmte einfach alles. Dass ich direkt nach meiner Scheidung so stark war, war das Beste, was mir passieren konnte. Ich machte allen klar, dass ich auch ohne Mann an meiner Seite erfolgreich war. Und was noch wichtiger war: Ich bewies, dass ich niemanden brauchte, der meinen Wert bestimmt. Ich bestimmte ihn selbst.

Während der Skisaison konnte ich meine Gefühle auf der Piste verarbeiten, doch nach der Saison wurde es hart für mich. Ich konnte nun nicht mehr umhin, darüber nachzudenken, wo ich zu diesem Zeitpunkt stand. Das war ein neues Kapitel für mich. Und gleichzeitig eine Chance. Der Neubeginn nach meiner Scheidung fühlte sich ein wenig an wie ein Hausbau: Ich hatte alte Strukturen eingerissen und musste selbst wieder etwas aufbauen. Einerseits bedeutete das, dass ich alles genau so gestalten konnte, wie ich es wollte. Aber es bedeutete auch, dass ich in der Zwischenzeit kein Zuhause mehr hatte. Es war ziemlich anstrengend und die ersten Schritte waren die schwierigsten.

Zum ersten Mal bestimmte ich meinen Tagesablauf selbst. Skifahren war einfach, alles andere war schwierig. Ich orientierte mich eine ganze Weile, fand heraus, was ich brauchte und was ich wollte. Dann baute ich ein Team auf, das mich unterstützen und mir bei Dingen helfen konnte, von denen ich keine Ahnung hatte. Mark Ervin und Sue Dorf waren meine Agenten, seit ich siebzehn war. Sie hielten zu mir und halfen mir, fähige, vertrauenswürdige Leute zu finden. Bis zu diesem Zeitpunkt hatte ich völlig abgeschirmt gelebt. Plötzlich musste ich mich um meine Finanzen kümmern, mit professioneller Unterstützung PR-Arbeit machen, mich um Verträge und Kooperationen kümmern. Es gab viel zu tun und die Zeit drängte. Ich war sehr unsicher, riss mich aber zusammen und legte los. Der Nervenkitzel, an diesem neuen Haus bauen zu können, motivierte mich auf ungeahnte Weise.

In diesem Sommer zog ich zu Freunden nach Los Angeles. Es war herrlich, mehr Freiheit zu haben. Ich verabredete mich zum Essen, machte mich schick, besuchte Events. Mein Alltag sah ganz anders aus als noch ein paar Wochen zuvor, und das gefiel mir. Unser Haus hatte einen Pool, sodass immer wieder Leute zum Grillen vorbeikamen. Ich ging mit einer ganzen Frauentruppe zum Kentucky Derby. Freunde und Bekannte unterstützten mich so gut wie möglich, das half wirklich. Viele Leute kamen auf mich zu und wollten Zeit mit mir verbringen. Zwei ehemalige Mitbewohnerinnen aus Park City meldeten sich, um zu hören, wie es mir ging. »Hättest du damals bloß mehr mit uns gesprochen!«, sagten sie. »Du bist ja die ganze Zeit bei Thomas gewesen – wir dachten, du hättest keine Lust auf uns.«

Das war eine Offenbarung. Ähnliches hörte ich in den folgenden Wochen von nahezu dem ganzen US-Skiteam. Ich hatte während meiner Ehe getrennt von den anderen gelebt und dabei viel verpasst. Dazu gehörte die Gemeinschaft, die ein besseres Verhältnis zu den Teamkolleginnen befördert hätte. Ich hatte immer gedacht, dass niemand Zeit mit mir verbringen wollte, aber das entsprach gar nicht den Tatsachen! Von da an änderten sich die Dinge. Ich sprach mit jedem und aß mit dem Team zusammen. Früher hatte ich mich auf Tour nur mit Maria Riesch getroffen, jetzt war ich aufgeschlossen.

In diesem Sommer organisierte Red Bull ein Event, um meine sechzehn Siege zu feiern. Das Motto der Party war »Sweet Sixteen«, unter anderem deswegen, weil ich diesen Geburtstag selbst nie gefeiert hatte und als Jugendliche nicht einmal zu solchen Partys gehen konnte. Ich erinnere mich wahnsinnig gern an diese Sommermonate. Sie gehören mit Sicherheit zu den glücklichsten meines Erwachsenenlebens.

Dennoch war klar, dass ich weiter trainieren musste. Ich wollte mein Ziel nicht aus den Augen verlieren, und das hieß: Rennen gewinnen. Die vorherige Saison hatte mich gelehrt, dass man gerade dann hart arbeiten muss, wenn man gut drauf ist, also strengte ich mich die gesamte Saison 2011/12 lang an. Dreimal täglich stand Training auf dem Programm – morgens Cardio, nachmittags eine Einheit mit Gewichtheben und abends wieder Cardio. Was Fitness anging, war ich in Form. In L. A. verbrachte ich viel Zeit auf dem Trainingsgelände von Red Bull, wo ich mit einer Reihe von anderen Profisportlern trainierte, darunter auch Basketball- und Footballspieler wie Aaron Rodgers und Clay Matthews. Ich lernte jede Menge Leute kennen, die freundlich, ehrgeizig und stark waren. Zusammen mit denen Zirkeltraining zu machen war großartig. *Wer aus der Skiwelt darf sonst noch mit NFL-Spielern trainieren?*, dachte ich. *Wahrscheinlich niemand!*

All der sportliche Erfolg konnte jedoch nicht darüber hinwegtäuschen, dass dieses Jahr seinen emotionalen Tribut forderte. Ich vertraute mich meinen Schwestern und besten Freundinnen an und lernte viel dabei, sowohl über mich als auch über meine Ehe. Aber es war schwer, mein inneres Chaos nicht an die Öffentlichkeit dringen zu lassen.

Im Sport erfolgreich zu sein erfordert viel Arbeit, und die meiste davon findet hinter den Kulissen statt. Das wird angesichts des öffentlichen Rummels oft übersehen. Ja, wenn deine Karriere läuft, stehst du im Rampenlicht. Aber wenn es dir nicht gut geht? Dann ist die Kluft zwischen Öffentlichem und Privatem riesig. Viele Leute verstehen nicht, wie schwierig das ist: die ganze Zeit allein in Hotelzimmern, die Einsamkeit. Ich habe es erlebt.

Als Profisportlerin steht man ständig unter Druck – vor den Kameras, bei Interviews, vor den Fans. In der Öffentlichkeit vertritt man nicht nur sich selbst, sondern auch seinen Sport (und meistens auch sein Land). Ein Interview hat viele Ebenen. Du willst heikle Themen vermeiden, du willst nicht polarisieren, du willst nicht negativ sein. Was du willst, ist: das Gespräch in die richtige Richtung lenken. Der Trick besteht darin, sich im Vorfeld zu überlegen, was man sagen will. Am Anfang fand ich das nervenaufreibend, bin mit der Zeit aber richtig gut darin geworden. Grundsätzlich liebe ich es, vor Menschen zu stehen. Ich glaube, das liegt an all den Tanzgruppen, mit denen ich als Kind aufgetreten bin. Andere irgendwie unterhalten wollte ich schon immer gern. Ich leiste mehr, wenn ein Publikum da ist.

Aber dann gehen die Zuschauer, das Rennen ist vorbei, der Tag auch. Und der Adrenalinrausch endet abrupt.

Oft kehrte ich, noch aufgedreht vom Rennen, in mein Zimmer zurück und wurde mit einer unglaublichen Stille konfrontiert. Ich erinnere mich zum Beispiel gut an einen Tag während meiner Scheidung. Das war nach einem erfolgreichen Wochenende – ich hatte gerade zwei Rennen in St. Moritz gewonnen und fühlte mich kampfstark. Unmittelbar nach den Wettkämpfen traf ich meinen Vater, der mir bei der Scheidung half. Wir feierten nicht. Zeit zur Reflexion gab es auch nicht. Wir sahen ein paar Papiere durch, ich packte meine Sachen, nahm ein paar Dosen Red Bull mit ins Auto und fuhr fünf oder sechs Stunden nach Österreich, ganz allein.

Gegen Mitternacht kam ich in meiner österreichischen Wohnung an – ich glaube, ich aß nicht einmal, trank nur einen Eiweißshake – und schlief sofort ein. Am nächsten Morgen wachte ich um fünf oder sechs Uhr davon auf, dass die Dopingkontrolle an die Tür klopfte, und dachte: *Scheiße, das soll es jetzt gewesen sein?* Der Unterschied zwischen meiner Wirklichkeit und der öffentlichen Wahrnehmung hätte nicht größer sein können. Äußerlich war alles perfekt. Ich hatte zwei Siege nacheinander errungen, und man hätte meinen können, dass ich irgendwo feierte. Weit gefehlt: Stattdessen musste ich allein eine Scheidung durchstehen, allein Auto fahren, allein schlafen, allein mit allem fertig werden. Ich fühlte mich isoliert und erschöpft. Nach außen hin hatte ich ein aufregendes Leben, aber hinter den Kulissen verbrachte ich einen Großteil meiner Zeit damit, in leeren Räumen zu sitzen und mich zu fragen, was nun werden sollte.

So etwas gab es noch häufiger – wunderbare Wochenenden, die beschissen endeten. Ich glaube, das ging nicht nur mir so. Im Profisport machen die Rennen Spaß, das Drumherum weniger. Die Inspektion, das Warten, das Beobachten der anderen Läuferinnen, die mentale Vorbereitung: Das sind vier bis fünf Stunden Vorbereitung für ein zweiminütiges Rennen, den Höhepunkt des Tages. Aber der geht schnell vorbei. Egal ob man gewonnen oder verloren hat, das Rennen ist vorbei. Und dann ist da nichts mehr.

Ich habe erlebt, wie das Unterwegssein die Vereinsamung steigern kann. Die Autofahrten auf den engen, kurvenreichen Straßen in den Bergen strengten mich an, zudem war das Wetter oft schlecht. Nach einer einsamen Fahrt erwartete mich im Hotel dann eine noch einsamere Nacht. Die Veranstaltungen wiederholten sich. Der Zeitplan, das Training, die Mahlzeiten, alles war streng reglementiert. Der Ort änderte sich, das Essen war vielleicht anders, aber meine Tage blieben anstrengend und eintönig.

In jener stillen Wohnung in Österreich sah mein Leben ganz anders aus, als ich es mir bei der Heirat mit zweiundzwanzig vorgestellt hatte. Damals wollte ich Kinder bekommen, sobald ich dreißig war, und mit der Familie nach Norwegen ziehen. Und jetzt? War ich sechsundzwanzig und geschieden. Thomas und ich waren lange zusammen gewesen, ich hatte mich verändert, mein Leben nahm eine neue Gestalt an. Es war eine große Veränderung und eine mühevolle Umstellung, aber ich war bereit, diese neue Wirklichkeit zu gestalten.

Während des Scheidungsverfahrens las ich viele Selbsthilfebücher und stellte fest, dass der wesentliche Gedanke darin war: Du kannst dich *entscheiden*, glücklich zu sein. Jeder Mensch hat die Verantwortung, Entscheidungen zu treffen, die letztlich zur Selbstverwirklichung führen, ob das nun heißt, beim Partner zu bleiben, sich zu trennen oder andere Veränderungen vorzunehmen. Man muss sich selbst die schwierige Frage stellen: *Bin ich glücklich?* Und bei der Antwort ehrlich sein. Viele von uns unterschätzen, wozu wir fähig sind. Wenn du eine Person gefunden hast, mit der du immer zusammen sein willst – großartig! Aber wenn nicht, kannst du darauf vertrauen, dass du stark genug bist, deinen eigenen Weg zu gehen.

Die Sache mit dem Glück gilt für jede und jeden von uns. Man kann niemanden glücklich machen und man kann andere Menschen nicht »hinbiegen«. Du solltest nicht davon ausgehen, dass du deinen Partner zufriedener oder gesünder oder besser machen kannst. Wenn du das versuchst, wirst du eine Menge Ärger bekommen.

Die wichtigste Lektion, die meine Scheidung mir erteilte, war demnach: Ich musste das Glück in mir selbst finden. Lange hatte ich Scherereien durch Skifahren verdrängt, weil ich meine Gefühle dabei produktiv ausleben konnte. So gesehen war es kein Wunder, dass ich eine sensationelle Saison hatte, als alles um mich herum zusammenbrach. Aber jetzt musste ich erwachsen werden und den Tatsachen ins Gesicht sehen. Geschäftigkeit kann Probleme nur eine gewisse Zeit lang verschleiern. Irgendwann muss man sich ihnen stellen.

In gewisser Weise besserten sich meine Depressionen in dieser Zeit sogar. Ich war auf mich gestellt und manchmal war das ein Kampf, aber ich fühlte mich auf eine neue Art unterstützt. Zum ersten Mal in meinem Leben erforschte ich meine Persönlichkeit. Ich lernte, mich besser um mich zu kümmern und Ausgleich in anderen Bereichen zu suchen. In der Nebensaison verbrachte ich viel Zeit mit Work-outs oder mit Freunden – einfachen Aktivitäten, die eine große Wirkung hatten, weil sie im Kopf einen Schalter umlegten und mir aus seelischen Nöten heraushalfen.

Für mich war der Gewinn der Olympischen Spiele der erste Schritt, um Selbstvertrauen abseits vom Skisport aufzubauen – nicht wegen der Goldmedaille, sondern weil eine Tür sich gerade so weit öffnete, dass ich einen Vorgeschmack auf die Welt da draußen bekam. Zuvor hatte mein Selbstverständnis ausschließlich vom Skifahren abgehangen. Ich erkannte, dass ich noch mehr konnte: Die Menschen respektierten mich, und sie interessierten sich für das, was ich zu sagen hatte. Nach meiner Scheidung stand die Tür dann weit offen. Ich schloss neue Freundschaften und knüpfte Verbindungen, die mir bisher ungeahnte Möglichkeiten eröffneten. Obwohl ich noch immer viele Fragen hatte, wohin die Reise gehen sollte, war ich in Aufbruchstimmung.

Nach der Scheidung war meine Familie enttäuscht, dass ich nicht wieder Kildow heißen wollte, aber zu diesem Zeitpunkt war Lindsey Vonn schon mein Alter Ego, sozusagen meine Version eines Firmennamens. Beim Skifahren bin ich aggressiv. Ich bin zu allem entschlossen und leidenschaftlich. Wenn ich Rennen fahre, bin ich Lindsey Vonn. Das hat nichts mit Thomas zu tun – oder mit irgendjemandem sonst. Den Namen hatte ich aufgebaut und den musste ich mitnehmen.

Unabhängig davon kehrte meine Familie in mein Leben zurück. Ich redete viel mit meinem Vater. Als vor der Scheidung jahrelang Funkstille zwischen uns herrschte, hatte ich ziemlich darunter gelitten. Ich wollte meinem Dad dauernd etwas erzählen, konnte aber nicht, was schwer war – für ihn sicher auch. Jetzt war es schön zu erleben, dass wir uns wieder normal unterhalten konnten. Er erzählte mir unter anderem, welche Erfahrungen er in der Ehe gemacht hatte und was er daraus gelernt hatte. Das öffnete mir die Augen und half mir weiter. Manchmal glauben Eltern ja, dass ihre Kinder bestimmte Vorkommnisse nicht verstehen können, und es braucht gemeinsame Lebenserfahrung, damit man sich öffnen und darüber sprechen kann. Für meinen Dad und mich hatte das eine heilende Wirkung.

Eine besonders erfreuliche Entwicklung, die meine Trennung mit sich brachte, war die Nähe zu meinen Geschwistern. In den Jahren nach der Scheidung standen sie mir zur Seite, was meine Einsamkeit deutlich linderte. Meine kleine Schwester Laura leistete mir zwei Saisons lang Gesellschaft. Ihre Anwesenheit war genau das, was ich damals brauchte. Unterwegs machte sie uns in winzigen Kochnischen Frühstück – am liebsten Rührei mit Paprika und Zwiebeln – und manchmal auch ein Abendessen. Sie half mir mit meinen Social-Media-Konten. Sie wurde meine persönliche Alleinunterhalterin, die bereit war, sich für einen Lacher zum Affen zu machen. Unmittelbar nach der Scheidung fuhr sie mit mir im Sessellift und zitierte aus dem Film *Dumm und Dümmer* (»Hey, willst du mal das gemeinste Geräusch auf der Welt hören? AAAAAHHH!«) oder aus Chris-Farley-Filmen (»Fetter Kerl in einem kleinen Mantel ...«), um mich aufzuheitern. Als ich mich verletzte, war sie bei mir und füllte die Hyperice-Bandage mit Eis auf. Sie holte Ginger Ale und Cracker, mein Lieblingsessen nach Operationen, und schaute sich Folge um Folge von *Law & Order* und *Homeland* mit mir an. Sie packte meine Koffer und half mir mit meinen Krücken. Ich weiß nicht, was ich ohne sie getan hätte.

Im Gegensatz zum Rest der Familie ist Laura Skilaufen ziemlich egal. Manchmal fuhr sie aber doch mit mir, einmal auch in Cortina. Da verkanteten sich ihre Skier und sie landete mit einem Gesichtsklatscher im Schnee. »Versuch einfach nicht, mich zu überholen«, zog ich sie auf. »Das geht nicht gut aus!«

Sie war für alles zu haben. Und dabei immer ausgeglichen – sie leidet nicht unter Stimmungsschwankungen.

Während der Saison 2012/13 stellte Red Bull mir ein tolles Wohnmobil mit voll ausgestatteter Küche und Dusche zur Verfügung. Der Deal war, dass das Formel-1-Team den Wagen im Sommer nutzen durfte und ich im Winter. Es gab ein Sofa, einen Fernseher, und der Innenraum war groß genug, dass ich darin trainieren konnte. Laura und ich übernachteten zusammen im Wohnmobil. Sie schlief im Doppelbett über dem Fahrersitz und ich im hinteren Teil.

Laura ist sehr ordentlich, meine Mom hat sie sogar eine »Ordnungsfanatikerin« genannt. Als wir jünger waren, räumte sie zu Hause oft auf, und denselben Schwung brachte sie ins Wohnmobil. Mein kleiner Schlafbereich war das schwarze Loch im Bus, aber der Rest war ab jetzt immer schön sauber. Das war keineswegs selbstverständlich – es ist ja nicht so, dass man vor einem Weltcuprennen erst mal in Ruhe das Geschirr spült ... Zum Glück hatte Laura ein Händchen für diese Dinge.

Einmal, in Garmisch, wurde es nachts eisig kalt: minus fünfunddreißig Grad Celsius. Mitten in der Nacht – der Nacht vor einer Abfahrt – wachte ich zähneklappernd auf. Der Strom war wegen der Kälte ausgefallen. Ich stand auf und zog alle meine Klamotten übereinander an – Socken, lange Unterwäsche, Sweatshirt, Mütze. Dann brachte ich Laura Kleidung zum Überziehen. Es war zwei Uhr nachts. Wir versuchten erfolglos, das System neu zu starten. Wir hatten zwar Akkuheizlüfter, aber die waren so klein, dass sie so gut wie keine Wärme spendeten. Immerhin hatten wir sie, sonst hätte das Ganze schlimm enden können! Laura und ich kuschelten uns eng aneinander, zitterten und froren uns den Hintern ab. Die Temperatur im Wohnmobil lag weit unter dem Gefrierpunkt. Es war so kalt, dass wir unseren Atem sehen konnten.

Am nächsten Tag gewann ich mein fünfzigstes Weltcuprennen.

Kapitel 17

»Damit ruinierst du dir deine Karriere!«
Diese Worte klingen mir noch in den Ohren, vielleicht weil viele Leute sich Ende 2012 mir gegenüber so äußerten. Im Nachhinein ist es schwer vorstellbar, dass ich meine Karriere durch mein Vorhaben – offen über meine Depression zu sprechen – tatsächlich hätte zerstören können. Heutzutage machen ja etliche Prominente und Sportler ihre Depressionen publik. Michael Phelps, der erfolgreichste US-Olympionike aller Zeiten, engagiert sich für Gesprächstherapie und hat einen Dokumentarfilm produziert, der zeigt, wie Spitzenathleten im Jahr 2020 mit ihren psychischen Problemen kämpfen. Wenn es ein Ranking gäbe, welche Faktoren eine sportliche Karriere ruinieren, dürfte der offene Umgang mit Depressionen kaum unter den ersten fünfzig sein.

Vor zehn Jahren sprach aber so gut wie niemand über seine Psyche. Selbst in einem Interview mit emotionalen Themen waren Depressionen nichts, was man von sich aus ansprach. Siege, Niederlagen, Enttäuschungen, Reue, Verletzungen – danach wurde natürlich gefragt. Aber nach lähmenden Depressionen oder Panikattacken? Lieber nicht. Heute ist das Stigma psychischer Probleme nicht einmal annähernd so groß wie 2012, wir sind also vorangekommen. Zum Glück gibt es mittlerweile einen Konsens, dass niemand mehr Depressionen oder Ängste verschweigen muss, ob man berühmt ist oder nicht.

Im Jahr 2012 bedeuteten psychische Probleme für eine Profisportlerin jedoch, dass sie weitgehend im Stillen leiden musste. Für eine Person, die von Sponsoren bezahlt wurde, war eine klinische Depression nicht nur ungewöhnlich, sondern gefährlich. Sie gefährdete die Zukunft, die Einkünfte, konnte die Fans verschrecken. Sie war eine Gefahr, weil niemand verstand, was sie für die Karriere bedeutete oder wie sie sich auf die Leistung auswirken konnte.

Jahrelang lief ich herum, als hätte ich etwas zu verbergen, als müsste ich mich schämen. Dann fasste ich einen Entschluss: Ich wollte ausprobieren, wie gefährlich es war, darüber zu reden. In meinem Umfeld waren einige überzeugt, dass das mein Image als starke, belastbare Sportlerin zerstören würde. Ich war da nicht so sicher. Wenn ich darüber nachdachte, machte mich der tägliche Kampf gegen die Depression sogar stärker. Ich musste nicht nur daran arbeiten, die Beste auf der Piste zu sein, sondern auch damit klarkommen, dass die Chemie in meinem Hirn sich gegen mich verschworen hatte. Tatsächlich hatte ich durch das Leben mit der Depression eine besondere Belastbarkeit bewiesen.

Ich hatte Bedenken, was es bedeuten würde, mich zu outen. Trotzdem wollte ich vor der Depression nicht mehr weglaufen. Andere hatten auch schon offen über diese Krankheit gesprochen, neu war das also nicht. Aber es war neu für *mich*, fremde Menschen in etwas einzuweihen, das so persönlich war, dass ich jahrelang meinte, es verheimlichen zu müssen. Ich übertreibe nicht, wenn ich sage, dass ich noch nie vor einer so großen Herausforderung gestanden hatte.

Fakt ist, dass ich selbst meinen engsten Vertrauten kaum von der Depression erzählt hatte. Seit der Diagnose hatte ich Wege gefunden, damit umzugehen, und ebenso viele Wege, Gespräche darüber zu vermeiden. Natürlich tauchte das Thema manchmal auf, aber zunächst war ich in der Lage, es abzutun oder zu umgehen. Zehn Jahre waren allerdings zu lang, um diese dunkle Erfahrung für mich zu behalten. Nach der Scheidung wurde ich mitteilsamer – zunächst redete ich mit den Menschen, die mir nahestanden, und irgendwann auch mit allen anderen.

Als ich endlich so weit war, tat das wirklich gut. Ich hatte mich so lange für meine Krankheit geschämt, und nun stellte ich fest, wie viele damit zu tun hatten, auch in der Familie.

»Warum hast du mir nichts gesagt, Lindsey?«, fragte meine Mutter.

»Ich war jung«, sagte ich. »Und du hast eine Scheidung durchgemacht. Ich wollte dir nicht zusätzlich zur Last fallen.«

Meine Mom verstand das, aber wie es wohl allen Eltern gehen würde, war sie traurig, dass sie mir nicht beigestanden hatte. Sie gestand, dass sie auch depressive Phasen hatte. So etwas hatte ich schon vermutet – obwohl sie sich nie beklagte, wusste ich, dass sie ihre eigenen Probleme hatte. Es war ein gutes Gespräch, und ich war froh, dass wir endlich offen miteinander umgehen konnten.

Je mehr ich über Depressionen sprach, desto klarer wurde mir, dass ich mir das nach der Scheidung von der Seele reden musste. Für einen frischen Neuanfang musste ich alle Karten auf den Tisch legen. Ich hatte eine Zeit der persönlichen Veränderung und Selbstwahrnehmung hinter mir und wollte meinen Gemütszustand nicht mehr verbergen. Ein paar Jahre zuvor hätte ich das niemals getan, aber ich war einfach nicht mehr derselbe Mensch. Beim Skifahren ging ich, ohne zu fackeln, jeden Tag Risiken ein; jetzt hatte ich endlich genug Selbstvertrauen, um abseits der Piste auch etwas zu wagen.

Mein Team und ich kamen zu dem Schluss, dass die beste Art der Veröffentlichung bei diesem Thema ein gedrucktes Interview wäre. Da ich Beziehungen zu einem Redakteur bei *People* hatte, nahmen wir dorthin Kontakt auf. Das Magazin brachte das Interview dann als Titelgeschichte, eine ganz große Nummer. Klar, ich war vorher auch schon mal auf einem Cover zu sehen gewesen, aber das war etwas anderes: ein sensibles, persönliches Thema. Aller Sorge zum Trotz, wie das bei Fans und Sponsoren ankommen würde, erinnerte ich mich immer wieder daran, dass Millionen Menschen auf der ganzen Welt von Depressionen betroffen sind. Im Sport war man eben auch nicht davor gefeit – die meisten Athletinnen und Athleten sind nur darauf konditioniert, sich nicht angreifbar zu machen. Ich wollte einen Anfang machen und andere dazu ermutigen, ebenfalls über ihre Erfahrungen zu sprechen. Es war kein Zeichen von Schwäche und nichts, wofür man sich schämen musste. Warum also nicht mit gutem Beispiel vorangehen?

Meine Offenbarung kam für viele überraschend, auch für Menschen, die mich gut kannten. Bis zu diesem Zeitpunkt hatte ich noch nicht einmal mit meiner Familie gesprochen, geschweige denn mit jemandem sonst. Und dann erklärte ich plötzlich öffentlich, wie es um meine psychische Gesundheit stand! Doch ich war froh und erleichtert, dass ich diesen großen Schritt geschafft hatte. Ein willkommener Effekt des Ganzen war, dass mir das Reden unerwartet half – mehr sogar als Therapie oder Medikamente. Jetzt konnte ich allen, auch mir selbst, ehrlich sagen, was ich erlebt hatte. Indem ich die Worte aussprach, konnte ich mein Leiden endlich akzeptieren.

Viele Menschen beschäftigten sich mit meinem Interview und die Reaktionen darauf waren überwiegend positiv. Der Basketballspieler Kevin Love (mittlerweile ein guter Freund von mir) schickte eine SMS, dass er stolz auf mich sei. »Jeder sollte darüber sprechen«, schrieb er. Ein bekannter Nachrichtensprecher kam bei einer Veranstaltung auf mich zu, bedankte sich und vertraute mir an, dass er Ähnliches durchgemacht hatte. »Die Leute denken, dass ich grundsätzlich gut drauf bin, weil ich im Fernsehen bin«, sagte er, »aber manchmal bin ich das nicht.« Ich bekam Rückhalt und Solidaritätsbekundungen aus den unterschiedlichsten Richtungen. Je mehr Geschichten ich hörte, desto stärker wurde mein Eindruck, dass anscheinend jeder einmal eine Art von Depression hatte. Warum hatte dann vorher niemand davon erzählt?

Aber es gab auch kritische Stimmen. Manche sagten: »Du hast doch alles, wie kannst du da deprimiert sein?« Sie versuchten, die Erkrankung wegzurationalisieren, indem sie auf die positiven Aspekte in meinem Leben hinwiesen – als ob eine Bestandsaufnahme der Außenwelt zur Korrektur der Innenwelt ausreichen würde. Depressionen haben keinen Sinn. Es handelt sich um ein chemisches Ungleichgewicht im Gehirn, das jeden treffen kann. Man kann jeden erdenklichen Erfolg und Reichtum haben und trotzdem unglücklich sein. Bei mir ist das so: Ich sehe die schönen Dinge und bin trotzdem niedergeschlagen. Ich verbringe einen Großteil meines Lebens damit, diese widersprüchlichen Gefühle gleichzeitig zu haben, und das hat nichts mit Vernunft zu tun, sondern weil ich so bin.

Da in Europa sehr viel über Wintersport berichtet wird, ist mir aufgefallen, dass das Thema Depression hier anders behandelt wird als in den Vereinigten Staaten. In Europa gilt Depression eher als Stigma. Seit ich mich geoutet hatte, haben mich europäische Journalisten meine ganze Karriere lang gefragt: »Wie geht es Ihnen? Nehmen Sie *immer noch Medikamente?*« Depressionen sind keine Kopfschmerzen, bei denen man kurzfristig Aspirin schluckt, damit man sich wieder besser fühlt. Manche fragten auch etwas wie: »Was macht Ihre Depression? Schon besser? Ist es vorbei?« Als ob ich eine Erkältung oder einen gebrochenen Arm hätte.

Hinter den Kulissen erzählten mir aber auch in Europa Reporter und Fernsehleute von eigenen depressiven Phasen. Ich habe mich mit anderen Sportlerinnen und Sportlern, Prominenten und Fans darüber ausgetauscht. Depressionen betreffen so viele! Ich denke, das Wichtigste ist, offen zu sein und dazu beizutragen, die Erkrankung zu einem normalen Gesprächsthema zu machen. Manche Leute meinen immer noch, ich hätte nicht darüber sprechen sollen, weil es eine persönliche Sache ist, da Sportlerinnen und Sportler heute aber viel offener mit ihrem Leben umgehen, werden solche Stimmen leiser. Letzten Endes ist es meine Geschichte, und für mich ist es definitiv die richtige Entscheidung gewesen.

Als das Geheimnis einmal gelüftet war, fiel eine ungeahnt schwere Last von mir ab. Vorher hatte ich durch das Verschweigen immer das Gefühl, dass etwas mit mir nicht stimmte. Nun änderte sich meine Sicht auf die Depression. Ich hatte das Gefühl, in guter Gesellschaft zu sein, dass die Menschen mich verstanden und dass es nichts zu verbergen gab. Im Laufe der Zeit vertraute ich anderen mehr Persönliches an. Ich lernte, dass es für alle von Vorteil ist, wenn man offen über seine Probleme spricht, weil dadurch ein Raum entsteht, in dem man sich gegenseitig unterstützen kann. Das ist etwas, das ich allen ans Herz legen möchte, die sich derzeit in einer depressiven Phase befinden: Lasst euch von eurer Familie oder von Menschen, die euch etwas bedeuten, helfen! Versucht nicht, es allein zu schaffen. Bei Depressionen hat man sowieso das Gefühl, von der Welt getrennt zu sein, und wenn man sich selbst isoliert, wird es nur noch schlimmer. Auch wenn du glaubst, dass niemand dich versteht – sprich mit jemandem, sei es mit einem geliebten Menschen oder einem Therapeuten. Du brauchst Unterstützung. Ich habe sie gebraucht und war jahrelang nicht in der Lage, sie mir zu holen, weil ich mich schämte.

Was ich damals noch nicht wissen konnte, war, dass ich bald mehr Unterstützung brauchen würde als je zuvor. Ich ging ein

Risiko ein, indem ich meine Geschichte teilte, aber das Timing war perfekt. Wie sich herausstellen sollte, wäre es ein größeres Risiko gewesen, zu schweigen.

Im Profisport kann ein Moment die ganze Karriere verändern. Vorher ahnt man nichts, aber wenn es so weit ist, weiß man augenblicklich, dass nichts mehr so sein wird wie zuvor. Der Gewinn einer Goldmedaille kann so etwas sein. Oder eine schlimme Verletzung. In meinem Fall war es einfach Glück, dass die Ereignisse in dieser Reihenfolge auftraten – und dass Lindsay Winninger in meinem Team war, als ich 2013 schwer stürzte.

Lindsay ist meine langjährige Physiotherapeutin. Wir haben uns 2012 in einem Trainingslager in Chile kennengelernt, wo man vom Rest der Welt abgeschnitten war – es gab ein Hotel am Fuße des Berges und das wars auch schon. Da wir so weit weg von allem waren, gab es außer Ski fahren nicht viel zu tun. Eines Abends fragte mich jemand nach dem Training: »Was hast du heute Abend vor, Lindsey?«

Ich sagte: »Ich sehe mir *Law & Order* an, was sonst.«

Da drehte sich Lindsay, die in der Nähe stand, zu mir um und sagte: »Hach, kann ich das mit dir zusammen gucken?«

Damit war alles geklärt. Wenn du *Law & Order* magst, bist du mein Fall. (Apropos: Meine beste Freundin Vanessa und ich kennen uns von einem Freundschaftsdating, wo sie mir sofort sympathisch war, weil sie aussieht wie eine Figur aus *Law & Order*. Wenn es eine Verbindung zu dieser Serie gibt, werden wir höchstwahrscheinlich Freunde.)

Von da an schauten Lindsay und ich uns fast jeden Abend *Law-&-Order*-Folgen an. Damals arbeitete sie noch für das gesamte Team, nicht ausschließlich für mich. Wir freundeten uns an. Lindsay kommt aus Iowa, also aus dem Mittleren Westen, wie ich. Einer Midwestlerin kann man immer vertrauen. Wir nennen uns gegenseitig »Buddy«. Sie hat das schon immer getan und mittlerweile hat es auf mich abgefärbt.

Vor Lindsay hatte ich nur männliche Physiotherapeuten. Ich war mit allen gut klargekommen, aber es war definitiv etwas anderes, mit einer Frau zu arbeiten. Ich konnte mich ihr gegenüber öffnen, weil sie verstand, woher ich kam. Es war tröstlich, mit einer Freundin unterwegs zu sein. Lindsay ist klug. Sie hat es einfach raus. Sie wusste, dass es immer Leute gibt, die irgendwelchen Mist herumerzählen, und sah mit gesundem Abstand, wie mir das zusetzte. Sie war eine Freundin, die mir den Rücken freihielt, die mich unterstützte und bestärkte.

Typisch für Lindsay ist außerdem, dass sie genauso viel Kampfgeist hat wie ich. Wenn es hieß, ich würde mich von einer Verletzung nicht mehr erholen, machte sie ihren Job noch besser, nur um den anderen das Gegenteil zu beweisen. So ist sie gestrickt. Ich halte sie für eine der fähigsten Therapeutinnen überhaupt. Sie kennt sich unglaublich gut aus – nicht nur mit Anatomie und Rehabilitation, sondern auch im Sport. Es gibt kaum eine bessere Fachkraft. So jemanden brauchte ich an meiner Seite, denn was 2013 auf mich zukam, war nicht schön.

Im Februar 2013 fand die Weltmeisterschaft im österreichischen Schladming statt. Die Rennen starteten wie immer – vielleicht mit ein bisschen mehr Druck, weil es eine WM war, aber für mich war das in Ordnung. Obwohl ich in diesem Jahr bei einigen Rennen Magen-Darm-Probleme gehabt und deswegen unterdurchschnittlich abgeschnitten hatte, war ich in Form. Zu Beginn der Saison hatte ich in Lake Louise den zweiten Hattrick meiner Karriere eingefahren, außerdem hatte ich in der Abfahrt von Cortina gewonnen und zuletzt beim Riesenslalom in Maribor. Trotz einer Auszeit zwischendurch lag ich in der Abfahrtswertung vorn und das sollte von mir aus auch so bleiben.

Das erste Rennen war ein Super-G, vor dem es dauernd Verzögerungen wegen des Wetters gab. Es war neblig und warm, der Schnee war nicht gut. Als ich die Strecke besichtigte, konnte ich das nächste Tor kaum erkennen. Zwei Tage davor hatte es so viel geschneit, dass sie niemanden vorab auf die Piste lassen wollten. Ich durfte keinen Testlauf machen und unsere Trainer auch nicht, sodass wir keine Ahnung hatten, wie die Bedingungen beim Rennen sein würden. Das war eine Situation, in der keine Läuferin sein möchte. Bei Weltmeisterschaften ist es sicher üblich, dass Geld und Einfluss eine Rolle spielen. Aber die Sicherheit der Athletinnen sollte oberste Priorität haben. Punkt.

Am Starthaus waren alle bereit, doch es ging einfach nicht los. Jede Viertelstunde wurde das Rennen verschoben – vier Stunden lang. Ein ewiges Hin und Her. Ich schickte meiner Schwester dauernd SMS, damit sie nicht in der Kälte herumstehen musste. Es war ein sehr langer, sehr anstrengender Tag.

Endlich sollte es losgehen. Ich hatte die Nummer 19 und damit den Vorteil, dass ich andere Läuferinnen beobachten konnte. Die Fahrt war riskant. Maria Riesch und Anna Fenninger schafften es nicht ins Ziel. Dann verzögerte sich der Fortgang des Rennens ein weiteres Mal, weil ein Pistenarbeiter verletzt war und mit dem Helikopter abtransportiert werden musste. Im Nachhinein ist es ganz offensichtlich, dass wir unter diesen Bedingungen nicht hätten antreten sollen. Jedenfalls keine Person, die bei Sinnen war. Aber für Abfahrtsläuferinnen gibt es kein »Was, wenn …?«. Entweder man geht den Weg zurück, den man gekommen ist, oder man fährt den Hang hinunter und riskiert sein Leben.

Jahre später, nach vielen weiteren Verletzungen, hatte ich eine Stimme im Hinterkopf, die mich davor warnte, Dummheiten zu machen. Aber zu diesem Zeitpunkt gab es sie einfach nicht. Ich kannte nur eins: drauflosfahren. Das war meine Einstellung an jenem Tag – und es gab kein Vorzeichen, das schlecht genug war, um mich aufzuhalten. Also ging ich konzentriert an den Start.

Im ersten Abschnitt der Strecke führte ich das Feld an. Bei der zweiten Zwischenzeit lag ich nur zwölf Hundertstelsekunden hinter der führenden Tina Maze. So ein Rückstand ließ sich im weiteren Verlauf leicht aufholen. Ich nahm den ersten Sprung ziemlich direkt, geriet in Vorlage und landete in einem weichen, klebrigen Brei. Der Schnee war seit dem Start deutlich sulziger geworden, sodass einer meiner Skier an Ort und Stelle blieb. Mit Schwung schleuderte mein Körper über mein rechtes Knie hinweg, das im Schnee feststeckte und sich verdrehte. Ich war schon öfter gestürzt, aber noch nie so. Ich wusste sofort, dass es schlimm war. Hinterher erzählten mir die Leute, dass sie mich im Schnee liegend schreien hörten. Stunden später schaute ich auf mein Handy und fand eine SMS von Laura: »Bitte sei okay«, war alles, was da stand.

Ich weinte, als sie mich auf die Bahre schnallten, um mich mit dem Hubschrauber vom Berg herunterzubringen. Ich erinnere mich genau, wie es war, beim Hochziehen in den Himmel zu starren. Mir liefen die Tränen übers Gesicht und ich betete. Ein paar Hundert Meter über dem Boden fixiert, dachte ich an alle meine Entscheidungen, die mich in diese Situation gebracht hatten.

Sie flogen mich direkt ins Krankenhaus. Dort erwarteten mich Laura und Lindsay, zusammen mit Patrick Rottenhofer von der Red-Bull-Athletenbetreuung, den ich Ricky nannte. Laura hielt meine Hand, als wir auf das MRT warteten. Die Lage war ernst, so viel war klar. Alle versuchten, mich zu beruhigen und mir zu helfen, meine Gedanken zu ordnen. Nach gefühlten hundert Jahren kamen die Ergebnisse. Das vordere Kreuzband (ACL) war gerissen, das Innenband (MCL) war gerissen, und zwar vollständig – was verdammt schwer zu bewerkstelligen ist –, und ich hatte mir eine Fraktur des Schienbeinkopfes zugezogen.

Die Olympischen Winterspiele in Sotschi sollten fast auf den Tag genau in einem Jahr beginnen. Mein erster Gedanke angesichts dieser Katastrophe war: *Wie lange falle ich aus?* Lindsay und Ricky gingen die Verletzungen mit mir durch, erklärten, was sie bedeuteten und was hinsichtlich einer Genesung zu erwarten war. Der chirurgische Eingriff sollte in den USA erfolgen, da ich mich nicht in der winzigen Klinik in Österreich operieren lassen wollte. Nach der OP musste ich mit einer Nachbehandlungszeit von sechs bis acht Monaten rechnen. (Tatsächlich sagten sie »acht bis zehn Monate«, aber wie ich so bin, reduzierte ich das im Kopf sofort auf sechs bis acht.) Das bedeutete, dass die Olympiasaison immer noch möglich war.

Ich flog sofort zurück nach Colorado, um mich vier Tage später operieren zu lassen. Der Plan war, sowohl mein Kreuzband als auch mein Innenband durch ein Sehnentransplantat aus dem verletzten Knie wiederherzustellen. Vor dem Eingriff durfte ich das Bein natürlich nicht mehr belasten. Ansonsten tat ich, was ich konnte. Mein Fitnessprogramm absolvierte ich jeden Tag, auch am Tag nach der OP – Krafttraining, Rad fahren und rudern mit einem Bein. Ich wollte mich davon nicht beirren lassen.

Die Rehabilitation war zäh, denn meine Verletzungen waren kompliziert, vor allem die Stelle, an der sich das Innenband vom Knochen gelöst hatte. Ich war in meinen Bewegungen stark eingeschränkt. Die ersten vier Wochen musste ich im Bett verbringen und war an eine CPM-Bewegungsschiene angeschlossen. CPM steht für »continuous passive motion«. Die Maschine beugte und streckte mein Bein kontinuierlich (daher der Name), damit die Bänder nicht vernarbten oder sich zu sehr zusammenzogen und die Durchblutung angeregt wurde. Es ist eine Horrormaschine, denn es ist fast unmöglich, damit zu schlafen.

Lindsay beriet mich bestens und erstellte einen Rehabilitationsplan für mich. Nach der Operation kam außerdem Ricky aus Österreich, um mir bei der Reha zu helfen. Sechs Wochen später saß ich zur Nachuntersuchung wieder beim Arzt. Zufällig hatte das US-Team gerade die Skisaison beendet, sodass Lindsay auch da war und mich begleiten konnte. Im Wartezimmer untersuchte sie mich und war mit dem Zustand meines Knies gar nicht zufrieden. Das Knie war steif, sodass ich mich nur eingeschränkt bewegen konnte.

»Kannst du das reparieren?«, fragte ich. Und sie sagte Ja.

Es haperte daran, dass Ricky in Colorado nicht zu Hause war. Er hat drei Kinder, und wenn er sechs Wochen lang nicht in Österreich war, war das schon viel. Also beschlossen wir, dass Lindsay meine Reha übernehmen sollte. Sie arbeitete während der Saison 2013/14 noch für das US-Team, aber wir verbrachten viel mehr Zeit miteinander. Das Team schickte sie sogar extra, damit wir bei mir zu Hause vorankamen. Das war der Beginn einer engen Zusammenarbeit.

Vor dem Unfall hatte ich gewonnen, und ich war fest entschlossen, weiter zu gewinnen, also investierte ich sechs bis acht Stunden am Tag in Therapie. Wenn ich nicht an meinem Knie arbeitete, erholte ich mich von der Arbeit an meinem Knie. Lindsay und ich konzentrierten uns hauptsächlich auf Aktivierung, Muskelstimulierung und Mobilisation der Kniescheibe plus Ausdauer- und Krafttraining. Mit Blick auf die Olympischen Spiele, aber auch weil das die schwerste Verletzung meiner Karriere war, schaffte ich es, zu den Trainingseinheiten zu erscheinen, ohne mich allzu sehr über die verpasste Saison zu ärgern.

Der Unfall hätte mich bestimmt stärker aus der Bahn geworfen, wenn er früher passiert wäre – soll heißen, bevor ich anfing, mich mit meinem mangelnden Selbstvertrauen und meiner Depression auseinanderzusetzen. Aber ich war nicht mehr dieselbe wie ein paar Jahre zuvor. Dass ich meine Depression bekannt gegeben hatte, änderte nichts an meinem Alltag und machte die Rehabilitation sicher auch nicht einfacher. Aber meine Wahrnehmung der Dinge hatte sich verändert. An Tagen, an denen ich mich schlecht fühlte, konnte ich mich nun selbst beruhigen.

Eine Herausforderung wie diese Verletzung hatte ich noch nie erlebt. In gewisser Weise war das auch interessant, ein bisschen so, als würde ich für eine neue Disziplin trainieren. Seit Jahren war mein Erfolgsrezept beim Skifahren gewesen, dass ich mich allein darauf konzentrierte, mich selbst zu übertreffen, anstatt mich mit der Konkurrenz oder mit Medaillen zu beschäftigen. Genau so machte ich es in der Reha. Auch wenn ich nur kleine Schritte machte, führten sie zum größten aller Ziele: Ich war fest entschlossen, den olympischen Schwung von Vancouver nach Sotschi mitzunehmen. Harte Arbeit hatte mich dorthin gebracht, wo ich war, und jetzt sollte sie mich zu den Olympischen Spielen bringen.

Sieben Monate später, im September, fing ich in einem chilenischen Trainingslager wieder mit dem Skifahren an. Das Camp war gut, und es war ein tolles Gefühl, wieder auf dem Schnee zu sein. Von dort aus ging es zum nächsten Camp nach Copper Mountain in Colorado. Während des Trainings verletzte ich mich dort erneut am Knie, und zwar nur einen Monat bevor ich bei Rennen starten sollte. Nun wurden die Dinge kompliziert.

Mein Arzt konnte im MRT nicht erkennen, dass das Knie stark beeinträchtigt war. Also fuhr ich weiter Ski. Ich wollte bei den nächsten Rennen antreten und erhielt auch die Freigabe dafür. Ich war vorsichtig, fuhr nicht mehr so viel und machte weiter Reha, dachte aber noch, dass ich bei den Olympischen

Spielen wieder fit sein würde. Diese Zuversicht hielt einige Wochen an, bis ich im Dezember in Lake Louise ankam, wo das erste Rennen der Saison stattfand. Schon beim ersten Trainingslauf wusste ich, dass etwas schiefgegangen war. Ich spürte, wie sich meine Knochen verschoben. Selbst mit Schiene fühlte sich mein operiertes Knie schlimm an. So, als wäre das Gelenk ausgekugelt, als wäre der Unterschenkel nicht vollständig mit dem Oberschenkel verbunden. Es war ein grauenhaftes Gefühl. Ich sagte zu Lindsay: »Irgendwas stimmt da überhaupt nicht. Ich glaube nicht, dass ich damit sicher die Piste herunterkomme.«

Wir holten weitere Meinungen zu dem letzten MRT ein, und zwar von Ärzten, die mich nicht kannten und die nichts über meine berufliche Situation wussten. Alle stellten fest, dass das Knie total kaputt war. Wir brauchten einen Plan B. Die beste Lösung schien zu sein, das Rennen in Lake Louise noch zu bestreiten, sich für die Ski-WM zu qualifizieren und dann vor den Spielen eine Pause einzulegen. Um der Entzündung im Gelenk entgegenzuwirken, wurde mein Knie mit Kinesiotape stabilisiert. Außerdem ließ ich mir jeden Abend Toradol – einen starken Entzündungshemmer – in den Hintern spritzen. Ich stand bei der Abfahrt ohne Trainingslauf am Start und landete auf dem vierzigsten Platz, mehr als drei Sekunden hinter der Bestzeit. Zwei Tage später schaffte ich es irgendwie, im Super-G den fünften Platz zu belegen, was zur Qualifikation für Olympia 2014 reichte.

An diesem Punkt wich ich von unserem Plan ab. Anstatt eine Auszeit zu nehmen, reiste ich nach Europa, um noch ein Rennen zu fahren. In Lake Louise war ich zunächst davon ausgegangen, dass mein Kreuzband noch zur Hälfte intakt war. Das war nun leider nicht so. Ich glaubte, dass ich mindestens ein weiteres Rennen brauchte, um ein Gefühl dafür zu bekommen, mit komplett gerissenem Kreuzband zu fahren. Das nächste fand in Val-d'Isère statt, auf einer Piste, die ich schon so oft gefahren war und wo ich so oft gewonnen hatte, dass ich hoffte, dort gut abzuschneiden. Ein paar Läufe schienen mir ausreichend, um es herauszufinden. Erst wenn ich diese zusätzliche Vorbereitung hinter mir hatte, wollte ich mir Zeit zum Ausruhen geben und mich auf die Olympischen Spiele vorbereiten. Heute weiß ich, dass ich mich nach Lake Louise hätte ausruhen sollen. Ich hatte mich ja bereits qualifiziert und ein weiteres Rennen hätte daran nichts geändert. Aber im Nachhinein ist man immer klüger.

Bei den ersten beiden Trainingsrennen hielt mein Knie gut durch, aber bei der Weltcupabfahrt gab es in einer Kompression nach und warf mich aus der Bahn. Ich hatte keine Wahl – ich musste die Reißleine für die Olympischen Spiele ziehen. Meine Saison war vorbei. Offensichtlich konnte harte Arbeit nicht alles richten, wie ich immer geglaubt hatte.

Kapitel 18

Wenn die Vorhänge in meinem Zimmer zugezogen waren, war es stockdunkel. Ich hatte nicht irgendwelche Verdunkelungsvorhänge, sondern *richtig gute*. So gute, dass man sich fragte, ob es die Sonne überhaupt noch gab.

Umso schlimmer war es, wenn die Tür aufflog, die Vorhänge plötzlich aufgerissen wurden und grelles Licht mich aus dem Winterschlaf holte. Als Nächstes ertönte Lindsays Stimme.

»Raus aus dem Scheißbett.«

In vielerlei Hinsicht war die harte Rehabilitationsarbeit, die ich 2013 leistete, leicht. Das mag sich widersprüchlich anhören – leichte harte Arbeit –, war aber so. Klar, mein tägliches Programm war schmerzhaft und anstrengend, aber es war leicht zu absolvieren, weil ich jeden Morgen aufs Neue innerlich dazu bereit war. Ich wusste ja, warum ich mich abmühte: für die Olympischen Spiele. Sie waren mein Fokus. Sie brachten mich bei jeder Rehamaßnahme durch den Tag, waren der Anker in meinem Leben und trieben mich jeden Morgen aus dem Bett, genau wie bei der Vorbereitung für Olympia 2002. Ich hatte ein Ziel.

Jetzt, wo ich die Winterspiele in Sotschi verpasst und mich Anfang 2014 wieder einer Knieoperation unterzogen hatte, sah die Sache ganz anders aus. Ohne ein greifbares Ziel vor Augen fühlte ich mich orientierungslos und ich geriet in eine Abwärtsspirale. Ich hatte eine Menge dunkler Tage. Oft schlief ich bis zum Nachmittag. Ich lag im Bett, fühlte mich isoliert und wollte mit niemandem reden. Dann kam Lindsay, zog die Vorhänge auf, schmiss Musik an und zerrte mich aus dem Bett.

»Raus aus dem Scheißbett!«, sagte sie wieder, diesmal lauter.

»Wozu?«, fragte ich. »Um mich wieder zu verletzen?«

Sie weigerte sich, das zu akzeptieren. Manchmal zerrte sie mich für Übungen buchstäblich aus dem Bett.

Ich war sauer, aber ich hörte ihr zu, auch wenn ich keinen Sinn in dem Ganzen sah. Und wenn sie mich einmal dazu gebracht hatte mitzuarbeiten, ging es mir besser. Dieses Jahr und das Jahr davor hätten nicht unterschiedlicher sein können. Die einzige Konstante war Lindsay. Sie ist der Grund, warum ich diese Zeit überstanden habe und wieder auf Skiern stehe.

Kurz nachdem ich auf die Olympischen Spiele verzichtete, wurde Lindsay meine einzige Therapeutin. Ricky war großartig, aber mehrere Therapeuten waren nichts mehr für mich – ich brauchte eine Person, die allein die Verantwortung übernahm. Von diesem Zeitpunkt an begleitete Lindsay mich zu jedem Arzttermin und war bei jeder Operation dabei. Beim Betreten einer Praxis riefen wir: »Die Lindseys sind da!« Mit lockeren Sprüchen wird eine stressige Situation für mich erträglicher, also gab ich dem Affen ordentlich Zucker, wenn wir beim Arzt waren. »Ich glaube, die schmeißen uns raus«, sagte ich mit dramatischem Bühnenflüstern, und sie konterte: »Noch nicht – aber gleich, wenn du so weitermachst.«

Da ich permanent therapiert werden musste, verbrachten Lindsay und ich viel Zeit zusammen. Wir waren zusammen in Wimbledon, wir gingen zu Formel-1-Rennen. Wir erlebten mehrere Beziehungen und Trennungen gemeinsam. Jedes Mal wenn ich sagen wollte: »Mir gehts wieder gut, wir können jetzt einfach nur Freundinnen sein«, verletzte ich mich wieder und wir fingen noch einmal von vorn an.

Vor meiner zweiten Knieoperation half mir Lindsay dabei, einen Arzt zu finden. Unsere Wahl fiel auf Dr. James Andrews, einen Orthopäden und Chirurgen in Florida, der sich auf Sportmedizin spezialisiert hat. Er überzeugte mit seiner Erfolgsquote und einer beeindruckenden Menge prominenter Patienten, darunter viele Footballspieler: Adrian Peterson, Von Miller, Robert Griffin III und Rob Gronkowski.

Dr. Andrews ist ein väterlicher Typ und gibt jedem Patienten das Gefühl, wertvoll zu sein. Während meiner Rehazeit in Pensacola gab es mal einen fürchterlichen Eissturm – einen Eissturm, in Florida! Die Brücken wurden geschlossen, eigentlich konnte niemand mehr irgendwo hinfahren. Da besuchte Dr. Andrews mit dem kleinen Fiat seiner Frau alle Patienten, weil keiner von uns zur Klinik durchkam. Meine Schwester war bei mir, und Dr. Andrews lud uns zusammen mit seiner Frau und seinen beiden Töchtern zum Abendessen ein. Menschen, die sich so viel Mühe geben und so herzlich sind, gibt es nicht viele! Außerdem mochte ich seinen Südstaatenakzent.

Zum Glück war die Operation erfolgreich. Dr. Andrews stellte nicht nur mein Kreuzband mit einem Kniescheibentransplantat wieder her, sondern reparierte auch meinen Innen- und Außenmeniskus, die beide völlig zerfetzt waren. Später erzählte er mir, dass er sich spontan zu etwas entschließen musste, als er das Knie aufgeschnitten hatte und die Menisken sah. Sein Kommentar dazu war: »Ich habe mir vorgestellt, du wärst meine Tochter. Dann hätte ich auch versucht, die Dinger zu retten.«

Das tat er. Er setzte acht Nähte in meinen Innenmeniskus und sieben in meinen Außenmeniskus und hoffte, dass sie halten und verheilen. Außerdem bekam ich Injektionen mit plättchenreichem Eigenblutplasma (PRP-Therapie). Zu Beginn der Reha waren die Nähte ein Fragezeichen, weil sie eine starke Schwellung verursachten und den Heilungsprozess verlangsamten. Letztlich erwies mir Dr. Andrews mit seinem Einsatz aber einen großen

Dienst. Der Meniskus ist so eine Art Stoßdämpfer, den man beim Skifahren unbedingt braucht.

Obwohl er so viele Athleten betreute, hatte Dr. Andrews keine Ahnung vom Skisport – er wusste eigentlich nur, dass ich verrückt bin und gerne schnell fahre. Das war schon lustig. Aber als Arzt war er offensichtlich sehr bewandert. Mein Vater hatte mir von Anfang an geraten, zu Dr. Andrews zu gehen – hätte ich darauf bloß gehört! (Dad liebt solche »Ich habs dir ja gesagt«-Momente und hier hatte er definitiv recht.) Die Liste der Menschen, denen dieser Arzt geholfen hat, ist lang. Während meiner Reha im Andrews Institute traf ich auf Von Miller und Rob »Gronk« Gronkowski, die auch gerade operiert worden waren. Eine herrliche Szene: Ich versuchte zu laufen, während Gronk Bizeps-Curls machte und Von Miller seine Gesäßmuskelübungen. Es gibt Dinge, die kann man sich einfach nicht ausdenken.

Diese Reha forderte mich mental auf eine Art und Weise wie nichts mehr seit Monaco. Alles, was im vergangenen Jahr gelaufen war, war sozusagen nur ein Aufwärmtraining hierfür gewesen. Ganz ehrlich: Es war schwer. Ich weiß noch, wie ich mit ausgestreckten Beinen auf dem Boden saß und die Beine einfach nur anstarrte. Als könnte ich sie willentlich bewegen, wenn ich mich nur ausreichend konzentrierte. Meine einzige Aufgabe an diesem Tag bestand darin, mein Bein hochzuheben, und trotz Aufbietung aller Kräfte gelang es mir nicht.

Während der Genesung bei Olympia in Sotschi zuzuschauen war das Allerschwerste. Ich war zurück in Vail und mein Bruder Reed war da. Er hatte etwas gekocht, dann saßen wir nebeneinander auf der Couch und schauten allen anderen beim Rennen zu. Nach ein paar Minuten war ich überfordert und musste den Sender wechseln. Es war unerträglich für mich, dass die anderen Läuferinnen das erleben durften, was ich vermisste. Am selben Austragungsort hatte ich beim Weltcup gut abgeschnitten, und als ich den Erfolg von anderen sah, fragte ich mich natürlich, wie meine Bilanz unter anderen Umständen ausgefallen wäre. Das war ein emotionaler Tiefpunkt.

Nach meinen Verletzungen wurde ich immer gefragt: »Wie hast du das Comeback geschafft? Wie hast du die Beschwerden in den Griff bekommen?« Bei dieser Verletzung sollte ich herausfinden, was mir tatsächlich bei der Heilung hilft. Aber es war ein schmerzhafter Prozess – körperlich und seelisch.

Es gibt kein Geheimrezept, wie man wieder auf die Beine kommt. Das Wichtigste ist vielleicht, dass man jeden Tag hart arbeitet. Ich fand zu meiner Grundeinstellung zurück, mich selbst übertreffen zu wollen, indem ich mich von Tag zu Tag auf meine Fortschritte konzentrierte. Das Prinzip ist: Ich tue alles, was heute möglich ist, damit ich morgen besser bin. Das Jahr 2013 hatte ich damit verbracht, diese Strategie zu lernen, aber erst in dieser Genesungsphase erfasste ich sie voll und ganz. Ich entdeckte aber, dass ich wie ein Goldfisch bin – ich habe ein Kurzzeitgedächtnis. Wenn man sich von einer komplizierten Operation erholt, ist es oft so, dass man zwei Schritte vorwärts und einen zurück macht. Egal wo in diesem Prozess ich mich gerade befinde, ich konzentriere mich auf den gegenwärtigen Moment. Die Themen »Präsenz« und »Physiotherapie« scheinen auf den ersten Blick nicht zusammenzupassen, aber wenn man es schafft, sie zu verbinden, hilft das eindeutig, gesund zu werden. Du fällst hin, du klopfst dir den Staub ab, du stehst wieder auf. So wie ich nie Sorge hatte zu stürzen, machte ich mir nach der OP auch keine Sorgen um mein Comeback. Gerade weil es bei der Rehabilitation immer wieder zu Rückschlägen kommt, sollte man sich ganz dem gegenwärtigen Augenblick widmen. Das führt zu Resilienz, weil man sich nicht mit dem Frust von gestern aufhält oder in Befürchtungen verstrickt, dass es morgen keine Besserung geben könnte.

Die Außenwelt nahm in meinen Verletzungsphasen wahr, dass ich mich schnell erholte. Aber dafür gab es einen Grund: Ich arbeitete verdammt hart daran. Ich strengte mich an und investierte sehr viel Zeit. Profisportler haben keinen Nine-to-five-Job, und wenn du verletzt bist, ist die Reha eben dein Job. Natürlich können wir uns schneller erholen als viele andere Menschen, weil wir Zeit haben, uns rund um die Uhr auf die Verletzung zu konzentrieren. Ich hatte zwei Therapieeinheiten pro Tag und zusätzlich meine Work-outs.

Geholfen hat auch, dass ich meinen Verletzungen nicht auswich und mich sofort den notwendigen Behandlungen unterzog. Manche Leute befürchten, eine Operation könnte schlimmer sein als das, womit sie gerade leben, und schieben die OP deshalb auf. Aber den meisten hilft so ein Eingriff. Mein Vater schob seine Knieoperation ungefähr zwanzig Jahre lang vor sich her. Seit er neunzehn Jahre alt war, konnte er sein Knie nicht mehr anwinkeln als bis zu fünfzig Grad. Jetzt ist er operiert und fährt wieder jeden Tag Ski. Er hat ein ganz anderes Lebensgefühl und fragt sich, warum er so lange gebraucht hat, um sich zu überwinden. Tatsächlich ist die Genesung ein langer Prozess und die Operation nur der erste Schritt in der Reihe. Du kannst Ärzte und Physiotherapeuten nicht austricksen, du kannst keinen Schritt überspringen oder auslassen. Du brauchst den Rat der Fachleute, also nimm ihn auch an! Ich kann nur sagen, dass ich mich ohne Lindsay Winninger definitiv nicht von all meinen Verletzungen erholt hätte. Eine oder zwei davon hätte ich vielleicht überstanden, aber alle? Keine Chance.

Die größte Herausforderung bei meiner neuerlichen Zwangspause war, eine positive Haltung zu bewahren. Die gleichförmigen Übungen nervten. Ich mobilisierte meine Kniescheibe und machte Quadtraining, bei dem ich einfach dasaß und meine Quadrizepsmuskulatur anspannte, immer und immer wieder. Ich saß lange an einem Ort fest, war oft ans Bett gefesselt.

Außerdem hatte ich Schmerzen. Ich versuchte, mich auf die kleinen Dinge zu konzentrieren, die mir Trost spendeten. *Law & Order* gucken zum Beispiel. Noch besser war *Law & Order* plus Ben-&-Jerry's-Eiscreme.

Trotzdem fiel es mir unglaublich schwer, positiv zu bleiben – deshalb musste Lindsay mich oft aus dem Bett zerren. Unterwegs war es noch einfacher gewesen, mit meiner Depression umzugehen, denn trotz der einsamen Hotelnächte konnte ich Ski fahren. Wenn ich depressiv wurde, hatte ich immer noch etwas, worauf ich mich konzentrieren konnte – den nächsten Berg, die nächste Piste, das nächste Rennen. Außerdem konnte ich der Grübelei im Fitnessstudio entkommen. Das hat mich vor so manchem Absturz bewahrt.

Je länger meine Verletzung andauerte, umso gedrückter wurde meine Stimmung. Jeder Tag war ein Kampf. Wenn das Ziel weit weg ist – oder schlimmer noch, wenn man gar nicht so genau weiß, wo man hinwill – hat man das Gefühl, es einfach nicht schaffen zu können, und es ist schwer, einen Sinn im Leben zu sehen. Angesichts mancher Pressekommentare, dass ich nach zwei Knieoperationen nie mehr dieselbe Rennfahrerin sein könnte, spürte ich, wie mein inneres Feuer zurückkam: der Wunsch, den Leuten das Gegenteil zu beweisen. Das brachte mich für eine Weile in Schwung. Aber nur eine Weile, denn bald schon sehnte ich mich wieder nach etwas Schönem.

Eine enorme Hilfe in dieser schwierigen Zeit war mein Hund. Kurz vor meiner zweiten Operation dachte ich: *Ohne einen Hund schaffe ich das nicht.* Ich brauchte ein Wesen, das mich zu Hause aufmunterte und das sich immer freute, mich zu sehen, egal ob ich gewann oder verlor. So kam ich im Dezember 2013 zu meinem ersten Hund, Leo.

Zu der Zeit ging ich auf Krücken. Ich humpelte ins örtliche Tierheim und sah mir eine Reihe von Hunden an. In Tierheimen geht es oft hoch her: Die Hunde flippten aus, starrten mich an oder verteidigten ihren Platz. Leo war der Letzte, der zum Kennenlernen in den Raum geholt wurde. Während die anderen wie wild gebellt hatten, stand er nur da und schaute mich an. Er schien sich tatsächlich zu freuen, mich zu sehen, und hatte eine unschuldige, sympathische Ausstrahlung.

Der Mitarbeiterin des Tierheims war nicht entgangen, dass Leo mir gefiel. »Ich glaube kaum, dass Sie den haben wollen«, bemerkte sie, »der hat gesundheitliche Probleme.« Leo hatte schon viel durchgemacht. Er hatte einem Drogendealer gehört, war aus dessen Auto geworfen und von einem anderen Wagen angefahren worden. Er wurde wieder zusammengeflickt, hatte nun aber alle möglichen Metallteile in seinen Knien. Seine Röntgenbilder waren krass. Ich deutete auf meine Krücken und sagte zu der Frau: »Wie Sie vielleicht bemerkt haben, habe ich auch ein kleines Problem. Das passt also perfekt.« Und damit war die Sache geklärt.

Als ich in Florida operiert wurde, brachte Laura Leo mit. Er schlief jede Nacht bei mir im Bett. Immer wenn mir etwas wehtut, egal ob ich frisch operiert bin oder nur mein Knie kühle, kommt Leo und legt seinen Kopf in meinen Schoß. Ständig macht er das nicht. Aber er weiß, wann ich es brauche.

Als meine Reha in Florida 2014 vorbei war, kehrte ich nach Colorado zurück und fing wieder mit dem Skifahren an. Je mehr ich fuhr, desto deprimierter wurde Leo, weil er jetzt viel allein war. Deswegen sah ich mich nach einem weiteren Hund um. Ursprünglich wollte ich einen Neufundländer haben, weil die groß und ruhig sind. Leo ist ein ziemlich entspannter Hund, der die meiste Zeit des Tages schläft, das schien also zu passen.

Stattdessen bekam ich Bear.

Bear ist halb Chow-Chow und halb Retriever, was das Gegenteil von ruhig ist. Als ich ihn abholte, machte ich mir Sorgen, weil er so laut war. Aber Leo und er verstanden sich gut, und Leo schien direkt glücklicher zu sein, weil er einen Freund hatte. Bear ist früher misshandelt worden, daher gab es ein paar Probleme, aber ich ging mit ihm zum Hundetraining und Bear lernte schnell.

Etwa zur gleichen Zeit wohnte mein Bruder für eine Weile bei mir. Reed hatte jahrelang versucht, Skirennfahrer zu werden, und war zu dem Entschluss gekommen, dass das nichts für ihn war. Da ich gerade allein lebte, war ich froh über seine Gesellschaft. Er half mir mit den Hunden und kümmerte sich auch später um sie, wenn ich unterwegs war. Dadurch kamen wir uns viel näher. Ich liebte es, wenn ich von einer Saison zurückkam und ihn in meinem Haus vorfand. Nach Wochen des Reisens war es schön, jemanden aus der Familie um mich zu haben.

Reed ist ein bisschen speziell. Kommunizieren ist nicht sein Ding. Wenn ich ihn anrufe, geht er nicht dran, also schicke ich ihm eine Textnachricht und habe dann eine geringe Chance auf eine Antwort. Reed ist aber äußerst zuverlässig. Die Kommunikation mit ihm funktioniert folgendermaßen – ich schreibe eine Nachricht, etwa: »Habe meine Skihose vergessen, ich brauche dich, um sie mir zu schicken. Das ist meine Adresse. Kannst du mir bitte Bescheid geben, dass du das hier bekommen hast?« Und dann höre ich nichts mehr. Antworten tut er nie, aber drei Tage später wird meine Skihose todsicher in Europa ankommen.

Reed ist meinem Vater sehr ähnlich, aber lustiger. Er glaubt, dass er alles weiß, und spuckt gerne wahllos Fakten aus. Er ist wie eine Enzyklopädie, die zu 70 Prozent korrekt ist und ansonsten irgendeinen Mist erzählt. Wir lachen uns immer kaputt, wenn er wahllos Details über Städte, Länder und Kriminalitätsraten von sich gibt. »Was denn?«, wird er sagen. »Ich weiß eben ein paar Dinge.« Außerdem belehrt er meinen Vater, der seit fünfundvierzig Jahren Anwalt ist, gerne in Rechtsfragen.

»Willst mir sagen, dass du dich da besser auskennst als ich?«, fragt mein Dad dann.

Darauf Reed: »Bei diesem Thema, ja.«

In jenem Jahr war Reed immer für mich da, egal ob ich jemanden brauchte, der mich vom Flughafen abholte, mir mit den Hunden half oder kochte, weil ich mich nicht bewegen konnte. Dass meine Familie hinter mir stand, war ein Lichtblick in meiner Verletzungsphase. Meine Geschwister kannten den Unterschied zwischen Genesungsroutine – Routine zumindest für mich – und den Momenten, in denen ich dringend Hilfe brauchte. Ich fand es nicht immer toll, so umsorgt zu werden. Es fällt mir schwer, andere um Unterstützung zu bitten, und noch schwerer, von anderen abhängig zu sein. Doch ich wusste ihre Bemühungen sehr zu schätzen, auch wenn ich es nicht immer zeigte.

»Du bleibst liegen«, sagten Reed oder Laura oder Karin und verließen mein Schlafzimmer, wenn sie etwas im Haus zu erledigen hatten. Kaum hatten sie sich umgedreht, stand ich in der Küche. Vor allem Laura wurde dann richtig sauer. »Du sollst nicht aufstehen!«, rief sie. »Du bist wie ein Kleinkind! Leg dich hin!« Aber wie gewöhnlich konnte mich niemand von einem Vorhaben abhalten.

Als es mir schlecht ging, wurden meine Verletzungen zu einer Brücke – nicht nur zu meinen Verwandten, sondern auch zu anderen Sportlerinnen und vor allem zu meinen Fans. (Einmal twitterte mir sogar Lil Wayne, was ein echtes Highlight war.) Verletzungen lassen einen demütig werden. Sie machen uns alle gleich. Wer schon mal einen Unfall hatte oder sich von einer schweren Krankheit erholen musste, weiß, wie das ist. Wenn du zu Boden gegangen bist, dich wieder aufbauen musst, und jemand die Hand ausstreckt, um dir zu sagen, dass er oder sie das auch schon erlebt hat, schafft das echte Verbundenheit. Ähnlich wie beim Umgang mit meinen Depressionen zeigte meine Krankengeschichte, dass Schwächen und Rückschläge uns mehr als alles andere in Kontakt bringen und uns sympathisch machen. Und wie ich feststellen sollte, können sie Erfolge auch noch versüßen.

Kapitel 19

Ich tigerte in meinem Hotel in Cortina d'Ampezzo hin und her und kaute an den Nägeln. Jedes Mal wenn ich hier war, hatte ich dasselbe Zimmer – einen großen, offenen Raum, der mit schweren alten Holzmöbeln eingerichtet war. Die vertraute Umgebung war tröstlich, vor allem in Anbetracht dessen, was draußen passierte.

Annemarie Moser-Pröll hielt seit fünfunddreißig Jahren den Rekord mit zweiundsechzig Siegen bei den Weltcuprennen der Damen. Das war ein Lieblingsthema der Medien: »Wird Lindsey Vonn den Rekord brechen?« Bevor ich auch nur annähernd in der Lage dazu war, übte diese Frage schon enormen Druck aus. Doch jetzt schien der Durchbruch möglich.

In diesem Januar 2015 war meine Familie – Karin, Laura, Lauras Ehemann Paolo, meine Mutter und mein Vater – nach Italien gereist, um zu erleben, wie ich ein Rekordrennen ablieferte. Die Anwesenheit meiner Eltern bei einem Rennen war schon immer etwas Besonderes. Aber nun waren sie zum ersten Mal seit ihrer Scheidung beide da und hielten sich seit dem Highschoolabschluss der Drillinge zum ersten Mal am selben Ort auf. Obwohl ich wusste, dass sie ihre Differenzen bei diesem Anlass beiseitelassen würden, waren meine Geschwister und ich etwas angespannt. Meine Mutter war bislang nur einmal in Europa gewesen, um mir bei den Olympischen Spielen 2006 zuzusehen. Die Spannungen zwischen meiner Familie und den Medien waren groß. Wieder einmal war das Skifahren für mich der Fels in der Brandung, mein Ruhepol. Das war eines der wichtigsten Rennwochenenden meiner Karriere, paradoxerweise hatte ich aber den Eindruck, dass Skifahren der einfachere Part darin war. *Mach einfach deinen Job,* sagte ich mir, *alles andere ergibt sich von selbst.*

Die Bestmarke der Frauen hatte ich bis dahin nicht gezielt ins Visier genommen. Die Wahrheit ist, dass ich erst nach fünfzig Siegen anfing, darüber nachzudenken, ob ich Annemarie Prölls Rekord vielleicht schlagen könnte, und zwar in Garmisch (nachdem Laura und ich im Wohnmobil beinahe erfroren wären). Als die Erfolge sich häuften, hob ich sozusagen plötzlich den Kopf und entdeckte, dass ein Rekord in Reichweite war.

Meine Verletzungen in den Jahren 2013 und 2014 hatten mich völlig aus der Bahn geworfen. Mein Fokus hatte auf Reha gelegen, mein Ziel war ein Comeback gewesen. Nach zwei schweren Operationen kommt man im Skisport selten wieder auf die Beine. Aber tief in mir vertraute ich darauf, dass ich, wenn ich wieder bei Kräften wäre, weiterhin Siege einfahren würde. Und genau das ist passiert.

Vor dem Weltcuprennen in Cortina hatte ich bereits einundsechzig Siege auf dem Konto. Ich hatte das Gefühl, dass es dieses Mal so weit sein könnte. Manchmal egalisiert eine Athletin ja einen Rekord, und dann dauert es ein bisschen, bis sie ihn tatsächlich bricht. Aber ich hatte drei Rennen an diesem Wochenende und war in allen Disziplinen gut unterwegs, also rechnete ich mir gewisse Chancen aus. In Cortina war ich immer gut drauf. Die Bedingungen waren großartig, ich fühlte mich gesund und hatte zu meinem Rhythmus zurückgefunden – alles lief rund.

Am Sonntag, 18. Januar 2015, stellte ich mit Sieg Nummer zweiundsechzig Annemarie Moser-Prölls Rekord ein. In einer Abfahrt, bei der ich 0,32 Sekunden vor den anderen ins Ziel kam. Das nächste Rennen, der Super-G, war für den folgenden Tag angesetzt. Es war so weit, jetzt musste ich nur noch liefern.

Mit einem der besten Läufe meiner Karriere – meinem dreiundsechzigsten Sieg auf der Rennstrecke – stellte ich einen neuen Rekord bei den Frauen auf. Ich hatte volle 0,85 Sekunden Vorsprung vor der Zweitplatzierten, der Österreicherin Anna Fenninger. Ich war in meinem Element. Nach zwei Knieoperationen und einer langen Genesungszeit hatte ich eine riesige Hürde genommen, ich war wieder voll da – und mein Traum war an einem einzigen magischen Wochenende Wirklichkeit geworden.

Dieser Rekord war eine große Sache – sowohl für mich als auch für den Sport. Er hatte fünfunddreißig Jahre lang Bestand gehabt und niemand hatte ihn auch nur annähernd erreicht. Wenn man sich einer Bestmarke nähert, ist das praktisch das Einzige, worüber die Presseleute sprechen wollen. »Wann werden Sie den Rekord brechen? Wie würden Sie sich dann fühlen?« Bevor ich Annemaries Rekord gebrochen hatte, war schon dermaßen viel darüber geredet worden, dass mir das Ganze surreal erschien. Und als es so weit war, fragten mich alle sofort, wann ich meinen Erfolg weiter ausbauen und den Nächsten überholen würde – nämlich Ingemar Stenmark, der mit sechsundachtzig Weltcupsiegen den absoluten Rekord hielt. Praktisch über Nacht wurde das zur neuen Messlatte. Die Medien trieben mich so vor sich her, dass der riesige Berg, den ich gerade erklommen hatte, gar nicht wie der eigentliche Gipfel erschien. Der lag weiterhin in den Wolken, über mir.

Dennoch versuchte ich, diesen Moment auszukosten. Nach dem Rekordgewinn in Cortina nahm ich mir die Zeit, mit meiner Familie und meinen Trainern zum Essen auszugehen. Es wurde ein ruhiger Abend, an dem wir uns an gutem Essen und einem Glas Wein erfreuten.

Das ist eine Sache, die ich im Laufe der Zeit gelernt habe. Zu Beginn meiner Karriere war ich nach einem Sieg schon wieder so auf das nächste Rennen konzentriert, dass ich mir keinerlei Feier erlaubte. Und als ich dann erfolgreich war – vor allem in der Zeit von 2008 bis 2010, als ich dreimal in Folge den Gesamtweltcup gewann – machte ich auch immer weiter, ohne Atempause. Mein natürlicher Drang voranzukommen, mich selbst immer wieder zu übertreffen, ließ nicht viel Raum für irgendetwas anderes. Es gab keinen Raum für Freundinnen und Freunde, keinen Raum für Vergnügen, keinen Raum für Zufriedenheit. Es gab nichts als das nächste Rennen. Offiziell hatte ich viel erreicht, aber innerlich fand ich nicht, dass ich Großes geleistet hatte. Ich fühlte mich einsam, obwohl es die erfolgreichste Zeit meiner Karriere war. Wenn du ein Rennen gewinnst, verspürst du im Ziel ein wirklich unglaubliches Hochgefühl, aber anschließend sind alle schnell weg und du sitzt plötzlich wieder im Hotel, als wäre nichts passiert. Selbst heute bin ich noch nicht gut darin, mir selbst auf die Schulter zu klopfen, nach dem Motto: *Hey, das hast du gut gemacht!* Erfolge zu feiern scheint so selbstverständlich, aber ich habe das jahrelang versäumt.

Durch die Verletzungen in den Jahren 2013 und 2014 änderte sich meine Auffassung davon, was Erfolg bedeutet. Ich sah mein Leben auf dem Schnee aus einem anderen Blickwinkel und bereute, dass ich mir zwischendurch nie erlaubt hatte, es langsamer angehen zu lassen und meine Siege zu verdauen. Lange hatte ich mich ausschließlich auf den Aufstieg konzentriert, weil ich dadurch alles andere ausblenden konnte. Als ich das Tempo verletzungsbedingt drosseln musste, hatte ich keine Wahl mehr – ich musste mir ein paar entscheidende Fragen stellen. Nach und nach begriff ich, dass Gewinnen nicht bedeutet, dass man ein guter Mensch ist. Gewinnen bedeutet nicht, dass man es verdient, glücklich zu sein. Gewinnen bedeutet nicht, dass man etwas wert ist. Auch wenn ich es liebe zu gewinnen: Ich habe verstanden, dass es nur ein kleiner Teil des Lebens ist. Was hilft ein Sieg, wenn er keinen Spaß macht? Was hilft es, wenn man nicht genießt, was man tut?

Auch wenn es nur kurz war, habe ich mir von nun an erlaubt, mich zu entspannen, ein Eis zu essen, den Moment zu genießen. Ich habe versucht, besser für mich zu sorgen. Ich hatte hart gearbeitet und ein Rennen gewonnen – damit hatte ich mir eine Belohnung verdient.

Mein Lieblingslokal in Cortina ist das El Brite de Larieto, ein uriges Restaurant in den Bergen, das hauptsächlich von Einheimischen frequentiert wird. Es liegt inmitten eines im Sommer sehr beliebten Wandergebietes. Nach dem Rekordwochenende feierte unsere Gruppe hier in einem charmanten Raum mit rustikalen, holzgetäfelten Wänden und einem Kronleuchter, der aus einem Geweih gefertigt war. Ich blickte in die Runde: Da saß meine Familie – meine echte Familie und meine Skifamilie –, die Gesichter vom Kerzenschein erhellt. Alle aßen, tranken und amüsierten sich, und ich war unglaublich dankbar, dass sie da waren. Ihre Anwesenheit zwang mich, das Tempo zu drosseln und mich auf die wirklich wichtigen Dinge zu konzentrieren. Mein Trainer Martin Hager, von mir immer »Hagi« genannt, bestellte ein Gericht mit Ochsenzunge, und Laura witzelte: »Schmeckt das so, als würde es dich schmecken?«, woraufhin alle in Gelächter ausbrachen.

Wir blieben, bis wir die letzten Gäste waren. Es war ein wundervoller, unvergesslicher Abend. Von da an versuchte ich, die strikte Trennung von Berufs- und Privatleben etwas anders zu handhaben. Nach und nach lernte ich, mich selbst zu feiern.

Wenn ich zum x-ten Mal gefragt wurde, wann ich Ingemar Stenmarks Rekord brechen würde, war ich oft überrascht, wie unvermittelt das kam. Von der Frage selbst aber nicht, denn die stellte ich mir auch.

Insgeheim wollte ich immer die Beste sein, also hoffte ich natürlich, dass ich den Allzeitrekord eines Tages brechen könnte. Aber ich wollte mir kein Ziel setzen, bevor es in Reichweite war. Ich wollte mir auch nicht ausmalen, dass so etwas möglich wäre, bevor ich nah genug dran war, es zu erreichen.

So weit weg sich Ingemars Rekord im Januar 2015 auch anfühlte – in gewisser Weise hatte ich mich schon eine Weile auf diese neue Herausforderung vorbereitet. Auch wenn ich nie bewusst darauf hingearbeitet hatte, Geschlechtergrenzen zu überwinden. Ehrlich, das kam mir gar nicht in den Sinn. Ich wollte einfach die Schnellste sein. Bei jedem neuen Schritt fragte ich mich nur: *Warum nicht?* Wenn ich etwas interessant fand, wollte ich es auch tun. Aber in dem Bestreben, schneller zu werden und meinen eigenen Weg zu gehen, tat ich schließlich Dinge, die keine Skiläuferin zuvor gewagt hatte.

Die Jagd nach Ingemars Rekord war nicht das erste Mal, dass ich bereit war, mit Männern zu konkurrieren, nur auf andere Art. Ein paar Jahre zuvor hatte ich die Möglichkeit ins Spiel gebracht, direkt gegen Männer anzutreten. Für mich war das naheliegend.

Ich fuhr Rennen auf Männerskiern. Ich trainierte zusammen mit Männern. Ich war oft schneller. Warum sollte ich also nicht gegen sie antreten?

Im Gegensatz zu vielen anderen Sportarten sind die Gehälter von Männern und Frauen bei alpinen Skirennen in etwa gleich. Aber die Annahme hält sich hartnäckig, dass wir »weniger können« als die Männer, weil sie technisch und körperlich anspruchsvollere Rennstrecken fahren. Es ist von Ort zu Ort unterschiedlich, aber im Großen und Ganzen sind die Herrenrennen schwieriger – mehr steile Abschnitte und mehr vereiste Flächen, weitere Sprünge –, was sie oft auch gefährlicher macht. Es stimmt zwar, dass von Männern rein technisch mehr gefordert wird als von uns, aber das bedeutet nicht, dass wir *tatsächlich* weniger können. Ich will damit nicht sagen, dass Frauen grundsätzlich die gleichen körperlichen Herausforderungen bewältigen können wie Männer, manchmal aber schon. Im Fitnessstudio konnte ich körperlich nicht mit den Männern mithalten.

Am häufigsten bin ich wegen meines Geschlechtes beim Training diskriminiert worden. Das lag selten an den männlichen Athleten und meistens an den Trainern. Die sagten unter vorgehaltener Hand, dass wir Frauen nicht mithalten konnten oder dass wir die Strecke ruinierten. Mit der Zeit waren dann immer mehr Männer bereit, mit mir zu trainieren, aber das musste ich mir hart erkämpfen. Und als ich mir so viel Respekt verschafft hatte, dass die Männer mich mittrainieren ließen, schien es nur folgerichtig, auch gegen sie anzutreten.

Die Idee kristallisierte sich im Sommer 2011 heraus, als ich zusammen mit dem norwegischen Skifahrer Aksel Lund Svindal im chilenischen Portillo trainierte. Das Skigebiet ist in zwei Bereiche aufgeteilt: die Seite der »Roca Jack«-Piste und die der Hochebene, die bis zum späten Nachmittag im Schatten liegt. Alles ist sehr anstrengend. Es gibt keine Sprünge, das Gelände ist steil. Der Weg nach unten ist eine einzige Plackerei.

In Portillo filmte der Trainer Aksel und mich einzeln, wie wir die Piste hinunterfuhren. Wenn man die Videos nebeneinanderstellte, sah man, dass wir die ganze Zeit gleichauf lagen. Und am Ende habe ich Aksel, den besten Abfahrer der Welt, auf dieser technisch sehr anspruchsvollen Strecke sogar geschlagen. Zugegeben: Ich glaube, dass er zurückhaltend fuhr, weil die Sicht schlecht war, aber der Erfolg machte mich trotzdem stolz. Ich postete das Video dann auf meiner Facebook-Seite (wovon Aksel nicht sonderlich begeistert war), weil ich beweisen wollte, dass ich schnell war, nicht unbedingt, um eine Diskussion loszutreten. Danach nahm die Idee allmählich Formen an.

Das Video hatte etwas in mir ausgelöst. *Heilige Scheiße,* dachte ich, *ich trainiere mit Männern! Warum kann ich dann nicht bei einem Rennen gegen sie fahren?* Die Leute sprachen mich darauf an, und ich stellte klar, dass ich gern einmal mit Männern fahren wollte.

Doch ich wurde schleunigst abgewimmelt. Einige Fahrerinnen protestierten: »Wir wollen nicht gegen Männer antreten!« Das Stimmungsbild lief auf eins hinaus: *Oh verdammt, das ist beängstigend.* War es ja auch. Deshalb wollte ich an dem Männerrennen in Lake Louise teilnehmen, wo die Strecke wohl eisiger, aber sonst nicht anders ist als die Frauenstrecke. Ich war schon bei Sinnen. Es war ja nicht so, dass ich mich die Streif in Kitzbühel hinunterstürzen wollte, die so schwierig und gefährlich ist, dass die meisten Männer sie nicht bewältigen. In Lake Louise hätte ich Chancen gehabt, weil ich dort schon oft gewonnen hatte und die Piste mir lag.

Ich glaube, einige der Männer hatten Angst, dass ich sie schlagen könnte. Als ich einmal zusammen mit den kanadischen Männern in Vail trainierte, hatten die eine Wette laufen, dass diejenigen, die langsamer als ich waren, jeweils den Abwasch erledigen mussten. Natürlich besiegte ich einige von den Typen, das war superlustig. Nicht die Besten, aber immer genug für den Spüldienst. Sie kamen mit jeder Menge Ausreden an – zum Beispiel, dass sie sich nicht anstrengen durften oder neue Skier testen mussten. Die schämten sich dafür, dass sie von einem »Mädchen« geschlagen wurden. Ich finde das nicht peinlich. Ich hatte meinen Wert unter Beweis gestellt. Sie wurden nicht von irgendjemandem geschlagen, warum spielte da das Geschlecht eine solche Rolle?

Als ich mein Anliegen vortrug, waren ein paar Leute tatsächlich dafür. Ich freute mich über die Unterstützung von Aksel, den norwegischen Skifahrern und einer Handvoll anderer Skiprofis, die ich sehr respektierte. Einige der Organisatoren des Weltcups und der kanadischen Skifahrer waren ganz begeistert von meinem Vorstoß, weil sie glaubten, dass es sowohl für Lake Louise als auch für den Skisport im Allgemeinen eine Sensation war. Alle anderen fanden jedoch, dass damit ein riesiges Fass aufgemacht würde. Das sei einfach nicht natürlich, hieß es. Frauen sollten keine Rennen mit Männern fahren, weil das eben Männersache sei. So als wären wir zweitrangig und dürften nicht mitmischen.

Der Punkt, den alle zu übersehen schienen, war, dass ich nicht eines Tages den Einfall gehabt hatte: *Hm, ein Rennen gegen Männer, das wäre mal ein Spaß!* Ich hatte viel darüber nachgedacht und ich hatte berechtigte Gründe. Ich wollte als Zeichen des Respekts gegen Männer antreten und um mein eigenes Skifahren zu verbessern. Männer sind größer und schneller; das war eine Chance, an mein Limit zu gehen. In Buck Hill trainierten immer die Besten zusammen, egal welches Geschlecht sie hatten. Das Einzige, was zählte, waren die Punkte, die über die Platzierung entschieden. Wenn die Punktzahl unter einem gewissen Wert lag, kam man in die erste Gruppe – die Gruppe, in der alle sein wollten. Die allgemeine Devise war: »Wer liegt vorn? Die Person will ich besiegen.« Ab einem gewissen Punkt war ich besser als alle Kolleginnen. Wie konnte ich mich weiter pushen? Indem ich die Kollegen schlug. Damals ahnte ich noch nicht, dass ich mir diese Frage noch meine gesamte Karriere lang stellen würde.

Mein Traum war auch nicht neu. Annika Sörenstam hatte es beim Golf getan. Und Billie Jean King beim Tennis. Ich sprach Billie Jean darauf an, wie ich es schaffen könnte. »Es ist ein harter Kampf, meine Liebe«, sagte sie. »Du musst einfach dranbleiben.«

Annika erzählte mir ebenfalls von ihren Erfahrungen. Ihre Motivation war dieselbe wie meine: sich aus Respekt der Herausforderung stellen. Sie wollte sich mit den Männern messen, um sich zu verbessern, und nicht, um zu zeigen, dass sie etwas Besseres war.

In meiner Karriere haben mich Stärke und Power und Geschick auf der Piste immer beschäftigt. Wie kann ich gleichmäßig gleiten? Wie kann ich schnell in die Falllinie einfahren? Beim Abfahrtslauf braucht man eine gewisse Finesse. Natürlich können Männer die auch entwickeln, in der Regel setzen sie aber mehr auf Kraft, um den Berg zu bezwingen. Männer neigen dazu, viel direktere Linien zu fahren. Dank ihres Gewichtes stürzen sie dann nämlich schneller den Berg hinunter. Ich hatte immer ein gutes Gefühl für den Schnee und ging davon aus, dass ich mangelnde Kraft durch einen geschickten Fahrstil ausgleichen könnte. Leider konnte ich diese Theorie nie auf den Prüfstand stellen.

Ich setzte mich jahrelang dafür ein. Ich machte dem Skiverband Vorschläge und sprach mit allen, die zuhören wollten. Aber gegen die Mauern in den Köpfen kam ich nicht an. Irgendwann war mein Körper nicht mehr in der Lage, auf einer Männerstrecke mitzuhalten, und dann musste ich es gut sein lassen.

Wie mein Dad mal sagte, geht es letztlich um deinen Einfluss. Im Profisport gibt es Menschen, die nicht wegen ihrer Erfolge, sondern wegen der Spuren bedeutend sind, die sie in der jeweiligen Sportart hinterlassen haben. Billie Jean King ist so eine Persönlichkeit. Sie hat vielleicht nicht die meisten Grand Slams gewonnen, aber das Spiel nachhaltig verändert. Viele Frauen zeichnen sich nicht nur durch Siege aus, sondern dadurch, dass sie neue Möglichkeiten aufzeigen und die nächste Generation inspirieren. Als es darum ging, beim Herrenabfahrtslauf antreten zu dürfen, habe ich verloren, aber ich bin überzeugt, dass ich die Spielregeln für Frauen im Skisport verändert habe. Ich habe meine Meinung gesagt. Ich habe Männerski benutzt. Ich bin meinen eigenen Weg gegangen.

In vielerlei Hinsicht war die Jagd nach Ingemars Rekord die logische Konsequenz meiner Herangehensweise. Ich wollte zeigen, wozu ich fähig war, wenn ich mich mit Frauen *und* Männern messen konnte. Das gab mir die Möglichkeit, meine Natur so weit wie möglich auszuleben.

Ich kannte Ingemar noch nicht persönlich, als alle anfingen, mich nach seinem Rekord zu fragen. Im Winter 2016 trafen wir uns dann zufällig beim City Event in Stockholm. Das ist eine Art Weltcup, bei dem zwei Skifahrer oder zwei Skifahrerinnen zu Promotionzwecken gegeneinander antreten. Der internationale Skiverband veranstaltet die Parallelrennen jede Saison und sie sind eine tolle Werbung für den Sport. Ich würde nicht so weit gehen, dass sie eine vollwertige Disziplin werden müssten, aber für Fans sind sie wirklich gut. Es macht Spaß, dabei Ski zu fahren, und noch mehr Spaß, dabei zuzusehen.

Ich freute mich sehr, dass Ingemar da war, denn er taucht in der Öffentlichkeit viel weniger auf als andere Ex-Profis. Er lebt zurückgezogen, gibt eigentlich keine Interviews und ist bekannt für seine einsilbigen (aber immer höflichen) Antworten. Auf einer Party gehört er zu der Sorte Mensch, die nicht viel redet, die Dinge aber im Zweifel auf den Punkt bringt. Er ist ein Ausnahmetalent. Mittlerweile ist er vierundsechzig Jahre alt und immer noch unglaublich in Form. Vor ein paar Jahren nahm er im schwedischen Fernsehen bei *Let's Dance* teil, und da schaffte er es wieder: Seine Tanzpartnerin und er gewannen.

Im Laufe der Jahre hörte ich zahlreiche Geschichten, wie alle Welt zu Ingemars Zeit bei seinen Rennen mitfieberte. »Er war unser Held«, erzählten europäische Skifahrer mit leuchtenden Augen. »In der Schulzeit wurde ein Fernseher ins Klassenzimmer geschoben, damit wir ihm zusehen konnten.« Ingemar ist mehr als ein Rekordhalter; er ist ein nationales Kulturgut.

Nach meinem Lauf in Stockholm sah ich Ingemar also mit einigen anderen Skifahrern am Ende der Strecke stehen. Ich sprach ihn an und war freudig überrascht, dass er nicht nur wusste, wer ich war – damals berichteten die Medien ja schon über meine Rekordambitionen –, sondern mir auf ausgesprochen nette Art sogar sagte, dass er mir die Daumen drückte. Er hätte nicht liebenswürdiger und aufrichtiger sein können und hat sich mir gegenüber immer so verhalten.

Im folgenden Jahr traf ich ihn wieder, diesmal bei einem Under-Armour-Event während der Skiweltmeisterschaft in St. Moritz. Wir diskutierten vor Publikum über meinen Medaillengewinn in der Abfahrt. Wieder einmal war er freundlich, zugewandt und wirklich lustig. Er ist kein Mann der vielen Worte, aber wenn er etwas sagt, kommt es immer zum richtigen Zeitpunkt. Bei der Livediskussion versprach er, er wolle dabei sein, wenn ich seinen Rekord schlüge – er sagte nicht, »falls«, sondern »wenn«. Diese Wortwahl und sein Vertrauen rührten mich sehr.

Schließlich war ich entschlossen, den Rekord zu brechen. Ich glaubte, dass ich es schaffen könnte. Ich investierte voll. Von da an hatte ich ein neues Ziel, das ich genauso verfolgte wie andere Ziele davor – es wurde mein einziger Fokus. Ich hörte auf, in Möglichkeiten zu denken, und sagte mir, dass ich die Grenzen verschieben *würde*. Ich verpflichtete mich zum Erfolg.

Am Ende der Saison 2015/16 fuhr ich so gut Ski, dass meine Stürze im Rückblick in weiter Ferne zu liegen schienen.

Viele Dinge hatten sich für mich zum Guten gewendet. Ich war endlich wieder bei Kräften, kam voran und hörte auf, ständig über mein Knie nachzudenken. Meine Verletzungen und meine privaten Probleme hatten die letzten Jahre zu einem einzigen

Kampf gemacht, einer Aufholjagd für Körper und Geist. Nun war ich wieder ruhig genug, um mich ganz auf das Skifahren zu konzentrieren.

Zu Beginn der Saison gewann ich gleich drei Rennen in Lake Louise – zwei Abfahrten und einen Super-G – und schaffte damit den dritten Hattrick meiner Karriere. Danach gewann ich den Riesenslalom in Åre, die Kombination in Val-d'Isère, die Abfahrt und den Super-G in Altenmarkt, die Abfahrt und den Super-G in Cortina und eine weitere Abfahrt in Garmisch. Mit diesen Siegen fühlte ich mich stark, und als ich das Selbstvertrauen einmal hatte, schaute ich nicht mehr zurück.

Alles lief so rund, dass ich ein paar Wochen vor Saisonende bereits genügend Punkte für den Sieg in der Abfahrtswertung hatte und auf bestem Wege war, auch den Gesamtweltcup zu gewinnen. Leider wurde mein Lauf durch einen Sturz in Andorra beendet. In der Nacht vor dem Super-G hatte es stark geschneit, und ich war vielleicht noch sechs Tore vom Ziel entfernt, als ich in weichen Schnee kam und hängen blieb. Dabei überstreckte ich mein Kniegelenk. Es war kein dramatischer Sturz – ich überschlug mich nicht oder Ähnliches. Aber es war wieder eine Situation, in der wir nicht hätten starten sollen, bis der Schnee geräumt war.

In Andorra gibt es nicht so viele medizinische Einrichtungen, wir hatten keinen Zugang zu einem Kernspintomografen. Also musste es so gehen. Das Röntgenbild sah gut aus und meine Bänder waren in Ordnung, daher dachte ich, es sei nur eine Prellung. Für den nächsten Morgen stand die alpine Kombination auf dem Programm. »Ich glaube, ich kann fahren«, sagte ich.

In der Nacht schwoll mein Knie so an, dass wir zwei Injektionsfläschchen voll Flüssigkeit aus dem Gelenk ablassen mussten. Am nächsten Morgen musste das Knie nach dem Aufwärmtraining erneut punktiert werden. Wir hatten keine Nadeln mehr, also füllte der Arzt die Spritze, leerte den Inhalt in eine

Kaffeetasse, setzte die Nadel wieder auf und wiederholte den Vorgang. Normalerweise ist die Gewebeflüssigkeit aus dem Knie gelblich wie Pipi. Aber wenn du dir etwas gebrochen hast, blutet es. Was da aus meinem Knie herauskam, war eindeutig blutig. Damit war klar, dass ich einen Bruch hatte, der auf dem Röntgenbild nicht sichtbar war.

Als wir mit der Punktion fertig waren, war es gerade noch rechtzeitig, dass ich sagen konnte: »Los gehts.« Fast hätte ich meine Inspektion verpasst. Ich musste den FIS-Offiziellen anrufen und ihn anflehen, mich nicht auszuschließen. Aber ich schaffte es, fuhr und gewann den Super-G.

Zwischen den Läufen beschwerte sich eine Teilnehmerin: »Lindsey macht immer Theater. Irgendwas stimmt da nicht. Dauernd sagt sie, sie hätte eine Verletzung, aber die täuscht sie offensichtlich nur vor, wenn sie dauernd gewinnt.«

Ich ärgerte mich über den Vorwurf, der nicht neu war. Seit ich mich von meinen Knieverletzungen erholt hatte, passierte das ständig: Meine Konkurrentinnen oder die Presseleute glaubten mir nicht und warfen mir vor, ich wolle durch Dramen auf mich aufmerksam machen. Ich wünschte, das Folgende verstünde sich von selbst: So etwas würde ich nie tun. Erstens hatte ich nicht vor, mich zu verletzen. Und wenn ich mich verletzte, wollte ich nicht, dass es jemand erfuhr. Tatsächlich gab es viele Verletzungen, von denen ich niemandem erzählte, sondern im Gegenteil alles dafür tat, sie zu verheimlichen. Nach Möglichkeit fuhr ich einfach weiter. Mein Standpunkt war: Wenn ich nicht operiert werden muss und kein Rennen verpasse, braucht niemand Bescheid zu wissen. Ich wollte ja, dass die Konkurrenz dachte, ich wäre stärker, als ich war. Also bin ich mit Verletzungen gefahren, die für andere das Aus bedeutet hätten. War das klug? Wahrscheinlich nicht. Aber weil ich so bin, wie ich bin, hielt ich meinen Kopf hin und arbeitete weiter.

Ich war immer der Meinung, dass man es in einer Einzelsportart wie dem Skifahren der Athletin überlassen sollte, ob sie am Rennen teilnimmt oder nicht. Sicher, es gibt Tests, um festzustellen, ob du fahren kannst, vor allem geht es um Gehirnerschütterungen. Aber wenn du absichtlich etwas langsamer fährst, ist es einfach, den Test zu bestehen. Bei anderen Sportarten, Fußball zum Beispiel, ist das Verfahren strikter, weil mehr Geld auf dem Spiel steht. Wenn sich eine Skiläuferin eine Gehirnerschütterung zuzieht, wird niemand verklagt. Beim Skifahren kommt es darauf an, was du bereit bist zu riskieren – es sind nie Trainer oder Ärzte, die ihr Leben aufs Spiel setzen, sondern du bist es. Die Entscheidung musst du also selbst treffen.

Natürlich gelang es mir oft nicht, die Presse von einer Verletzung fernzuhalten. Und dann wurde meine private Entscheidung, wie ich sie durchstand, zum öffentlichen Spektakel – das braucht keine Skiläuferin und ich brauchte es auch nicht. Mein Problem war, dass Aufgeben keine Option war. Und das führte wiederum dazu, dass ich auch unter schwierigsten Umständen Rennen fuhr. Ich nahm es nicht bewusst in Kauf, mich zu verletzen, und missachtete auch nicht extra einen ärztlichen Rat. Allerdings hatte ich in den Jahren, in denen ich mich mit Stürzen und deren Folgen herumgeschlagen hatte, schon so oft scheinbar Unmögliches bewiesen, dass meine Ärzte auch unsicher wurden: »Ich weiß nicht, Lindsey, was meinst du? Meinst du, du kannst damit Ski fahren?«

In meiner Profilaufbahn mochten mich einige Sportlerinnen nicht besonders, aber ich hatte nicht das Gefühl, dass ihr Ärger sich gegen mich persönlich richtete. Schuld war hauptsächlich der Rummel, der um mich gemacht wurde – all die Aufregung rund um meine Verletzungen, mein Comeback und meine Leistungen –, die Aufmerksamkeit, die ich ungefragt bekam, die dauernde Berichterstattung in den Sportmedien über mich. Verständlich, dass die anderen Teammitglieder es leid waren, Fragen über mich zu beantworten: »Wie geht es Lindsey? Nimmt Lindsey an Rennen teil?« Klar nervte das – mich nervte das auch. *Einfach nur Ski fahren wäre toll,* dachte ich. Das war alles, was ich wollte.

Eine gewisse Anspannung ist normal, wenn man im Wettkampf gegen andere antritt. Schlimm wurde es aber, als die Medien das in einer Art und Weise ausschlachteten, die meine persönlichen Beziehungen gefährdete. Die deutsche Skiläuferin Maria Riesch und ich waren befreundet, seit wir dreizehn Jahre alt waren. Lange Zeit war Maria meine einzige Freundin bei den Weltcupveranstaltungen. Natürlich waren wir Konkurrentinnen, aber solche, die sich wahnsinnig gern über ihre Linien und ihre Ausrüstung unterhielten, oft bei einer heißen Schokolade. Weihnachten verbrachte ich oft in Deutschland bei Marias Familie – ich liebte ihre Eltern, ihre Schwester und ihren Bruder. Ich war ja von Oktober bis März gar nicht in Amerika, abgesehen von ein paar Wochen im November, wenn ich in Colorado oder Kanada trainierte. Maria als Freundin zu haben und die Feiertage mit ihr zu verbringen, gab mir das Gefühl, so etwas wie eine europäische Familie zu haben. Ich hatte eine Person, an die ich mich anlehnen konnte.

Mehrere Jahre kamen Maria und ich immer als Erste und Zweite ins Ziel – ich glaube, da halten wir irgendeinen Rekord –, aber das war nie ein Streitpunkt. Wir fanden das sogar gut. Es war freundschaftlicher Wettstreit und zwölf Jahre lang konnte uns nichts trennen.

Im Jahr 2011, als Maria den Weltcupgesamttitel mit drei Punkten Vorsprung gewann, erschienen während des Finales plötzlich tonnenweise Berichte, in denen über meine Ausrüstung spekuliert und seltsame Falschmeldungen verbreitet wurden. Darunter auch einige bösartige Zitate – Dinge, die sie angeblich gesagt hatte, und Dinge, die ich angeblich gesagt hatte –, die schlichtweg erfunden waren. Als diese Darstellungen in Umlauf kamen, erklärte ich Maria, dass ich so etwas nie sagen würde, und sie erwiderte: »Hab ich mir gedacht.« Aber der Ärger hörte einfach nicht auf. Es wurde immer schwieriger für uns, zwischen Fakten und Fiktion zu unterscheiden. Schließlich gelang es uns, die Freundschaft zu kitten, aber leicht war das nicht. Diese Geschichten richteten einen enormen Schaden an.

Als Profisportlerin fühlte ich mich an vielen Stellen und aus vielen Gründen missverstanden. In der Regel hing das mit der Berichterstattung in den Medien zusammen. In den USA liebt die Presse dramatische Sportereignisse. Das Publikum ist daran gewöhnt. Anzügliche Schlagzeilen gelten als normal, Kontroversen sind allgegenwärtig, die Medien zelebrieren sie geradezu. Die Hälfte dessen, was gedruckt wird, ist sensationslüstern. Bei Klatsch und Tratsch über Prominente wird nicht nur übertrieben, sondern häufig auch etwas erfunden. Das ist allgemein bekannt. Daher war die Reaktion auf meine Verletzungen in den Staaten eher nachsichtig. Es wurde über sie berichtet und sie wurden dramatisiert, aber dass eine Sportlerin sich verletzt und davon erzählt, war nichts Neues.

In Europa war die Berichterstattung ähnlich, aber die Reaktionen waren anders. Von europäischen Athletinnen wird erwartet, dass sie auftauchen, ihren Job machen und ihre Nation vertreten – aber nicht, dass sie Gefühle und Erwartungen äußern. In Europa fand man es unglaublich, dass ich ein MRT in den sozialen Medien postete und offen über meine Verletzungen sprach. Was mich betraf, so hatte ich nichts zu verbergen, aber mir schlug ein kollektives Unverständnis entgegen: »Wie konntest du nur?« In einer Kultur, in der sich Skifahrerinnen grundsätzlich vor ihrem Verband verantworten müssen, gelten andere Maßstäbe. Niemand konnte meine Offenheit nachvollziehen, auch die anderen Läuferinnen nicht, weil ein solches Verhalten für sie einfach nicht infrage kam.

Inmitten all der Anschuldigungen – »Lindsey ist melodramatisch, Lindsey übertreibt, Lindsey macht das nur, um Aufmerksamkeit zu erregen« – dachte ich: *Darf ich einfach mal so sein, wie ich bin?* Jedes Mal wenn mir jemand vorwarf, ich würde Verletzungen fingieren, um in die Schlagzeilen zu kommen, konnte ich es nicht fassen. Glaubten die wirklich, dass ich losfuhr und mir vornahm: *Komm, heute spiele ich mal Schienbeinkopffraktur?* Wahnsinn. Ich hatte nie um diese Aufmerksamkeit gebeten. Ich hatte nicht darum gebeten, dass medizinische Details wie Pressemitteilungen verbreitet werden sollten. Ich hatte es mir nicht ausgesucht, Verletzungen und Comebacks zu haben. Ich mag gar keine Dramen. Alles, was ich wollte, war Ski fahren. Ganz ehrlich, ich würde die Bekanntheit, die mir meine Verletzungen eingebracht haben, gern gegen zwei gesunde Knie eintauschen.

Zur Wahrheit gehört, dass die Konkurrenz einen nicht mögen muss. Aber der Vorwurf, »dramatisch« zu sein, traf einen Nerv bei mir. Auch deswegen, weil Männern dieses Etikett nicht so leicht angeheftet wird. Mein Verdacht war immer: Wenn ich ein Mann wäre, würde man meine Verletzungen als das sehen, was sie sind, und nicht zur Unterhaltung nutzen.

Einem Mann mit den gleichen sportlichen Erfolgen und dem gleichen Verhalten hätte jeder geglaubt, wenn es um solche Verletzungen ging. Ohne Fragen zu stellen. Man hätte ihn beim Wort genommen, anstatt ihn zu beschuldigen. Wenn sich ein Mann auch nur von einigen meiner Verletzungen erholt hätte, hätten sowohl die Journalisten als auch die Kollegen gesagt: »Wow, krass. Respekt.« Anstatt an ihm zu zweifeln, hätten sie ihn gefeiert. Wenn es um Erwartungen in Bezug auf Zähigkeit und Belastbarkeit ging, wurde offenbar mit zweierlei Maß gemessen, was zu meinen Ungunsten ausging. Es war furchtbar, im

Wettkampf mit höllischen Schmerzen gekämpft zu haben, nur damit die Leute mir hinterher ins Gesicht sagten, sie glaubten gar nicht, dass ich Schmerzen hatte.

Nach Andorra fuhren Ricky und ich nach Barcelona, wo ein MRT gemacht wurde. Daraufhin erfuhr ich, dass mein Schienbeinkopf gebrochen war. Es war eine größere Fraktur, eine ziemlich große sogar. Ein Stück hatte sich verschoben, sodass mein Schienbein eingesunken war, fast wie eine kleine Stufe. Wenn es schlimmer würde, sagten die Ärzte, sei eine Operation unausweichlich – ein Rieseneingriff, bei dem der Knochen rekonstruiert werden müsste. Ich dachte ein paar Tage darüber nach und entschied, dass ich nicht riskieren wollte, wieder ein ganzes Jahr auszufallen. Ich beendete die Saison vorzeitig, was sehr enttäuschend war. Ich hatte sowohl in der Gesamtwertung als auch in der Abfahrt und im Super-G die Nase vorn und es waren nur noch drei Wochen Rennen zu fahren. Am Ende wurde ich Dritte in der Gesamtwertung, konnte aber trotzdem den Titel in der Abfahrt halten.

Eine der häufigsten Fragen, die mir gestellt werden, lautet: »Würden Sie heute etwas anders machen als damals?«

Meine Antwort darauf ist normalerweise Nein. Bei Fehlern oder Verletzungen sagte ich mir immer: *Das ist okay. Lern etwas daraus.* Jeder Fehltritt ist eine Lektion, damit man weiß, was zu tun ist, wenn es wirklich darauf ankommt. Ich versuche darauf zu vertrauen, dass alles so kommt, wie es kommen soll. Das gibt mir Seelenfrieden.

Dass ich die Saison 2016 abbrach, ist allerdings eine der wenigen Entscheidungen, die ich bedaure. Vielleicht hätte ich weitermachen sollen. Nur noch sechs weitere Rennen und ich hätte meinen fünften Gesamtweltcup gewonnen. Doch ich wollte schlau sein und langfristig planen und das schien der richtige Weg zu sein. Wie hätte ich wissen können, dass mich in den kommenden Jahren eine Verletzung nach der anderen erwartete? Aus heutiger Sicht hätte ich mich besser dazu durchgerungen weiterzumachen. Möglicherweise wäre das auch nicht die ideale Lösung gewesen, aber zumindest hätte ich später nichts bereut.

Kapitel 20

Meine größte Sorge war immer, dass ich nicht gut genug bin. Ich hatte Angst davor, meine selbst gesteckten Ziele zu verfehlen. Darunter litt ich aber als Privatperson und nicht so sehr beim Skifahren. Sportlich verbesserte ich mich ja ständig – ich gewann, ich machte Fortschritte, ich sah, dass ich Fortschritte gemacht hatte. Solange ich vorankam, ging es mir gut. Doch als es mit meinen Verletzungen losging, änderte sich alles. Ich wurde ausgebremst. Immer wenn ich gezwungen war innezuhalten und in mich hineinzuhorchen, war die Versagensangst da.

Bei den ersten Verletzungen hatte ich in vielerlei Hinsicht Glück. Ich musste lediglich Schmerzen ertragen, mich erholen und mentale Stärke beweisen. Sicher, das war nicht leicht, aber die Verletzungen selbst waren eine relativ klare Sache – mein Körper war eine Maschine, die repariert werden musste, also tat ich mein Teil dazu, so wie der Chirurg seins getan hatte. Ich wusste, was mich erwartete, und auch, dass alles gut würde, wenn ich mich nur anstrengte und auf mein Comeback konzentrierte. Was nun kam, war etwas ganz anderes. Es zwang mich mehr als jemals zuvor, mich mit dem Scheitern auseinanderzusetzen.

Es ging im November 2016 los. Nach dem abrupten Ende der Saison im Frühjahr hatte sich mein Knie vollständig erholt. Ich hatte ein tolles Sommertraining in Chile hinter mir und freute mich nun auf die Saisonvorbereitung in Copper Mountain, Colorado. Rückblickend ist jeder zweite meiner schweren

Stürze in Copper passiert – vielleicht hätte ich dort nie fahren dürfen. Am Anfang der Saison fiel in diesen Trainingscamps oft nicht genug Schnee, um die ganze Piste zu bedecken. Wir nutzten die halbe Strecke fürs Super-G-Training. Ich stürzte nicht auf dem schwierigen Teil des Hangs, der Ski verkantete sich einfach nur komisch.

Um einen Sturz zu beschreiben, sage ich immer, dass es sich so anfühlt, als würde man aus einem fahrenden Auto springen. Manchmal prallst du gegen eine Wand. Manchmal landest du im Gras. Alles geht so schnell, dass man keine Zeit hat nachzudenken. Das Wichtigste ist, dass du versuchst, dich zu entspannen, denn wenn der Körper beim Aufprall angespannt ist, trägst du mehr Schäden davon. Wo und wie du landest, ist ausschlaggebend dafür, wie du dich am nächsten Tag fühlen wirst. Dieses Mal drehte ich mich beim Sturz und fiel direkt auf meinen rechten Arm, der hinter mir angewinkelt war.

Nach einem Sturz läuft bei mir immer das Gleiche ab. Bei starken Schmerzen flippe ich aus. Dann beruhige ich mich und fange an zu analysieren: Woher kommt der Schmerz, wie stark bin ich verletzt? Je nachdem wie die Selbstüberprüfung ausfällt, klammere ich mich an ein Fünkchen Hoffnung, dass alles vielleicht nicht ganz so schlimm ist, wie es sich anfühlt. Zuerst prüfe ich meine Knie. Dieses Mal war ich erleichtert, denn die fühlten sich gut an. Da ich verdreht dalag, wollte ich mich mithilfe der Arme aufrichten. Aber mein rechter Arm reagierte nicht. Ich versuchte, ihn zu bewegen. Obwohl die Schulter sich in Gang setzte, rührte sich der Arm überhaupt nicht. Da war nichts: nur fünf Kilo totes Gewicht. Das war definitiv das unangenehmste Gefühl, das ich je gehabt hatte.

Ich schrie um Hilfe. Die Skipatrouille war auf der Piste unterwegs, aber ich wollte nicht, dass mich jemand anfasste, bevor Lindsay da war. Ich hatte schon so viel mit meinen Verletzungen durchgemacht, dass ich Angst hatte, vor der Diagnose eine falsche Bewegung zu machen. Ich lag so weit von der Piste entfernt, dass Lindsay erst einmal an uns vorbeifuhr. Ich weinte panisch, bis sie uns gefunden hatte. An dem Tag hatte niemand ein Medikamentenpaket dabei, es gab also auch kein Schmerzmittel.

Das einzig Gute an dem ganzen Elend war, dass das Team sich hinterher gezwungen sah, den Rettungsplan zu überdenken. Nach diesem Unfall traf ich mich vor jedem einzelnen Lauf mit meinem Arzt und meiner Physiotherapeutin und wir erörterten: »Wer ist auf dem Berg, wo ist der Hubschrauber, wo ist das nächste Krankenhaus, gibt es einen Plan?« Schockierend oft gab es kein richtiges Konzept. Ich habe daraus gelernt, immer zehn Schritte vorauszudenken und wenn nötig hart durchzugreifen. Viele Sportler denken nicht gern über solche Dinge nach und vertrauen einfach auf die Hilfsbereitschaft vor Ort. Aber du kannst nicht davon ausgehen, dass sich schon jemand um dich kümmern wird – du bist diejenige, die sterben kann.

Da es in diesem Fall eben keinen Rettungsplan gab, hoben sie mich auf einen Schlitten und transportierten mich damit den Berg hinunter, und als kein Schnee mehr da war, verfrachteten sie mich irgendwie in einen Pick-up-Truck. Ja, einen Pick-up! Inzwischen hatte ich unerträgliche Schmerzen. Ich bekam Sauerstoff und eine Schmerztablette, die Lindsay zufällig bei sich hatte. Ich weiß wirklich nicht, wie ich das Ganze ohne sie überstanden hätte. Ich hing auf dem Beifahrersitz, außer mir vor Schmerzen, und wurde fast ohnmächtig. Lindsay gab mir Ohrfeigen, um mich bei Bewusstsein zu halten, da hält sie sich nicht zurück. Ich trug immer noch Skistiefel, weil ich es nicht schaffte, etwas auszuziehen. Jede Bodenwelle, über die der Wagen holperte, war eine Qual.

Die Fahrt zum Krankenhaus dauert in Copper Mountain etwa eineinhalb Stunden. Es wurden die längsten neunzig Minuten meines Lebens. Als wir endlich da waren, wurde ein Röntgengerät herangerollt, um zu sehen, was los war. Der Techniker hob meinen Arm an, um ihn in das Gerät zu legen, und ließ ihn dann los. Es tat so weh – und ich schrie so laut – wie noch nie in meinem Leben. An diesem Punkt wurde ich ohnmächtig.

Das Nächste, woran ich mich erinnere, war das Aufwachen nach der Operation. Ich fragte den Arzt, was passiert war, und versuchte, den Eingriff in allen Einzelheiten zu verstehen. Ich hatte eine Spiralfraktur des Oberarmknochens. Das bedeutete, dass der Knochen, der von der Schulter bis zum Ellbogen verläuft, rundherum gebrochen war. Er war im Grunde in drei Teile zerlegt und dabei verdreht worden. Sie hatten mir eine Metallplatte und achtzehn Schrauben in den Arm gesetzt. Aber das war noch nicht das Schlimmste.

Als mir der Arzt die ganze Prozedur erklärt hatte, sagte ich: »Sie haben meine Nerven blockiert, oder? Ich spüre meine Hand nicht.«

Es gab eine kleine Pause. »Nein, wir haben nichts blockiert.« Wieder eine Pause. »Sie können Ihre Hand nicht spüren?«

Das war das Allerschlimmste. Jetzt bekam ich es mit der Angst zu tun.

»Ihr Nerv wurde freigelegt«, fuhr der Arzt fort, »und er ist deutlich geschädigt. Zum jetzigen Zeitpunkt kann ich nicht sagen, wann oder ob das Gefühl wiederkommt und wie die Aussichten sind.«

Ich kenne Lindsay in- und auswendig. Wir sind so lange gemeinsam unterwegs gewesen, dass ich in ihr lesen kann wie in einem Buch. Sie macht sich eigentlich nie Sorgen. Aber nach dieser Mitteilung war sie in der Tat besorgt. In der Sekunde, in der ich ihren Gesichtsausdruck sah, dachte ich: *Verdammt, ich bin am Arsch.*

»Buddy«, sagte ich, »kannst du mich reparieren?«

»Ja. Ich schaffe das, ich schaff das.« Sie nickte. »Ich gehe jetzt nach Hause und finde eine Lösung.«

Als sie am nächsten Tag wiederkam, sah man ihr an, dass sie nicht geschlafen hatte. »Du hast überhaupt nicht geschlafen, oder?« fragte ich.

Sie sagte, doch, ein bisschen, aber ich wusste, dass das nicht stimmte. Laut sagte ich: »Buddy, ich brauch dich.«

»Ich weiß, Buddy«, antwortete sie. »Ich habe recherchiert und nachgeschlagen, und ich glaube, ich habe was gefunden. Du musst mir nur vertrauen.«

Und das tat ich. Wenn jemand in der Lage war, mir zu helfen, dann sie.

Normalerweise wird die Schwellung nach einem chirurgischen Eingriff gekühlt. In diesem Fall schlug Lindsay aber vor, umgekehrt vorzugehen, die Durchblutung mit Wärme anzuregen und dadurch den Heilungsprozess zu beschleunigen. Das war ungewöhnlich, aber Lindsay hatte schon so oft richtiggelegen, dass mein Vertrauen in sie unerschütterlich war. Ausruhen gehört nach einer OP auch zum Standardprogramm, aber Lindsay kannte mich gut genug, um auch das zu ändern. Sobald wieder Wasser an meine Haut kommen durfte, lag ich in einer heißen Badewanne. Dort, so hofften wir, würde die Hitze die Regeneration der Nerven fördern, damit ich wieder Gefühl im Arm bekam.

Davor waren bei meinen Verletzungen immer Schmerzen ein Thema. Schmerz ist Schmerz, davor braucht man keine Angst zu haben. Studien zeigen sogar, dass man eine höhere Schmerztoleranz entwickelt, wenn man viele Beschwerden hat. Bei den meisten Verletzungen ist klar, wie der Genesungsprozess verläuft. Der Weg dahin ist körperlich und psychisch aufreibend, aber zumindest weiß man, was auf einen zukommt. Als ich mich bei früheren Rehas beim Work-out quälte, war das schmerzhaft, aber ich kam Stück für Stück voran. Mit Schmerzen konnte ich umgehen.

Das hier war eine ganz andere Geschichte. Wie sich herausstellte, war die Abwesenheit von Schmerz – von jeglichem Gefühl – viel, viel schwieriger zu bewältigen. Es war eher eine mentale Herausforderung. Nervenschädigungen gehören zu den Verletzungen, von denen man sich am langsamsten erholt. Nichts war mehr selbstverständlich. Die Zukunft lag im Dunkeln; ich hatte keine Ahnung, ob ich wieder gesund würde. Ohne ein konkretes Ziel, auf das ich hinarbeiten konnte, drängten sich mir Worst-Case-Szenarien auf, die ich innerlich in Schach halten musste. Psychisch hat mich diese Zeit mehr belastet als sonst etwas in meinem Leben. Es fällt mir heute noch schwer, daran zu denken, weil die damaligen Empfindungen sofort wieder hochkommen.

Ich konnte keinen Bleistift halten, ich konnte nicht wie gewohnt essen, ich konnte mich nicht kämmen, ich konnte mir nicht die Zähne putzen. Meine Hand – meine dominante rechte Hand – war vollkommen nutzlos. Das machte mich fertig. Ich konzentrierte mich so darauf, die Finger zu bewegen! Aber nichts passierte. Ich starrte meine Hand an und wartete darauf, dass sich etwas tat. Würde ich eines Tages wieder in der Lage sein, meinen Namen zu schreiben? Würde ich jemals wieder normal funktionieren?

Jeden Tag saß ich in der heißen Wanne und Lindsay gab mir Gegenstände. Einen Becher zum Beispiel. Den versuchte ich dann zu halten. Als ich das geschafft hatte, füllte sie den Becher mit Wasser und ich übte weiter. Später gelang es mir, eine Gabel zu halten, und noch später einen Stift, mit dem ich Schreibversuche machte. Es war schwer. Eine Kleinigkeit wie ein Schnipsen mit Daumen und Zeigefinger, was vorher so lächerlich wenig gewesen war, kostete mich alle Kraft. Am Ende dieser Sitzungen fühlte ich mich genauso ausgelaugt wie nach dem härtesten Fitnesstraining.

Bei jeder Hürde, die ich im Leben nehmen musste – die Scheidung, die Knieverletzungen –, hatte ich mich gefragt: *Kann ich diese Herausforderung noch meistern?* Bei Tageslicht war die Antwort immer Ja. Wenn ein Artikel über mich jedoch Zweifel triggerte, war ich plötzlich wieder die Achtzehnjährige im Hotelzimmer, die mitbekam, wie die Trainer über sie redeten. Jede Horrorschlagzeile, die fragte, ob ich nach einer Verletzung noch dieselbe sein würde oder ob ich überhaupt wieder fahren könnte, brachte mich zur Weißglut. Ich spürte, wie meine Angst vor dem Scheitern wuchs, denn solche Fragen stellte ich mir natürlich auch. Ich bin ein menschliches Wesen: Ich war besorgt, und das, bevor jemand auch nur ein Wort gesagt oder gedruckt hatte. Trotzdem machte es mich wütend, wenn *andere* darauf herumritten.

Bei früheren Verletzungen hatte ich die Wut als Antriebskraft genutzt. Alles in allem hatte es sich gut angefühlt, die negativen Äußerungen anderer in positive Ergebnisse zu verwandeln. Nun fiel mir das immer schwerer. Je mehr ich mein Leben unter die Lupe nahm, umso klarer wurde mir, dass meine bisherige Denkweise nicht zu meiner gegenwärtigen Entwicklung passte. Mein Körper gab mir deutlich zu verstehen, dass er eine Veränderung brauchte, und nun tat es auch mein Geist. Bei meiner zweiten Knieoperation hatte ich die von Negativität angestachelte Vorgehensweise ausgereizt. Wenn ich mich von dieser Verletzung erholen wollte, musste ich meine Motivation woanders herholen. Ich musste eine Quelle in meinem Inneren erschließen. Einwirkung von außen reichte nicht – weder negative Presse noch Lindsays Tritte in den Hintern. Und ich musste den Willen zur Veränderung selbst aufbringen.

Immer wenn ich verletzt war, dachte ich an meine Mutter. Daran, was sie nach meiner Geburt durchmachte, dass sie wieder laufen lernen musste, dass sie es schaffte, bei alldem stark und positiv zu bleiben. Typischerweise sprach man in meiner Familie nicht über den Schlaganfall und darüber, wie meine Mom danach kämpfte. Wir sind nicht gut darin, offen über schwierige, emotionale Themen zu reden. Aber die Erfahrung meiner Mutter trug ich in mir, und bei Verletzungen tauchte sie wieder auf. Jahrelang hatte ich schon daraus Kraft geschöpft, denn dass sie nicht aufgegeben hatte, bedeutete, dass ich es genauso konnte. Aber durch den Oberarmbruch begriff ich auf einer viel tieferen, körperlichen Ebene, was ihre Anstrengungen bedeuteten. Ich spürte diese jetzt buchstäblich in meinen eigenen Knochen.

Meine Mutter wurde mein Bezugspunkt – einer, der meine eigenen Mühen relativierte. So ärgerlich und demoralisierend meine Armverletzung auch war, sie hatte doch etwas Gutes: Ich konnte nachfühlen, was meine Mutter durchgemacht hatte, als sie Körperfunktionen neu erlernen musste. Und das löste ein Gefühl der Dankbarkeit aus, sowohl dafür, dass sie die Herausforderung angenommen hatte, als auch für meine eigenen Privilegien. Ich war medizinisch bestens versorgt, hatte die beste Therapeutin und die Möglichkeit, weiter dafür zu kämpfen, das tun zu können, was ich liebte. Bei Anflügen von Selbstmitleid genügte ein Gedanke an meine Mutter, um mich zu stoppen. Jetzt verstand ich, wie es ist, wenn kleinste Bewegungen, an die man nie auch nur einen Gedanken verschwendet hat, zu enormen Leistungen werden. Wenn man von null anfängt, sind kleine Rückschritte unvermeidlich. Aber ich wollte zuversichtlich bleiben und immer wieder aufstehen, genau wie meine Mom.

Man muss den Mut haben, dem Scheitern ins Auge zu sehen, und einfach sagen: Scheiß drauf! Auf der Piste konnte ich das, aber sonst im Leben? Da verkraftete ich Misserfolge schlechter. In puncto Stürze war ich gewissermaßen schon Meisterin, aber meine Expertise endete abseits vom Skihügel. In gewisser

Hinsicht versagt man ja beim Skifahren, wenn man stürzt, weil man den Lauf nicht beendet. Ich hatte Stürze aber als Chance gesehen, mich zu verbessern, mich zu der Skifahrerin zu machen, die ich sein wollte – egal ob ich direkt wieder aufstand oder im Hubschrauber abtransportiert wurde. Stürze waren kein Scheitern, wenn ich daraus lernte. Beim Skifahren hatte ich diesen Ansatz perfektioniert, aber ansonsten war ich noch Anfängerin.

An meine Mutter zu denken, während ich mich abmühte, eine Tasse mit Wasser darin zu halten, machte Aufgeben unmöglich. Sie hätte auch aufgeben können – stattdessen hatte sie außer mir noch vier Kinder großgezogen. Wenn das kein Hammer war, wusste ich es auch nicht.

Je mehr meine Mom mein Vorbild wurde, desto mehr schaffte ich es, meine Vorstellung vom Scheitern, meine ganze Herangehensweise zu verändern. Plötzlich konnte ich mich selbst übertrumpfen: *Ich kann meine Hand benutzen. Ich kann allein essen. Ich kann jetzt wieder schreiben.* Bevor ich einen Skistock halten konnte, musste ich lernen, einen Bleistift zu halten. Ich arbeitete drei Wochen lang daran, meine Hand öffnen zu können. Das Gefühl, als mir das endlich gelang, war eine ganz neue Erfahrung. Ich hatte das Versagen gespürt und mit Leichtigkeit losgelassen.

Irgendwie brachte Lindsay mich zurück, wie immer. Sechs Wochen danach stand ich wieder auf Skiern.

Nach meiner Krankengeschichte war das eine rasante Rückkehr, aber ich musste an die Arbeit, wenn ich das Jahr noch retten wollte. Die Rückkehr war definitiv nur möglich, weil ich den ganzen Körper trainiert hatte, während ich an meiner Hand arbeitete. Ich musste fit bleiben, wenn ich in dieser Saison noch eine Chance haben wollte. Wir arbeiteten an meinem Rumpf, meiner Balance und meiner Kraft. Da meine Beine voll funktionsfähig waren, bekam ich eine Art Hantelstange, die über meine Schultern ging, damit ich Kniebeugen machen konnte, ohne meine Hände zu benutzen. Lindsay und ich wurden bei meinen Verletzungen immer kreativ, ob es nun um Bodenübungen, Radfahren, Rudern oder einbeiniges Krafttraining ging. Irgendwann hat Lindsey mal gesagt: »Ehrlich, Buddy, dauernd bist du verletzt – wegen dir muss ich dauernd mein Hirn anstrengen.«

Beim Skifahren machte mein Arm gerade so mit – richtig gut war etwas anderes. Wenn mir kalt war, hatte ich kein Gefühl darin. Ständig drohte mein Stock verloren zu gehen, also befestigte ich ihn einfach mit Klebeband. Das hatte ich Jahre zuvor schon einmal gemacht, als ich mir an einer Champagnerflasche den Daumen aufgeschnitten hatte. Diesmal wurde aber ein Riesenwind um das Klebeband gemacht. Jemand stellte sogar den Antrag, mich zu disqualifizieren, angeblich zu meiner eigenen Sicherheit. Meine Meinung dazu war: Wenn es mich gefährdet, sollte es meine persönliche Entscheidung sein. Am Ende ließen sie es durchgehen, nachdem ich die Offiziellen daran erinnert hatte, dass ich meine Hand schon einmal an den Stock geklebt hatte, als ich noch Außenseiterin war und niemand mich beachtete. Es war nicht fair, dass ich zu einem Zeitpunkt Ärger bekam, an dem eine starke Saison hinter mir lag.

Im Februar dieses Jahres holte ich bei der Weltmeisterschaft eine Bronzemedaille in der Abfahrt und gewann die Abfahrt in Garmisch-Partenkirchen. Dieses Comeback war das wohl schwierigste von allen. Ich glaube nicht, dass viele Sportlerinnen geschafft hätten, was wir erreichten, und ohne Lindsays Hilfe wäre es unmöglich gewesen.

Verglichen mit meinen anderen Verletzungen hatte ich nur wenig verpasst, aber ich brauchte sehr lange, bis die psychischen Narben heilten. Ich hatte zwar zu einer positiven Einstellung gefunden, die mich durchhalten ließ, hatte mich mental aber mehr angestrengt als je zuvor. Die Auswirkungen spürte ich noch Wochen nach meiner Rückkehr.

Wenig überraschend hatte ich in dieser Zeit wieder depressive Phasen. Es fiel mir zusehends schwer, meinen Alltag zu bewältigen: mit Freunden zu sprechen, eine ordentliche Mahlzeit zu mir zu nehmen, ins Fitnessstudio zu gehen, sogar morgens aufzustehen. Wenn man als Sportlerin monatelang von Freunden und Familie getrennt ist, fordert das seinen Tribut, und wenn man zudem noch verletzt ist, umso mehr. Egal wie gut du dich schlägst, egal ob Tausende von Menschen dir zujubeln und ein Autogramm von dir wollen – wenn du in dein Hotel zurückkehrst, bist du allein und die Nacht liegt vor dir.

Angst vor dem Alleinsein hatte ich fast mein ganzes Teenager- und Erwachsenenleben lang, sogar noch nach meinem Rückzug aus dem Profisport. Ohne Gesellschaft war die Stille ohrenbetäubend. Unterwegs wie zu Hause mochte ich mir selbst nicht begegnen; die Gedanken und Gefühle, die dann in mir hochkamen, waren einfach zu viel. Ich hasste die Einsamkeit, die einsamen Nächte im Hotelzimmer. Ohne Liebesbeziehung war es besonders schwer. So wie ich Skirennen brauchte, um mein Selbstwertgefühl zu stärken, brauchte ich einen Partner, um meine emotionalen Lücken zu füllen. Ich wollte, dass jemand mich auf eine Art und Weise liebte, wie ich mich selbst noch nicht lieben konnte.

Natürlich sind das nicht die besten Voraussetzungen, um eine Beziehung einzugehen. Immer wenn ich jemanden kennenlernte, neigte ich dazu, mögliche Warnsignale zu ignorieren. Anstatt herauszufinden, ob die Person wirklich zu mir passte, hieß ich die Ablenkung willkommen. Ich hoffte, dass die Verliebtheit eines anderen die Unzufriedenheit mit mir selbst ausgleichen würde. (Achtung, Spoiler: Tat sie nicht.) Wie lautet die bekannte Redensart? Du kannst nur jemanden lieben, wenn du dich selbst liebst. Stimmt, kann ich bestätigen. Aber ich brauchte Jahre, bis ich es wirklich kapierte (und danach viele Therapiestunden, bis die Erkenntnis verarbeitet war).

Selbst im günstigsten Fall war es schwierig für mich, eine Beziehung aufrechtzuerhalten. Als Skirennläuferin ein Date zu haben, ist eine logistische Herausforderung, weil dauernd Reisen, Trainings und Wettkämpfe anstehen. Wenn man dann noch die Paparazzi einkalkulieren muss, macht der Druck es manchmal unmöglich, klar zu denken. Obwohl ich erwachsen war, lernte ich nie jemanden auf »normale« Weise kennen. Keine Verabredungen, bei denen man etwas Leckeres isst, sich unterhält und sich allmählich näherkommt. Stattdessen waren meine Beziehungen geprägt von wochenlanger Abwesenheit, Telefon- und Facetime-Gesprächen und Flugreisen, wenn unsere Terminpläne das zuließen. Oder wir zogen viel zu früh zusammen, weil es uns praktisch erschien. Während meiner gesamten Skilaufbahn war ich nur ein einziges Mal richtig zum Abendessen verabredet.

Das heißt nicht, dass ich nach meiner Scheidung keine romantischen Beziehungen mehr gehabt hätte. Das Gegenteil war der Fall. Ich bin mit einigen Männern ausgegangen – manchmal vor den Augen der Öffentlichkeit – und hatte mehrere Langzeitbeziehungen. Ich hatte Liebeskummer. Ich lernte Menschen kennen, die sich über meine Erfolge freuten, und andere, die das nicht konnten. Sie fühlten sich von der Vorstellung angezogen, eine starke, erfolgreiche Frau an ihrer Seite zu haben, konnten in der Praxis aber nicht damit umgehen. Manche verloren das Interesse, sobald der Glanz ihres neuen Spielzeugs verblasste. Und dann gab es diejenigen, die aus dem einen oder anderen Grund einfach nicht zu mir passten. Ich will hier niemanden beschuldigen oder mit dem Finger auf jemanden zeigen. Ich will auch keine anzüglichen Storys aus der Vergangenheit verbreiten. Ich hoffe nur, dass meine Erfahrungen dazu beitragen, dass andere nicht die gleichen Fehler begehen wie ich. Was ich zeigen möchte, ist: Du kannst in einem Lebensbereich stark und selbstbewusst sein und in einem anderen genau damit Probleme haben. Wenn du einmal den Ruf hast, tough zu sein, ist diese Vorstellung eng mit deinem Selbstbild verbunden. Das kann unglaublich ermutigend sein. Andererseits wird es schwieriger, sich einzugestehen, dass es Momente gibt, in denen du dich nicht stark fühlst. Dass du auch stille, einsame Stunden kennst, in denen du dich mit Selbstzweifeln herumquälst. Dass du letztlich Schwächen hast wie alle anderen – und dass das nicht nur okay ist, sondern zutiefst menschlich.

Nach langem Nachdenken über mich selbst bin ich zu dem Schluss gekommen, dass alle meine Beziehungen einen ähnlichen Effekt hatten: Ich wurde mir dabei selbst immer unsympathischer. Trotz meines Selbstbewusstseins als Sportlerin neigte ich im Privatleben dazu, mich zurückzunehmen und mich anzupassen, damit ich meinem Partner gefiel. Kompromisse hinsichtlich der eigenen Bedürfnisse sind aber nie eine tragfähige Lösung. Einfach ausgedrückt: Ich wusste mich viele Jahre lang selbst nicht zu schätzen. Meine Beziehungen waren der Maßstab, mit dem ich mich bewerten und meinen Erfolg beurteilen konnte. Am schmerzlichsten waren Situationen, in denen ich mich für meinen Partner verbog, in denen ich versuchte, mich so zu verhalten, dass ich in seine Welt passte, und dabei aus den Augen verlor, wer ich wirklich war. Hinterher fühlte ich mich dann immer schrecklich, als wäre nicht nur die Beziehung gescheitert, sondern als wäre ich selbst nichts wert.

Der erste Schritt zur Veränderung war, dass mir dieses Muster bewusst wurde. (Meine Mom sagt immer: »Wenn du nicht wie ein Fußabtreter behandelt werden willst, musst du den Boden verlassen.«) Ich lernte, dass Beziehungen auf Gegenseitigkeit beruhen, wobei beide Parteien ihr eigenes Päckchen zu tragen haben. Jede Beziehung hat ihre eigene Dynamik und du hast Verantwortung für deine eigene Rolle. Du kannst eine andere Person nicht glücklich machen. Du kannst niemanden ändern oder reparieren, und du kannst dich selbst nicht ändern, nur um dem anderen zu gefallen. Für dein Glück bist du selbst verantwortlich, niemand sonst – und im besten Fall bestärkt dein Partner dich darin. Diese Erkenntnis ist allerdings mühsam gereift.

Lange war das Einzige, was ich noch mehr fürchtete, als einsam zu sein, die Vorstellung, sich zu trennen. Trennungen gehören für mich zu den scheußlichsten Erfahrungen überhaupt. Ehrlich, lieber eine Knieoperation als ein gebrochenes Herz (was mich betrifft, hatte ich einen gerechten Anteil von beidem). Diese überwältigende Enttäuschung, gepaart mit dem Verlustgefühl, wenn der Partner weg ist! Das ist schlimmer als jeder Sturz. Aber selbst hierbei kann etwas Gutes herauskommen. Auf eine Trennung kann Selbstreflexion folgen, eine Phase der Neuerfindung und der Definition, wer du bist und wie du dein Leben gestalten willst. (Das habe ich allerdings selbst erst spät bei meiner Therapie gelernt.) Wenn mich das Skifahren eins gelehrt hat, dann das: Die wichtigsten Dinge im Leben sind nicht einfach. Bis ich mich in meinem eigenen Leben wohlfühlte, meinen Wert erkannte und heilsame Grenzen setzen konnte, gingen Jahre ins Land. Bis dahin warteten viele leere Hotelzimmer auf mich, viele endlose Nächte, in denen ich meinem gedanklichen Chaos auswich.

Wenn der Zeitunterschied es zuließ, rief ich meine beste Freundin an. Vanessas vertraute Stimme in der Leitung tröstete mich sofort. »Wie gehts dir?«, fragte sie. »Wie fühlst du dich?«

Vanessa lernte ich 2006 kennen – sie ist die Frau, die aussieht wie eine Figur aus *Law & Order*. Es war eine dieser seltenen Begegnungen, bei denen sich sofort Vertrautheit einstellte, sodass ich von Anfang an ganz ruhig in ihrer Gegenwart war. Anders als viele andere meiner Lieben hatte Vanessa nichts mit der Skiwelt zu tun. Sie interessierte sich für den Skisport, weil ich fuhr, kannte sich aber nicht damit aus. Genau deswegen unterhielt ich mich gerne mit ihr – wir konnten ein ganz normales Gespräch führen, nicht nur über die eine Sache, die mein Leben beherrschte. Wir sprachen darüber, wie es ihren Kindern und ihrem Mann ging. Wir sprachen über meine Familie. Doch das Hilfreichste war immer diese einfache Frage: »Wie geht es dir?«

Wenn Vanessa mich das fragte, war das gleichzeitig tröstlich und ungewohnt. So etwas fragte mich kaum jemand. Die meisten gingen wahrscheinlich davon aus, dass ich mich wohlfühlte, wenn ich gewonnen oder einen Rekord aufgestellt hatte. Aber so einfach war das nicht. Manchmal ging es mir gar nicht gut. Ähnlich wie meine Schwestern half Vanessa mir dabei, mich zu spüren und mich mit der Welt außerhalb des Skisports verbunden zu fühlen. Sie lebte meilenweit entfernt und verhalf mir doch zu einem gewissen Gefühl von Normalität.

Über meine Depressionen redete ich lange nicht, auch nicht mit Menschen, die mir nahestanden. Ich scheute mich im Grunde nicht davor, setzte mich aber auch nicht aktiv mit dem Thema auseinander. In meinem Team war Lindsay diejenige, die ahnte, was ich durchmachte. Sie kannte mich nach fünf Jahren Schicksalsgemeinschaft in- und auswendig, auch wenn ich nichts sagte. Sie reagierte auf meine inneren Kämpfe, wusste, was sie dem entgegensetzen und wie sie mir durch solche Phasen helfen konnte. Es war mein Glück, dass es sie gab. Die Saison nach meiner Armverletzung war nur eine von vielen, in denen sie eine echte Freundin für mich war.

Dennoch: Nachts war ich meistens allein und quälte mich. Ich war schon zu lange auf Achse, das wurde mir zu viel. Ich brauchte einen Partner. Ich brauchte ein lebendiges Wesen, mit dem ich meine Tage verbringen konnte, das neben mir aufwachte und das am Abend für mich da war. Und so kam Lucy.

Meine Hunde Leo und Bear lebten zu Hause bei Reed. Sie waren zu groß, um mit ihnen herumzureisen. Ich beschloss daher, mir noch einen Hund zuzulegen – einen, der mich überallhin begleiten konnte. Damals hätte ich am liebsten jedem Hund ein Zuhause gegeben. Egal wo ich Rennen fuhr, suchte ich ein Tierheim auf, immer nach dem Motto: »Hallo, ich hätte gern Ihren hässlichsten Hund. Fehlende Zähne? Verfilztes Fell? Toll, genau mein Fall!« In Österreich sah ich mal einen Hund, auf den diese Beschreibung tatsächlich zutraf. Er war grottenhässlich. »Den nehme ich«, sagte ich. Aber es hieß, dass er bereits vergeben sei.

Ich ging in ein Tierheim nach dem anderen, in ganz Europa, doch es wurde erst einmal nichts daraus. Für die meisten Einrichtungen gehörte es zum Standard, Hausbesuche bei Interessenten zu machen, und da ich nirgendwo permanent wohnte, kam ich nicht infrage. Schließlich bat ich meine Freundin Enrica, die mir bei der Pressearbeit half und mit einem Trainer verheiratet war, die Fühler nach einem guten Züchter in Italien auszustrecken.

Ursprünglich wollte ich mir einen Zwergspitz zulegen, weil der wie ein süßer kleiner Schneeball aussieht, so schön kuschelig. Beim Züchter entpuppten sich die Spitze allerdings als fürchterliche Kläffer. Ungefähr zwanzig von ihnen liefen panisch im Kreis herum, bellten und sahen so aus, als gehörten sie in die Handtasche von Paris Hilton. Das war einfach nichts für mich. Aber da – in der Mitte des kläffenden Kreises – saß Lucy, ein Cavalier-King-Charles-Spaniel. Wir sahen uns an. »Willst du zu mir nach Hause kommen?«, fragte ich. Sie legte ihren Kopf schief. Damit war die Sache klar, ich sagte: »Das ist mein Hund.«

Ich hatte keine Ahnung, was mich mit diesem kleinen Spaniel erwartete. Und die Züchter erlaubten nicht einmal, dass ich Lucy anfasste, bis ich den Kaufvertrag unterschrieben hatte. Aber das machte nichts. Von dem Tag an waren wir gemeinsam unterwegs.

Es ist ziemlich schwierig, einen Welpen im Hotel stubenrein zu erziehen. Wenn Hunde nicht erlaubt waren, schmuggelte ich Lucy in einer Tasche ins Haus. Ich nahm Nebeneingänge, damit ich mit ihr auf die Toilette gehen konnte. Und nach dem Skifahren fand ich ab und zu »Geschenke« im Zimmer. Ich habe mein Bestes getan, alles wegzuputzen – was, gelinde gesagt, eine Herausforderung war. Wie auch immer, Lucy ist ein absoluter Glücksfall. Ihr ist es egal, ob ich gut Ski fahre oder Rennen gewinne. Sie weiß gar nicht, was Skirennen sind. Hunde sind eine hervorragende Stütze für die Seele.

Ich war also mit meinen Gedanken nicht gern allein. Das hängt übrigens damit zusammen, dass ich im Chaos aufblühe: Wenn etwas los ist, bin ich beschäftigt und habe keine Zeit, mich hinzusetzen und zu grübeln. Als Hundehalterin muss ich mich entsprechend um die Bedürfnisse des Tieres kümmern, was bedeutet, dass meine eigenen nicht so im Vordergrund stehen. Lucy gewöhnte sich nach einer Weile daran, dass wir ständig unterwegs waren, und wurde die perfekte Reisebegleitung. Wenn ich Auto fahre, sitzt sie wie eine Navigatorin neben mir. Fliegen tut sie auch gern. Lucy hat zwei Pässe und damit zugegeben mehr als die meisten Menschen. Sie war schon in vielen Ländern: in Norwegen, Schweden, Deutschland, Kanada, Chile ... sogar nach Pyeongchang kam sie mit, zu den Olympischen Winterspielen 2018. (Da hatte ich ein bisschen Angst, weil in Südkorea traditionell auch Hundefleisch gegessen wird. Ich lag allen in den Ohren: »Niemand lässt Lucy von der Leine!«) Lucy begleitete mich auch beim Sommertraining in Chile, wo es nur das Hotel gibt und sonst nichts. Weil man dort nach einer Woche durchdreht, meldeten sich alle möglichen Freiwilligen, die Lucy Gassi führen wollten. Der Hund gab dem ganzen Team Halt.

Lucy saß sogar bei einigen Skirennen im Publikum – im Kinderstrampler. Vorher musste ich immer ihren Schwanz hineinstopfen, wobei sie mir einen Blick zuwarf, der sagte: *Mama, ich hasse dich.* Mein Vater wartete bei einem dieser Rennen mit Lucy am Ziel. Sie kam mit mir aufs Podest, in einem entzückenden kleinen Pullover. Eine Teilnehmerin beschwerte sich dann, dass der Hund ihre Leistungen schmälern würde, weil alle Kameras auf Lucy gerichtet gewesen waren. (Kann man es den Leuten verübeln?) Daraufhin wurden Hunde aus dem Zielbereich verbannt. Na ja, bis dahin hatte ich meinen Spaß.

In der ganzen anstrengenden Zeit mit dem Arm und der anschließenden Depression war mir bewusst, dass die Olympischen Spiele vor der Tür standen. Bei den Spielen 2018 würde ich ein anderer Mensch oder zumindest eine andere Wettkämpferin sein, so viel war klar. Ich wollte etwas haben, das an meine Veränderung erinnerte und die Stimmung hob. Folglich ließ ich mir ein Hai-Tattoo stechen.

Dazu muss man wissen, dass ich ein großer Hai-Fan bin. Haie sind wunderbare und verkannte Kreaturen. Seit ich einigen Haien auf den Bahamas beim Tauchen begegnet bin, bin ich begeistert von ihnen. Wenn man ihnen ins Auge sieht, hat man das Gefühl, dass sie einen mustern, um herauszufinden, wer das dominantere Wesen ist. Es ist intensiv. Bei Haien läuft alles instinktiv ab. Die Sache, die mich vielleicht am meisten angesprochen hat, ist: Sie schwimmen immer vorwärts. Rückwärts schwimmen können sie nicht, anhalten können sie nicht. Sie jagen in einer einzigen Vorwärtsbewegung – die Natur hat sie völlig im Griff.

Voranzukommen ist ein Bedürfnis, das mir angeboren ist, ein Impuls, der mich bei fast allem antreibt, was ich tue. Ich kann nicht still sitzen. Es ist nicht so, dass ich keine Entspannung kenne. Aber in gewisser Weise verkörpere ich die Hai-Energie, weil ich immer etwas aufbauen muss. Einerseits bin ich so veranlagt und andererseits haben meine Eltern und Großeltern mir dieses Verhalten auch vorgelebt. Woher es auch kam – so bin ich. Egal was ich erreicht habe, ich schwimme weiter auf etwas zu.

Meine damalige Situation war entsprechend: Ich wollte weiterkommen, ohne von irgendetwas gestört zu werden. Ähnlich wie die Botschaften, die ich früher auf meine Skier geschrieben hatte, sollte mich das Tattoo ständig an meine Ziele erinnern. Es sollte mich ermutigen. An diesem Punkt hatte ich bereits mehrere Beziehungen hinter mir, die nicht besonders gut gelaufen waren, und es gefiel mir nicht, dass die Liebesdramen mich von meiner Karriere ablenkten. Ich wollte ein Symbol für Vorwärtskommen auf meinem Körper, konnte mich bloß lange nicht entscheiden, wie es aussehen sollte. Bis jemand »Warum nicht ein Hai?« sagte und ich das großartig fand.

Das Tattoo befindet sich am Ansatz meines linken Ringfingers, am Eheringfinger. Dadurch erinnert es daran, dass mein Mann und ich uns in dieselbe Richtung bewegen sollten – falls ich jemals heirate und meinen Körperschmuck mit einem Ring bedecke.

Bei der Ausführung hatte ich zwei Anliegen. Erstens sollte das Design geschmackvoll sein, zweitens sollte es nicht so aussehen, als hätte ich einen Goldfisch auf dem Finger. Ich nahm mehrere Vorlagen, die ich gut fand, mit ins Tätowierstudio und entschied mich am Ende für eine Umrisslinie, die fast wie ein Schatten wirkt. Als wir uns einmal geeinigt hatten, war die Tätowierung in einer Viertelstunde fertig.

Ich mag das Tattoo sehr; es sieht ein bisschen makaber aus. Mein Vater hat mir immer gedroht, wenn ich mich tätowieren ließe, würde er die Stelle aus mir herausschneiden. Den Hai hatte ich aber schon jahrelang, als er ihm auffiel. Das Tattoo ist so klein, dass er es bis dahin wohl nicht bemerkt hatte. Eines Tages guckte er dann richtig hin: »Was. Ist. Das?«

Ich erklärte ihm, was es bedeutete. Und er sagte: »Hm, irgendwie cool.«

Nachdem ich das Tattoo hatte machen lassen, bekam ich einen Part bei der *Shark Week* im Discovery Channel. Ich durfte mit Weißspitzenhaien tauchen, einer besonders aggressiven Hai-Art. Da Haie sich für leuchtende Farben interessieren, trug ich Flossen in Pink. Ich stupste die Tiere an, damit sie sich meinen Füßen näherten und ich sie unter die Lupe nehmen konnte. Ich kam ihnen sehr nah – wir starrten einander eine Armlänge voneinander entfernt an. Wahrscheinlich bin ich verrückt, aber ich fand es super.

Im darauffolgenden Jahr, im Sommer 2017, kam noch ein Tattoo dazu. Im Vorfeld meiner letzten Olympiade in Südkorea brauchte ich eine Erinnerung daran, täglich an mich zu glauben. Das Zeichen sollte nicht zu offensichtlich sein (wie die olympischen Ringe), lieber ein versteckter Hinweis, bei dem man nicht sofort weiß, was es ist. Ich ließ mir dann das Wort »believe« auf den rechten Mittelfinger tätowieren. Auf Griechisch, weil die ersten Olympischen Spiele in Griechenland stattfanden. Seither haben schon einige griechische Landsleute das Tattoo entdeckt und gestaunt: »Ach, du bist Griechin?« Nein, ganz und gar nicht. Um ehrlich zu sein, weiß ich nicht mal, wie man das Wort ausspricht, ich kann griechische Buchstaben nicht lesen. Aber ich liebe das Tattoo.

Genau wie meine Hai-Tätowierung habe ich es strategisch platziert. Wenn Leute nicht an mich glauben, zeige ich ihnen den Mittelfinger.

Kapitel 21

»Wir sind keine Drückeberger. So kannst du nicht abtreten.«

Die Stimme meines Vaters am Telefon: Es war, als wäre ich vierzehn Jahre alt und riefe bei einem Wettkampf zu Hause in Minnesota an. Aber ich war nicht vierzehn, sondern dreiunddreißig. Mit vierzehn hätte ich niemals gesagt: »Vielleicht sollte ich aufhören.«

Ich saß niedergeschlagen in meinem Hotelzimmer in Lake Louise. Egal wie sehr ich mich anstrengte, schon warf mich die Katastrophe aus der Bahn. Ich hatte meine Beine gemustert, mein enorm geschwollenes Knie auf der weißen Hotelbettwäsche, und mich komplett überfordert gefühlt. Ich brauchte eine Perspektive, und es war klar, mit wem ich darüber sprechen musste.

Als ich mit der Frage ankam, ob ich meine Karriere beenden sollte, argumentierte mein Dad in zwei Richtungen. Zum einen sagte er, dass er sich Sorgen mache und nicht wolle, dass ich mich erneut verletze. Und im selben Atemzug erinnerte er daran, dass wir in unserer Familie nicht so leicht aufgaben.

»Du hast es so weit gebracht«, sagte er. »Du darfst denen nicht zeigen, dass du schwach bist. Geh raus und zeig, wie stark du bist!«

Er hatte recht. Wir waren keine Drückeberger. Natürlich nicht. Aber mein Gefühl kam doch auch nicht von ungefähr! Während ein Teil von mir noch zögerte, wusste Dad genau, was er ins Feld führen musste, um mich wieder auf Kurs zu bringen. »Du bist es dir schuldig weiterzukämpfen. Wenn du's nicht für mich tust, tu es für Opa.«

Olympia 2018 rückte näher. Die Eröffnungszeremonie war in zwei Monaten, einer aus meiner Sicht unerträglich kurzen Frist. Ich hatte beim Auftakt der Weltcupsaison in Lake Louise mit fünf Zehntelsekunden in der Abfahrt in Führung gelegen, als ich kurz vor dem letzten Sprung abflog. Es war ein seltsamer Sturz: Er kam aus dem Nichts. In einer Kurve verkantete ich, machte einen Spagat und rollte herum, um am Ende wie ein Fisch im Netz in den Fangzäunen hängen zu bleiben. Dabei wurde mein Knie verdreht und ich landete auf meinem angeschlagenen Arm. Im Vergleich zu meinen letzten Stürzen hatte ich keine extremen Schmerzen, aber hier lag ich, acht Wochen vor Olympia, in einem Netz verheddert. Ich sagte mir immer wieder: *Das ist nicht wahr. Das ist nicht wahr. Dir geht es gut, dir geht es gut, dir geht es gut.* Mein Hirn blieb so lange fest entschlossen, die *Es-geht-mir-gut*-Nummer durchzuziehen, bis der Arzt dem Ganzen ein Ende machte: »Nein, das ist nicht gut.«

Es war ein schwerer Sturz gewesen, so viel war klar, doch danach war ich erstaunlich stabil. Anfangs zumindest. Erst als ich vom Ziel zum Auto und später vom Auto zum Hotel lief, fiel mir auf, dass etwas nicht in Ordnung war. Wie ein Bänderriss fühlte es sich nicht an, aber irgendetwas stimmte mit meinem Knie nicht. Das Kreuzband war es nicht und auch nicht das Innenband. Wie auch immer, ich fand, dass es in Ordnung war, weiter Ski zu fahren. Also gaben Ricky und ich alles, um den Zustand des Knies zu verbessern.

Obwohl die Verletzung überschaubar zu sein schien, hatte sie Auswirkungen. Ein Gedanke tauchte in meinem Kopf auf: *Will ich das wirklich? Vielleicht sollte ich einfach aufhören.* Als ich das erste Mal ernsthaft über meine Zukunft im Sport nachdachte, lag ich allein in meinem Schlafzimmer in Vail. Auf der einen

Seite blickte mich Picabos Bild von der Wand an, mit dem Autogramm, das mich immer noch aufforderte, meinen Träumen zu folgen. Auf der anderen Seite gaben die Fenster den Blick auf die Berge frei. Ich thronte auf meiner Tempur-Matratze, die Beine hochgelegt wie eine Seniorin in der Werbung. Beim Hauskauf hatte ich nicht im Entferntesten daran gedacht, dass ich mal einen Aufzug oder ein Tempur-Bett brauchen würde. Die letzten Jahre waren voller Überraschungen gewesen. Da kam mir der Gedanke: *Vielleicht ist es Zeit zurückzutreten.*

Bis dahin war Skifahren eigentlich keine Wahl. Es war wie Atmen; es gab keine Alternative dazu. Ich liebte Skifahren mehr als alles andere. Mein ganzes Leben drehte sich darum. Skifahren war der Leim, der alles zusammenhielt. *Soll ich aufhören?* Seit Beginn meiner Karriere hatte ich mir diese Frage nicht gestellt. Aber als die Idee einmal in der Welt war, wurde ich sie nicht mehr los.

Zurück in meinem Hotelzimmer in Lake Louise ging die Grübelei weiter. Ich zog Bilanz: Seit 2013 hatte ich jedes Jahr eine größere Operation gehabt. Zum ersten Mal in meiner Karriere hatte ich das Gefühl, dass die Risiken des Rennsports seinen Nutzen überwogen. Ich war am Boden zerstört – körperlich, geistig, emotional. Völlig verunsichert, was ich jetzt tun sollte, rief ich meinen Vater an. *Soll ich aufhören?*

»Wir sind keine Drückeberger«, war seine Antwort. »Olympia steht vor der Tür und du hast so hart dafür trainiert.«

Mein Vater hatte recht. Ich konnte nicht aufgeben. Jetzt noch nicht, nicht kurz vor den Spielen. Ich musste weitermachen. »Du gehst an den Start und zeigst ihnen, wie stark du bist«, hatte er gesagt. In der Art hatte ich mir früher immer selbst zugeredet. Aber momentan hatte ich kaum noch Kraft und brauchte es, das von ihm zu hören.

Also machte ich weiter. Ich bewies allen – auch mir selbst –, dass ich das konnte. Leider trug das nächste Rennen nicht dazu bei, meine Zweifel zu zerstreuen: Ich wurde Zwölfte. Davor hatte ich in Lake Louise immer gewonnen. Insgesamt achtzehn Siege hatte ich dort eingefahren, in jeder Saison von 2004 bis 2015, nur in den Jahren nicht, in denen ich verletzt war. Seit ich im Ski Club Vail war, fühlte ich mich auf der Strecke wohl – aber das war keine besonders gute Leistung. Das brachte mich in eine schwierige Lage. Ich war bestens vorbereitet und körperlich fit, hatte durch meinen Sturz aber all das Selbstvertrauen verloren, das ich mir so hart erarbeitet hatte. Ich war entgleist.

Ich rief meinen Vater noch einmal an. »Ich habe Schwierigkeiten«, brachte ich heraus. »Es wäre toll, wenn du herkommen und mir helfen könntest.«

Ohne zu zögern, sagte er: »Okay. Wenn du mich brauchst, komme ich.«

Ihn das zu fragen, fiel mir wirklich schwer. Ich bitte andere nicht gern um einen Gefallen. Meine Koffer trage ich selbst ins Auto. Ich mag keine Präsente und Aufmerksamkeiten, leihe mir auch nicht gern etwas aus. Ich bin Einzelkämpferin und mache am liebsten alles allein. Mein Dad kannte mich gut genug, um zu verstehen, was auf dem Spiel stand. Ohne dass ich ein weiteres Wort sagte, wusste er, dass ich in Not war.

Mein Vater ist sehr direkt, er beschönigt nichts. Wenn ich überreagiere, sagt er mir, dass ich ein Weichei bin. Wenn ich gut Ski fahre, sagt er das. Wenn ich nicht gut fahre, sagt er das auch. Er ist Perfektionist, genau wie ich. Er erwartet viel von mir und ich erwarte genauso viel von mir. Er hat einen hohen Anspruch, den ich nicht immer erfüllen kann. Zugleich kann er sehr ermutigend sein. Mein Dad hatte zugestimmt, mit mir nach Europa zu fliegen, und ich konnte darauf vertrauen, dass er mir die Wahrheit sagte.

Beim Training in Val-d'Isère schaute mein Vater mir zu und gab Feedback, wenn ich wollte. Seine Anwesenheit löste bei mir praktisch sofort Erinnerungen an meine Kindheit aus. Ich dachte daran, wie er mich früher im Schlafsack auf den Rücksitz unseres bereits vorgewärmten Autos getragen hatte, um mich zu einem Skirennen zu fahren – das gleiche wohlige Gefühl hatte ich jetzt wieder. Jahrelang hatten wir Differenzen gehabt, aber jetzt kamen wir auf einen Nenner, als hätte sich ein Kreis geschlossen. Er war ein Stück Heimat und Beständigkeit für mich, und genau das brauchte ich jetzt.

Eines Tages lag zu viel Schnee für ein Rennen, also fuhren mein Dad und ich zusammen Ski, einfach so. Wie als Kind fuhr ich vor ihm los. Es war herrlich, wie in alten Zeiten, und für einen kurzen Moment schien alles in Ordnung zu sein.

Tagsüber konzentrierte ich mich aufs Skifahren und am Abend gingen mein Vater und ich essen – eine höchst willkommene Abwechslung zu meinen einsamen Hotelnächten. Ich sehe ihn noch vor mir: Er sitzt in seinem Dale-of-Norway-Pullover mit mir am Tisch und Lucy hockt auf dem Stuhl daneben. Obwohl ich es immer gehasst hatte, auf jemanden angewiesen zu sein, war es tröstlich, ihn dabeizuhaben. Als Vater wie als Weggefährten. Ich musste nicht um Unterstützung bitten und er brauchte nichts weiter zu sagen. Seine Gesellschaft reichte vollkommen.

Es hat mir in jeder Phase meiner Karriere etwas bedeutet, wenn mein Vater kam, aber jetzt bedeutete es mir besonders viel. Ich brauchte jemanden, der mich daran erinnerte, warum ich hier war und warum es einen Sinn hatte weiterzumachen. Mein Dad gab mir Halt und half mir, die Stimmen in meinem Kopf zu beruhigen. Seine Anwesenheit ließ mich spüren, dass ich das Skifahren liebte. Gerade als ich es am meisten brauchte, hatte ich das Gefühl, dass wir wieder von vorn anfingen. Mein Selbstvertrauen kehrte zurück.

Skirennen werden oft als Skiabenteuer bezeichnet, aber für mich waren sie Arbeit. Gut, wenn du das erste Mal den Berg hinunterfährst, den Fahrtwind im Gesicht spürst und alles um dich herum verschwimmt, ist das abenteuerlich. Oder wenn du zum ersten Mal an einem neuen Austragungsort bist und die Landschaft und das ungewohnte Terrain in dich aufnimmst. Aber das Gefühl schwindet, wenn du oft genug dabei warst. Dann geht es nur noch um die körperliche Herausforderung, um die Schachzüge beim Laufen, die allerdings wahnsinnig anstrengend sind. Dein Fokus ist, jeden Tag an deine Grenzen zu gehen, immer unter anderen Umständen. Egal wie viel Erfahrung du hast – täglich, stündlich, sogar minütlich hast du neue Bedingungen, neue Konkurrentinnen. Die Eindrücke stürmen auf dich ein, und sobald du denkst, dass du die Lage im Griff hast, ist schon wieder alles anders.

Bei einem Ski-alpin-Wettbewerb gibt es keine Lösung wie bei einem Kreuzworträtsel. Man kann ihn nicht vollständig beherrschen, weil sich die Variablen jeden Moment ändern. Ski alpin erinnert dich ständig daran, dass du nicht die Kontrolle hast, auch wenn du *glaubst,* sie zu haben. Im Skisport gibt es so etwas wie Kontrolle nicht. Im Gegenteil: Es ist ein Sport, bei dem man immer nah am Kontrollverlust ist. In diesem Sinn ist Skifahren für mich spannend geblieben.

Durch die bloße Anwesenheit meines Vaters entdeckte ich die Spannung wieder und fand wieder in die Spur. Ich gewann das erste Rennen in Val-d'Isère, einen Super-G. Und am selben Abend versagte mein Knie im Fitnessraum. Ich hörte ein Knacken und fiel sofort um. Es war klar, dass etwas passiert war, aber ich wusste nicht, was.

Vor den Winterspielen in Sotschi 2014 hatte ich versucht, mit einem verletzten Knie Ski zu fahren. Und damit am Ende meine Teilnahme ruiniert, weil ich die Saison wegen Überanstrengung beenden musste. Diesen Fehler wollte ich 2018 nicht noch einmal begehen. Am nächsten Tag war ich vor dem zweiten Super-G eigentlich schon bereit für die Inspektion, als meine Trainer und ich die Entscheidung fällten, dass ich nach Hause fliegen und herausfinden sollte, was los war. Dieser Schritt fiel mir nicht leicht, fühlte sich aber richtig an.

Zurück in den USA bekam ich eine Therapie mit körpereigenen Stammzellen. Keine besonders angenehme Erfahrung. Du liegst hellwach da, während mit einem Elektrowerkzeug an deinem Körper gearbeitet wird. Die Ärzte bohren deinen Rücken auf, holen Knochenmark heraus, schleudern die Ausbeute, um Stammzellen und plättchenreiches Blutplasma zu extrahieren, und spritzen das dann in das verletzte Knie. Die Prozedur war nicht neu für mich – ich hatte sie schon öfter erlebt, wusste also, was mich erwartete, aber das machte es nicht besser. Von Mal zu Mal schien die Behandlung schmerzhafter zu werden.

Hinterher nahm ich mir ein paar Tage frei. Bei mir war auf jeden Fall etwas im Argen, nur konnte man auf dem MRT nicht richtig erkennen, was. Der Arzt vermutete einen Meniskusriss sowie einen neuen Knorpelriss, aber Skifahren schien möglich zu sein. Also trat ich weiter an, allerdings nicht beim Riesenslalom oder Slalom. Ich reduzierte mein Programm und setzte nur noch auf Schnelligkeit.

Je mehr Verletzungen ich durchgemacht hatte, desto intelligenter musste ich fahren. Ich konnte mich nicht mehr allein auf meine körperlichen Fähigkeiten verlassen und musste lernen, die anderen auszutricksen. Ich glaube, das geht vielen Profisportlern so: Anfangs strotzt man nur so vor Kraft, aber wenn man älter wird, muss man Wege finden, körperliche Defizite auszugleichen, indem man ganzheitlicher vorgeht. Ich trainierte also bewusster und teilte meine Kräfte besser ein. Früher war ich immer bis an meine Grenzen gegangen, in dem Vertrauen, dass mein Körper das schon aushalten würde. Jetzt musste ich bei Workouts gut für meinen Körper sorgen und mich dennoch fordern. Für mich als Alles-oder-nichts-Typ war das eine reife Leistung. (Wenn ich doch bloß ein einziges Mal mit dem Körper, den ich als

Zweiundzwanzigjährige hatte, und dem Know-how, das ich am Ende meiner Karriere hatte, Ski fahren könnte! Das wäre was.)

Ich musste gedanklich schneller sein als die anderen, um noch mithalten zu können. Deshalb steckte ich mehr Energie in die Arbeit abseits der Piste. Früher war es mir egal gewesen, was die anderen machten – ich wusste ja, dass ich sie schlagen konnte. Jetzt musste ich aufpassen: Wen konnte ich schlagen, weil sie nervös war? Welche Risiken gingen damit einher und wie gefährlich war das für mich? Ich verdoppelte meine sowieso schon außergewöhnlichen Anstrengungen im Vorfeld eines Rennens. Je besser ich die Strecke kannte, umso weniger Sorgen brauchte ich mir über einen Sturz zu machen. (Richtig besorgt wegen potenzieller Stürze war ich ehrlich gesagt nie – aber so hatte ich jedenfalls das Gefühl, die Risiken zu minimieren). Ich wollte Ideallinien fahren, also musste ich die Strecke genauestens inspizieren. Ich kalkulierte jetzt viel mehr. Es war überlebenswichtig, dass ich mich anpasste. Die Kernfrage war immer: Wie kann ich dieses Rennen gewinnen, ohne meine Knie (oder mein Leben) zu riskieren? Entsprechend fuhr ich dann. Ich gewann nicht mehr mit so großem Vorsprung, aber trotzdem gewann ich, und das ist alles, was zählt. Ich bin mit der Zeit nicht besser geworden, sondern einfach schlauer. Und hoffte, dass das in Südkorea ausreichen würde.

Diese Herangehensweise hat sich ausgezahlt. Meine letzten Weltcuprennen vor den Olympischen Spielen fanden Anfang Februar 2018 in Garmisch-Partenkirchen statt. Ich gewann beide Abfahrten, womit sich die Anzahl meiner Weltcupsiege auf einundachtzig erhöhte.

Ich konnte mein Bein nicht durchstrecken und humpelte. Meine Bewegungsfähigkeit lag nicht einmal annähernd bei 100 Prozent. Doch ich hatte dank der Hilfe meines Vaters meine Mitte wiedergefunden. Ich konnte mein Bestes auf der Piste geben, auch wenn ich erst herausfinden musste, was das eigentlich bedeutete.

Kapitel 22

Am Morgen vor dem Super-G der Olympischen Spiele 2018 wachte ich zur gleichen Zeit auf wie immer. Ich zog dieselbe Montur an wie immer – Rennanzug, Jacke und Hose. Aber ich gönnte mir ein paar Minuten mehr als sonst vor der Inspektion. Ich musste noch etwas erledigen.

Unsere Wettkämpfe fanden in Jeongseon statt, einem an Pyeongchang angrenzenden Landkreis. Dort gibt es einen Gipfel mit einer atemberaubenden Aussicht: Man sieht meilenweit über schneebedeckte Berge hinweg, ein Panorama wie aus dem *National Geographic*. An einer bestimmten Stelle ist die Sicht besonders gut. Ich wusste das, weil ich im Sommer zuvor schon als Botschafterin für die Spiele in Korea unterwegs gewesen war und den Berg bestiegen hatte. Die Schönheit der Landschaft hatte mich sehr beeindruckt.

Ich fuhr mit dem Sessellift zum Gipfel hoch und machte mich auf den Weg zu dem Aussichtspunkt. Es war ein herrlicher Tag, klar und kalt, die Sonne schien über dem Gebirge. Kein Mensch in der Nähe. Ich schnallte meine Skier ab, setzte mich in den Schnee. Und fing an zu reden.

Seit meiner Ankunft in Pyeongchang – eigentlich auch schon davor – waren mir zwei Dinge bewusst: Dies war meine letzte Olympiade und mein Großvater war nicht dabei.

Opa Don hatte tapfer durchgehalten, um diese Winterspiele zu erleben. Sein Gesundheitszustand hatte sich zusehends verschlechtert, und alle hatten mir gesagt, dass die Spiele das waren, was ihn noch am Leben hielt. Monate im Voraus hatte ich mit Unterstützung der südkoreanischen Botschaft Vorkehrungen für seine Reise getroffen. Die Botschaft plante sogar einen Nottransport, um ihn zu den Spielen zu bringen. Aber es sollte nicht sein. Sein Geist war bis zuletzt klar, aber sein Körper konnte nicht mehr.

Mein Großvater starb am 1. November 2017. Er war achtundachtzig Jahre alt.

Wenn man einen Menschen lange nicht gesehen hat, bleibt er eher so in Erinnerung, wie er vor langer Zeit war. Mit Opa Don geht es mir jedenfalls so – die Zeit steht still. Ich erinnere mich genau, wie ich ihn als Kind erlebte, und habe dieselbe Hochachtung vor ihm wie damals. Ich sehe, wie er beim Familienurlaub mit mir Ski läuft. Ich erinnere mich an viele Gespräche mit ihm, unter anderem unzählige Telefonate, für die ich meine Calling-Card in Mount Hood brauchte. Er freute sich immer, von mir zu hören, meine Siege zu feiern und mit mir übers Skifahren zu sprechen, das wir beide so liebten.

Opa Don, der König der Einzeiler, war ein knallharter und dabei extrem sanfter Mann. Einigen Familienmitgliedern zeigte er seine weiche Seite weniger, aber er besaß sie. Er liebte seine Familie über alles. Für mich ist und bleibt er ein Vorbild und ich werde ihn nie vergessen.

Nach seinem Tod ließ ich Ketten mit herzförmigen Anhängern für meine Mutter, meine Schwestern und mich machen. In jedem Anhänger steckte ein bisschen von Großvaters Asche. Ich trug meine Kette in der Saison ständig, zum Andenken und als Zeichen, dass er auf mich aufpasste.

Außerdem habe ich mir »Still I Rise« auf die Rippen tätowieren lassen. Mein Vater und mein Großvater haben eine ähnliche Handschrift – fein und fließend –, mit so einer Schrift ist der Spruch gestaltet, um sie beide zu würdigen. (Meinen Dad konnte ich schlecht um eine Vorlage bitten, dann hätte er nämlich gewusst, dass ich mir noch ein Tattoo stechen lassen wollte. Er hat keine Ahnung – bis er das hier liest …) Die Buchstaben sind ganz zart, wie mit einem Bleistift hingekritzelt. Diese Tätowierung ist meine persönliche Reminiszenz. Dadurch ist Opa immer bei mir, egal welches Hindernis ich zu überwinden habe. Ich kann immer daran wachsen und weitermachen, so wie er es tat.

Als Soldat war Opa Don einmal ganz in der Nähe von Jeongseon stationiert. Ich musste die ganze Zeit daran denken und hatte das Gefühl, ihm nah zu sein. Dass es eine Verbindung zwischen ihm und dem Land der Winterspiele gab, machte diese ohnehin emotionale Zeit überwältigend. Unter den Sportlerporträts, die NBC für die Werbepausen vorproduziert hatte, gab es einen Clip, der zeigte, wie wir gemeinsam Ski fahren. Ich erwähnte meinen Großvater in jedem Interview und bei jeder Pressekonferenz. Früher hatte ich auch schon von ihm gesprochen, doch es war überraschend, wie stark ich seine Anwesenheit vor Ort spürte. Sogar die Witterung war so, wie er sie immer beschrieben hatte: kälter als alles, was er je erlebt habe, hatte er gesagt – und das als Mensch aus dem Mittleren Westen, wo die Winter auch bitterkalt sind. Der Wind aus Sibirien sorgt in Korea eben für arktische Temperaturen. Jedes Mal wenn ich draußen war, stellte ich mir vor, wie er für die Armee Straßen gebaut und sich dabei den Hintern abgefroren hatte.

An jenem Morgen auf dem Berg in Jeongseon sprach ich eine Weile mit meinem Großvater, und ich weiß, dass er mich hörte. Ich spürte, dass er mich begleitete, dass er auf mich aufpasste. Weil ich wusste, dass er für mich dranblieb und mir von irgendwoher zusah, blieb ich umgekehrt auch für ihn dran. Wenn er bei der Olympiade auf der Tribüne gesessen hätte und stolz auf mich gewesen wäre, hätte ich meine Karriere glücklich beenden können.

Als ich alles losgeworden war, was ich ihm sagen wollte, nahm ich meinen herzförmigen Anhänger, schraubte den Verschluss auf und verstreute dort etwas von seiner Asche.

In Südkorea stand ich enorm unter Druck. Ich wollte für meinen Großvater eine Goldmedaille gewinnen – ich wollte, dass mein Erfolg etwas bedeutete. Die Tatsache, dass mein Opa etwas mit Korea zu tun gehabt hatte, und die Einsicht, dass dies meine letzten Winterspiele sein würden, luden eine zusätzliche Last auf meine Schultern. Außerdem schlug ich mich noch mit den Konsequenzen eines Interviews vor den Spielen herum. Nach dem enttäuschenden Lauf in Lake Louise hatte ich mich in St. Moritz nämlich mit Donald Trump angelegt. Na ja, nicht direkt mit Trump. Eine CNN-Reporterin brachte mich auf die Barrikaden. Ich ging davon aus, dass wir zu einem Interview verabredet waren, um ein Loblied auf die Olympischen Spiele zu singen. Stattdessen fragte sie: »Wie fühlt es sich an, Präsident Trump bei der Eröffnungszeremonie zu vertreten?« Das traf mich gänzlich unerwartet und ich rastete aus.

»Ich hoffe, dass ich das Volk der Vereinigten Staaten vertrete, nicht den Präsidenten«, sagte ich. »Ich nehme die Olympischen Spiele sehr ernst – wofür sie stehen und was es bedeutet, bei der Eröffnungszeremonie unter unserer Flagge einzulaufen.« Und dann sagte ich, dass es in der Regierung offenbar nicht viele Leute gebe, die wüssten, wie man unser Land in positivem Sinne repräsentiere.

»Werden Sie nach Pyeongchang ins Weiße Haus gehen?«, lautete ihre nächste Frage.

»Auf keinen Fall, nein«, sagte ich.

Da war die Kacke am Dampfen. Der helle Wahnsinn. Bösartige Kommentare, Hassmails, Morddrohungen: Was auch immer einem dazu einfällt, es war dabei. Auch die Drohung, dass man meine Sponsoren dazu bringen werde, mich fallen zu lassen. Und als ich irgendwann dachte, dass ich das Ganze überstanden hätte, rief das FBI an. Mein Name stand auf einer Verteilerliste für Rohrbomben. So etwas hatte ich noch nicht erlebt. Besonders amüsant war eine Schmähbotschaft, in der stand, ich würde nie ins Weiße Haus gebeten werden, weil ich keine Goldmedaille gewinnen würde – traditionell wird nach den Spielen ja die ganze US-Mannschaft dahin eingeladen (nicht nur die Siegerinnen).

Im Nachhinein gebe ich zu, mein bester Tag war das nicht. Ich bereue überhaupt nicht, was ich gesagt habe, aber bei der Formulierung gab es Luft nach oben. Ich hätte meinen Standpunkt besser darlegen können. Genau wie Jahre zuvor bei einem anderen Interview, in dem ich gefragt wurde, ob Julia [Mancuso] und ich befreundet seien. Damals sagte ich etwas wie: »Wir sind freundlich zueinander, aber keine Freundinnen.« Daraus wurde auch ein Riesending und das Team machte sich noch ewig lustig über mich. Andererseits war es auch lehrreich, dass die Leute so auf meinen Aussagen herumritten, denn dadurch ist mir klar geworden, wie wichtig jedes einzelne Wort ist.

Als ich mich gegen Trump aussprach, hatten die Medien natürlich einen Mordsspaß. Klar, meine Äußerungen polarisierten – aber der Rummel war auch ein Zeichen, dass meine Stimme gehört wurde. Viele Sportlerinnen und Sportler haben ihre eigene Plattform und nutzen sie überhaupt nicht, um etwas zu bewirken. Ich finde es gut zu wissen, dass ich mich bei Bedarf für (oder gegen) etwas engagieren kann.

Nach Wochen war die Sache mit Trump immer noch ein Gesprächsthema. Die ganze Aufregung, zusammen mit der Trauer um Opa Don, der Sorge um mein Knie und dem emotionalen Ausnahmezustand, in dem ich mich wegen meiner letzten Olympiade befand, führte dazu, dass ich nicht annähernd so konzentriert war, wie ich sein wollte. Es gab einfach zu viele Ablenkungen. Ich wusste oft nicht, wo mir der Kopf stand, und das hatte Folgen. Von Anfang an liefen die Spiele nicht ganz rund.

Das erste Rennen war ein Super-G. Ich zog die Startnummer 1, die natürlich niemand haben will. Es ist sehr schwierig, vorwegzufahren. Du hast keine Chance, die vor dir fahrenden Läuferinnen zu beobachten und festzustellen, wo die Probleme der Strecke liegen: Einige Sprünge sind vielleicht besonders anspruchsvoll oder es gibt gefährliche Stellen, dann musst du deine Bewegungen an die Situation anpassen. Gut zu wissen ist auch, ob der Schnee nass oder grobkörnig ist. Keine Läuferin möchte den Auftakt zu einem Rennen machen. Aber eine muss es tun und nun war ich dran.

Den ersten Teil der Strecke fuhr ich phänomenal, aber dann beging ich sechs Tore vor dem Ziel einen Fehler. Ich ging eher planlos in eine Linkskurve und fuhr eine etwas zu direkte Linie. Dadurch kam ich weit nach unten, nahm mir den Schwung vor dem Sprung und verlor wertvolle Sekunden. Ich kam mit einer Zeit von 1:21.49 ins Ziel. Ohne diesen Fehler wäre ich wahrscheinlich auf dem Podest gelandet, aber so wurde ich nur Sechste.

Vor dem Abfahrtsrennen hatte ich ein besseres Gefühl. Im Jahr zuvor war ich beim Weltcup auf dieser Strecke gut gefahren und meine Trainingsläufe vor dem Rennen waren vielversprechend. Diesmal hatte ich die Startnummer 7 und damit den Vorteil, ein paar andere Läuferinnen beobachten zu können. Als ich an den Start ging, fühlte ich mich gut. Unterwegs merkte ich, dass ich nicht ganz so geradlinig fuhr, wie ich es hätte tun sollen. Aus taktischer Sicht holte ich an einigen Stellen etwas zu weit aus. Mein Lauf war letztlich sauber, aber er hätte noch sauberer sein können. So kam ich mit 1:39.69 Minuten auf Rang zwei und lag 0,47 Sekunden hinter Sofia Goggia, meiner Freundin aus Italien. Aber nur so lange, bis die Norwegerin Ragnhild Mowinckel – auf Position 19 – mich mit 1:39.31 Minuten auf den dritten Platz verwies.

Ich würde jetzt gern erzählen, dass ich sehr stolz war, mit Bronze in der Abfahrt eine weitere Olympiamedaille geholt zu haben, und das stimmt auch. Aber wenn ich ehrlich bin, war ich auch wahnsinnig enttäuscht. Das war eine bittersüße Stimmung. Hätte man mir nach meinem Sturz in Lake Louise prophezeit, dass ich bei den Olympischen Spielen Bronze gewinnen würde, hätte ich mich riesig gefreut. Denn im Dezember des vorherigen Jahres war unklar, ob ich in der Saison überhaupt noch Ski fahren konnte. Doch dann hatten mein Team und ich wie besessen für den Erfolg in Korea gearbeitet, und ich hatte nicht erreicht, was wir für möglich gehalten hatten. Ich hatte alles gegeben und trotzdem das Gefühl, dass es nicht genug war.

Meine ganze Familie war für die Winterspiele nach Korea gereist. Da ich mir angewöhnt hatte, mich vor Wettkämpfen mit niemandem zu treffen, hatte ich noch mit keinem geredet außer mit meinem toten Großvater. Aber ich wusste, dass sie für mich da waren, spürte ihre Anwesenheit, die mir aus der Ferne Mut machte. Meine Schwestern kamen zum Ziel, um mich zu umarmen, und meine Teamkolleginnen schlossen sich an. Die Tatsache, dass Sofia gewonnen hatte, machte das Ganze letztlich sinnvoller. In Sofia habe ich immer viel von mir selbst gesehen: Sie hat Disziplin, Arbeitsmoral, einen aggressiven Fahrstil und Charakterstärke – sie ist immer ganz Sofi, ohne sich dafür zu rechtfertigen. Im Laufe der Zeit haben wir uns angefreundet; wir waren beide häufig verletzt und haben uns gegenseitig inspiriert. Dadurch hatte ich das Gefühl, die Fackel weitergegeben zu haben.

Wenn ich auf Pyeongchang zurückblicke, glaube ich, dass ich von Emotionen überwältigt wurde. Ich wusste, dass es meine letzte Chance war, und das behinderte mich. Ich war sportlich in der richtigen Verfassung, aber mental nicht, nicht nach alldem, was passiert war. Im Nachhinein ist mir das völlig klar. Während ich Interviews gab, liefen mir die ganze Zeit die Tränen übers Gesicht. Ich konnte mich einfach nicht zusammenreißen – die Wunde war noch zu frisch. Ich schluchzte wie ein Kind, als ich auf dem Podest stand und die italienische Nationalhymne ertönte. Mein Großvater war nicht dabei und ich hatte nicht für ihn gewonnen. Ich hatte uns beide im Stich gelassen. Mein Mantra war die ganze Zeit gewesen: Wenn ich mein Bestes gebe, muss ich keinen verpassten Chancen hinterhertrauern. Doch dafür hatte mein Bestes nicht ausgereicht.

Beim Rückflug musste ich an meine Rast auf dem Berg in Jeongseon denken. Innerlich saß ich wieder auf dem Gipfel und sah in die Ferne. Meine Verbindung zu Opa Don war so stark gewesen, dass ich seine Nähe immer noch spürte. Ich hatte alles Mögliche durchgestanden, weil er ein Vorbild für mich war, und wollte das auch weiterhin tun. Dennoch: In diesem Flugzeug, mit einer ungewissen Diagnose hinsichtlich meines Knies, wurde mir endgültig klar, dass harte Arbeit irgendwann nicht mehr ausreicht. Bald – wann genau, wusste ich noch nicht – würde der Punkt erreicht sein, an dem ich das aussprach, und dann wäre meine Zeit im Schnee vorbei. Nicht weil es mir an Arbeitsbereitschaft mangelte, sondern weil mein Körper die Belastung nicht mehr aushalten würde.

Nach der verpassten Goldmedaille blieb jetzt nur noch ein Ziel: Ingemar übertrumpfen. Dafür musste ich mich jedoch weniger mit Wettbewerberinnen oder äußeren Bedingungen herumschlagen als mit dem eigenen Körper.

Zurück in Colorado sagte ich zu Lindsay: »Das Knie hat bis jetzt doch gut durchgehalten – vielleicht sollte ich einfach so weitermachen.«

»Keine Ahnung, wie du es fertiggebracht hast, eine ganze Saison damit zu fahren«, war ihre Meinung. »Du brauchst eine OP.«

Durch ein neues MRT kam heraus, dass sich ein großes Knorpelstück abgelöst hatte, als ich im Dezember in Lake Louise gestürzt war. Der Sturz hatte das Knorpelgewebe beschädigt, und als ich abends im Fitnessraum den Knall gehört und umgefallen war, hatte sich das Stück gelöst. Seitdem trieb es lose in meinem Knie herum. Das erklärte, warum ich das Knie nicht strecken konnte und warum es so unberechenbar und wackelig war. Gott sei Dank saß das lose Stück momentan nicht an einer kritischen Stelle, auch wenn die Position, auf der es gelandet war, nicht besonders günstig war.

Also hatte ich die nächste Knieoperation, bei der ein Knorpelstück von der Größe einer Dollarmünze entfernt wurde. Gleichzeitig wurde die Unterseite meiner Kniescheibe wiederhergestellt und der gerissene Meniskus behandelt. In dem Jahr stieß ich auf einige Fotos, die andere Sportler nach Knieoperationen gepostet hatten. Man konnte sehen, dass bei den anderen Stücke von der Größe kleiner Kieselsteinchen herausgeholt worden waren. Ich schaute mir die Bilder an und dachte: »Ihr habt keine Ahnung.«

Nach meiner Diagnose hätte manch eine Profisportlerin wohl aufgegeben – noch eine Operation, noch eine Reha, noch ein Jahr voller Fragezeichen. Aber ich war, ehrlich gesagt, aufgekratzt. Mein Ziel stand fest. Ich musste jetzt nur noch das ganze Frühjahr über Rehatraining machen, um für die nächste Saison bereit zu sein.

In Wahrheit war es nicht nur Ingemars Allzeitrekord, der mich morgens aus dem Bett und auf den Skihügel trieb, obwohl das natürlich eine große Rolle spielte. Es war auch die Frage nach dem Sinn und Zweck des Ganzen. Persönliche Erfolge hinterher als Selbstverständlichkeit zu werten ist leicht. Schwieriger ist es, sie als das zu sehen, was sie waren – Tausende von kleinen Schritten, die am Ende zu etwas persönlich Befriedigendem geführt haben. Meine Weltcupsiege bedeuteten mir viel. Im Gegensatz zu den Medaillen bewiesen sie nicht, wie gut ich an einem Tag, in einem einzigen strahlenden Augenblick gewesen war, sondern zeigten die Qualitäten, die mich zu einer großen Skifahrerin gemacht hatten – Beharrlichkeit, Arbeitswillen, Belastbarkeit, Zielstrebigkeit. Sie zeigten, dass ich jeden Morgen aufs Neue versuchte, mich zu verbessern.

Karriere macht man, wenn man gut aufpasst und den Spielstand im Auge behält. Beim Weltcup tat ich das, und deshalb war es so schwer für mich, aufzuhören. Ich trat immer wieder an, weil ich all die kleinen Abwägungen verdammt liebte, die beim Training getroffen werden mussten – jeden Tag, jede Woche, jedes Jahr. Ich liebte es, schnell zu fahren – es gibt nichts Vergleichbares auf der Welt und nichts kann es ersetzen. Für mein Gefühl hatte ich am meisten Kontrolle über mein Leben, wenn ich mit 130 Stundenkilometern die Piste hinunterraste. Dann hatte ich am meisten Selbstsicherheit. Dann war ich am ruhigsten.

Zu Hause warteten jedoch ein paar unbeantwortete Fragen auf mich. Jahrelang hatten sie im Hintergrund gestanden, aber nun drängten sie sich auf: *Wer bin ich ohne Skifahren? Was soll ich mit meinem Leben anfangen? Was hat das alles für einen Sinn? Bin ich gescheitert? Bin ich etwas wert?* Im Laufe der Jahre war ich deutlich selbstbewusster geworden, aber nun, kurz vor dem Aus, hatte ich eine existenzielle Krise. Die wahrscheinlich jeder einmal durchmacht. Ich hatte es bloß geschafft, mich nie ernsthaft mit den großen Daseinsfragen auseinanderzusetzen – Skilaufen war einfacher. Wenn ich im Leben ein Problem hatte, war meine

Einstellung bis dahin immer: *Damit kann ich mich jetzt nicht herumschlagen! Ich muss mich auf meine Karriere konzentrieren.*

Ohne Skifahren schien mein ganzes Leben auf dem Prüfstand zu stehen. Wenn ich aufhörte, würde ich mich fragen müssen: *Wer bin ich?* Außerhalb vom Sport kannte ich die Antwort nicht. Das war schwer zu verdauen, und ich hatte es nicht eilig, mich damit auseinanderzusetzen. Ich hatte mein Trainings- und Rennprogramm, aber sonst nicht viel vor, was sich deutlich zeigte, wenn ich verletzt war und nicht trainieren konnte. Also kurierte ich mein Knie und versuchte, das immer lautere Rumoren in meinem Kopf zu verdrängen.

Unser nächstes Trainingscamp startete im August in Chile, in La Parva. Ich hatte viel verpasst, war deshalb nicht auf dem gleichen Stand wie die anderen und musste aufholen. Die ersten Tage hätten nicht besser laufen können. Ich fuhr souverän und fühlte mich stark – endlich war mein Bewegungsspielraum wieder so, wie er sein sollte. Am zweiten Tag konnte ich im Super-G mit einigen Männern aus dem slowenischen Team mithalten, die auch dort trainierten. Es schien aufwärts zu gehen.

Doch am dritten Trainingstag stürzte ich erneut. Es traf mein rechtes Knie, dasselbe Knie. Immer dasselbe Knie. Ich wusste nicht genau, was dieses Mal kaputt war, merkte aber bereits, dass es schlimm war. Trotzdem blieb ich im Camp – Laufen war eine Qual, Skifahren erträglich, wie es manchmal eben war – und dann suchten Lindsay und ich eine Klinik in Santiago auf. Das MRT-Gerät dort war veraltet, die Aufnahmen undeutlich. Der Arzt vermutete einen Meniskusriss, war sich aber nicht sicher.

In Vail gingen wir wieder zum Arzt. Nun war klar, dass der Meniskus gerissen war und dass es sich um einen Lappenriss handelte. Bei einem Lappenriss besteht die Gefahr, dass das Kniegelenk blockiert, wenn sich innen etwas verhakt. Dass mein Knie bei einer Geschwindigkeit von 130 Stundenkilometern blockieren könnte, war natürlich keine schöne Vorstellung. Es gab zwei Möglichkeiten: Entweder konnte ich eine Stammzelltherapie machen und hoffen, dass der Lappen von selbst heilte, oder mich erneut unters Messer begeben. Jeder normale Mensch hätte die Operation wahrscheinlich vermieden, aber ich hatte keine Zeit, die Stammzellbehandlung durchzuziehen, um mich dann eventuell doch noch operieren zu lassen. Die Saison 2018/19 stand in ein paar Monaten an. Also wurde ich erneut operiert – dieses Mal, um einen Teil des Meniskus zu entfernen.

Mein Knie vertrug die OP nicht gut. Und ich, ehrlich gesagt, auch nicht. Ich kehrte in mein Schlafzimmer in Vail zurück, kühlte mein Knie und fragte mich, wie zum Teufel ich es geschafft hatte, schon wieder hier zu landen. In Vail hielt ich mich nur auf, wenn ich mich erholen musste. Zuletzt war das allerdings so oft der Fall, dass es mir vorkam, als sei ich ständig dort. Ich war mit Medikamenten vollgepumpt und hatte Schmerzen. Ich sah mich um und fragte mich: *Wieso bin ich dauernd hier? Wie viele Operationen kann ich noch durchstehen? Warum tue ich mir das an? Warum kämpfe ich so, um mir dauernd wehzutun?*

Ich hatte das Maximum dessen erreicht, was ich ertragen konnte. Bis dahin war ich jede Verletzung, jede OP, jede Rehabilitation einzeln angegangen. Wenn ich mich auf eine Sache konzentrierte, kam ich irgendwie klar. Und wenn ich meine Aufmerksamkeit auf das richtete, was vor mir lag, erledigte mein Drang zur Vorwärtsbewegung den Rest. Aber jetzt ächzte ich unter der Gesamtlast meiner Verletzungen. *Wie lange halte ich das noch aus?*

Mein Plan war, so intensiv wie möglich weiterzuarbeiten und so lange zu versuchen, Ingemars Rekord zu brechen, bis mein Körper aufgab. Diesem Zustand näherte ich mich nun rasch. Mein Körper brüllte mich an, ich solle aufhören. Und so sehr ich mich auch taub stellte – es war unmöglich, diese Zeichen zu ignorieren. Mein Vater hatte mir immer erzählt, dass es in jeder

Sportlerlaufbahn einen Punkt gibt, an dem man sich zurückziehen sollte, und dass einige trotzdem weitermachten. Ich wollte nicht zu der letzten Kategorie gehören. Ich beschloss: *Das wars. Das ist meine letzte Saison.* Keine weiteren Schmerzen, keine weiteren Stücke, die aus dem Körper gerissen werden. Genug war genug.

Ich hatte kein Konzept, wann oder wie ich das Ende meiner Karriere bekannt geben würde. Es passierte dann aus Versehen. Auf einem Businessevent anlässlich meiner Zusammenarbeit mit der Bank JPMorgan Chase kündigte ich an, dass ich ins Beautygeschäft einsteigen wolle. Jemand fragte, wie lange ich noch Ski fahren würde, und da rutschte mir heraus: »Das wars. Das ist die letzte Saison.« Beabsichtigt war das nicht. Aber als ich es einmal ausgesprochen hatte, fühlte ich mich wahnsinnig erleichtert. Ich hatte das Gefühl, seit Monaten zum ersten Mal wieder auszuatmen. Ich spürte, dass das die richtige Entscheidung war.

Kapitel 23

Fünf Rennen. Fünf Siege. Fünf große Momente, in denen ich noch einmal die Beste wäre. Das wäre es auch schon.

Wenn ich mir meine letzte Saison ausmalte, hatte ich ein perfektes Drehbuch im Kopf: Ich würde am Ende den Rekord brechen und anschließend zurücktreten. Sicher, das hatte etwas Märchenhaftes, fühlte sich aber durchaus erreichbar an. Im Jahr zuvor hatte ich fünf Rennen gewonnen. In diesem Jahr musste ich noch einmal fünf gewinnen, das würde reichen. Und *dann* konnte man das Ganze eine Karriere nennen.

Das erste Trainingscamp nach meiner jüngsten Knieoperation startete im November 2018. Ich war fünf Tage dabei, als ich starke Schmerzen bekam. Es war (natürlich!) wieder mein Knie, das sich allerdings äußerst merkwürdig anfühlte, anders als bei früheren Verletzungen. Der Meniskus konnte es dieses Mal nicht sein – das Gefühl war definitiv neu, fast wie ein Mahlen. »Ich habe einen komischen Schmerz im Knie«, sagte ich zu Lindsay. Also ließen wir die Sache untersuchen.

Meine Vermutung war, dass ich eine Knochenprellung hatte. Und ich sollte recht behalten. In meinem Knie war überhaupt keine Knorpelschicht mehr vorhanden, was bedeutete, dass die am Gelenk beteiligten Knochen ohne Schutz aufeinanderrieben. Mein Arzt fand es bemerkenswert, dass ich es schaffte, mit diesem Knie Speedrennen zu fahren.

Mehr denn je mussten wir jetzt sicherstellen, dass jeder Trainingstag optimal ablief. Unser Plan war, dass ich insgesamt wenig, aber hocheffizient trainierte: immer einen Tag frei, einen Tag fahren, einen Tag frei, einen Tag fahren ... Zum Vergleich: Mikaela Shiffrin, die damals vierundzwanzig war, fuhr wahrscheinlich zwanzigmal am Tag die Abfahrt hinunter. Ich fuhr jeden zweiten Tag zweimal hinunter. Sicher, ich hatte einen Stand erreicht, bei dem ich nicht mehr viel an meiner Technik arbeiten musste. Aber egal wie lange du schon dabei bist: Du musst trainieren. Als ich jünger war, wurde ich nach einem langen Trainingstag müde, dann tat der Körper weh und gab das Signal aufzuhören. Jetzt ging es mir die ganze Zeit so.

Trotzdem trainierte ich weiter. Das war schließlich mein letzter Versuch. Ich hatte mein ganzes Leben für etwas gearbeitet und ich wollte auf gar keinen Fall wegen Schmerzen aufgeben. Einfach sagen: Ich bin fertig? Nein, danke. Egal wie stark der Schmerz war, ich war entschlossen, mich darüber hinwegzusetzen. Es musste einfach gehen. Ich konnte nicht anders. Und dann stürzte ich wieder.

Eigentlich hätte es kein großes Ding sein müssen, aber ich rutschte über den Innenski weg, dann rückwärts in Richtung Lift und dachte: *Nein, nein, nein, nein! Das ist gar nicht wahr, das ist gar nicht wahr, das darf nicht wahr sein.* Zu diesem Zeitpunkt hatte ich fünf Operationen an meinem rechten Knie hinter mir, sodass ein weiterer Sturz das Ende bedeuten konnte. Zu Fall gekommen, überprüfte ich sofort das rechte Knie. Es schien in Ordnung zu sein. Dann versuchte ich aufzustehen, aber vergeblich, wegen des linken Knies. *Wie konnte das passieren?*, dachte ich. Schon wieder hatte ich mich in eine Katastrophe hineinmanövriert. Ich versuchte doch nur, auf meinen eigenen Füßen zu stehen!

Ich wurde im Schlitten den Berg hinuntergebracht. Mein Servicemann Heinz weinte, als er mich sah. »Jedes Mal wenn du irgendwo runterfährst, habe ich Angst, dass du stirbst«, sagte er.

Das rückte die Dinge auf das rechte Maß zurecht. Wenn mein Team schon um mein Leben bangte, war es eindeutig Zeit aufzuhören. Doch obwohl ich die Sorge der anderen wahrnahm – die Vorstellung, das aufzugeben, was ich liebte, war noch schlimmer für mich.

Zehn Tage vor der Eröffnung des Weltcups in Lake Louise lag ich also wieder im Krankenhaus und wartete auf das Untersuchungsergebnis.

»Vorderes Kreuzband, hinteres Kreuzband und Innenband sind in Ordnung«, teilte der Arzt mir dann mit. Ich atmete erleichtert auf. »Es sieht allerdings so aus, als seien Knochen wegen Frakturen verschoben. Die Frage ist außerdem, was mit Ihrem Außenband los ist.«

Der Arzt tat sich schwer mit einer Prognose. Er sprach von zwei bis sechs Wochen Genesungszeit und glaubte nicht, dass er mich binnen zehn Tagen wiederherstellen konnte. Normalerweise war ein Start in Lake Louise immer ein gutes Omen für den Rest der Saison. Ich hatte mich sehr darauf gefreut, weil ich schon achtzehnmal dort gewonnen hatte und die Fans so enthusiastisch waren. In Lake Louise hatte ich eine letzte Chance, näher an Ingemars Rekord heranzurücken. Der Gedanke, dass ich nie wieder ein Rennen dort fahren würde, brach mir das Herz.

»Ich schaffe es, in zehn Tagen zurück zu sein!«, sagte ich zu Lindsay, sobald der Arzt das Zimmer verlassen hatte. »Ich werde Lake Louise nicht verpassen. Auf keinen Fall.«

Ich mag es nicht, wenn mir jemand vorschreibt, was ich zu tun und zu lassen habe – auch nicht, wenn es um mein eigenes Knie geht. Ich halte erst einmal alles für möglich, wenn die Ärzte es mir nicht ausdrücklich verbieten. Doch ich wurde eines Besseren belehrt. Als die Schwellung zurückgegangen war, ergab ein weiteres MRT, dass mein Außenband gerissen war und dass ich drei größere Brüche am Schienbein hatte. Lindsay sprach jetzt von einer Rückkehr Anfang Januar. Das bedeutete, dass ich Lake Louise endgültig vergessen konnte.

Ich brach in Tränen aus.

»Wir schmeißen nicht hin«, sagte Lindsay. »das sieht uns nicht ähnlich.«

Lindsay und ich hatten keine Ahnung, was wir aus der Saison noch herausholen konnten, aber ich war noch nicht bereit aufzuhören. Bis hierhin hatte ich es geschafft, das war mein letzter Versuch – ich wollte wirklich alles geben. Gemeinsam schmiedeten wir einen Plan. Dazu gehörte eine Maßnahme, die ich eigentlich nie wieder erleben wollte: Therapie im Wasser. Jeden Tag gingen wir in das einzige Schwimmbad von Vail, das ein tiefes Becken hat. Ich musste einen ärmellosen Einteiler anziehen, um mich über Wasser zu halten. Wenn es ein Hilfsmittel gibt, das ich nicht ausstehen kann, ist es dieser fette Anzug! Ich verbrachte täglich eineinhalb Stunden im Bad und machte zusätzlich Krafttraining, um wenigstens ein bisschen Grund zur Hoffnung zu haben. Wir wussten nicht, ob ich jemals wieder auf Skiern stehen könnte, aber wir arbeiteten einen ganzen Monat lang, Tag für Tag, verbissen weiter an einem Comeback in Colorado.

Da die Ski-WM im Februar stattfinden sollte, spekulierte ich nun darauf. Selbst wenn ich den Rest der Saison drangeben müsste, war das die Gelegenheit, um aufs Ganze zu gehen. Lindsay gab alles, um meine Stimmung zu heben. »Du hast es immer geschafft«, erinnerte sie mich, »jedes Mal wieder.«

In dieser Saison hatten alle möglichen Bekannten mich beraten, und obwohl alle die besten Absichten hatten, war kein Vorschlag besonders hilfreich gewesen. Ob ich meine Karriere fortsetzen konnte oder nicht, hing immer weniger von meiner emotionalen Verfassung ab und immer mehr von physischen Faktoren. Konnte ich ein Comeback wagen? Oder hatte mein Körper genug? Je mehr ich mit anderen redete, desto verwirrter wurde ich. Eine rühmliche Ausnahme bildeten Gespräche mit Claire Brown, einer Freundin aus der Grundschulzeit. Claire war in der letzten Saison für die Pressearbeit an Bord gekommen und hatte einiges miterlebt. Sie hatte mich ins Krankenhaus, in Hotels und bei Rennen begleitet und mich aus Schmerz und Frust oft weinen sehen.

»Du musst das tun, was das Beste für *dich* ist«, sagte sie einmal, als sie mich zum hundertsten Mal meinen Koffer packen sah. »Es ist dein Leben und deine Karriere und dein Körper. Deine Entscheidung ist das Einzige, was zählt.«

Claire wurde wie ich mit Skifahren groß. Auf der Universität fuhr sie Rennen auf dem höchsten Niveau (D-I) des nationalen Sportprogramms und arbeitete später als Herausgeberin des Magazins *Ski Racing*. Ski alpin ist unsere gemeinsame Leidenschaft. Claire ist fleißig, zuverlässig und freundlich – der Inbegriff von »Minnesota nice«. Besonders wohltuend war aber, wie wertfrei ihre Reaktion war, wenn es um meine Karriere ging. Bestimmt hatte sie auch eine Meinung, was ich tun sollte. Dennoch blieb sie immer bei: »Tu, was das Beste für dich ist.« In einem Meer widersprüchlicher Ratschläge war das Gold wert. Claire drängte mir nichts auf, sie half mir, an meine eigene Entschlussfähigkeit zu glauben.

Ich startete im österreichischen St. Anton verspätet in die Saison. Nach meiner Ankunft war ich noch auf Gehhilfen unterwegs. Ich ging auf Krücken ins Fitnessstudio, baute dort Muskeln auf und humpelte dann auf Krücken zurück zum Essen. Heinz trug meine Skiausrüstung. Da nun auch das linke Knie verletzt war, brauchte ich beidseitig Knieschienen. Wir dachten von einem Tag zum anderen und bauten mich täglich ein bisschen mehr auf.

Ich war unsicher, was mich auf der Piste erwartete, aber als es so weit war, fühlte ich mich großartig. Ich lieferte eine aggressive Vorstellung ab. Das beweist mal wieder, wie verrückt ich bin. Für mich war die Hauptsache, dass ich wieder starten konnte. Ich vertraute einfach darauf, dass alles Weitere sich ergeben würde.

Das Rennen in St. Anton wurde wegen schlechten Wetters abgesagt. Das bedeutete, dass mein nächstes Rennen in Cortina d'Ampezzo stattfinden würde. Ich registrierte die Erwartungshaltung mir gegenüber und fand das unfair – schließlich war ich monatelang so gut wie gar nicht Ski gefahren und hatte kein Außenband mehr. Mein Knie war jetzt lose, sodass mein Training angepasst worden war und zum Beispiel keine Sprünge enthielt. Ich war ungefähr so gut vorbereitet, als wenn ich zwei Kilometer am Tag gelaufen wäre, um an einem Marathon teilzunehmen: trainiert, ja, aber bei Weitem nicht genug. Trotzdem: Wenn ich rasant fuhr, konnte ich es schaffen.

Der erste Trainingslauf ging gut, aber der letzte Sprung war ziemlich abrupt. Ich kam klatschend auf und mein Knie tat weh. Darauf war ich nicht vorbereitet. Mein Knie war noch nicht wieder in Ordnung und ich war geistig und körperlich nicht in Bestform. Ich wurde Fünfzehnte. Alles in allem war es ein ermutigender Lauf, aber ich war nicht annähernd da, wo ich sein musste, wenn ich mit Ingemar Stenmark gleichziehen wollte.

Ich erwartete mehr von mir. Schließlich war Cortina einer meiner Lieblingsstopps auf der Tour. Hier hatte ich 2004 meinen ersten Weltcupsieg gefeiert, den Rekord von Annemarie Moser-Pröll überboten und viele große Momente erlebt. An Selbstvertrauen mangelte es mir in Cortina eigentlich nie.

Am nächsten Tag riss ich mich zusammen. Um es klar zu sagen: Ich war nicht fit. Aber ich versuchte, mich zum Erfolg zu zwingen – in der Hoffnung, dass mein Wille ausreichen würde, mich durchzubringen.

Die zweite Abfahrt war sehr holprig und meine Sprünge ziemlich weit. Es war so ähnlich, als würde ich auf Murmeln die Piste herunterfahren. Es war enttäuschend. Solche Leistungen passten nicht zu mir, zumindest nicht zu der Person, die ich gewohnt war zu sein. Rückblickend muss ich sagen, dass meine ganze letzte Saison nicht zu mir passte. Wenn ich sonst nach Verletzungen zurückkehrte, war ich immer gut in Form gewesen. Dieses Mal versuchte ich, meine Körperteile mit Klebeband zusammenzuhalten.

Ich wurde Neunte.

»Bei mir stimmt was nicht«, sagte ich zu Lindsay – immer dasselbe Lied. »Wenn ich das Knie beuge, stimmt etwas nicht.« Ich spürte einen Schmerz, der das Bein hinunterschoss und vom Knie herkam. Meine Vermutung war, dass im Knie Knochen auf Knochen rieb. Leider stellte sich dann heraus, dass das Problem weitaus größer war: kompletter Muskelausfall. Mein rechtes Knie war so geschwollen, dass es Druck auf den Peroneusnerv ausübte, der die Fußhebermuskulatur steuert. Je schlimmer der Druck wurde, desto mehr wurde der Nerv gestört und desto weniger Gefühl hatte ich im Bein. Mein Unterschenkel wurde gerade abgeschaltet – ein bisschen problematisch, wenn man Skirennen fährt.

Als klar war, dass die Schwellung die Ursache für die Nervenschädigung war, bekam ich Spritzen, um das Gelenk zu beruhigen, und weitere, stark entzündungshemmende Spritzen, um die Schwellung in Schach zu halten. Am Tag danach massierte Lindsay das Knie und legte einen Tapeverband an. All das waren Versuche, die Heilung des Nervs so gut wie möglich zu unterstützen. (Eine kleine Genugtuung am Rande war, dass die Öffentlichkeit jetzt, am Ende meiner Laufbahn, erkannte, wie kaputt ich war. Von einigen Läuferinnen, die mich früher der Effekthascherei beschuldigt hatten, hörte ich sogar: »Ach, du hast gar kein Theater gemacht!« Das war durchaus wohltuend.)

Dann glitt ich zum Start und hoffte, dass mein Bein durchhalten würde. Wir hatten alles dafür getan, es in einen erträglichen Zustand zu bringen. Ich brauchte es, um weiterzukämpfen, nur noch ein bisschen.

»Es ist ein neuer Tag, Linds«, ermutigte mich Lindsay. »Nutz ihn, er gehört dir!«

Der Start des letzten Rennens in Cortina war einer der gelungensten in dieser Saison. Ich startete perfekt – nur kam ich nicht ins Ziel. Ich hielt den schwierigsten Teil der Strecke noch durch und fuhr dann raus. Es ging einfach gar nichts mehr. Ich hatte keine Kraft. Nichts, womit ich arbeiten konnte. Als ich unten ankam, brach ich in Tränen aus.

Sofia Goggia, die Goldmedaillengewinnerin von Pyeongchang, war zu diesem Zeitpunkt verletzt und extra zu diesem Rennen nach Cortina gekommen, um mir zuzusehen. Sie wartete am Ziel mit einem Blumenstrauß. Wir umarmten uns und ich verlor vollständig die Fassung. »Ich kann das nicht mehr. Ich kann einfach nicht«, weinte ich an ihrer Schulter.

Ich war am Boden zerstört. Aber niemand verstand so richtig, warum. Bekannte um mich herum sagten: »Du hast doch so viel erreicht!«, »Der Ruhestand ist nicht das Ende der Welt!«, und: »Du hast noch das ganze Leben vor dir!« Selbst die anderen Läuferinnen konnten nicht nachvollziehen, was ich durchmachte: Die Aussicht, dass ich an diesem Ort nie wieder Ski fahren würde, brach mir das Herz.

Das Publikum in Cortina skandierte meinen Vornamen.

»Was ist so schlimm, wenn du aufhörst?«, fragte Sofia.

»Dass ich es liebe«, sagte ich unter Tränen, »ich liebe es!«

Ich weinte immer noch, als Lindsay zu mir kam und mich in den Arm nahm.

»Ich bin am Ende, Buddy«, sagte ich.

In der darauffolgenden Woche sagte ich die Rennen in Garmisch ab, um Zeit für mich zu haben. Jetzt stand eindeutig eine Entscheidung an. Ich brauchte Erholung und ich musste in Ruhe nachdenken.

Ein paar Tage brütete ich darüber, was nun folgen sollte. Ich schloss mich in meinem Zimmer ein. Lindsay kam natürlich vorbei und versuchte, mich aufzumuntern, aber ich wollte niemanden sehen. Ich wollte nicht mit nach draußen gehen. Ich blieb allein sitzen und schob Proteinriegel statt einer richtigen Mahlzeit in mich hinein.

In meiner ganzen Laufbahn hatte ich vorausgedacht und mir Rennen, Siege und Medaillen vergegenwärtigt. Jahrelang sah ich Dinge in meinem Kopf, bevor sie im Schnee Wirklichkeit wurden. Dementsprechend hatte ich auch eine klare Vorstellung davon, wie alles enden sollte, wie ich ein letztes Mal antreten würde, um für mich, für mein Team und für meine Familie Ingemars Rekord zu brechen. Ich wollte die Beste sein. Aber die Realität sah nun einmal anders aus und das musste ich akzeptieren. Ich konnte mein Ziel nicht erreichen. Die letzten Tage hatte ich es gerade so den Hang runtergeschafft. Ich wollte mich nicht abrackern, wenn ich nicht so fahren konnte, wie es meinen Vorstellungen entsprach. Mein Reden war immer gewesen: Wenn ich nicht mehr gewinnen kann, wird es Zeit zu gehen. Ich war nicht mehr in der Lage dazu, mich selbst zu übertreffen. Genug war genug.

Es war entsetzlich, daran zu denken, dass ich etwas, das ich über alles liebte, in Zukunft nicht mehr haben würde. Aber ich wollte mit meinen Kindern noch Ski fahren können. Die Furcht, dass ich das gefährdete, überwog jetzt das Bestreben, sechsundachtzig Siege zu erreichen. Außerdem machten sich die Menschen, die ich am liebsten hatte, Sorgen um mich. »Du fährst 130 Stundenkilometer mit einem kaputten Körper«, hatte ein Freund gesagt. »Bisher hast du es noch geschafft, wieder aufzustehen, aber irgendwann schaffst du's nicht mehr.«

Ich hasste es eigentlich, wenn die Leute so etwas sagten. Als Rennläuferin weiß man, dass man sterben kann, aber niemand spricht gerne darüber. Mit vierundzwanzig hatte ich einen Sturz nach dem anderen, und mir war nie etwas passiert. Jetzt war das anders: Die Worte trafen mich ins Mark. In den letzten beiden Jahren war ich so oft gestürzt, dass ich meinen Körper nicht mehr beherrschte. Ich war an einem Punkt angelangt, der völlig untypisch für mich war: Ich hatte mehr Selbstvertrauen *abseits* der Piste als beim Skifahren. Nicht nur mein Körper hatte sich verändert, sondern meine ganze Einstellung. Endlich vertraute ich mir selbst genug, um mir einzugestehen, dass ich am Ende war.

Der Rekord war das Einzige geworden, wofür die meisten anderen sich interessierten. Wenn ich nicht gewann, hatte ich das Gefühl, ihre Erwartungen nicht zu erfüllen. Sie im Stich zu lassen. Vor allem die Mitglieder meines Teams, ehemalige und aktuelle Mitstreiter, die den Erfolg genauso wollten wie ich selbst. Ohne sie wäre ich in den letzten Jahren aufgeschmissen gewesen: Heinz, der mich schnell gemacht hatte und sowieso mein Held war; Claire, die dafür sorgte, dass ich keine tausend Interviews geben musste und stattdessen trainieren konnte; Alex und Hagi, die mich mit Work-outs in Topform brachten; Lindsay und Ricky, die mit exzellenter Physiotherapie ein Comeback nach dem anderen ermöglichten – und alle Trainer, Erich inbegriffen, die in meiner Karriere mit mir mitgefiebert hatten. Diese Unterstützung war großartig, aber auch schwierig für mich, weil ich mich dadurch selbst unter Druck setzte. Das war die letzte Hürde, die sich vor mir auftürmte. Ich wollte sie am Ende nicht hängen lassen.

Dass ich Versagensangst hatte, wusste ich. Aber erst mit Blick auf das Karriereende wurde mir klar, was das Schlimmste für mich war: nicht, mich selbst zu enttäuschen, sondern andere zu enttäuschen. Davor hatte ich eine Riesenangst. Ich hatte eine sehr enge Beziehung zu meinem Team, jede und jeder von ihnen hatte sich einfach unglaublich für meinen Erfolg eingesetzt. Ich wollte den Triumph für sie ebenso wie für mich.

Ich hatte alles Menschenmögliche getan, um Ingemars Bestmarke zu erreichen, und war näher an sie herangekommen als sonst irgendwer. Mittlerweile hatte ich zweiundachtzig Weltcupsiege auf dem Konto (und damit Annemarie Moser-Prölls Rekord mit *zwanzig* Siegen überboten, das war schon etwas). Meine Verletzungen waren eine unendliche Geschichte. Wenn ich nicht dauernd außer Gefecht gewesen wäre, hätte ich mein Ziel sicher erreicht, aber es nützte nichts: Ich bekam kein Happy End, wie ich es mir erträumt hatte. Na gut, wer bekam das schon?

Trotzdem, mit einem abgebrochenen Rennen in Cortina konnte ich nicht aufhören. Ich wollte noch ein letztes Mal versuchen, mit einer höheren Wertung aus einem Rennen zu kommen. Erst dann konnte ich mich mit einem guten Gefühl verabschieden. Nachdem ich mit allen möglichen Leuten darüber gesprochen hatte, war ich der Meinung, dass die Ski-WM ein guter Ort für diesen letzten Versuch war. Ich war ja in der glücklichen Lage, dass ich meinen Abgang planen konnte.

Meine Trainer hatten den Ernst der Lage noch nicht erfasst. Sie holten mich nach dem Abfahrtsrennen in Cortina ein, als ich mit meiner Ausrüstung unterm Arm schnurstracks ins Parkhaus ging.

»Du kommst zurück. Du kommst immer zurück«, sagten sie.
»Nein.« Ich schüttelte den Kopf. »Ich bin am Ende.«
»Im nächsten Jahr kannst du das in den Griff bekommen. Wir helfen dir dabei.«
»Nein«, sagte ich wieder und wieder. »Ich kann nicht mehr.«
»Wir müssen einfach weitermachen. Gib niemals auf!«

Und so weiter und so weiter. Das war einer der wenigen Augenblicke, in denen ich mich von meinen Trainern nicht gehört fühlte. Statt meinen Standpunkt zu akzeptieren – was sonst die Regel war –, sagten sie das Falsche zur falschen Zeit. Je mehr sie insistierten, desto frustrierter wurde ich. Es ging weder darum, zu verzichten, noch darum, aufzugeben. Sie verstanden nicht, was ich gerade durchmachte. Ich hatte alles gegeben. Ich hatte alles versucht, war immer noch zu allem bereit, hatte aber einen Punkt erreicht, an dem ich gefühlt nur noch mit einem Bein Ski lief. Claire hatte recht: Das war *meine* Entscheidung. Letztendlich war es mein Körper, und ich war diejenige, die damit leben musste.

Zum Schluss wurde ich deutlich. »Ihr müsst das jetzt verstehen: Ich höre auf. Ich fahre noch zur WM und dann ist Schluss. Das wird mein letztes Rennen.«

Meine Trainer verstummten.

»Okay! Ich muss los!«, sagte Heinz und löste sich von der Gruppe.

»Wo gehst du hin?«

»Ich muss Skier wachsen!«, schrie Heinz, der in sein Auto sprang, um meine Bretter für die Weltmeisterschaft vorzubereiten. Auf Magic Heinzi konnte ich mich verlassen. Wenigstens einer hatte zugehört.

Ich kletterte in meinen Wagen; Lindsay und Claire gesellten sich dazu.

»Habt ihr gehört, was sie gerade gesagt haben?«, fragte ich. Ich konnte es einfach nicht fassen und die beiden auch nicht.

Ihnen war klar, dass ich ständig Schmerzen hatte und dass ich bereits alles getan hatte, was möglich war. Zum Glück bestärkten sie mich in meinem Vorhaben. »Was auch immer bei dem Ganzen herauskommt, du musst es für dich tun«, sagten sie. »Für dich. Nicht für die anderen.«

Obwohl es bei mir so ankam, wollten meine Trainer bestimmt nicht verletzend sein, sondern unsere gemeinsame Sache nicht aufs Spiel setzen. Wir waren schon so lange ein Team, dass wir uns wie eine Familie vorkamen. Ich war die Kapitänin des Schiffes – wenn ich an Land ginge, würde es kein Schiff mehr geben. Da ich mich schon so oft aufgerappelt hatte, hatten sie wohl tatsächlich nicht gemerkt, dass sich etwas grundlegend verändert hatte. Für mich bewies das noch einmal, wie ernst die Lage war. Ich hatte noch nie gesagt, dass ich etwas nicht schaffte – auf den Gedanken wäre ich früher gar nicht gekommen. Aber wenn meine Ansage jetzt war: »Ich bin am Ende«, dann meinte ich das auch so. Und sie hätten das als Erste verstehen müssen.

Als mein Entschluss einmal feststand, war das eine große Erleichterung für mich. Ich wollte nur noch einmal fahren. Die meisten Sportlerinnen konnten so nicht planen: Gerade im Skisport endet die Karriere ja oft unfreiwillig, weil es viele schwere Verletzungen gibt. In dieser Hinsicht war ich besser dran – ich hatte die Chance, meinen Abgang mit einer guten Leistung selbst zu gestalten.

Zwei Wochen vor dem großen Tag rief ich meine Agenten an und fragte, ob sie sich vorstellen könnten, Ingemar als Zuschauer für mein letztes Rennen zu gewinnen. »Es würde mir wahnsinnig viel bedeuten, wenn er dabei wäre!«, sagte ich. Leider sagten meine Agenten, dass er erst nach diesem Rennen wieder in Schweden sein würde. Das war nicht das, was ich hören wollte. Also zog ich alle Register. Ich besorgte mir Ingemars

Telefonnummer und stalkte ihn wie ein Superfan: »KANNST DU BITTE ZU MEINEM RENNEN KOMMEN?!!!« Der Einsatz zahlte sich aus, denn er antwortete sofort und sagte zu. Ich war begeistert.

In Åre fühlte ich mich so gut wie seit Monaten nicht mehr. Eine Last war von mir abgefallen, meine Ängste traten in den Hintergrund und machten Platz für die Aufregung vor dem Rennen. *Auf gehts,* dachte ich. Ich hatte nichts mehr zu verlieren. Mein Plan war in Kürze, mich den Hang runterzustürzen, eine Medaille zu holen und mich in Ehren zu verabschieden. Alles oder nichts, Ruhm oder Rettungshubschrauber, und danach ohne Bedauern abtreten. In der Vergangenheit war ich immer besonders gut gewesen, wenn ich mit dem Rücken zur Wand stand und ans Limit gehen musste. Die jetzige Situation war die ultimative Fassung davon. Warum es also nicht so versuchen?

Der Super-G war zuerst dran. Zu viel Eigenlob tut nicht gut, aber ich hatte einen fantastischen Start. Ich griff an, fuhr allerdings bei einer Linkskurve übertrieben aggressiv, sodass die Kante plötzlich griff. Ich nahm den Sprung zu direkt, riss ein Tor mit und blieb im Fangzaun hängen. Dabei schlug ich mir den Arm ins Gesicht, was später ein schönes Veilchen gab. Nachdem sie mich aus dem Zaun befreit hatten, begutachtete ich den Schaden. Meine Knie waren in Ordnung und ich war noch ganz. Der Rettungsschlitten kam, um mich von der Strecke zu bringen, doch ich konnte von allein aufstehen und ins Tal fahren. Der Sturz schockte mich und nahm mir den Wind aus den Segeln, aber das war zum Glück alles.

Blieb noch das zweite und letzte Rennen, fünf Tage später. Ich konzentrierte mich nur noch auf diesen Sonntag.

Im Vorfeld arbeitete ich daran, mich nicht wieder von Emotionen beherrschen zu lassen wie bei der Olympiade 2018. Nach diesem Rennen würde es kein weiteres mehr geben. Es würde keine zweite Chance geben, keine Wiederholung, kein »Ich versuche es nächste Saison wieder«. Jetzt oder nie! Diese Voraussetzungen setzten mich enorm unter Druck, also musste ich meine Gefühle unter Kontrolle haben.

Ich hatte für mein Team und mich ein wunderschönes Haus in der Gegend gemietet. Verwandte und Freunde waren mit von der Partie, mein Trainer Alex Bunt und selbstredend Lindsay. Wir wohnten unter einem Dach, wie eine große, glückliche Familie. Alle waren da, um das Ende meiner Karriere zu feiern – meine große Hoffnung blieb aber, dass wir außerdem auf einen letzten Sieg anstoßen würden.

In der Nacht vor dem letzten Rennen rauschte das Adrenalin in mich hinein. Meine Familie, die im ganzen Haus herumwimmelte, sorgte für den nötigen Abstand und für Beistand. Bevor ich ins Bett ging, unterhielt ich mich noch einmal über Facetime mit Erich Sailer. »*Natürlich* schaffst du das!«, sagte er mit unerschütterlichem Optimismus in seinem melodischen Akzent. »Es ist nichts! Was sind schon eineinhalb Minuten? Ich bin dreiundneunzig!«

Ich war so nervös, dass ich nicht einschlafen konnte, eine Seltenheit für mich. Normalerweise schlief ich wie ein Murmeltier, auch vor einem Rennen. In den seltenen Fällen, in denen das nicht klappte, griff ich auf eine Methode des guten alten Jacques Choynowski zurück. Der hatte mir in Monaco beigebracht, mich zwischendurch zurückzulehnen – in einer Sporthalle, wo wirklich viel Lärm ist –, und dann eine Art Meditation angeleitet, bei der man den eigenen Körper »scannt«. Man fängt bei den Zehen an, spürt in jeden Zeh hinein und stellt sich vor, dass warmes Wasser ein Bein nach dem anderen hinauffließt, von den Füßen bis zur Hüfte. Dann stellt man sich vor, dass das Gleiche im Oberkörper passiert, angefangen bei den Fingern bis hinauf zu den Armen. Wenn man sich auf diese Vorstellung einlässt, breitet sich ein wohliges Gefühl im ganzen Körper aus, und ehe man sichs versieht, schläft man schon.

Am nächsten Morgen kämpfte ich mit meinen Gefühlen. Um fokussiert zu fahren, brauchte ich eine Mischung aus Aufregung, Aggressivität und Gelassenheit, alles zur rechten Zeit. Vor einem Rennen darf der Adrenalinspiegel nicht zu hoch sein, weil man damit zu viel Energie verbraucht und hinterher erschöpft am Start steht. Im Laufe der Zeit hatte ich das gelernt, doch an diesem Morgen gab ich es auf, die Kontrolle über mich behalten zu wollen. Ich konnte mich nicht daran erinnern, dass ich jemals so unter Dampf gestanden hatte. Andererseits musste ich mir auch keine Kraft für später aufheben. Also tat ich mein Bestes, um mein letztes Rennen auszukosten.

Tags zuvor hatte mich ein Reporter gefragt, wie ich bei den Vorbereitungen damit umginge, dass ich kaum Aussichten auf einen Sieg hätte. Das regte mich noch genauso auf wie früher, als ich als Außenseiterin um meinen Platz kämpfen musste. »Wer sagt, dass ich nicht gewinne?«, gab ich zurück. »Schreibt mich nicht ab!« Für den Umgang der Presse mit mir war diese Frage mal wieder typisch, was frustrierend war, aber eindeutig auch ein Ansporn.

Für den Wettkampf hatte ich mich akribisch vorbereitet. Ich hatte Videos analysiert, als ob das mein erster Weltcup wäre, bis ins kleinste Detail. Ich war bereit. Abgesehen von dem enormen Adrenalinpegel hatte ich Schwierigkeiten damit, dass so viele Leute mich vor dem Rennen umarmten, weil es mich zu Tränen rührte. Das nahm solche Ausmaße an, dass ich schließlich sagte: »Leute, ich darf jetzt nicht mehr weinen. Keine Umarmungen mehr. Ich muss mich konzentrieren.«

In aller Frühe machte ich mich auf zu meinem Trainer Alex, um mein morgendliches Work-out zu absolvieren. Danach fuhren Alex, Lindsay, Claire und ich zur Piste. Es war windig und kalt und es gab Überlegungen, dass der Start nach weiter unten verlegt werden sollte, wo der Wind weniger heftig war. Aber als ich zum Aufwärmen losfuhr, war die Entscheidung noch nicht gefallen. Ich tat mein Bestes, ein Gefühl für meinen Körper und das Gelände zu bekommen, bevor ich in den Aufwärmbereich ging.

Hier erfuhren wir nach einer Weile, dass der Start zum dritten Reservestart hinunter verlegt worden war. Dort war am Dienstag auch der Start für den Super-G gewesen. Die neue Strecke war deutlich kürzer als die ursprünglich geplante, was für mich von Vorteil war. Beim Start von ganz oben hätte ich mit einigen holprigen Kurven kämpfen müssen und jede Erschütterung war einfach tödlich für meine Knie. Das war ein Zeichen! Alles lief wie am Schnürchen – die Geschichte würde gut ausgehen.

Wie üblich war ich vorzeitig am Starthaus. Ich war so aufgeregt, dass ich noch früher dran war als sonst, obwohl ich die Startnummer 3 gezogen hatte und noch zwei Läuferinnen vor mir an der Reihe waren. Vor Jahren hatte ich meine Startzeit mal verpasst und plante deswegen grundsätzlich fünfzehn oder zwanzig Minuten Puffer ein, aber an diesem Tag waren es eher vierzig. Was mir noch mehr Zeit gab, mich wie besessen mit dem Rennen zu beschäftigen.

Ich regelte meine beheizbare Skihose bis zum Anschlag hoch, damit meine Beine gut durchblutet wurden. Und dann fokussierte ich mich. Ich richtete meine ganze Aufmerksamkeit auf die Strecke. Als ich meine Augen schloss, um sie mir vorzustellen, hatte ich das komische Gefühl, Superkräfte zu haben. Ich war gar nicht da – ich war auf der Piste. Ich war weg. Unsichtbar.

Kurz vor dem Start war ich im Alles-oder-nichts-Modus und zum Äußersten bereit. Ich tat so, als wäre das meine letzte Chance bei den Olympischen Spielen. *Ich werde sie nicht ungenutzt lassen*, dachte ich. *Ich mache etwas daraus.*

Als ich an der Reihe war, bekam ich ein großes Geschenk vom Wettergott: Ich glitt zum Start und die Sonne kam heraus.

Das ist es.

Zum letzten Mal lief der Countdown. Mein Team jubelte mir zu.

Und ich raste los. Mit Vollgas. Ich gab so viel Stoff, wie ich konnte. Unterwegs dachte ich nicht an meine Knie oder daran, was meine Beine aushielten. Ich dachte nicht an einen Sturz. Nicht einmal daran, was dieses Rennen bedeutete.

Ich bin nur Ski gefahren.

Ich schaffte den Abschnitt, der mir am meisten Sorgen gemacht hatte, kam mit Schwung ins Ziel und riss die Arme in die Höhe. Ich war überglücklich. Überwältigt, aber glücklich. Dankbar und erleichtert, dass ich so gut ins Ziel gekommen war. Dass ich mein letztes Rennen beendet hatte und meinen Namen an erster Stelle stehen sah.

Ich verneigte mich. Ich hielt meine Skier ein letztes Mal für meine Hauptsponsoren hoch. Ich entdeckte meine Familie unter den Zuschauern. Da standen mein Dad und Karin mit tränenüberströmten Gesichtern. Da war mein Bruder Reed, der einen blinden Passagier im Schlepptau hatte – Lucy guckte in einer rosa Steppjacke aus seinem Rucksack heraus. Ich grüßte in die Menge und winkte meinen Fans zu, deren Unterstützung mir immer so viel bedeutet hatte. Es war das perfekte Ende. Ich hätte mir nichts Besseres vorstellen können.

Überraschenderweise weinte ich nicht. Ich war reizüberflutet und hatte in den Wochen zuvor so viele Tränen vergossen, dass mein Körper wahrscheinlich nicht mehr konnte. Jetzt war ich bereit, die Ereignisse angemessen zu würdigen.

Am Ziel versammelte sich eine Menschenmenge. Viktoria Rebensburg, die kurz vor mir gelaufen war, kniete sich sogar hin. »Ihr macht mich verlegen!«, brüllte ich.

Viktoria war in dem Moment Zweite – ich hatte ihr drei Zehntelsekunden abgenommen, was mir erst einmal die Führung beschert hatte. Jetzt konnte ich nur noch abwarten, ob es jemandem gelingen würde, mich von meinem Platz zu verdrängen. Ich ahnte, dass die Wertung nicht endgültig sein würde, hoffte aber, dass ich bei den Medaillen mithalten könnte.

Dann entdeckte ich Ingemar, der mit einem großen weißen Blumenstrauß auf mich zukam. Ich wusste ja, dass er kommen würde, weil ich ihn mehr oder weniger angebettelt hatte, aber diese Skilegende tatsächlich bei meinem letzten Rennen zu sehen, war unbeschreiblich. Die Legende breitete die Arme aus. »Danke«, seufzte ich und umarmte Ingemar samt Blumen. Dass er vor Ort war, machte diesen emotionalen Tag für mich vollkommen. In seiner unnachahmlich liebenswürdigen und zugleich humorvollen Art hatte er eine Karte verfasst: »Danke. Dank dir bin ich jetzt noch viel berühmter!« Offenbar hatte mein Versuch, seinen Rekord zu brechen, ihn erneut ins Rampenlicht gerückt.

Ich ging zum Podest hinüber, einem Platz, an dem ich schon über hundertmal gestanden hatte. Dieses Mal fühlte sich alles anders an, weil es das letzte Mal war. Bisher hatte ich es immer geschmacklos gefunden, öffentlich zur Schau gestellt werden und abwarten zu müssen, ob mich eine Konkurrentin noch verdrängte. Aber jetzt wünschte ich, die Minuten würden ewig dauern.

Am Ende gewann ich die Bronzemedaille. Ich stand auf meinem Podestplatz, winkte ins Publikum und versuchte, das Geschehene zu verarbeiten. »Diese Medaille werde ich bei den Goldmedaillen aufbewahren«, sagte ich zu einem Journalisten. Und meinte es ernst, denn Bronze war in diesem Fall Gold für mich. Nicht perfekt. Kein absoluter Sieg. Aber ein Erfolg – ein Erfolg, der unter ungewöhnlichen Vorzeichen zustande kam, nach Stürzen und Verletzungen, trotz Rückschlägen und dank der Menschen, denen ich am Herzen lag. Ich wollte unbedingt gewinnen, doch diese Bronzemedaille zeigte mir, was Erfolg bedeutet: verlieren. Du verlierst deine Hoffnung und dein Ziel, damit du neue finden kannst, du verlierst Selbstvertrauen und Stärke, um sie wiederzufinden, und du brichst zusammen, damit du allen Mut zusammennimmst, um wieder aufzustehen.

Ich blieb noch länger im Stadion, kostete jede Minute aus und schrieb zum letzten Mal Autogramme. Manche Profisportler verlieren über die Jahre den Blick für das Ganze. Sie machen dann nur noch einen Job und werden selbstgefällig. Für mich ist Skifahren nie ein Job gewesen, weder an diesem Tag noch irgendwann davor. Bis heute habe ich das Gefühl, noch nie im herkömmlichen Sinn gearbeitet zu haben – weil ich liebe, womit ich mich beschäftige.

Es ist schwer, die Gefühle zu beschreiben, die ich bei meinem Abschied hatte. Ich war überwältigt. Begeistert. Erschöpft. Erleichtert. Froh, dass ich nicht mehr gezwungen war, Stürze zu riskieren. Und vor allem war ich unglaublich dankbar – für meinen Werdegang, meinen Körper, mein Team, für die enorme Unterstützung, die ich gehabt hatte. Dank einer kollektiven Anstrengung war ich an diesen Punkt gelangt und hatte das letzte kleine Stückchen Erfolg aus meiner Karriere herausgeholt. Es hatte sich gelohnt.

Und dann warf ich einen letzten Blick zurück aufs Stadion: Ich hatte es geschafft. Ich hatte überlebt.

Kapitel 24

Ich hielt mich achtundvierzig Stunden lang zurück, die Nummer meiner Agentur zu wählen. Dann rief ich an. »Bucht mich! Ich bin bereit zu arbeiten.«

Mein Angebot wurde mit Gelächter quittiert. Mein Team kennt mich gut genug, um von meinen Aktionen nicht überrascht zu sein. Sie hatten quasi auf den Anruf gewartet.

»Wir dachten, du würdest dir ein oder zwei Wochen Zeit lassen«, sagten sie. »Bist du sicher?«

»Ja«, sagte ich.

»Na gut, also dann: nächste Runde.«

Ich hatte erwartet, dass nach meinem Rücktritt alles leicht wäre. Mein Plan sah so aus: Nach der WM zurück in die USA, zwei Wochen Urlaub, danach Medien und Events. Ganz einfach. Aber schon als ich das erste Mal zu Hause aufwachte, fand ich gar nichts einfach. »Heilige Scheiße«, sagte ich laut zu mir, »ich habe nichts vor!«

In der Praxis war die neue Lebensphase schwierig. Sie war schwerer auszuhalten als meine Verletzungen, schwerer als alles andere, was ich bisher erlebt hatte. Viele Profisportler werden mir hier sicher zustimmen: Der Schritt von der aktiven Zeit in den Ruhestand ist wie ein Sprung von einer Klippe. Vorher ist man jeden Tag getrieben, völlig auf eine Sache konzentriert, und plötzlich muss man ganz von vorn anfangen. Das war eine nie gekannte Herausforderung.

Seit ich neun Jahre alt war, hatte ich immer ein Ziel im Auge – den nächsten Schritt, das nächste Rennen, den nächsten Titel, den nächsten Rekord. Wenn ich verletzt war und nicht trainieren konnte, war das Skifahren meine Krücke. Es war immer da, wartete auf mich, gab mir etwas, auf das ich hinarbeiten konnte, war wie eine Heimat für mich. Meine Stärke, mein Selbstvertrauen – meine ganze Identität, verdammt! – waren untrennbar mit dem Rennsport verbunden. Und jetzt ließ es sich nicht länger vermeiden: Ich musste woanders Bestätigung finden.

»Ich muss was tun, und zwar jetzt«, sagte ich zu meinem Team, das sich sofort ins Zeug legte und mich für Vortragstermine, Film- und Fernsehprojekte und andere geschäftliche Vorhaben buchte. Es waren keine Antworten auf meine Sinnfrage, aber Schritte in die richtige Richtung – hoffte ich jedenfalls.

Anfangs bekam ich von allen Seiten Tipps, was ich jetzt tun sollte. Andere Sportler, Verwandte, Freundinnen und Freunde erteilten großzügig Ratschläge wie: »Am besten gar nichts machen!«, oder: »Bleib am Ball!« Je mehr ich davon hörte, umso klarer wurde mir, dass niemand meine Fragen für mich beantworten konnte.

Angeblich gehen große Veränderungen, auch positive, immer mit einem Trauerprozess einher. Meines Erachtens stimmt das, denn im ersten Jahr nach meinem Karriereende durchlief ich alle klassischen Trauerphasen: Nicht-wahrhaben-Wollen, Schmerz, Wut, Verhandeln, Depression, Wiederaufbau von Bezügen und Akzeptanz. Passenderweise hatte ich tatsächlich das Gefühl, dass ein Teil von mir gestorben war. Ein Kapitel war zu Ende gegangen. Ich musste Abschied nehmen, bevor ich etwas Neues begrüßen konnte.

Während ich versuchte, irgendwo Fuß zu fassen, kam eine alte Bekannte immer häufiger vorbei: die Depression. Ich konnte meine Gefühle nun nicht mehr durch Training beiseiteschieben und wachte oft schon trübsinnig auf. Ich ärgerte mich über den Rennsport – sowohl darüber, dass andere Athletinnen noch mithalten konnten, als auch über verpasste Chancen, malte mir aus, was gewesen wäre, wenn ... Ohne mein Spielfeld im Schnee hatte meine sportliche Seite keine Möglichkeit, sich auszutoben. Ich vermisste den mentalen Kreislauf im Sport: Vorbereitung, Training, Feedback, Performance; entweder gewinnen oder verlieren, wieder antreten, es wieder versuchen. Ohne diesen Fokus war ich orientierungslos.

Ich hatte große Sorge, dass ich mich nie wieder irgendwo aufgehoben fühlen würde. In gewisser Weise war das gut, denn so zwang das Leben mich zu handeln. Da ich das Skifahren nicht mehr hatte, blieb mir keine Wahl – ich musste mich meinen Problemen stellen. Ab Herbst 2020 ging ich zu dem Psychologen Dr. Armando González (ich sage immer »Dr. Mondo«), der einen ganz anderen Ansatz hatte als die Therapeuten, die ich kannte.

Wie es dazu kam, war reines Glück. Ich hatte Karin davon erzählt, dass ich aktuell sehr zu kämpfen hatte und professionelle Unterstützung brauchte. Grundsätzlich suchte ich Fachpersonal, das einen Bezug zum Profisport hatte und wusste, was so eine Übergangszeit für Sportler bedeutete. Tags darauf unterhielt sich Karin mit einem Geschäftspartner über ein laufendes Projekt: Er entwickelte gerade eine App, die eine breite Öffentlichkeit über Fragen der seelischen Gesundheit aufklären sollte. An dem Projekt war ein Doktor der Psychologie beteiligt, der allem Anschein nach genau meinen Vorstellungen entsprach.

Dr. Mondo ist ein freundlicher Mensch mit einer beruhigenden Ausstrahlung. Es liegt ihm aufrichtig daran, anderen zu helfen. Da ich vorher noch keinen männlichen Therapeuten hatte, fürchtete ich, dass ich ihm gegenüber vielleicht nicht offen genug sein könnte. Glücklicherweise erledigten sich diese Bedenken von selbst. Wir entwickelten ein Vertrauensverhältnis, und bald war es so, als würde ich bei unseren Sitzungen mit einem älteren Bruder sprechen.

Zunächst unterhielten wir uns eine gute Stunde lang am Telefon. Ich erfuhr, dass sein Konzept durchaus Ähnlichkeiten mit der Vorgehensweise im Sport hat: Stärken und Schwächen werden analysiert, es gibt Ziele und Kontrolltermine, um Fortschritte zu dokumentieren, und der Therapeut führt sogar Buch über eine Art Punktestand. In der herkömmlichen Gesprächstherapie bleibt man oft an der Oberfläche. Man erzählt etwas aus seinem Leben und macht sich Luft. Das gibt manchmal ein gutes Gefühl, stabilisierte mich oft auch, löste aber nicht das zugrunde liegende Problem. Die Methode von Dr. Mondo ist das sogenannte Brainspotting. Dabei identifiziert man unverarbeitete Emotionen und Traumata, damit man sie bewusst loslassen kann. Bildlich gesprochen beschäftigt sich die Gesprächstherapie mit den Blättern eines Baumes, während Brainspotting an die Wurzeln geht. Erst hielt ich das für Hokuspokus. Doch bei der Anwendung habe ich festgestellt, dass die Methode nicht nur spannend ist, sondern wirklich hilft.

Da man beim Brainspotting tief in verborgene Erfahrungen eintaucht, kam Dr. Mondo zu Beginn der Therapie sogar drei Tage zu mir nach Hause, um den Prozess zu begleiten. Das Brainspotting geht davon aus, dass der Körper jede starke emotionale Belastung im Gedächtnis speichert, ungefähr wie eine Kerbe im Hirn. Diese Macke verschwindet erst, wenn man Zugang zu den neuronalen Bahnen gefunden hat und das Trauma auf der Reflexebene auflöst. In der Praxis heißt das, dass du teilweise stundenlang dasitzt und dich auf deine Traumata konzentrierst. Das kann sehr fordernd und berührend sein. Manchmal habe ich mich hinterher so ausgelaugt gefühlt, dass ich sofort ins Bett gehen musste, aber funktioniert hat es. Einige dieser abgespeicherten Erfahrungen habe ich gänzlich verarbeiten und hinter mir lassen können.

»Unfälle gehören zu den traumatischen Erfahrungen, an denen Menschen besonders lange festhalten«, sagte Dr. Mondo und forderte mich auf, von meinen Stürzen zu erzählen.

Ich schüttelte den Kopf. »Die sind kein Problem für mich.«

Er gab nicht auf. »Ich meine doch, wir sollten darüber reden.«

»Sollen wir uns meine Videos ansehen?«, fragte ich. »Nur zu! Ich habe sie hier.«

So machten wir es. Am Ende staunte er: »Sie sind die erste Person, die ich treffe, die so etwas nicht dauerhaft belastet!«

Was soll ich sagen? So bin ich nun mal.

Ein halbes Jahr lang besuchte mich Dr. Mondo an drei Tagen im Monat und sprach zusätzlich ein paarmal in der Woche mit mir. Inzwischen bin ich im Nachsorgeprogramm, was bedeutet, dass wir ein paarmal im Monat miteinander sprechen und alle acht Wochen einen Präsenztermin haben. Ich kann, ohne zu zögern, sagen, dass ich mich noch nie so wohlgefühlt habe wie heute.

Meine Einstellung hat sich gewandelt: von der Überzeugung, dass ich keine Therapie brauche, über Vorbehalte, mich zu öffnen, bis zu dem Punkt, an dem ich heute bin. Mittlerweile ist mir klar geworden, dass Probleme sich nicht in Luft auflösen. Kein Mensch bewältigt alles allein – nicht einmal eine so selbstständige und dickschädelige Type wie ich. Wenn es um eine Therapie geht, lohnt es sich, aufgeschlossen zu sein, denn psychische Gesundheit *ist* Wohlbefinden. Eine Therapie kann einem helfen herauszufinden, wer man ist und wie man sein Leben am besten leben kann. Das braucht man einfach, genau wie eine gute Zahnärztin oder einen fähigen Fitnesscoach. Irgendwann brauchen wir alle Unterstützung, schließlich ist das Leben zeitweilig nicht leicht.

Kurz nach meinem Rücktritt habe ich oft gehört: »Warum machst du so viel? Warum arbeitest du so hart? Entspann dich doch einfach!« Es ist aber so, dass ich dank Dr. Mondo herausgefunden habe, dass ich mich gern voll und ganz einbringe. Das macht mir Spaß. Egal ob es um Fitness, Geschäfte oder Treffen mit Freunden oder Familie geht.

Beruflich brauchte ich eine Weile, um herauszufinden, was ich wollte. Ich verabredete mich viel mit anderen, auch mit ehemaligen Sportlern und Sportlerinnen, und ließ mir erzählen, was sie für Erfahrungen gemacht hatten. Langsam setzten sich die Teile des Puzzles zusammen.

Den Grundstein hatte ein »Forbes Under 30«-Event sechs Jahre zuvor gelegt. Bei dieser Veranstaltung lernte ich Ashton Kutcher und Guy Oseary kennen, die schon einige Jahre die Risikokapitalgesellschaft A-Grade Investments betrieben und in verschiedene Unternehmen investierten. Da kam bei mir zum ersten Mal der Gedanke auf, dass ich auch so etwas tun könnte, und als ich meine Karriere beendet hatte, nahm die Idee Formen an.

2019 besuchte ich eine Businessveranstaltung in Park City mit einigen prominenten CEOs. Bei den Präsentationen war ich die Einzige, die immer wieder die Hand hob und Fragen aus dem Zuschauerraum stellte. Keine Ahnung, ob das peinlich war – auf jeden Fall ist mein Interesse deutlich geworden. Als Nächstes absolvierte ich ein zweimonatiges Praktikum bei Paul Kwan. Paul ist Geschäftsführer einer Venture-Capital-Firma und seit fünfundzwanzig Jahren in der Branche unterwegs. Er zeigte mir, wie eine Beteiligungsgesellschaft funktioniert, und vermittelte mir geschäftliches Know-how. Das war eine aufschlussreiche Zeit, ich habe wirklich viel gelernt. Kurz darauf sprachen mich die ersten Interessenten auf Investitionen an. Ursprünglich kamen sie wohl deswegen, weil mein Name so bekannt war. Doch als sie merkten, dass ich etwas konnte, baten sie mich, sie weiter zu beraten, was ein großes Kompliment war.

In gewisser Weise war mein Einstieg in die Geschäftswelt eine natürliche Entwicklung. Es gibt durchaus Ähnlichkeiten zwischen Risikokapitalbeteiligungen und der Wahl eines Partnerunternehmens im Sport. Ich arbeitete nie mit einem Sponsor zusammen, wenn ich nicht an ihn glaubte, ich wettete sogar in gewisser Hinsicht auf seinen Erfolg. Als ich bei Under Armour unterschrieb, war das Markensortiment der Firma noch viel kleiner: keine Funktionskleidung für Damen, keine Schuhe. Aber mein erster Eindruck vom Gründer Kevin Plank war: *Der Typ wird mal viel erreichen.*

Bei meinen Investitionen gehe ich eine Wette auf Unternehmen ein und stecke meistens Geld hinein. Das Risiko, Kapital zu verlieren, und die Herausforderung, geeignete Firmen zu finden, sorgen für einen ordentlichen Adrenalinkick. Man braucht ein großartiges Produkt, wettet aber auch auf die beteiligten Persönlichkeiten. Viel hängt von den Führungskräften ab. Mir kommt zugute, dass ich im Lauf der Jahre eine gewisse Menschenkenntnis erworben habe.

Mein Vater hat mir früh beigebracht, für mich selbst zu sorgen, weil meine sportliche Karriere irgendwann zu Ende sein würde. Also behielt ich neben dem Sport auch das Geschäft mit dem Sport im Auge, und das hilft mir heute noch. Außerdem hatte ich das Glück, in meiner Karriere viele Menschen kennenlernen zu dürfen. In meiner aktiven Zeit nutzte ich meine Beziehungen kaum, aber hinterher zahlten sich die Kontakte aus.

Seit meinem Rückzug aus dem Rennsport habe ich zwei ehemalige Profisportler getroffen, die auch in der Wirtschaft tätig sind und Milliarden von Dollar verwalten. Beide sind Männer. Ihre Positionen erreicht man nicht so einfach – als Athlet nicht und als Athletin erst recht nicht. Aber unmöglich ist es auch nicht. Eine Studie aus dem Jahr 2021 ergab, dass 60 Prozent der Spitzensportler sich nicht für finanziell gut aufgestellt halten. Wir brauchen mehr Schulungen, damit Aktive lernen, sich selbst zu vermarkten und die sportliche Bühne als Einnahmequelle zu nutzen. Ich hoffe sehr, dass mein Erfahrungsbericht speziell Frauen dazu ermutigt.

Ich weiß, dass Erfolge im Sport und in der Wirtschaft nicht dasselbe sind. Ich möchte mir meinen Platz verdienen. Mein Ziel ist, dass ich in irgendwelchen Chefetagen einmal so vorgestellt werde: »Das ist Lindsey Vonn, erfolgreiche Unternehmerin.« Ich möchte mich etablieren, bis ich als Geschäftsfrau genauso viel Anerkennung bekomme wie im Rennsport.

Es ist ein tolles Gefühl, neue Herausforderungen zu haben, wobei ich gar nichts ersetzen will. Ich werde meine bestehenden Geschäftsbeziehungen weiterhin pflegen. Ich werde weiter Skibekleidung gestalten. Und weiter an eigenen Projekten arbeiten. Ich habe es immer schon geliebt, mit Make-up und verschiedenen Beautyprodukten zu experimentieren. Ich weiß, dass es schwierig ist, gute Produkte zu finden – besonders Eyeliner und Wimperntusche, die auch unter Extrembedingungen halten. Das hat mich dazu gebracht, eine eigene Kosmetikmarke für aktive Menschen zu kreieren. Während ich dies schreibe, sind die Produkte noch in der Entwicklung, aber ich habe klare Vorstellungen und freue mich schon darauf, sie verwirklichen zu können.

Ich bin gern in Bewegung; ich entdecke gern neue Fähigkeiten und Talente an mir. Selbstbewusstsein kommt hauptsächlich daher, dass du weißt, wer du bist. Bei mir ist diese Erkenntnis erst jetzt angekommen. Früher wusste ich abseits der Piste nicht, wer ich war oder was ich wollte. Jetzt habe ich auch ohne Skifahren ein positives Selbstwertgefühl. Das ist einfach nur schön.

Das Leben ohne Rennsport ist abwechslungsreich, weil ich plötzlich bei jeder Menge Events und Feiern dabei sein kann.

Wenn ich nicht arbeite, beschäftige ich mich mit ganz normalen Dingen, zu denen ich früher kaum gekommen bin. Karin, Laura, ihr Mann Paolo und ich verbringen viel Zeit miteinander – normalerweise bedeutet das, dass wir in einem Raum sitzen und an unseren Projekten arbeiten. Zwischendurch schwinge ich mich dann für eine Stunde aufs Fahrrad oder gucke *Law & Order*, bis alle sauer sind, weil der Fernseher zu laut ist. Vieles läuft so wie damals, als wir noch Kinder waren und im Sommer unsere Großeltern besuchten. Egal was wir vorhaben, wir finden immer einen Weg, unseren Spaß zu haben.

Darüber hinaus habe ich eine große Veränderung bei mir registriert, seit ich bei Dr. Mondo in Therapie war: Ich bin jetzt gern allein. Früher hasste ich es. Ich fürchtete es! Weil ich es nicht mit mir aushielt, unternahm ich alles Mögliche, von Übernachtungen bei Freunden bis zum Herumreisen mit meinen Geschwistern, um nicht allein mit mir dazusitzen. Zugegeben: Im letzten Jahr war ich mehrmals versucht, Karin zu fragen: »Hey, willst du bei mir einziehen?« Aber ich merkte, dass ich mich damit nur ablenken wollte und mich mit mir auseinandersetzen musste. Inzwischen finde ich es wirklich schön, Zeit für mich zu haben – zu kochen, mit den Hunden zu kuscheln, früh ins Bett zu gehen. Ich habe es satt, vor mir selbst oder sonst irgendetwas wegzulaufen.

Mein neues Leben ist definitiv in Ordnung – in vielerlei Hinsicht sogar angenehmer als mit dem Rennsport, was ich niemals erwartet hätte. Die Welt ist voller Überraschungen. Heute schleppe ich deutlich weniger mit mir herum, wortwörtlich und im übertragenen Sinne. Obwohl meine Tage mit Verpflichtungen vollgepackt sind, fühle ich mich freier und leichter, als ich es je für möglich gehalten hätte.

Ich weiß, dass ich ein unvollendetes Werk bin. Es wird immer noch etwas zu entdecken geben, zu erforschen, zu lernen. Aber gerade jetzt bin ich genau da, wo ich sein will.

Auch wenn ich es nicht immer zeige: Ich bin ein sentimentaler Typ. Ich hebe alles auf – jeden Rennanzug, jede Startnummer und jede Auszeichnung. Zum Beispiel habe ich noch sämtliche Medaillen, die ich als Kind in Minnesota gewonnen habe, und meinen ersten Pokal für einen fünften Platz bei der Abfahrt in Afton Alps aus dem Jahr 1992. Vielleicht habe ich die Sammelleidenschaft von meinen Großeltern. Was Berichte über mich anging, waren Opa Don und Oma Mary so etwas wie Archivare. Ein Nachrichteninhalt von Associated Press wird ja grundsätzlich über verschiedene Kanäle verbreitet – sie haben einfach jede einzelne Meldung ausgeschnitten oder ausgedruckt. Jetzt besitze ich achtunddreißig dicke Ordner, die meine Karriere dokumentieren, und das weiß ich sehr zu schätzen.

Einige meiner Trophäen habe ich in meinem Büro, aber der Rest ist weggeräumt. Irgendwann möchte ich alles einmal durchgehen und vielleicht etwas rahmen lassen. Wenn genügend Zeit verstrichen ist, werde ich bereit dafür sein.

Ich werde oft gefragt: »Was wollen Sie dem Skisport hinterlassen?« Darüber nachzudenken ist sonderbar, denn ein Vermächtnis kann man letzten Endes nicht kontrollieren. Ich habe versucht, mein Bestes zu geben – als Sportlerin und als Mensch. Aber ob und wie man sich an mich erinnern wird, das liegt nicht in meiner Hand. Am Ende meiner Karriere war ich so auf Zahlen fixiert, dass ich glaubte, ich würde als beste Skirennfahrerin aller Zeiten in die Geschichte eingehen, wenn ich nur noch eine Zahl übertreffen würde. Damals sagte mein Vater: »Es geht nicht darum, wie viele Medaillen du hast, sondern darum, welche Wirkung du auf den Sport hast.« Ich möchte als eine der Besten in Erinnerung bleiben, und wünsche mir von Herzen, dass ich etwas für den Skisport getan habe, das über Wertungen hinausgeht. Ich hoffe, ich habe die Spielregeln verändert und andere Läuferinnen dazu inspiriert, mehr als nur Profisportlerinnen zu sein. Ich hoffe, ich habe gezeigt, dass man offen und ehrlich sein kann, feminin und knallhart, alles auf einmal.

Eine Zeit lang mied ich alles, was mit Skisport zu tun hatte. Ich sah mir weder irgendwelche Rennen noch deren Ergebnisse an. Allein der Gedanke daran machte mich schon traurig. Manchmal stieß ich zufällig auf ein Video und spürte dann schmerzhaft, wie sehr ich den Sport vermisste.

Anfang 2020 ging ich erstmals wieder zu einem Skirennen. Ich saß mit Aksel Lund Svindal auf der Tribüne, der seine Karriere am selben Tag wie ich beendete. Aksel ist ein großzügiger Mensch mit einer positiven Einstellung. In seiner aktiven Zeit unterhielt er sich immer gern über Technik und half anderen, wo er konnte. Nun betrachteten wir das Geschehen von der anderen Seite aus und er äußerte etwas Bemerkenswertes. »Ich liebe diesen Sport, und ich will, dass andere ihn lieben«, sagte er. »Ich kann ihn nicht mehr selbst ausüben, aber meine Leidenschaft dafür möchte ich weitergeben.«

Als ich das hörte, schmolz meine Abwehr dahin. Aksel hatte mich daran erinnert, warum ich zum Skirennsport gekommen war: weil ich ihn liebte. Für mich war das ein Aha-Erlebnis. Nach und nach kam ich in einen ausgeglicheneren Gemütszustand, und heute weiß ich, dass ich das Skifahren noch genießen kann. Ich werde es immer lieben – das kann mir keiner nehmen.

Kapitel 25

Es ist ein klarer, kalter Novembertag. Ich stehe auf Skiern, das erste Mal seit meinem Rückzug aus dem Sport. Vor mir erstreckt sich der Hang von Deer Valley, die Sonne scheint, es liegt perfekter Utah-Schnee. Ich sauge die Szenerie in mich auf. Hier kenne ich mich aus, hier bin ich lange Zeit wie zu Hause gewesen. Doch es hat sich vieles verändert.

»Bist du bereit?«, fragt Claire, die sich zu mir gesellt hat.

»Ja«, sage ich und meine es auch so. »Auf geht's!«

Und dann erlaube ich mir etwas zu tun, das ich beinahe zwei Jahre lang um jeden Preis vermieden habe: einfach nur zu fahren. Ich habe keinerlei Erwartungen und bin gleichzeitig nervös, was passieren wird. Aber als ich den Berg hinuntergleite, kehren verloren geglaubte Gefühle zurück. Keine Rennerinnerungen, sondern die Zuneigung zu diesem Sport, der mich schon als Kind gepackt hat. Bei dem man schnell ist, sich frei fühlt. Bei dem einem der Wind um die Ohren saust und man den Schnee unter den Kufen spürt. Ich lege mich in die Kurve. Ich rase nach unten. Ich möchte es wieder und wieder tun.

Bis zu diesem Zeitpunkt hatte ich mir Skifahren ohne Wettkampf nicht vorstellen können, was bedeutete, dass ich mir Skilaufen überhaupt nicht mehr vorstellen konnte. Für mich war beides untrennbar miteinander verbunden, und wenn ich irgendwie ans

Skifahren dachte, verstärkte sich die Sehnsucht nach meinem früheren Beruf.

Selbst nach dem Gespräch mit Aksel vermied ich es noch, bei Rennen zuzusehen. Wenn jemand das Thema Skifahren ansprach, wich ich aus und tat so, als sei alles kein Problem. Innerlich kämpfte ich mit mir. Ein Teil von mir wollte den Sport für immer aus meinem Leben streichen. Das hätte aber nie und nimmer funktioniert, weil meine Familie skiverrückt ist – der Sport ist sozusagen verwurzelt in uns. Und letztlich auch in mir, denn ich liebte ihn immer noch über alles.

Bevor ich wieder in den Schnee fuhr, fühlte ich mich wie bei einer Verabredung mit einem Ex-Partner, den man jahrelang nicht wiedergesehen hat. Angst hatte ich nicht, eher eine Art nervöse Vorfreude. Ich fragte mich, ob Skifahren jetzt anders war. Oder ich eine andere. Ich musste mich gedanklich erst wieder mit dem Sport anfreunden und meine Erwartungen an die Gegebenheiten anpassen. Aber als ich mich mit der Wirklichkeit konfrontierte – als ich es schaffte, tatsächlich Ski laufen zu gehen – erlebte ich eine erfreuliche Überraschung.

Auf der Piste wurde mir vom ersten Moment an klar: Ich liebe Skifahren immer noch, einfach so. Dafür brauche ich keinen Konkurrenzkampf. (Obwohl ich immer noch gern mit anderen um die Wette fahre.) Skifahren ist nicht mehr das, was es mal war, aber ich bin es auch nicht.

Seit jenem Tag im Deer Valley bin ich mit den unterschiedlichsten Leuten Ski gefahren, von Stars wie Hugh Jackman über Geschäftsleute bis zu Freunden und Freundinnen. Auch mit meiner Schwester Karin, zum ersten Mal seit meinem zwölften Lebensjahr. Ich bin mit meinem Agenten Mark gefahren, der anfing, für mich zu arbeiten, als ich siebzehn war. Kaum zu glauben, dass ich jahrelang nie mit Personen Ski gefahren bin, die mir nahestanden! Der Skisport trennte mich von anderen, seit ich als Neunjährige zu Wettkämpfen aufbrach. Er trennte mich von der Familie und von Bekannten, weil ich dauernd unterwegs war. Er machte es mir oft unmöglich, mich mit anderen verbunden zu fühlen, weil ich so unter Wettbewerbsdruck stand. Er verhinderte ein normales, ausgewogenes Leben. Aber jetzt ist er erstaunlicherweise zum Bindeglied zwischen mir und vielen Menschen geworden, die ich liebe.

Durch das Skifahren haben sich für mich sogar neue Bekanntschaften ergeben. Schnelligkeit ist natürlich nicht jedermanns Sache, aber ich wusste gar nicht, wie viele Menschen gern Ski laufen und wie gesellig dieser Sport sein kann. Das war eine wunderbare Überraschung.

Wenn ich auf einem Berg stehe, sehe ich klarer. Eine Karriere hat bestimmte Abschnitte, genau wie das Leben selbst. Mein Dasein hat sich in den letzten beiden Jahren stark verändert und wird sich weiter verändern. Gelegenheiten kommen und gehen, Menschen kommen und gehen. Und doch bleiben manche Dinge gleich. Ich bin immer noch hochmotiviert und habe meine Finger überall im Spiel. Ich will mich nach wie vor selbst übertreffen, hebe mir meine Ambitionen aber jetzt hauptsächlich fürs Fitnessstudio auf. Ich versuche, mich kontinuierlich zu verbessern, setze mich aber nicht mehr übermäßig unter Druck.

Ich liebte die Piste auch deshalb, weil dort alles passieren konnte. Vor jedem Rennen stand ich oben auf dem Berg und dachte: *Nichts ist unmöglich.* Ich glaubte daran, dass ich alles erreichen konnte, wenn ich es mir zutraute. Diese Zuversicht spornte mich immer wieder aufs Neue an. Jetzt ist das meine Einstellung dem Leben gegenüber. Es hat etwas gedauert, bis ich dahintergekommen bin, aber jetzt sehe ich es so: Das Versprechen des Berges gilt überall.

Danksagung

Dieses Buch ist das Ergebnis der harten Arbeit vieler Menschen, denen ich unglaublich dankbar bin.

Mein größter Dank gilt meiner Familie: meinem Vater, Alan Kildow, der mich zum ersten Mal auf Skier gestellt und der seine Leidenschaft für das Skifahren an mich weitergegeben hat. Meiner Mutter, Lindy Lund, die mir vermittelt hat, was positives Denken bewirken kann, und meinen Geschwistern Karin, Laura, Dylan und Reed – für ihre Unterstützung und ihre Opfer über die Jahre hinweg. Danke, dass ihr an mich geglaubt habt. Meine Geschichte ist eure Geschichte. Ein besonderes Dankeschön an Laura für ihre unschätzbaren Beiträge zu diesem Buch. Du bist eine ungemein talentierte Autorin, und ich weiß, dass dies erst der Anfang ist. Noch einmal: Ich weiß nicht, was ich ohne dich getan hätte.

Ich danke meinen Großeltern, Don und Shirley Kildow, für ihre Liebe, ihren Enthusiasmus und ihre Anleitung. Großvater ist verstorben und Großmutter erinnert sich nicht mehr, aber ich schätze die Zeit, die ich jeden Tag mit ihnen verbringen durfte.

Ich danke meiner ganzen weiteren Familie, insbesondere denjenigen, die meine Eltern unterstützt haben, als ich geboren wurde und meine Mutter im Krankenhaus lag. Danke, dass ihr euch um uns geschart und um mich gekümmert habt. An alle Kildows, Krohns, Millers, Hummels und Rudisills, die mir und der ganzen Familie im Laufe der Jahre jederzeit und ohne zu zögern beigestanden haben – eure Unterstützung ist nie unbemerkt geblieben, und ich kann mich glücklich schätzen, eine solche Familie zu haben.

Ich danke meinem Team auf und neben der Piste, einschließlich Lindsay Winninger, Heinz Hämmerle, Alex Bunt, Claire Abbe Brown, Robert Trenkwalder, Martin Hager, Patrick Rottenhofer, Oliver Saringer, Nicolas Cronsel und vielen anderen – ohne euch hätte ich es nicht geschafft. Mein besonderer Dank gilt Erich Sailer, meinen Buck-Hill-Trainern und den Trainern des Ski Club Vail für alles, was ihr mir beigebracht habt.

Danke an das US-Skiteam, einschließlich meinen Trainern Alex Hödlmoser, Enrica, Chris Knight, Patrick Riml, Chip White und vielen anderen, die an mich geglaubt und mich auf meinem Weg begleitet haben. Allen meinen Teamkolleginnen, ob ich mit ihnen noch Kontakt habe oder nicht, werde ich immer eine Teamkollegin sein. Ich stehe in der Schuld von Picabo Street, die mir den Weg geebnet und mich vor all den Jahren zu meinem Traum inspiriert hat. Mein Dank geht an Ingemar Stenmark und seine sechsundachtzig Weltcupsiege, die mich dazu inspiriert haben, nach so vielen Operationen weiterzumachen. An Aksel Lund Svindal und das norwegische Team für die vielen Jahre des Trainings, aber vor allem für all die Freundlichkeit, die ihr mir immer entgegengebracht habt. An alle Männer, die daran geglaubt haben, dass ich mit euch Rennen fahren kann: Danke.

Ich danke meinen Freundinnen Alexandra Hyman und Hilary Lund, der bunten Truppe aus Minnesota, ich liebe euch, Leute. Vanessa Cella und die ganze Cella-Familie, danke für eure unerschütterliche Unterstützung und dafür, dass ihr mir immer den Rücken freihaltet. Wir sind vielleicht nicht blutsverwandt, aber ich bin so glücklich, dass ich euch Familie nennen darf.

Ich danke meinen Agenten Mark Ervin und Sue Dorf, mit denen ich zusammenarbeiten durfte, seit ich siebzehn Jahre alt war. Beide haben mich immer begleitet und durch dick und dünn an mich geglaubt. Dies ist das Haus, das wir gemeinsam gebaut haben.

Ich wäre nicht da, wo ich jetzt bin, ohne das Vertrauen meiner langjährigen Sponsoren, die mein Potenzial erkannt, in mich investiert und mich bis heute unterstützt haben. Mein besonderer Dank gilt Dietrich Mateschitz, Kevin Plank, Johan Eliasch und Arnaud Boetsch. Und natürlich Thor Verdonk, der mir mein erstes Paar Skier geschenkt hat. Und all den neuen Partnerschaften und Beziehungen, die ich aufbaue – ich kann die Zukunft kaum erwarten.

Dem Team von Dey Street Books verdanke ich sehr viel, insbesondere danke ich Lisa Sharkey und Matt Harper für ihren Glauben, ihre Geduld und ihr Engagement in jeder Phase des Prozesses. Außerdem meinem Literaturagenten Jay Mandel und dem gesamten WME-Team, die dieses und viele andere erstaunliche Dinge möglich gemacht haben.

Vielen Dank an Caroline Donofrio, die mir geholfen hat, die richtigen Worte zu finden.

Ich danke meinen Fans, die mir die Daumen gedrückt haben, die mich an ihren Geschichten teilhaben ließen und mir Mut zusprachen – ich danke euch von Herzen. Eure Unterstützung bedeutet mir mehr, als ihr ahnt. Danke an meine europäischen Fans. Ich liebe euch.

Last, but not least, danke ich meinen Hunden Lucy, Leo und Bear.